席勒传

［英］托马斯·卡莱尔（Thomas Carlyle）著　佟艳光 译

The Life of Friedrich Schiller

Comprehending an Examination of His Works

浙江大学出版社
·杭州·

图书在版编目（CIP）数据

席勒传 /（英）托马斯·卡莱尔著；佟艳光译.
杭州：浙江大学出版社，2024. 10. -- ISBN 978-7-308-
25461-8

Ⅰ. K835.165.6

中国国家版本馆CIP数据核字第202415H2E8号

席勒传

[英] 托马斯·卡莱尔 著 佟艳光 译

责任编辑	周红聪
文字编辑	刘雨萱
责任校对	张培洁
装帧设计	周伟伟
出版发行	浙江大学出版社
	（杭州天目山路148号 邮政编码310007）
	（网址：http://www.zjupress.com）
排　版	北京楠竹文化发展有限公司
印　刷	北京天宇万达印刷有限公司
开　本	635mm×965mm　1/16
印　张	27
字　数	310千
版 印 次	2024年10月第1版　2024年10月第1次印刷
书　号	ISBN 978-7-308-25461-8
定　价	98.00元

版权所有　侵权必究　印装差错　负责调换

浙江大学出版社市场运营中心联系方式：（0571）88925591；http://zjdxcbs.tmall.com

这帧小像由柏林宫廷淑女冯·卡尔普小姐收藏,绘制于席勒在德累斯顿与科尔纳一家同住那段时期(1787—1789)。

序[1]

之所以要再版这本某种程度上无关紧要的书,是因为某些团体正准备盗取版权来替我"再版"。明智的主人对待染病的马匹,在仔细观察确认它们无药可救后,会一枪射穿它们的头部。有的时候,人们可能希望以类似方式处理有问题的书籍。但就书籍而言,出于盗版的缘故,这样一了百了的解决方式是行不通的。因为行不通,所以我们还得小心提防不洁纸张和印刷错误。一本可怜的书,还得在这个世界上行走,还得穿着干净的衣服,清清白白度过它短暂而不幸的时日,不能有任何它先天就有的瑕疵以外的污点。

这本书问世以来,新出现了各种各样的席勒传记,在这漫长的时间里,我们的观念、信息,我们与席勒的生活以及相关的其他事物的关系都发生了巨大的变化!但在目前的情况下,我根本无法深入研究

---

1. 此为本书的第二版(1845)序。

这些新进展。一两个明显的错误,是容易改正的,我读的时候就随手指出来了,但是藏在更深层次的错误超出了我的掌控范围。破旧立新,撕毁旧材料然后将它们改头换面,这些是我绝对不会去尝试的可怕的任务。写过的话就是写过了,不时发表评论的读者在必要的时候应对自己说,"这毕竟是二十年前的旧作"。若是想了解席勒生平更多的信息,读者可以参阅:冯·沃尔措根夫人的《席勒传》,歌德曾称之为"复活的席勒"(Schiller Redivivus);或者《席勒与歌德通信集》;或者爱德华·布尔沃爵士写的一篇《席勒生平简介》,附在他翻译的席勒作品前——这是一篇充满活力、妙趣横生的文章,是对所有席勒传记的总结,也是对英国读者来说最方便的通俗性入门读本。目前这本小书是非常不完美的,但它也假装是非常无害的。它可以天真地指导那些所知逊于本书的人!它是针对那些天真无邪的人,按照他们的愿望和品位写成的,并希望以后能跟他们一起,走向能获得更多成果的领域,希望它能带着所有美好的愿望得到衷心的赞扬。

T. 卡莱尔

伦敦,1845 年 5 月 7 日

目　录

第一部分

席勒的青少年时代

1759—1784

001

第二部分

从席勒在曼海姆立足到定居耶拿

1783—1790

047

第三部分

从定居耶拿到英年早逝

1790—1805

117

第四部分

席勒的父母、童年和青春

（1872版新增内容）

255

附录一

1. 达尼尔·舒巴特

343

2. 席勒书信摘录

357

3. 与歌德的友谊

377

4. 古斯塔夫·阿道夫之死

380

附录二

385

歌德为本书德文版作的序言

393

译名表

409

第一部分

席勒的青少年时代

1759—1784

在上世纪末[1]的作家中,没有谁比弗里德里希·席勒更值得我们关注。杰出的智识、雅致的品位与高尚的情操等伟大品质在他的作品中留下了崇高印记,他因此实至名归地享有盛名。席勒的声誉,考虑到他是在何种境遇中获得它的,更加激发了我们的兴趣。席勒要去对抗的困难险阻是异乎寻常的,他的成就亦是异乎寻常的。他的生命,大部分时候被焦虑与疾病摧残扭曲,在中年走到了尽头,而且他以一种当时尚未定型,或者尚未跻身欧洲高雅语言行列的语言进行创作。然而,他的作品在深度、广度、多样性以及内在的卓越品质等方面,都令世人瞩目。虽然收集或解读大众的声音是困难的,但席勒似乎已经不仅被德国,而且被整个世界赋予了经典作家的名号。他被纳入那些被选中的世界大师的行列。这些世界大师,他们的作品并不属于任何时代或民族。他们在担当同时代人的良师益友之后,被奉为整个人类

---

1. 即18世纪末。——译者注

大家庭的精神导师,并在千百年间,免于遭受很快被世人遗忘的平凡命运,而对于绝大部分作家,乃至绝大部分人来说,这样的命运是不可避免的。

这便是席勒不平凡的命运。他的生平与品格值得我们去深究,原因不止一个。一种自然而无害的感情,吸引我们走近这样一位研究对象。我们迫切想了解如此伟大的一个人如何走完一生,想了解他的生活与变迁以及他拥有的独特个性。如果对此探讨得当,我们可能会从中受益并获得乐趣。以下这些都将会是十分有趣的体验:探究是何天赋以及如何运用此天赋,使席勒取得我们现在看到的显赫成就;追随他的脚步,了解他的思想智慧、道德成长的各个阶段;通过他的生平和作品,勾勒出一幅他本人的图景。值得探究的是,他可以把高尚行为描写得如此美妙,那么他本人是否可以做到如此高尚呢?他的思维逻辑能力在哲学和艺术中挥洒到极致,那么在他日常生活的危急时刻,这种思维逻辑能力会如何发挥作用呢?他的慷慨激昂在诗歌中令我们感到愉悦,那么这种慷慨激昂在日常的人际交往中,又会呈现出怎样的一面呢?如果我们能洞悉这一切,能够将自己置身于他所处的内外环境中,能够见其所见、感其所感,我们便会豁然开朗,于愿足矣。

然而,若说此项任务的各种好处足够明显,那么其困难也显而易见。哪怕是最质朴的人,我们都不应奢求可以全方位地理解他;因此对于席勒这样的人物,即使只是声称大概了解他,也是虚荣心作祟的吹嘘之词。像他这样的人,就连素日相伴之人都要误解他,远在他方的评论家对他的误解只会更深,因为他们只能从稀少的记录以及关于典型事件的漫不经心的报道中搜集他的零星信息。但即便是这些零散的信息，传记作家也往往会因过于懒惰或不够审慎而不屑收集。一个作家平静祥和的生活可以提供的信息本就不多，关于席勒的个人生平，已公开的细节微乎其微。像其他作家的作品一样，他的作品仅能提供一个他思想的黯淡而可疑的副本。即便是这个副本，要适度准确地破译它，也并非易事。笼罩着一层雾霭的外国语言、异国风土人情，连同陌生的思维方式，混淆遮蔽了视线，常常放大琐碎，弱化粗鲁，有时隐藏或扭曲美。无论如何，要把握席勒思想的各个维度，是一项艰辛的事业，重重障碍更是平添了难度。

因此，我们在此不会佯装勉力为之，我们不会提供他个性的完整画面，不会给出关于他个人作品的盖棺论定。如果通观他的人生能够使我们满足简单的好奇心，了解一位与我们有着师生——精神喜悦的给予者与接受者——般情谊的人的人生运势和主要个性；如果在他玄思妙想的世界中徘徊逡巡，我们可以再度领略奇幻仙境的壮丽芬芳之美，畅快淋漓地抒发我们的情感，而不以做出任何评判为目的，那么我们将别无他求。

1759年11月10日，约翰·克里斯多夫·弗里德里希·席勒出生于马尔巴赫，一个符腾堡内位于涅卡河畔的小镇。他只比我们苏格兰的著名诗人罗伯特·彭斯[1]晚生几个月。席勒早年的人文情怀，是天性使然，但受到来自父母的外在环境羁绊。虽然席勒的父母摆脱了贫困的压力，但仍身不由己，生活并不稳定，他们频繁变更住所，改变计划。父亲约翰·卡斯帕尔·席勒，曾任巴伐利亚军团的随军外科

---

1. 罗伯特·彭斯（Robert Burns, 1759—1796），苏格兰农民诗人，在英国文学史上占有特殊地位。——译者注

医生，在继承战争[1]期间在荷兰服役。回到家乡符腾堡后，他放弃了医疗本行，在符腾堡的领主[2]手下获得了一份差事，任少尉副官。他先后在两个军团任此职务，在弗里德里希出生时，他在第二个军团任职，服役未归。《巴黎条约》[3]的签署结束了他的戎马生涯，但卡斯帕尔已经充分展示了他的聪明才干和谦逊审慎，符腾堡公爵愿意留用他为自己服务。在路德维希堡[4]和索里图德[5]的游乐场，各种苗圃和种植园的布置任务都委托给了这位退役军人，此时他已晋升上尉军衔。他不时奔波往返，继续领着公爵的俸禄直至去世。他晚年主要居住在路德维希堡。

这种生活方式对教育弗里德里希这样的男孩并不是很有利，但席勒父母高贵的性情很大程度上弥补了他们物质条件和知识水平十分有限这一不足。他们善良仁慈、谦虚谨慎、正直虔诚，以后，这些人格魅力将不断照射着周围的人，并最终在席勒身上发扬光大。席勒不断受到父母的影响，心灵得到滋养，因此他受到的教育中更完善的这部分进展良好。母亲具备家庭主妇的诸多美

---

1. 指的是奥地利王位继承战争。奥地利王位继承战争（The War of the Austrian Succession，1740—1748），是奥地利王位继承权问题引发的欧洲两大阵营争夺在奥地利的利益的战争。它以中欧为主要战场展开。卡尔六世死后，普鲁士、法国等拒绝承认玛丽亚·特蕾莎（Maria Theresia）的继承权，而英国、荷兰等从各自的既得利益出发，全力支持玛丽亚·特蕾莎的继承权。由此，爆发了由两次西里西亚战争构成的奥地利王位继承战争。——译者注
2. 符腾堡的领主，指卡尔·欧根（德语：Karl Eugen，英语：Charles Eugene，1728—1793），即符腾堡公爵。——译者注
3. 《巴黎条约》，指的是英国、葡萄牙等国同法国、西班牙等国为结束七年战争而于1763年在法国巴黎缔结的和约。——译者注
4. 路德维希堡（Ludwigsburg），18世纪初符腾堡家族修建的宫殿，后来成为在宫殿基础上扩展而来的城市。卡尔·欧根在路德维希堡的建设中发挥了重要作用。——译者注
5. 索里图德（德语：Solitüde，英语：Solitude），符腾堡公爵的狩猎别墅。——译者注

德，对孩子和丈夫充满温情。此外，她还不乏品位与智慧，这在当时实属罕见。据说她热爱诗歌，特别欣赏乌茨[1]和盖勒特[2]的作品，而在她当时的处境中，即使是喜爱这样的作家也难能可贵。[3]她善良温柔，与弗里德里希关系非常亲密。她的丈夫给人正直谦恭的印象，他真诚地希望自己成为对社会有用的人。他恪尽职守，一视同仁地为所有人服务。许多宝贵品质的种子早已播种在席勒父亲的天性中，虽然他早年的生活不利于对它们的培育，但经后期努力，他成功地弥补了这一不足。在从事本职工作之余，他勤奋学习，科学和哲学都是他的兴趣所在。他写了一本与哲学相关的著作。[4]但最使他与众不同的是他真挚虔诚的品质，这种虔诚似乎已经渗透到他所有的情感中，并理所应当地赋予他清白廉洁的品格一份淡定与超然。由于宗教信仰参与他一生中每个动机和行动，所以他幽思遐想中最衷心的愿望，即儿子接受教育的愿望，很可能也被涂染上了浓浓的宗教色彩。在保存下来的一篇他在晚年亲笔写下的祈祷词中，他提到在孩子出生时他曾恳求伟大的天父，赐给他本人"智慧与才能"，因为他"缺乏学识"，"不能提供这些给儿子"。白发苍苍的老人在有生之年看到儿子长大成才后，终于可以庄严地表达他对于上帝"听到了一个凡人的祈祷"的感激之情。

---

1. 约翰·乌茨（Johann Utz，1720—1796），德国18世纪中叶的洛可可诗人之一，他的诗歌内容狭隘，鼓吹享乐哲学，置社会矛盾于不顾。——译者注
2. 克里斯蒂安·盖勒特（Christian Gellert，1715—1769），德国启蒙运动作家，著名诗人。他的作品主要宣传理性，劝人戒恶从善。他相信理性和启蒙教育能使人类走向进步。——译者注
3. 她出身卑微，教育水平不高，是姓科德魏斯的面包师的女儿。
4. 此书名为《大规模苗木培育》（德语：*Die Baumzucht im Grossen*，英语：*The Cultivation of Trees on the Grand Scale*），在1806年发行了第二版。

一段时间内，弗里德里希跟随父母不断辗转迁移，不得不向不同老师汲取知识。虽然他取得了可敬的甚至可以说更多的进步，但也许部分由于条件限制，他此时的进步仍然与他日后的成就极不相称，或者说，甚至与他早年显露的天资也不匹配。像一个普通的男孩子一样，他无忧无虑，快快乐乐，常常把时间浪费在幼稚的游戏中，忘记了偷来的玩弄球和跳蛙的快乐，日后还得用必然招致的责罚赔付。但偶尔他也会被更深沉、更重要的情感感染，把小小心灵的躁动不安通过言行表达出来，这样的举动直到多年以后被回想起来时才被第一次正确地解读。他的校友如今回忆起，即使是他的怪癖，有时也显现出诗人的特质。在他童年所有的变幻无常中，均可以看出他某种严肃认真的秉性、他的坦率正直，以及对宏伟或动人事物的渴望。据说有一次，在一场雷电交加的暴风雨中，他的父亲在家里发现，孩子们中唯独不见他的踪影，姐妹们都不清楚弗里茨[1]去了哪里，焦急不安的老人不得不冒雨出门找寻。年纪尚幼的弗里茨还不知道这样的天气包藏的可怕危险。在附近一个偏僻去处，父亲终于找到了他，发现他坐在树枝上，正凝视着天空狂风骤雨的面容，看着闪电接连不断在天空的云层中划过一道道亮光。面对父亲的斥责，抽泣的淘气鬼恳求并辩解道，"闪电如此美"，他"想看看它从何而来"。我们早就知道，这些名人逸事本身价值很小，而且这则趣闻的真实性还有些值得怀疑。尽管如此，我们还是冒昧把它呈递给读者。年幼的席勒在雷声滚滚的苍穹下沉思冥想，如此画面对了解他的人来说，不会是索然无味的。

---

1. "弗里茨"是席勒的昵称。——编者注

席勒的启蒙老师莫泽尔，是洛尔希村的牧师兼教师。席勒一家在儿子六岁到九岁间就住在这个村子里。此人对他学生的早年生活产生的影响很值得一提：席勒似乎用这位启蒙老师的名字来给《强盗》中的牧师莫泽尔命名；老师的精神感召、与老师儿子的谈话，乃至老师后来成为传教士的事实，应该都促使席勒萌生了献身神职的念头。此念头既符合这个男孩一些尚且不够明朗的主要性格倾向，又很迎合他父母的宗教情感，于是很快变成一个明确的既定目标。后来他家迁到路德维希堡。在路德维希堡公立学校里，献身神职的目标规范了他的学习，他连续四年参加了斯图加特委员会的年度考试。在符腾堡公国[1]，决心献身神职的年轻人需要接受该委员会管理。席勒天生性情虔诚，他的感情细腻敏感，这使他略显害羞和胆怯，但在他的外表下，夹杂着某种一直在暗自挣扎的狂热冲动，表明他的感受在细腻之外深刻又强烈。这种性情很容易发展为宗教情感，这是由早期的榜样的影响、情感的作用以及自然天性决定的。席勒满怀喜悦，期待从事神圣的职业，这是他整个童年乃至大部分青春时代的痴迷梦想。然而，到目前为止，这一目标仍在遥远的前方盘旋，而且通向目标的道路并未给他多少欢愉。神学训练尚未牢牢抓住他的注意力，他对它们的遵从只是出于责任感而非喜好。他学会了如何准确诠释维吉尔[2]和贺拉斯[3]，但据说对他们的诗歌并没有太大的兴趣。前者的温柔细腻与和顺之美，后者的幽默睿智与变幻莫测的感伤，以及两者兼具的无与伦比的优雅，当然不是稚嫩的小席勒能感知的，而且对一个如此敏感的人来

---

1. 此时，符腾堡仍为公国。19世纪初，符腾堡升格为王国。——译者注
2. 维吉尔（Virgil，前70—前19），古罗马著名诗人。——译者注
3. 贺拉斯（Horace，前65—前8），古罗马著名诗人、批评家、翻译家。——译者注

说，他们的作品一定显得冷淡而浅薄。他更喜欢默默地看着路德维希堡剧院的金碧辉煌，当他在九岁第一次看到路德维希堡剧院时，它就点燃了他的想象，并为他后来的许多白日梦提供了形象和素材。[1]在此情形下，就他的天分而论，他取得的进步不足为奇，老师们也不时态度严厉地前来家访。然而，虽然他的学习尝试随随便便，他仍可以取得成功，再加上拥有诚实正直的鲜明个性，于是人们看好他的未来。斯图加特的考官们在记录中习惯性地认可了他，或至少在最坏的情况下容忍了他。他们通常称他为"充满美好希望的男孩"。

然而，这种美好的希望并非注定要以人们期望的方式实现，变故改变了席勒努力的方向。在一段时间内，形势如此严峻，它似乎

---

1. 席勒第一次展示他的诗歌天赋也是在九岁那年，但他诗兴的缘起比舞台灵感的缘起更卑微和更不常见。他的传记作者认真准确地记录了这一小事件，细致程度仅次于博斯韦尔（Boswell）和霍金斯（Hawkins）有关利奇菲尔德鸭子（Lichfield duck）的描绘。其中一个人说："这个小故事值得一讲。席勒在这件事发生的二十多年后，自他幼年以来，第一次与他的童年朋友（即以后的来自坎特施塔特[Kantstadt]的艾尔维特[Elwert]博士）会面的时候，想起了这次冒险，以极大的兴致详细讲述了当时的情形。事情是这样的：在1768年，有一次，艾尔维特和他必须在教堂公开复述教义问答手册。他们的老师，一个脾气极坏、性情偏执的虔敬主义教徒，事先威胁他们，如果他们胆敢漏掉一个字，就要被狠狠鞭打。更糟糕的是，这位老师碰巧是在指定的那一天提问题的人。两个孩子开始回答问题时，心情都很沮丧，结结巴巴，但他们还是成功完成了任务。结果，这位态度缓和下来的老师给了他们每人2克鲁特。4克鲁特现金是一笔不寻常的奖金，如何处置它对他俩构成了一个不小的问题。席勒提议，他们应该去哈特内卡（Harteneck，附近的一个小村庄），吃一盘凝乳奶油，他的同伴表示同意。但是，唉！在哈特内卡，连一丁点儿凝乳或奶油都没有。席勒随后提出要一块奶酪蛋糕的四分之一，但这要4克鲁特都用上才够，就没钱买面包了！在两次遇阻之后，口腹之欲未得到满足的小美食家们就跑到了涅卡维茵恩（Neckarweihingen）。在那里，他们经过好一番质询，终于如愿以偿得到了相当大的一份凝乳奶油。它被盛在一个色彩艳丽的盘子里，配以银勺子。此外，只收了他们3克鲁特，所以还剩下1克鲁特给他们买一串圣约翰葡萄（St. John grapes）。席勒在这种自由愉快的氛围中非常高兴，精神焕发。他离开了村子，和同伴一起登上附近的山顶，俯瞰哈特内卡和涅卡维茵恩。在那里，他以一种真正富有诗意的腔调，对没有奶油的地区发出他的诅咒，以同样庄严的口吻祝福了使他得到美味茶点的地区。"（《弗里德里希·冯·席勒传》[Friedrich von Schillers Leben，海德堡，1817]，第11页。）

有可能阻止席勒取得任何成功。符腾堡公爵最近创立了一所自由神学院，旨在发展某些学科的专业教育。它最初建立于索里图德，他的乡村别墅之一，后迁至斯图加特，形制有所改进。我们相信它至今仍以卡尔学校（Karls-schule）的名字存在。公爵打算赋予他麾下的军官子弟到该学校接受教育的优先权。由于公爵对席勒和他的父亲印象都不错，他邀请席勒就读卡尔学校。这一提议引起了极大的尴尬，因为年轻人和他的父母都倾向于选择神职，公爵的这一新提议与从事神职的计划并不一致。公爵在得知他们的顾虑后，表示希望他们在决定前考虑清楚，这使他们处境更为尴尬。最后，席勒一家出于恐惧，很不情愿地接受了公爵的提议。告别了自由与美好的憧憬，席勒在1773年入学，怀着沉重的心情转向希腊语和法律，开始了与外界隔绝的军校生活。

果不出席勒所料，他在这所学校度过的六年是一生中最痛苦、最令人烦恼的。斯图加特的教育制度似乎基于这么一种原则：它不鼓励人们去爱护、纠正天性，而是试图根除天性，并代之以某种更好的品质。教学和生活按照军事训练的刻板形式进行，每一件事都遵循法规和法令，没有任何行使自由意志的空间，不允许任何形式的别出心裁。学生可能拥有独特的天赋或能力，但"学校的规定"丝毫没有考虑这一点。学生必须把自己融入一套共同的模式，这个共同模式就像上级指定的古老巨人之床[1]一样立在那里，不论你是

---

1. 即"普洛克路斯忒斯之床"（Procrustean bed）。在希腊神话里，妖怪普洛克路斯忒斯利用他的床来杀死过往的旅客。他最初以和善的面目出现，邀请旅人去家里休息。可是当客人入睡后，普洛克路斯忒斯就开始折磨他们。他要求客人的身高与床的长短完美匹配。如果客人是个高个子，他就会把客人的腿或脚砍掉。如果客人不够高，他就把客人生生拉长，直到把人折磨致死。——译者注

高还是矮，最后都要填补进去。同样，学校已预先为每个人严格制定了内容狭隘的阅读和写作课程，如果他想阅读或写作规定之外的东西，就只能秘密进行。管理内务者秉承与导师制课程相同的精神，即刻意排斥所有与快乐相关的事物，以及任何进行选择的机会。除了老师之外，学生们不得与任何人交谈或会面。没有人敢越雷池一步，在独裁的间隙中寻求一丝带着恐惧的欢愉，他们的娱乐活动是严格依照命令进行的。

可想而知，这一切是多么令人痛苦啊！对席勒来说，他的痛苦较之他人更为沉重。他天性热情冲动却又太过敏感，只能让不满在内心暗暗折磨他。他太谦逊胆小，无法通过行动或言语的宣泄来减轻痛苦。他将自我封闭在内心深处，痛苦不堪，却没有任何抱怨。他在此期间写的一些信件保存了下来。这些信件展示出一个狂热而活跃的头脑以某种沉郁的耐心掩盖诸多懊恼的无谓挣扎，这种无谓的挣扎只会将懊恼以更令人痛苦的方式呈现出来。他故作镇静地钻研词汇、语法，完成枯燥乏味的任务，但当他把目光投向快乐的世界，或者回忆起父母之爱、过去的希望与快乐时，他的灵魂就如同失去自由的俘虏一样，暗自憔悴神伤。在这种严酷而孤独的生活中，他忍受了无数痛苦，这使他更加坚强，形成了贯穿一生的克制而腼腆的性格。

他对法学从未产生过好感，于是法学在他的脑海中自然逐渐成为所有这些邪恶的代表，他对它的厌恶与日俱增，对此他毫不掩饰。按照规定，每位学生每年的例行活动中有一项是根据自己的看法对自身性格进行书面描述，并在指定的时间公开发表。在第一次这样的展示中，席勒大胆陈述了他的诉求，即他不适合从事法律工作，他的意愿和禀赋召唤他去从事神职。当然，这种公开声明没有任何效果，他被迫继续循规蹈矩地学习法律，他对法律的反感迅速发展为绝对的厌恶。1775 年，他很幸运地终于被允许放弃法学，但付出的代价是要被迫接受在任何其他情形下他都不可能选择的另一职业。医学是当时斯图加特学校新增的学科，但学医对席勒并无吸引力，他只是把它视作一种屈辱的奴役，用以取代一种屈辱更甚的奴役。他一心想着更崇高的目标，他认为他对未来最美好的期望被牺牲在世俗的便利和最卑微的生计上，并且感觉这一想法加剧了他现在所有的烦恼。

与此同时，这个少年渐渐成长，蜕变为男子汉。随着力量越来越强大，随着这个世界以崭新、更绚烂的色彩展现在他面前，五花八门的兴趣爱好让他眼界大开，他身上的纪律枷锁显得更为沉重了。到目前为止，他只是远观世界的大舞台，但鲜活的世界似乎因此变得更加壮美绚丽。他渴望汇入它奔涌不息的潮流，并欣喜地在他喜爱的历史学家和诗人如普鲁塔克[1]和莎士比亚[2]的作品中看到世界运动的映像。

---

1. 普鲁塔克（Plutarch，约 46—约 119），罗马帝国时代的希腊作家、哲学家、历史学家。——译者注
2. 过了很久以后，他描述了莎士比亚在他内心唤起的情感，他的性情和品位由此可见一斑。他说："当我在幼年最初结识这位诗人的时候，我对他的冷酷、他的硬心肠感到愤慨，这使他在最感伤的悲怆中也发出嘲弄的声音——一个傻瓜（小丑、弄臣、受愚弄欺骗的人）角色的引入，使《哈姆雷特》《李尔王》以及其他作品的反省场景大为减色。在我的感情加速前进的地方，他的硬心肠却使他保持不动；在我乐于徜徉的地方，他的硬心肠漫不经心地驱使他前进[……]在我把他视为我崇敬和热心学习的对象数年之后，我才真正能够爱上他本人。我还不能直接理解自然造化，我只是学会欣赏她反映在心智上并按照规则被整理后的映像。"（《席勒作品集》[Schillers Werke]，第八卷，第 77 页。）

他还阅读克洛卜施托克[1]、莱辛[2]、加尔弗[3]、赫尔德[4]、格尔斯腾贝格[5]、歌德以及其他许多人的作品，它们标志着德国文学曙光的到来。他贪婪地秘密学习这些作品，它们或给了他关于人和生命的模糊想法，或在他身上唤醒了文学荣耀的辉煌愿景。克洛卜施托克的《弥赛亚》的影响，加之他自己的宗教倾向，使他很早就开始从事圣诗（sacred poetry）创作，不到十五岁时，就完成了他所谓的"史诗"，题为《摩西》。因为格尔斯腾贝格的《乌格利努》与歌德的《葛茨·冯·贝利欣根》[6]大受欢迎，所以紧接着他的注意力就转向了戏剧。像他这样头脑中充满

---

1. 克洛卜施托克（Klopstock，1724—1803），德国诗人，"狂飙突进"运动的先驱者之一。他的代表作是取材于圣经的长诗《弥赛亚》（Messias）。诗集《颂歌》（Oden）是他最成功的作品，以友情、恋爱、爱国为主题，诗中洋溢着炽烈的自然感情，1771年出版后在青年中引起强烈反响，对歌德、席勒、荷尔德林等都有过巨大影响。参见余匡复：《德国文学史》，上海：上海外语教育出版社，2007年，第81页。——译者注
2. 戈特霍尔德·莱辛（Gotthold Lessing，1729—1781），德国剧作家、文艺理论家。他于莱比锡大学毕业后到柏林自谋生路，主要从事新闻工作。他于1755年完成市民悲剧《萨拉·桑普森小姐》（Miss Sara Sampson），之后因写了一系列尖锐的批判性文章而驰名全国。1767年，他被聘为汉堡的民族剧院的顾问和剧评家。晚年过着隐居生活，完成著名诗剧《智者纳旦》（Nathan der Weise）。莱辛的主要贡献在戏剧理论和创作方面。他的《汉堡剧评》（Hamburgische Dramaturgie）探讨了一系列戏剧理论方面的问题，为德国戏剧理论的发展奠定了基础。《拉奥孔，或论画与诗的界限》（Laokoon, oder über die Grenzen der Malerei und Poesie）是他的美学论著，探讨了诗与画的界限，以及它们反映现实的不同方法。其戏剧名作还有《明娜·冯·巴尔海姆》（Minna von Barnhelm）和《爱米丽亚·迦洛蒂》（Emilia Galotti）。——译者注
3. 克里斯蒂安·加尔弗（Christian Garve，1742—1798），德国哲学家，深受英格兰和苏格兰的启蒙运动影响，翻译了大量哲学作品。他与康德曾有过哲学上的论辩。——译者注
4. 戈特弗里德·赫尔德（Gottfried Herder，1744—1803），德国哲学家、神学家、诗人。他的作品《论语言的起源》（Abhandlung über den Ursprung der Sprache）对"狂飙突进"运动有重要影响，同时他也被认为是之后的德国浪漫主义运动的先驱之一。——译者注
5. 海因里希·格尔斯腾贝格（Heinrich Gerstenberg，1737—1823），德国诗人、文学批评家，其作品包含斯堪的那维亚神话和德国神话元素。他是"狂飙突进"运动的重要参与者之一。——译者注
6. 歌德早期的作品。全名为《铁手骑士葛茨·冯·贝利欣根》（Götz von Berlichingen mit der eisernen Hand）。次年歌德出版了令他名噪一时的《少年维特之烦恼》。——译者注

盲目冲动与莫名抱负的人一旦心生爱慕钦佩，自然要进行仿作，于是他以同样的热情投入这个新的体裁，创作了他的第一部悲剧《科斯莫·冯·梅迪西斯》。他保留了其中部分片段，并把它们穿插进他的剧本《强盗》里。大量次要的习作或保存在他的个人信函杂文集中，或发表在当时的杂志上，足以表明他已模模糊糊地找到了前进方向，并且不顾重重障碍险阻，怀着永不停歇的强烈激情去努力达到目标。

障碍险阻对他来说既不少也不小。席勒意识到了令人痛心的真理：要到达理想的世界，他必须首先在现实世界中站稳脚跟；他可能怀有崇高理想和远大抱负，可能敬畏大自然的美丽与思想的伟大，但他生来就要为了每天的面包辛勤劳作。他对诗歌的热爱带有初恋的激情，但他不能靠诗歌生活；他对诗歌过于景仰，不愿以诗歌为生。他的谨慎告诉他，他必须屈服于苛刻的必然性，必须"为格陵兰充斥着术语、贫瘠而沉闷的科学，放弃品都斯山脉气候温和的文学"[1]，但他对此毫不犹豫地服从。他以一种刻板但不情愿的忠诚继续他的医学专业学习，只有在他以超人的勤奋挤出来的闲暇时光里，他才能纵容自己追求真正热爱的梦想。席勒的天才是他的平凡品质的装饰，而不是缺乏平凡品质的借口。

如果在需要做出如此牺牲时遵从自己的原则已是痛苦的，那么忍受老师残酷而多余的限制就更痛苦了。他觉得枯燥的职责现实驱赶他远离诗歌的魅力已经难以忍受，但是严厉而正统的教师用那些武断的想法束缚他，则不可容忍且有辱人格。席勒对自身处境里的种种限制与艰辛感到忧虑。他制订了许多自救计划。有

---

1. 格陵兰大部分地区气候严寒，而品都斯山脉纵贯希腊南北，气候温暖。——译者注

时，他会秘密逃跑，匆匆一瞥被禁止接触的自由与繁忙的世界；有时，他制订计划，欲彻底放弃厌恶的地方，一走了之，把以后的事情交给命运。很多时候，就连看到课本和学校用品都会令他不堪忍受。于是他会假装生病，以便留在自己的房间里写诗，毫无阻碍地追求挚爱的文学梦想。这样的小伎俩并没有使他长久受益，老师们注意到他病假的规律性，在他生病期间也要派给他任务。就连一贯保持耐心而天性胆怯的席勒也对此忍无可忍，他十分愤慨，把练习纸扔到传话人脚下，厉声说："在这里，我会自己选择学习的内容。"

  面对这样日复一日永无休止的烦恼，平凡的人最终会沉沦，会逐渐放弃更崇高的志向，在放浪形骸中寻求庇护，或者充其量闷闷不乐地自缚于枷锁中，艰难地生存，疲惫不满，理想破灭，总是恋恋不舍地回首青春梦想，却永远无力将之实现。但席勒并非寻常之辈，行为处事亦非常人可比。他庄重而不做作，尽管天性中的友好与善意因生活中不断的阻碍、封闭、隔绝和令人痛苦的物质匮乏而受到损害，他冰冷而质朴的外表下却隐藏着熊熊燃烧的灵魂能量，没有什么可以将其熄灭。他命途多舛，思想的自然发展受到了妨碍。他的才能没有自由发展的空间，被朝着错误的方向导引，但已在反抗和自立自强的习惯中积聚力量。他的思想，在没有师长引导的情况下，已经潜入了自身本性与命运奥秘的深处。他的感受与激情无处倾吐，被迫返回其自身，在那里犹如火山之火，秘密地燃烧与融合，积攒力量，直到形成一股无可抗拒之力喷薄而出。

  到目前为止，席勒已被看作无用、不满足且不听话的男孩，但马上学校纪律的镣铐将不能再削弱和扭曲他本性的巨大力量。他像顶天立地的巨人一样站出来，用整个欧洲都能感觉到的力量挣断了身上的枷锁。《强盗》的出版不仅为席勒的人生，而且为世界文学史开创了一个新时代。毋庸置疑的是，如果不是出于斯图加特学校的变态规章制度这种很卑鄙的原因，我们无缘一睹这部悲剧。席勒从十九岁就开始创作这个剧本，剧本的各个部分都让人隐约感受到创作者的境况。它出自一个意志强悍、未受过正规写作训练的人，他被一种没有发泄途径的旺盛精力消耗着，对抑制他的障碍感到愤慨，在黑暗中与幻影搏斗，痛苦地用自己被囚禁的能量赋予幻影以生命。一种简陋的朴素与一股阴郁而强大的力量构成了作品的主要特点。这两个特点提醒我们，一方面，席勒的作品在艺术修养方面尚有缺陷，另一方面，作者情感炽热却又疲惫而焦虑。最重要的是，作者的情感流露是显而易见的，浓重的悲剧情调贯穿《强盗》这部剧的始终，如此浓重以至于常常近乎恐怖。无法形容的可怕命运被设定为主导法则：它笼罩全篇，为剧情蒙上一层阴影；在它的阴沉氛围里，人类最激烈的抗争只像闪耀的光芒，以一种短暂而可怕的光辉照亮荒野，旋即永远消失在黑暗中。人类命运不可探索的深渊敞开在我们面前，漆黑深邃，令人震惊。正如年轻人第一次试图探索它时感觉到的那样：在狂热者投身于生活之初，他很自然地会以阴沉的颜色勾勒出抑制我们才能与愿望的障碍，还有希望的欺骗性与存在的虚无，将这个没有他参与的世界与他内心曾预期过的世界进行对比。

主人公卡尔·冯·莫尔[1]属于年轻诗人们向来乐于玩味或表现的人物类型。对席勒来说，和莫尔相似的境遇一定使他对这个人物尤有惺惺相惜之感。类似当时的席勒，激发莫尔行动的是一种因遭受痛苦而对行动产生的渴望。莫尔被赋予所有洋溢着男子气概的高贵品质，而他对人生，以及他在人生中行将扮演角色的最初期望，都像一个诗人的梦想一样无限美好。但他的诸多天赋中却不包括权衡运筹的小聪明，在迫切希望达到目标之际，他忘记了这条路是一个曲折错综的迷宫，困境重重，其中有的困境可能被超越，有些只能逃避，很多则既无法冲破亦无法逃避。他因性情轻率冲动陷入这些困境，认为要穿越它们不能靠技巧和耐心，而要靠蛮勇之力。他被迷惑、被欺骗，愈陷愈深，伤痛和失望令他恼怒，却不能带来启迪。他期盼英雄，却遭遇卑鄙小人；他期待朋友，却遭遇微笑的叛徒把他引上歧途，叛徒从中浑水摸鱼，最终使他走向毁灭；他曾梦想慷慨大度与宽以待人，却发现谨小慎微是唯一不会让他遗憾的美德。他的性情过于暴躁，强烈的痛苦而今使他更趋疯狂：他自己不能冷静思考，身边又缺少能给予他忠告与建议的人；没有人给予他同情以减轻他的苦痛，亦没有智者教导他如何治愈或忍受苦痛。他一怒之下采取行动，于是他的行动盲目而惊人。既然世界并非至善的居所，他就把它视作贼窝；由于社会制度无法惩恶扬善，他就认为社会联盟是一种有害的滋扰因素，而他应该尽其所能去纠正这种恶作剧，无论采取多么暴力激烈的手段都在所不惜。报复是他行事方式的主要动因，但他却在自己眼中美化了

---

[1] 为方便读者阅读，本书中，席勒作品中角色的译名，绝大部分都参照了张玉书等翻译的 2015 年人民文学出版社《席勒文集》中的译名，只有个别译名根据需要做了调整。——编者注

它，赋予它以维护正义、惩恶扬善的公正无私的色彩。单枪匹马与整个世界抗争，诉诸"强者法则"，"以凡人之手掌控神圣旨意的天秤"，这是疯狂且邪恶的，但莫尔有一种同样可怕的灵魂的力量。有趣的是，在这个强大的灵魂与可怕的命运的较量中，后者最终压倒前者，并把它推入最黑暗的毁灭深渊。

作品富有创意的构思暴露了作者创作经验的不足，同时也彰显出青春的朝气与活力，作品的技巧手法也说明了同样的问题。这部作品的人物，即使以会发光的颜色描摹，也只是粗略勾勒的轮廓而非生动的图景。我们发现只有几处人物特写运用了细描的手法，余者皆缺乏细节刻画。所有迹象表明，这个敏锐而强悍的天才对人类的研究局限于书本：通过自我审视和对历史的审视，他能发现并牢牢抓住人性的一些主要特征，却对规范着人类实际生活中各种行为的微小而复杂的准则一无所知，因为只有去了解现实生活中的人方可揭示其中奥妙。如果这部悲剧的男主人公在这一点上是个例外，他就是唯一的例外，而且出于上述原因，他的性格与作者本人性格有些相像。然而，即使是卡尔这个人物形象的塑造，也并非尽善尽美，至于其他人物，就更不尽如人意。这部剧中的反派人物弗朗茨·冯·莫尔，是伊阿古和理查德[1]的放大版，但人物在被放大的同时又被扭曲。弗朗茨毫无现实感，他是一个纯理论意义上的恶棍。他挖空心思通过最邪恶的奸计来达到目的，并站在维护无神论和唯物主义的立场上，与牧师唇枪舌剑，来抚慰自己的良心。而莎士比亚笔下以及现实生活中的真正恶棍，则把心思用在谋划新的诡计和设计新的伎俩上，并通过有意回避

---

1. 伊阿古（Iago），莎士比亚的《奥赛罗》中的反派人物。理查德（Richard），莎士比亚的《理查三世》中的主角兼反派。——译者注

来克服悔恨自责——把希望与恐惧锁定在世俗事务中更紧迫的事情上。像弗朗茨这样的反省型恶棍是不可能存在的,他的深思熟虑将使他变得诚实正直,仅仅因为这才是最明智的策略。

这部作品中唯一的女性阿玛莉亚是诗人美丽的创造物,但像她的迫害者弗朗茨一样缺乏现实气息。她热情奔放又娴静高贵,一心一意爱着莫尔,她在我们面前行走,仿佛来自一个比我们更高尚、更简单的世界。她用情有可原的不合逻辑的隐喻说:"他即便航行在波涛汹涌的大海上,阿玛莉亚的爱也要伴随着他;他即便漫游至荒无人迹的沙漠,阿玛莉亚的爱也要让他脚下炙热的沙粒变成绿洲,使他周围的灌木开花;南方的烈日晒着他的头顶,北方的寒雪冻僵他的双脚,狂风暴雨夹着冰雹打着他的鬓额——但阿玛莉亚对他的爱还是要让他在狂风暴雨中入眠。山岳、大海、平原隔绝了情人,然而那两个灵魂还是从黏土造的监狱中飞跃而出,在爱神的乐园中重逢!"她是一位绝代佳人,是诗人理想中完美的初恋情人,却不食人间烟火。

类似的不足几乎在其他所有人物身上都可以看到。父亲老莫尔溺爱孩子,年老体弱,恐怕只有在虚构作品中才会出现如此无知的白发老人。卡尔手下的强盗被赋予更多的活力,但人物仍显粗犷且畸形,他们的个性塑造通过极力夸大人物的特殊性来实现。日后更为成熟老练的席勒谈起这部作品时,严格且中肯地批评了自己,指出作品的主要缺陷是"在连一人都未遇到过的情况下,提前两年擅自动笔塑造了这组众生相"。

他在写作艺术方面的技能超过了他对世界的认知,不过他的技能也同样并非完美。席勒在《强盗》中的写作风格,一定程度上与他表现的事件和情感一致:富有感染力,语出惊人,有时狂野而宏伟,但同样缺乏艺术感，粗犷而怪诞。他的句子，在严厉地表示强调时，犹如赫拉克勒斯[1]的权杖重重落下，笔触通常带有强烈的冲击，但行文气势不够稳健，有违和感。当莫尔陷入古老的客观必然性与自由意志的谜题构成的错综复杂的迷宫时，他认为自己不过是某种黑暗、不可抗拒的神明手中的一部机器。他喊道："我的佩里劳斯[2]为何要把我制成铜牛，在我滚烫发光的肚腹中烘烤活人？"舞台提示说，"因恐惧而战栗"，这也难怪！

席勒承认这些不足，并在上文我们曾经引用的一段话中令人信服、诚恳地解释了这些不足的缘由。"自然的某种阴差阳错，"他说，"把我的诗歌爱好与我的出生地结合在一起。任何对诗歌的偏好都是对我就读学校的规定的严重冒犯，都违背了学校创始人的初衷。我的文学爱好与军事纪律做了长达八年的斗争，但我对诗歌的热爱强烈而炽热，犹如初恋。军事纪律意图将它熄灭，它却熊熊燃烧起来。当时我尚且不谙世事，铁栏杆把我与现实世界隔绝开来，为了逃避一直折磨我的不可改变的未来，我的心灵在思想世界中寻求庇护。我对人并不了解，原因在于与我一起生活的四百个人都只是同一生物的复制品，出自同一模子的铸件，柔软可塑的自然对此庄严地予以否定。因此，在这种情势下，作为一个对人类性格和人类命运全然陌生的人，我必

---

1. 赫拉克勒斯（Hercules），古希腊神话中的英雄。他神勇无比、力大无穷，完成了十二项被认为不可能完成的任务，除此之外他还解救了被缚的普罗米修斯。——译者注
2. 公元前570年，古希腊的佩里劳斯（Perillus，又名Perilaus）为讨好残暴的僭主法拉里斯发明了铜牛刑。法拉里斯很喜欢这个刑具，但为了表明自己是一位"明主"，就把佩里劳斯给杀了。于是本来是发明者的佩里劳斯成为该刑具的第一名体验者。铜牛刑的执行方法：刑具是空心的青铜公牛，牛身上有一扇活动板门，犯人经这扇门被塞进去后，门锁起来，牛的鼻孔和嘴里留有一些小小的孔洞。行刑的时候，在铜牛底下烧起一堆大火，整个铜牛会被烤得通红，里面传出犯人如同牛吼的惨叫声。——译者注

然无法搞定介于天使与魔鬼之间的人类。在尝试的过程中，我的笔不可避免地会带来怪物。幸运的是，在这个世界，这一怪物是史无前例的，我也不想因它而不朽，只想让一个活生生的例子——天才，在与奴仆违背自然地交合后，可能会为世界诞下的子孙后代——永远保存下来。我指的是《强盗》。"[1]

然而，尽管《强盗》有这些缺陷或畸变，但它无比受欢迎的原因却不难解释。对读者来说，能否激发情感才是主要考虑因素；对大多数读者而言，这是唯一重要的考虑因素。感动别人的最大诀窍是诗人自己被感动。我们已经看到席勒的性情和境况如何使他有资格满足这一条件。医学并非他的选择，却促使他的精神状态达到某种像古希腊女祭司皮提亚那样的迷狂状态[2]。尽管他的写作才能未经训练，但足以传达丰富的情感。不只是丰富多彩：从我们的个人印象来看，《强盗》能带给读者强烈的阅读体验，甚至会使读者感到痛苦。我们的情感完全被这场灾难刺伤了，我们苦闷忧伤，就仿佛我们目睹了人犯被处决。我们反对这部作品中的不一致和粗制滥造是徒劳无益的，因为它的不足被充盈于作品的生命能量弥补。我们可以不屑地惊呼男主人公盲目而疯狂，但在他身上，有一种伟大的高贵，一股充满激情和意志的力量吸引了我们，让吹毛求疵的批评不再作声。世上最疯狂的冒险莫过于莫尔的冒险事业，但他漫无边际的思想甚至使这一事业也变得有趣。我们看到他与亡命徒结成同盟，他指挥他们这支野蛮的武装力量采取越来越大胆的行动。他反对人类的习俗常规和永恒的命运法则，

1.《德意志博物馆》(Deutsches Museum) 1784 年第五卷，转引自德林 (Doering)。
2. 根据记载，皮提亚 (Pythia) 在预言时会进入一种类似昏迷的催眠状态，由别人提出问题而她来做出解答，诡异得令当时在场的人毛骨悚然。——译者注

然而我们忧心忡忡地跟着他穿过森林和沙漠，他在那里漫游，周围危机四伏，他既受到崇高勇气的鼓舞，又被无尽无休的悔恨折磨。我们满怀敬畏地等待他命中注定不可避免的毁灭。在目睹他所有离经叛道的可怕行为的过程中，我们从未停止爱他，他是"落难的大天使"。无论是他当下感受的强烈痛苦，还是十分确定在等待着他且他的眼睛一向紧盯着的残酷的未来命运，这一切都使我们以慈悲之心看待他犯下的罪恶。当他倾诉狂野的回忆，或更狂野的不祥预感，尽管他辞藻表达过于华丽铺张，但言语之间有一种骇人的激越之情，足以令我们动容。在多瑙河畔山顶上的那一幕，他眼望着落日，回想起昔日的梦想，还有"要是忘记了晚祷就无法入睡"的时代。

尽管这一幕有诸多欠妥之处，却让人无法忘怀。"看啊，"他满怀激情地继续说道，"万物沐浴在春天柔和的阳光中。为何我一定要被排除在天堂的快乐之外，独自吸取地狱的痛苦？所有人都通过祥和的精灵互相结合，所有人都如此快乐！整个世界都是一个家庭，天父在上，但他却并非我父！我是唯一的漂泊者，独自一人脱离正义者的行列，只身闯荡。没有人用甜蜜的乳名呼唤我，我爱的人也永远不会含情脉脉地望着我。永远不会，永远不会，被知心的朋友拥抱！被杀人犯环绕；毒蛇在周围嘶嘶作响；被铁链牢牢地与邪恶拴在一处；倚在弯曲的恶之芦苇上，下面是毁灭之海湾；在快乐世界的百花丛中，一个嚎叫的魔鬼！哦，但愿我能回到母亲的子宫——但愿我生来是个乞儿！我再也不会——哦，天哪，但愿我可以做一个打短工的！哦，我会埋头苦干，直到鲜血从太阳穴流淌下来，以换得午睡的快乐和流淌一滴清泪的祝福。曾几何时，我尚且可以哭泣！——哦，和平宁静的日子，我父亲的城堡，可爱的绿色山谷！——哦，我童年时代的乐土景象啊！——你们永远不再回来了，永远不会用你们温和的叹息冷却我燃烧的胸膛了吗？同我一起哀悼吧，大自然！它们再也不会来了，永远不会冷却我燃烧的胸膛，以它们温和的叹息。它们走了！走了！也许不会回来！"

同样令人称奇的是，在独白时，莫尔手里拿着自我毁灭的工具，即一把"可怕的钥匙，将会在他身后锁上生命监狱的大门，并且在他面前打开永恒之夜的寓所"，思索他未来的命运，这一黯淡难解之谜。关于这一主题的独白，从哈姆雷特的时代、加图[1]的时代到现在的时代，一直数不胜数。也许其中最差的还更具独创性，最优秀的也不过比我们同时代这些略好些。圣多明尼克[2]本人可能会对这样一个问题不寒而栗，然后如此回答："如果你让我只身一人去宇宙某个烧焦炸毁的轨道，那会如何呢？你已将这个轨道从视野中放逐。在那里孤寂的黑暗和静止的沙漠是我的未来前景——直到永远吗？我愿意用我的幻想使沉默的荒野住满居民，我应该有永恒的闲暇来审视宇宙之悲的令人迷茫的意象。"

力量，野性的充满激情的力量，是莫尔与众不同的特质，他的整个人生经历表明了这一点。他的死与他的生一样都绽放出耀眼的光芒。在经历了血腥的犯罪、高姿态的宽宏大度和现实的恐怖之后，他认为自杀是太容易的解脱。他注意到：一个穷人在路边辛苦地劳作，为的是抚养十一个孩子；官府已经重金悬赏强盗的项上人头；黄金会

---

1. 加图（Cato，前95—前46），又名小加图。小加图是罗马共和国末期的政治家和演说家，是一个斯多葛学派的追随者。他的自杀具有浓厚的传奇色彩。普鲁塔克生动地描写过他自杀前的场景，记录了他死前的演说。——译者注
2. 圣多明尼克（St. Dominick，1170—1221），西班牙牧师，多明尼克教派创始人。——译者注

滋养这个做苦工的穷人和他的孩子们。莫尔决定把自己的人头交给穷人们。我们在遗憾和悲伤中与他告别,我们不再那么关注他的罪行,而是因他可怕的赎罪方式怜悯他。

次要人物与男主人公的品质相似,亦是浮夸铺张和真正能量的怪异混合体,但在程度上有所减弱,形式上也各不相同。在阅读这部表现他们性格和命运的作品的过程中,我们时而感到震惊,时而又备受鼓舞,我们的理解力和情感之间存在无休止的冲突。然而总体上我们的情感占了上风。作为一部悲剧,《强盗》会在很长时间里让读者惊骇,并且尽管它有这样那样的瑕疵,它还是会令读者感动。在我们的想象中,它就像某个野蛮时代的古老粗犷的桥桩——不规则、奇妙、毫无用处,但它高大厚重,富有黑暗且令人不悦的力量。作为作者早期天才和幸运的独特纪念碑,它将长久地流传下去。

出版这样一部作品自然会在文坛引起非同一般的反响。很快就出现了几乎所有欧洲语言的《强盗》译本,所有译本都被人们以浓厚的兴趣阅读。人们阅读时心里夹杂着钦佩和反感,二者之间的比例依照评判这一作品的头脑中的感受力和判断力的比例而定。在德国,《强盗》引起了极大的热情和关注。这位年轻的作家横空出世,有如一颗闪亮的流星,极度的震惊一度使冷静的理性批评无法发挥作用。对这一主题的普遍讨论持续发酵:尽管诗人本身很伟大,但是诗人的伟大已被过度地放大;尽管公众都竭力推崇他,然而对他颂扬称赞者有之,诽谤诋毁者亦有之,二者都同样超出了节制的限度,走向了极端。

某项对他的指控一定曾冲淡席勒获得文学荣耀的喜悦,并对席勒纯洁高尚的思想造成了比其他任何指控更深的伤害。指控称他的作品妨害道德事业，给性情鲁莽暴躁的青年树立了一个可供效仿的坏榜样；这个坏榜样，很可能会被年轻人热切追捧，最终使他们偏离安全的正途，走向错误与毁灭。甚至有人讲述了在当时发生的一个实例来证明这一观点，此后这个例子经常被旧事重提。据说，一名年轻的贵族天赋异禀、前途无量，但他舍弃了这些有利条件，只身来到森林，仿效莫尔，开始一连串的主动出击。还有一点也照搬莫尔——虽然他并不情愿如此——他同样死得很惨。

我们现在可能没有必要去反驳这些观点了，因为除非有人想住疯人院或者打算赴刑场，否则没有人会受这种想象中的壮举的诱惑，抛下养尊处优的生活，寻求毁灭和耻辱。例子中这位号称是德国最有天赋、最有前途的贵族，经调查原来是个德国恶棍，因放荡不羁和挥霍无度陷入贫困，于是在走投无路之下开始拦路抢劫。引诱他的并非沸腾的热情，也并非任何英雄主义的、被误导的对崇高行为的爱好。他是被更显而易见的刺激因素驱使——纠缠不休的讨债人、空空的钱袋以及声色口腹之欲。在后来的日子里，这位"哲学家"可能把席勒的悲剧称为他人生信条的来源，倘若果真如此，我们就认为他搞错了。对他这样的人来说，最大的吸引力是纵饮狂欢的魅力，而最强有力的管制手段是绞刑架，这两点在卡尔·冯·莫尔时期之前是这样，在那以后也是这样，甚至直到时间尽头都不会改变。跟这些动机相比，即使是最恶毒的书籍，其影响也几不可辨，就算可以辨识，也很难算得上是有害影响。

不管怎样，如此成就对席勒来说是始料未及的。在他的序言中，他谈到了《强盗》的道德影响，指出该作品虽然致敬了他的心灵，却表明了他心智的不成熟。他表示，很久以前他就开始尝试运用嬉笑怒骂的讽刺手法抨击时代的邪恶，但用尽了满船的嚏根草[1]却徒劳无功，所以他认为如今必须求助于更苦的良药。我们可能会嘲笑这个简单质朴的想法，并很有把握地得出结论：与其他特效药一样，目前这一味药也不会产生比较明显的效果。但席勒有比这更高尚的理由为自己辩护。总体上，他的作品为我们本性中更高尚的力量提供养分：他塑造的形象和表达的感情，尽管像合金一样融入了杂质，其目的却是提升灵魂，使之更为高尚，而这一点足以为他辩白。至于他传达的灵感被误解的危险，以及我们因对诗歌意趣的狂热而忘记审慎原则的危险，我们没有什么理由为此担心。至少迄今为止，在我们的周围，总是有足够多的单调现实在适当的时候减少我们的诗歌狂热，把我们带回清醒的散文的层级，甚至使我们降低到这一层级以下。我们应该感谢诗人的辛苦付出，并且不去苛刻地探究他的作品是否合乎道德标准。一部作品引人入胜，激发人们崇高的情感，其作者无需通过揭示该作品如何阐发了某至理名言或者反映了当代实情来证明自己的正当性；就像做善事的人不需要通过某种理论体系的推断才能证明自己行为的价值，不管这种理论体系是沙夫茨伯里[2]、亚当·斯密[3]、佩利[4]，还是哪个在当时当地受人青睐的理论体系。无论如何，作品的益处和善行的价值都独立于理论体系或至理名言而存在。

---

1. 嚏根草具有一定的药用价值，它的根可以在秋季采挖。它可以鲜用或晒干，可以内服或外用。——译者注
2. 沙夫茨伯里伯爵（Earl of Shaftesbury, 1671—1713），英国启蒙运动初期的哲学家、美学家、伦理学家、政治家。——译者注
3. 亚当·斯密（Adam Smith, 1723—1790），英国经济学家、哲学家、伦理学家。——译者注
4. 威廉·佩利（William Paley, 1743—1805），英国神学家、哲学家、伦理学家。——译者注

不过，《强盗》这部悲剧还产生了一些比理论错误更实际的麻烦。我们已称《强盗》为席勒从学校暴政和军事束缚中解放出来的信号，但它对席勒的解放发挥的效力并不是立竿见影的。起初，它似乎使他更不自由，处境比之前更危险。他于1778年完成初稿，但由于恐惧触犯学校当局，他秘而不宣，直到完成医学学业。[1] 与此同时，他因在学业上足够勤奋而获得相应的荣誉，[2] 因此1780年他在符腾堡的奥杰军团得到外科医生的职位。这一职位使他能够达成计划，即在找不到为他出版剧本的书商的情况下，自费印刷《强盗》。这部作品的性质以及它引发的普遍兴趣，引起了人们对作者私人境遇的关注。《强盗》和他这段时间在期刊上发表的其他作品，充分表明此人绝非等闲之辈。许多严肃的人对《强盗》表达的强烈感伤情绪感到不舒服，同样令这些人不快的是作者表达那些放肆言行的无可争议的能力，这能力反而使事情变得更糟糕。最重要的是，对席勒的上级来说，席勒也许是非常伟大的天才，但对于伟大的符腾堡大公殿下肯定是危险的奴仆，而这样的事情是不可思议的。爱管闲事的人也掺和进来，不但如此，阿

---

1. 在这个问题上，德林给出了一则逸事，这里可能有必要把它翻译出来。"有一次，席勒的一位老师意外发现席勒正在他的一些亲密同伴面前背诵《强盗》中的一个场景。席勒背诵的是弗朗茨·冯·莫尔对莫泽尔说的话：'哈，什么！你不知道有什么更为伟大吗？再想想！死亡、天堂、永恒、遭天谴，徘徊在你的声音中！没有一个更伟大的吗？'门开了，这位老师看到席勒绝望地在房间里来回踩脚。'可耻，'他说，'如此激动，而且像这样诅咒，可耻！'其他学生偷偷笑这位可敬的检查员，而席勒对这位老师苦笑，叫了一声：'傻瓜！'"
2. 席勒用拉丁文写成的论文《生理学哲学》（"Philosophy of Physiology"）写于1778年，从未付印出版。他的毕业论文按照惯例公开发表，它的主题相当艰巨——"人类的动物性和精神性之间的联系"。这个主题后来由卡巴尼斯博士（Dr. Cabanis）用一种令人反感的方式进行了阐述。我们从未见过席勒的论文。德林说，它早已绝版，直到纳斯（Nasse）在他的医学杂志上重新发表了它（莱比锡，1820），但对于它的价值，纳斯并未发表评论。

尔卑斯山的牧场主也被带来对此事施压。瑞士格劳宾登州的治安法官似乎已经看过这本书，他因为在作品中被按照施瓦本谚语的说法称为"普通的拦路强盗"而气急败坏。[1] 他们在《汉堡通讯》上面抱怨。某个在路德维希堡的走狗帮凶，一个叫沃尔特的人——这个名字因此值得我们铭记——自告奋勇在大公面前为他们申诉冤屈。

大公被告知情况后，以最明确的措辞表示不赞成席勒的诗歌创作工作。席勒被召唤到大公面前，结果殿下不仅对作品的道德或政治错误不满，而且对作品文学价值的欠缺也感到震惊。关于后者，大公仁慈地表示自己愿意提供帮助，但席勒似乎对此建议并不十分领情。这次会见给双方都没有带来好处。最后，大公命令席勒认真履行医生职责，或至少谨记再写任何诗歌时，必须提请他审查通过方可。

我们无需对大公的这段历史发表看法，他已为他对席勒的不公正待遇遭到足够的报复。对于绝大多数人来说，他的名字若是可以被回想起来，主要是因为那个先是被他严加管教，后又被他残酷折磨的无依无靠的青年。人们还会愤慨而欣慰地回想起：一个肤浅、暴虐的"老派贵族"百般压迫纯属偶然被他统治的"天然贵族"，最后却发现自己无法得逞！对于符腾堡公国君主来说，上述这些已是相当过分的惩罚了。他资质平庸，接受了法国审美教育，对于当时德国的他所在的阶层来说，这是再平常不过的了。他带着毫不掩饰的反感阅读《强

---

1. 这段令人讨厌的文字已被仔细地从之后的版本中删除了。它原来位于第二幕第三场，施皮格尔贝格（Spiegelberg）与拉茨曼（Razmann）对话的地方。在这里，施皮格尔贝格发表评论道："诚实的人，你可以用长茎草做出，但要做一个流氓，你必须用面粉。"但在第一版中，他还说了更多："比如，去格劳宾登州吧，那就是我所说的小偷的摇篮。"在这一场合站出来维护瑞士格劳宾登州的荣誉，否认这一沉重的指控，并谴责这一诽谤罪行的爱国者，不是道格培里（Dogberry）或弗吉斯（Verges）（均为莎士比亚的《无事生非》中的角色。——编者注），而是来自"萨利斯（Salis）的贵族"。

盗》，他只能在作者身上看到一个误入歧途的诗歌爱好者，其才华勉强使其成为危险分子。虽然他从未完全或正式取消这一不公正的裁决，但他没有穷追不放，当席勒成为世界著名的诗人时，公爵停止了对他的迫害。席勒的父亲仍在为他效力，丝毫未受连累。

然而，与此同时，各种屈辱等待着席勒。他以最严格的忠诚，甚至据说是超人的技巧，执行了驻地的卑微职责，但这只是徒劳。他是被怀疑的对象，就连他最无辜的行为都会被曲解，最轻微的过失也会招致官方最严厉的责难。他丰富的想象力则使这种邪恶变得更为深重。他在阿斯佩格要塞看到舒巴特[1]正在苦挨他枯燥乏味的八年囚禁生活，因为舒巴特是"触犯当权者的顽石"。在席勒看来，这位作家的厄运是自己的前车之鉴。他将浪费精力，与可鄙的束缚、琐碎而无休止的迫害进行斗争。面对这样的前景，席勒的自由精神畏缩了。那些迫害他的人，并不认识他却掌控着他的命运。挥之不去的关于地牢和狱卒的想象占据了席勒的脑海，使他备感煎熬。逃避它们的手段，就是正式放弃诗歌，但诗歌是他所有快乐的源泉（即使也是他许多痛苦的源泉），是他浑浊而昏暗的生活中光芒四射的指路明灯。放弃诗歌，似乎是对他性格中一切有尊严、令人愉快又值得保留的东西的死刑判决。他不谙世事，却也意识到灵魂中蛰伏的力量，并以此为荣，正如国王以他的权杖为荣。一旦这股力量被唤醒，他会冲动地一脚踢开不公正的束缚，然而他本性中的沉稳审慎，使他犹豫不决、胆小怕事。父亲的境遇给他的行动自由带来了更大的限制，因为父亲的一切都仰

---

[1] 见附录一"1. 达尼尔·舒巴特"。（克里斯蒂安·弗里德里希·达尼尔·舒巴特［Christian Friedrich Daniel Schubart, 1739—1791］，德国诗人、音乐家、记者。他因为公开批评符腾堡大公而在1777年被捕入狱。他因为写作而不断受到惩罚，并在恶劣的监禁条件下度过了十年。——译者注）

仗着宫廷的恩泽，这令席勒感到特别尴尬、不安和痛苦。最强烈且相互冲突的两种冲动让他左右为难，卑鄙的桎梏将他逼向绝望，但最值得崇敬的顾虑又妨碍他打破束缚，他不清楚该如何抉择，于是认为自己是"最不幸的人"。

时间最终给了他解决问题的办法，情况有变，他被迫做出抉择。《强盗》的大受欢迎使他与几个文学朋友建立了通信往来，他们希望赞助席勒，或支持他从事新的工作。在这些人中有曼海姆剧院总监冯·达尔贝格男爵，在他的鼓励和支持下，席勒改写了《强盗》，在某些方面对作品进行了改动，并于1781年把它搬上舞台。席勒与达尔贝格的通信开始于文学讨论，但逐渐升级到更为有趣的思想情感的表达。达尔贝格热爱并同情这位性情宽厚的文学爱好者——深陷于麻烦与困惑之中，却涉世未深，难以做到游刃有余。达尔贝格给予他忠告和帮助，席勒则以他的方式回报对方的善意。达尔贝格是他的第一个，后来也几乎是唯一一个捐助者。他写给这位绅士的信被保存下来，并在最近出版。这些信件生动展示了席勒在斯图加特的痛苦处境，再现了他希望挣脱牢笼的不加掩饰的急切与焦虑。[1]席勒倾向的计划是，在公爵的允许下，达尔贝格把他作为戏剧诗人带到曼海姆。他甚至一度想过要当一名演员。

这两个计划都不可能立即生效，但席勒的难堪处境比以往任何时候都更加令人难以忍受。作为年轻作家，他自然而然曾冒险秘密离开，并在曼海姆观看他的悲剧的首演。他的隐姓埋名并不能隐藏真实身份，他因这一过错被关押了一周。惩罚没能阻止他再次以类似方式

---

1. 见附录一"2.席勒书信摘录"。

犯错，接着他获悉当局在考虑如何以更严厉的措施对付他。他得到了关于即将来临的惩戒性严厉措施的一些神秘暗示。要想通过温和的方式避免这一切发生，席勒的唯一希望便是达尔贝格的帮助，但这却是遥远而无把握的。席勒认为自己已经身陷绝境。眼前的苦恼和最可怕的预感无所不在地困扰他，使他愤怒到了极点，但他却被迫保持沉默，装出从容的神态，这种令人发疯的束缚让他再也无法忍受了。他决心不惜一切代价去获得自由，放弃来之不易的一切（因为它们要他付出的代价实在太高昂），尽管无依无靠，没有朋友可以投奔，也要离开继母的家[1]，去伟大的生活新天地中碰碰运气。某位外国的王公贵族即将访问斯图加特，举国上下都惊动了，人们一心想看外国王公驾临的盛况。席勒抓住这个机会逃离了这座城市，无论去哪里，他都不在乎，就这样他逃出了看守、大公、军官的势力范围。那是在1782年10月。

这最后一步构成了《强盗》的出版的戏剧性终幕：它完成了把席勒从青少年以来经历的痛苦束缚中解脱出来的使命，并决定了他的人生命运。席勒离开斯图加特时二十三岁。他形容自己："他两手空空地离开了——身无分文，前途未卜。"的确，他的前景相当黯淡。他没有赞助人、社会关系，甚至也没有了属于自己的国家，他冒险独自承担了这场斗争的一切后果：没有财富，没有人生经验，也没有既定的目标，这场斗争很可能会对他不利。然而，他的处境，虽然足够黯淡，但并非完全没有光明的一面。他现在是一个自由人，贫穷但自由。在枷锁掉落的一刻，他坚强的灵魂变得活跃起来，内心深处泛起一阵狂喜，隐隐约约期待着前程万里的伟大事业。如果说他被过于粗鲁地抛

---

1. 这是比喻的说法。此时他父母都健在。——译者注

到了充满苦难与烦恼的世界，那么他本来也不是在娇生惯养的环境里长大的，早已学会了把贫困与清苦视作日常的伴侣。虽然他不知道如何在社会复杂的变迁中见风使舵，但他胸中有股可以克服千难万阻的力量。一道"来自天堂的光"照亮了他的路途，如果它不能引导他走向富贵腾达，至少使他远离卑鄙行径和堕落的恶习。文学，以及对文学的正确追求意味着的一切伟大和高尚的东西，他都全心全意地热爱着，全身心地投入这个令人心潮澎湃的事业。在朝这个目标前进的过程中，除了最起码的生活必需品之外，他几乎什么都不需要。他的生活可能不如意，但不会丧失尊严。

席勒逐渐意识到了这一切，在日子开始好转时，他也逐步改善了自己的生活条件。由于曼海姆距离斯图加特太近，他担心暴露自己，于是他经由曼海姆去了弗兰科尼亚，并化名"施密特"，艰难地生活在奥格斯海姆。但达尔贝格了解他的窘迫处境，立即向他提供金钱方面的帮助以解燃眉之急，而一位慷慨的女士为他提供了一个家。冯·沃尔措根夫人住在迈宁根附近的鲍尔巴赫庄园。说到她对席勒的了解，一方面她读过席勒的作品，另一方面席勒同她的儿子们关系亲密，他们都是斯图加特军事学校的同窗好友。她邀请他去她家，给予他亲人般的关爱，使他忘记过去，满怀希望地展望未来。

在这片好客的屋檐下，席勒得以悠闲而平静地审视自身复杂和可疑的境遇。幸运的是，他的性格不属于哀怨或感伤的类型。他不像某些人那样，对于那些人来说，不幸的压力只会带来毫无用处的痛苦，他们在本该给自己的苦难以解脱与慰藉之际，却依然在痛惜玩味或者深究哀叹自己的苦痛。就席勒而言，强烈的情感一直是采取有力行动的号角。他拥有高度的战胜哀伤的能力，他排解苦闷不是凭借那些教导人们忍受痛苦的格言，也不是通过声情并茂地抒发愁思，而是制订计划摆脱哀愁。这种性情和习惯，即使在天才，这个比纯粹的伤感主义者更高层次的人群中也很少见，因为天才的情感常常大大超出他们的创造力或行动力。我们认为这种性情或习惯对他后来的品行幸运地产生了非凡的影响。席勒具有如此的性情禀赋，现在他已成为自身行动的主宰者，他不可能长时间缺失计划或任务。在鲍尔巴赫安顿下来后，他立即重新开始诗歌创作。他要么在幻想王国里忘记了自身现实状况含糊不清的不确定性，要么在文学生涯里看到了改变现状的前景。在许多稳健而明智的人看来，他此前的做法确实不够审慎。自然许多人会预感到，一个人如此匆忙地离开港口，鲁莽地扬帆起航，很可能会在船没行多远之时遭遇海难，但几个月后，此类预言不攻自破。席勒出走后还不到一年，就出版了两部悲剧，《斐耶斯科的谋叛》和《阴谋与爱情》。事实证明，尽管他选择的生活充满危险和艰辛，但是他的才华足以使他游刃有余地面对。《斐耶斯科的谋叛》是他早在于斯图加特被捕期间就着手创作的作品，它和《阴谋与爱情》一同在1783年出版，不久在曼海姆剧院上演，并得到普遍认可。

自《强盗》完稿以来，倏忽间，三年时光飞逝，从剧本初稿竣工以来也已五载。在此期间，席勒以怎样的热情从事他的精神文化工作，又取得了怎样的成功，这两部戏剧便是最好的证明。在这两部作品中仍可以感受到青年初恋的激情，但这激情如今在更成熟的理性命令下受到磨炼，并赋予更令人愉快、更精巧的想象以生命力。席勒的艺术理念得到了扩充，变得更加清晰，他的人生阅历有所增长。他展示了对人性的基本原则和周围环境的更深刻的了解，以及对表现它们的形式的更成熟、更公正的态度。

在《斐耶斯科的谋叛》中，我们不仅必须激赏作者注入所有人物的旺盛生命力，而且还必须钦佩他既赋予人物差异性，又没有过分夸张的高超娴熟技法，以及他再现人物行动场景的惟妙惟肖。在我们面前，这部作品清晰地呈现了热那亚贵族的政治关系与个人关系，以及占据贵族内心世界的奢华富丽、阴谋世仇和尔虞我诈的利益冲突。我们心领神会地欣赏阴谋的错综复杂，身临其境般融入以悲剧收场的浮华壮观的情节，而终场以不同寻常的效果被呈现。午夜，熟睡的城市一片寂静，打破这片寂静的只有远处守夜人的声音、大海低沉沙哑的耳语声，以及斐耶斯科轻轻的脚步声、故意压低的说话声。通过简洁但富有画面感的笔触，有关这座寂静的城市的想象被传达给我们。我们似乎立在热那亚的寂寥落寞中等待信号，它将在热那亚的睡梦中突然发出可怕的炸响。最后，枪开火了，随后的疯狂骚乱也得到了同样惊人的展现。暴行及其声音，惊骇与恐怖，炮弹齐发，钟声大作，数千人集会的欢呼声，"热那亚与斐耶斯科交谈的声音"，所有这一切都以强烈而清晰的效果呈现给我们。这本身就足以表明作者杰出、周到、细致的构思才能，以及非凡的布局谋篇与语言表达的技巧。

但构成我们艺术享受主要部分的，并不是对环境和可见场景的恰如其分的描述。透过模糊与混乱抓住抽象或客观物质对象的典型特征的能力，以及生动刻画客观物质对象或者精确敏锐审视抽象对象的能力，是才智的重要属性，并以其最佳状态在智力的等级划分中处于很高的层次。但诗人的创造性才能，特别是戏剧诗人的创造性才能，是超乎寻常的，它要更为罕见，并从属于高得多的级别。在这一点上，《斐耶斯科的谋叛》虽未接近完美，但仍然站在一个卓越的高度。整体上，人物形象的构思与塑造充满活力，给人留下深刻的印象。作品中仍有旧日瑕疵的痕迹：天才作家似乎仍然存在柔韧性欠缺的问题，动作刻板僵硬、迟钝笨拙。他的崇高庄严不容置疑，但这种崇高庄严并非不借助简单粗暴的对比和单纯的戏剧效果的力量。他兼用浓彩重色与有光泽的颜色进行绘制，但没有足够的技巧使它们微妙地融为一体。与其说他净化自然，不如说他放大自然。他运用省略的写作手法，却不能很好地隐藏省略本身。《斐耶斯科的谋叛》并不完全拥有既忠于现实又美化现实的艺术魅力。它的吸引力在于宏伟壮观，必须远观方能得其妙处。然而，这部作品的总体质量使我们欣然原谅这些不足。如果说它的戏剧模仿并不总是完全成功，那么它与成功之间的距离也从未遥远，有感染力的思想感情源源不断地阻碍或防止我们对失败有所察觉。我们发现了伟大的哲学洞察力的证据，由精湛的历史与人类研究指导的伟大创造力的证据。情感、意象的刚劲庄严随处可见，赋予作品以生命力。主要事件光彩夺目、宏伟壮观，相应地，主要人物具有威严与强势的一面。饱满的热情，强大的理解力和想象力，在各个方面都被呈现出来，整体效果富有感染力且令人振奋。

  斐耶斯科本人是一个既具有存在的可能性又在悲剧意义上有趣的人物。他韬光养晦，以奢华的放荡生活掩盖大胆的计划，使他隐藏的粗野力量变得柔软。他无法估量的骄傲不仅发展成不屑于臣服他人，而且发展成最崇高的宏伟气度。他在自己的无所畏惧和泰然自若中形成的权谋善变，使得他对命运的盲目自信似乎有道理。他的野心与他的其他品格的高尚相辅相成。相比之下，他更在意的是在宽宏大度和品格的伟大上战胜竞争对手，而不是在权势上。在他看来，权势是伟大品格的象征，又是对伟大品格的恰当运用。斐耶斯科的野心是所有人的普遍愿望，即扩散自己的个人影响，看到自己的行动从联合起来的数百万人的头脑中反射回来，但拥有这一普遍愿望的斐耶斯科却并非普通人。他渴望成为统治者，并不是因为他想通过武力执行自身意志从而支配他人意志：他希望一旦他的卓越而伟大的品格得到彰显，我们会瞬间为之倾倒，从而使他成为我们的领袖；他想篡夺政权，主要是想借此彰显自己的伟大品格。"他看重的并非竞技场，而是竞技场里的东西。"君权惹人羡慕，不是因为它外在的辉煌，不是因为它是普天下的百姓惊叹的对象，而是因为它提供了一个国家集合起来的全部力量，足够让最崇高的凡人发挥自己的导引才能。"分散雷声，"斐耶斯科大声说道，"使之成为单独的音符，它就只是婴儿的摇篮曲。但若滚滚雷声形成一长串的轰鸣，其盛大之音足以令天堂动容。"他对妻子的感情与他在其他方面的激情一样热烈，他的心可以被他的莱奥诺雷的温和劝说融化，变得无能为力、柔情似水。抬高如此可爱之人的身份地位的想法，很大程度上与他这个冒险事业的其他动机结合在一起。事实上，他是一位伟人，可能会是一位德高望重的人。尽管他追求宏图伟业时背离了清白做人的准则，但我们仍然尊重他的卓越品质，并承认是诱惑的力量把他引上歧途。即使当他在刻板的爱国主义和更灵活通融的爱国主义之间挣扎了一夜之后，我们对他的思想感情的谴责也只是轻描淡写。他从房间里向外张望，这时太阳正在升起，平静而美丽，为海浪、山脉以及热那亚无数的宫殿、穹顶和尖塔镀上一层金色，他在沉醉中宣称："这座雄伟的城市——我的！像君临大地的白昼一样，使它罩上橙红色。手握君主的权柄为之忧心——所有这些无眠的渴望，所有这些永不满足的愿望，难道都要被淹没在那深不可测的汪洋里吗！"我们钦佩斐耶斯科，但我们反对他，却又同情他。他被他亲自发动并以为可以操控的笨重机器无情碾压。我们哀叹他的命运，但承认他罪有应得。他是不折不扣的"个人自由意志的代表，作为祭品被奉献给了社会传统力量"。

  斐耶斯科并不是这部以他为名的剧作中唯一具有吸引力的人物。凡里纳狭隘的狂热共和主义美德，老多利阿温和而可敬的智慧，他的侄子挥霍无度的放荡，甚至是冷漠无情、志得意满、无可救药且凶残的莫尔，都在我们记忆里占据一席之地。但是，除了斐耶斯科，最令我们痴迷的人物是他的妻子莱奥诺雷。莱奥诺雷与《强盗》中的阿玛莉亚相似，但处于更复杂的人际关系之中，更接近人类的真实境况。她是那种席勒最喜欢描绘的女主人公。她性情柔弱，温顺腼腆，但因怀着对一切卓越而美好事物的超凡热忱而神采飞扬，她迷恋自己的丈夫，就仿佛她与他是一体的。她梦想去到一个遥远而宁静的地方，在那里斐耶斯科是她的一切，她是斐耶斯科的一切。她关于爱的理念是："她的名字应该隐藏在他每一个想法背后，通过大自然的每一个物体向他讲话。对他来说，这光明雄伟的宇宙本身就好似璀璨的宝石，在这块宝石上永远铭刻着她的且只有她的形象。"她的性格似乎是斐耶斯科的翻版，却去除了粗犷的勇力，剩余的部分化为超然的纯洁、温柔和动人的优雅。嫉妒无法使她恼羞成怒，当她感到自己被抛诸脑后时，她暗自神伤。只有爱才能燃起她的激情，在爱神的作用下，她忘却了所有的软弱和恐惧。在决定斐耶斯科命运的那一夜，她不能独自留在宅邸里，她仿佛受到了鼓舞，冲上去与丈夫同生共死、荣辱与共，最终在动乱中死去。

莱奥诺雷之死[1]，在此时此刻如此发生，被认为是作品的一个败笔，而斐耶斯科之死，是席勒偏离历史的尝试，理应获得更好的评价。斐耶斯科在这里不是偶然被淹死的，而是被义愤填膺的凡里纳猛然间推进波涛汹涌的大海，凡里纳在面对政治背叛的愤怒中淡忘或克制了友情。"戏剧的本质，"我们被公允地告知，"不允许它听凭偶然性抑或直接的天意的操作。高高在上的神灵可以辨认出一个在世界体系范围内全面铺展延伸、悬浮在未来和过去最遥远的极限上的事件的微小纤维，人类却只能察觉孤零零地盘旋在宇宙空间中的行动，无法察觉它以外的东西。但艺术家必须为短视的人类描述一切，并借此指导人类，而不是服务于目光如炬的超级力量，因为那是他要取法效仿的对象。"

在《斐耶斯科的谋叛》的写作过程中，席勒从历史中汲取主要的原始素材，但他可以通过华丽的语言表现和读者头脑中预先存在的观念来增强效果。事件的严重性和局势的特殊性使他如得神助，像在《强盗》中那样具备了某种天然优势。《阴谋与爱情》并没有此类优势，因为它是原生家庭悲剧。它的魅力在于它本身，它依赖于一种非常朴素的感情，并因没有非常特殊的情节而显得庄重。《阴谋与爱情》，这个标题正确标明了其实质，它的目的是表现冲突，表现政治操纵、冷酷的人情世故与年轻人纯洁爱情之间的冲突，而前者最终战胜了后者。年轻的心尚未被日常生活的晦暗习气污染，天真无邪且毫无算计，厌恶空洞的繁文缛节，愤然抛开生活习气强加给他们的龌龊束缚。尽管平心而论，生活习气如此令人不齿，但它们正是

---

[1] 莱奥诺雷女扮男装打算与丈夫斐耶斯科并肩战斗，但被一心急于杀掉老多利阿公爵的斐耶斯科误杀。——译者注

利用数量上的优势严重束缚了一切。这个想法毫不新鲜，这是一场大多数人自己都可以想得到的冲突，许多思想激越的人在某种程度上总是在进行的冲突。以这种朴素的形式使之成为戏剧的主题，似乎是席勒的独创。尽管我们认为好评并非他事业的价值所在，这部剧还是收获了大量好评，但这些好评相当大程度上是对演出而非对剧本创作的赞誉，同时大量毫无价值抑或令人讨厌的模仿之作还拉低了本剧的评价。同样的基本构思也被科策布[1]之流和其他"雅各宾派知识分子"歪曲成无数种不同的样子，他们还用各种华丽俗气的装饰对之进行打扮。他们的作品被我们错误地冠以"德国戏剧"之名，在英格兰理所当然地受到轻视。虽然部分怨恨只是针对这些言过其实、轻浮、异想天开之人，却似乎影响到了某些评论家对席勒这部剧作的评判。奥古斯特·威廉·施莱格尔[2]轻蔑地谈起这部作品，他说："它会因其过度苦情而无法感动我们，但我们很可能会因它留下的苦痛印象备受折磨。"我们的亲身感受却不同于施莱格尔。在路易丝和费迪南·瓦尔特这两个人物身上，我们几乎没有发现苦情的迹象，至于他们的感情，我们并不认为有何过错。我们看到的是，他们的感情与清醒的判断力结合，因纯洁的心灵得到净化，并在可敬的决心下受到抑制，它的一切都是无可非议的、适度的。我们相当钦佩诗人的天才，他可以把贫穷乐师的女儿提升到女主人公的地位，可以恰如其分地表现两个高贵的人，本是天造地设的一对，却被不

---

1. 奥古斯特·冯·科策布（August von Kotzebue, 1761—1819），德国剧作家，他的许多剧作曾流行于德国和英国。——译者注
2. 奥古斯特·威廉·施莱格尔（August Wilhelm Schlegel, 1767—1845），德国诗人、翻译家及批评家，德国浪漫主义文学重要的领导者和理论家之一。——译者注

同的等级地位无情分开。我们对他们感情的同情已足够使我们对他们的命运产生真正的兴趣，并在他们身上看到作者希望我们看到的东西，即两个纯洁高尚的人陷入奸计的圈套，并因自身品格的至善和他人的至恶走向必然的毁灭。

费迪南出身贵族，但他不相信"他的贵族特权比宇宙的原初计划更古老或更具有权威性"。他言谈举止酷似一个愿意为理性和真正的荣誉牺牲一切，但决不会对习俗惯例做出任何让步的青年男子。他对路易丝的爱情是这种性情的标志，并为性情提供必要的滋养，虽然并非其原因。他对她怀着无限的爱恋，把她视作平生唯一知己，并且这种感情升华为灵感，启迪他天性中早已秉持的信念。我们陪伴他走在正直的道路上，并且欣喜地看到，他用健壮的手臂把诡计与诱惑猛地推到一边。卑鄙的父亲及其更卑鄙不堪的同伙起初试图以诡计使他就范，却终归徒劳无功。这种天生诚实正直的人，勇敢无畏却又缺乏经验地与自私自利和奸猾狡诈对抗的场面颇具魅力，但令人痛惜的是，成败很少如我们所愿。

路易丝是慷慨仁厚的费迪南理想的伴侣，诗人恰如其分地塑造了她的人物性格。她怯懦谦卑，她内心深处的情感和多才多艺的灵魂被冷酷无情的世俗命运掩盖。除了她内心与生俱来的圣洁和她敏锐的无师自通的理解力之外，没有任何人可以为她提供忠告建议。然而，在考验到来的时刻，她可以听从二者的指令，展现出纯洁高尚的品行，而相比之下，间接获得的谨慎、财富乃至头衔只会相形见绌。她的孝顺、对所爱之人天使般的依恋、令人崇敬的质朴的虔诚，与她所处的外部环境的黑暗形成了鲜明的对比。她在我们面前犹如"荒野中残留在花茎上的一朵玫瑰花"，我们悲痛地看着它被粗暴地碾压践踏。

路易丝和费迪南的纯洁无邪、热情奔放、被升华的生命和悲惨的命运给这部悲剧增添了一股强大的魅力。精美的雄辩之词，以及感动我们的或高尚或感伤的场景比比皆是。我们几乎很难回忆出哪个片段比结尾更令人震撼：费迪南被最邪恶的阴谋欺骗而对恋人的美德产生怀疑，用毒药杀害了自己和恋人。在他的绝望中有一种忧伤和庄严的力量，尽管他彻底失败，他似乎仍然不可战胜。敌人用欺骗的手段蒙蔽他，限制了他的自由，但像参孙[1]一样，他可能会推倒牢房，将自己与所有陷害他的人一起埋葬在废墟中。

剧中的其他人物，虽然总体上表现得体，但并没有出彩到能获得我们较多的关注。乌尔姆[2]，是自己毫无原则、诡计多端的父亲的首席顾问和代理人，为人心狠手辣，但他的邪恶没什么独特性。他比那些现代小说里的恶毒检察官，那些枯燥乏味、冷酷，现在看来很粗俗的恶棍角色好不了多少。卡尔普[3]也只是个没有文学价值的角色，更糟糕的是，席勒只对这个人物进行了一般性的处理。卡尔普属于那种金玉其外败絮其中的蠢人，这类人往往占据宫廷，但他缺少这类人应有的优雅和机敏。与其说他是笨蛋，不如说他是傻瓜。与其说他不正常，不如说他十足愚蠢。席勒的强项不在于喜剧，而在于更崇高的体裁。这部作品的伟大之处在于男女主人公。在这方面，它是同类作品中的

---

1. 参孙（Samson），《圣经·士师记》中的犹太领袖。凭借神赐的极大的力气，参孙徒手击杀雄狮，并只身与以色列的外敌非利士人争战周旋。非利士人让参孙的情人大利拉套出参孙神力来自头发的秘密，挖其双眼，将他囚于监狱中折磨。此时参孙向神悔改，求神再次赐他力量，于是他的头发渐渐长起来。他抱住庙中两根主要支柱，身体尽力往前倾，结果柱子及房子倒塌，自己与敌人同归于尽。——译者注
2. 这个词在德语中有"寄生虫""小孩"的意思，暗含作者对该人物的讽刺戏谑。——译者注
3. 这个词在德语中有"蠢牛""笨蛋"之意，剧作家以此给这位反面人物起名，有讽刺之意，同时也暗示了人物的主要性格特点。——译者注

翘楚。作为一部反映平民生活的悲剧，据我们所知，很少有能与之相匹敌的作品，更没有哪一部能比它更胜一筹。

《强盗》《斐耶斯科的谋叛》《阴谋与爱情》这三部作品的问世，已经向世界宣布，又一位伟大的创作天才横空出世。如果这位天才年轻时就展露出这样的才华，那么对他的创作成熟时期，我们也许可以抱有最高的期望。这三部戏剧在性质、形式以及时间上都存在联系：它们展示了席勒创作思想修养的成长；展示了青春的似火激情，被激怒后的狂暴；它们在情节发展上令人惊异而非令人叹为观止；这种激情逐步让位给理性的影响，激情渐渐受到明智判断与更广博知识的约束。在这三部戏剧作品中，《强盗》无疑是最独特的，而且很可能是最受欢迎的，但后两部作品在有艺术品位的人眼中价值更高，而且更值得人们认真严谨地去研究。

随着《斐耶斯科的谋叛》与《阴谋与爱情》的问世，席勒文学生涯的第一个阶段就此告一段落。他那种年轻人特有的暴风骤雨般的困惑迷惘正在渐渐平息，在经历了所有的脱轨、拒绝、迷惘的徘徊后，他即将抵达真正的目的地，更为平静的岁月向他敞开大门。贡献给世界这样两部悲剧作品，使他的朋友达尔贝格更愿意支持他的抱负。席勒最终满意地看到最理想的计划得以实现。在1783年9月，他以剧院诗人的身份来到曼海姆，这是一个受人尊敬、收益还算过得去的职位，他立即全心全意地履行自己的义务。不久之后，他当选为在曼海姆设立的旨在弘扬文学的德意志协会[1]的成员。他非常看重这一荣誉，因为这既证明他从一个受到高度尊敬的权威组织那里赢得了尊重，还

---

1. 德意志协会（German Society），即普法尔茨选帝侯德意志协会（Kurpfälzische Deutsche Gesellschaft），简称为德意志协会。——编者注

将他与意气相投的人更紧密地联系在一起。同时，最为重要的是，这使他永远不必再为斯图加特政府的追捕而担惊受怕了。从他抵达曼海姆以来，一两起可疑事件再次引起他的警觉，但现在他已被承认为普法尔茨选帝侯[1]的子民，并根据法律成为该国公民，他再也不用畏惧符腾堡公爵的淫威了。

席勒对他的适中收入感到满意，他现在安全自由，并被爱他和尊敬他的朋友环绕，于是席勒自信地期待他一直竭力寻求却始终未果的不受干扰的创作生活。这一令人欣喜的境遇改变对他产生了何种影响，是不难猜测的。多年以来，他习惯了焦虑不安和悲伤不幸的生活，如今本身就甜蜜的安宁、自由与希望，由于新奇而更令他觉得甜蜜非常。平生第一次，他看到自己被允许按照心意服从天性中占主导地位的偏好；平生第一次，爱好与责任并行不悖。他的行动力在这一有利的环境中复苏了，重新焕发生机与活力，在很长一段时间里被阻挠并渐被遗忘的计划再次被点亮，它们实现的可能性明显起来。当席勒感觉到可以自主支配自己的才能时，极大的自豪感使他喜形于色，他开始考虑如何充分发挥自己的才能。"我解除了所有的联系，"他说，"如今公众是我的一切，我的研究对象，我的君主，我的知己。从此以后，我只属于公众，我将只接受公众而非任何其他法庭的裁决，这是我唯一尊敬和畏惧的裁判。当我决定不再受除世界的裁决以外的其他力量的羁绊，不迎合除人类心灵以外的其他王权时，某种雄伟壮丽的东西浮现在我的面前。"

---

1. 普法尔茨（德语：Pfalz，英语：Palatine）选帝侯，神圣罗马帝国的选帝侯之一。此时的普法尔茨选帝侯为卡尔·特奥多尔（Karl Theodor，1724—1799）。上文的普法尔茨选帝侯德意志协会便是他于1755年设立的。——译者注

这段文字摘自《塔利亚》[1]的序言，这是他在1784年着手创办的期刊，该刊致力于探讨与诗歌有关的主题，尤其是戏剧。作为这一部分的总结，我们要说，他开始履行艰苦危险但又光荣崇高的职责，投身于发现真理和创造知性美的生活。他从此成为完全意义上的文人。

1.《塔利亚》(*Thalia*)，全名《莱茵塔利亚》(*Rheinische Thalia*)，下文常以《塔利亚》简称。这一名字有可能取自希腊神话中缪斯女神中的塔利亚，她掌管着喜剧和牧歌，她的名字在古希腊语中的意思是繁荣。它也有可能取自希腊神话中美惠三女神之一的塔利亚，这三位女神负责主持宴会、舞会以及其他社交活动。——译者注

第二部分

从席勒在曼海姆立足到定居耶拿
1783—1790

如果了解知识是为了实践知识，如果名望带来尊严与内心的平和，或者幸福在于以适当的食物滋养心智，以丰盈的理想之美充实想象力，文学生活将是尘世间最令人钦羡的命运安排。但事实远非如此。文人并非具有超出常人的永恒不变、无坚不摧的意志，认识和行动对他来说截然不同，正如它们对普通人一样。他的声名很少会对他的人格产生有利影响，更不可能使他内心更平和。声名的灿烂的光辉是外在的，是给外人的眼睛看的，但在内心深处，它是躁动不安的滋养品，是向不断折磨人的野心之火泼去的热油，让暂时平息的火焰重新熊熊燃烧。此外，文人并非完全由精神凝聚成的，他是由黏土和精神混合而成的。他的思维能力可以得到最好的训练和磨砺，但他也必须在思想以外拥有情感使自己愉悦，他的温饱需求也必须获得满足，否则他将无法生存。他的生活方式远非最令人羡慕的，甚至也许是在热切的头脑努力表达其活动的诸多模式中，最受痛苦与堕落困扰的那种。读一下作家传记便知！除了纽盖特监狱日历[1]以外，文人传记是人类历史上最丑陋的篇章。这些人的灾难是一个让人浮想联翩的话题，他们的缺点和恶习往往与他们的灾难携手并进。也不难看出这是为什么。天赋，不论何种，通常都伴随着一种特殊的敏感。对于天才来说，敏感是他们最基本的构成成分。对于心思如此敏感之人，任何生活都足以让他们忧伤哀愁。文学思维的运用加剧了这一自然趋势，常常推波助澜，使如影随形的烦恼发展为病态的愤慨。文学生涯的烦恼与辛劳无所不在，它的乐趣却太缥缈不定，太转瞬即逝，无法源源不断地提供构成当世幸福的粗俗但却富足真实的满足感。有才智的人的最精湛的努力成果很少能带来愉悦，通常只会带来苦痛，因为人的目标总是远远超出了自身力量。这些工作能获得的外在补偿，即它们被授予的荣誉，价值更小。即使是在取得成功时，人对荣誉的欲望也无法获得满足，而当遇到阻碍时，对荣誉的欲望导致嫉妒和羡慕以及每一种既可怜又痛苦的情感。因此，如此强烈的个性，却几乎没有任何东西来限制或者满足它，同时又有太多的东西来烦扰或诱惑它，由此产生的矛盾很少有人可以解决。于是有了文人的不幸，有了他们的缺点和愚蠢行为。

因此，文学很容易沦为一种危险且令人不满的职业，甚至对于业余爱好者也不例外。但对一个社会地位和世俗享受皆取决于文学事业的人来说，他不是为了写作而生存，而是为了生存而写作，其艰难与风险更是极大增加。一个才华横溢却命运不济的人，在喧嚣扰攘的尘世间，受尽排挤倾轧，很少有什么能比这更令人痛心，他不适合去忍

---

1. 纽盖特监狱日历（Newgate Calendar），指英国伦敦的纽盖特监狱的日历，它上面记载着真实犯罪案例。——译者注

受生活的狂暴打击。他可能抱有最高尚的想法，却受到最卑微的需求的阻碍；他怀着纯洁神圣的意愿，却在生存的压力抑或一时的冲动驱使下偏离正轨；他渴望荣耀，却常常连面包都吃不上；他在纯净的想象天堂和肮脏的现实沙漠之间徘徊；他在最艰苦的努力中受挫遇阻。这类文人，不满足于自己最好的表现，厌恶自己的命运，日复一日疲惫地与黑暗的苦难交战，焦虑、懊恼、失望、郁郁不得志、怒不可遏，同时是悲剧和闹剧的受害者，是精神与物质之战的最后一个绝望无助的前哨。许多品行高洁的人在苦难的腐蚀下悲惨地死去，留下未竟的事业！他们中一些人处于极度的饥饿状态，比如奥特韦[1]；一些人陷入黑暗的精神错乱状态，比如考珀[2]和柯林斯[3]；一些人如查特顿[4]，找到一种更决绝的终结方式，愤慨地毅然离开一个对他们并不友好的世界，去那个坚固的堡垒里寻求避难，从此远离贫穷与冷落，以及血肉之躯命中注定要承受的无数打击。

然而，在这些人中间，我们会发现人类最杰出的代表和最主要的恩主！正是他们唤醒了我们灵魂中更优秀的一部分，给了我们比权势或享乐更好的目标，帮我们抵挡住尘世间金钱至上的统治。他们是思想征途上的先锋、知识界的拓荒者，从空闲的荒野中为他们更幸运的同胞开拓出思想与行动的新疆域。可怜他们在所有的征服中如此慷慨地造福于他人，自己却几乎一无所获！但低声抱怨于事无补。他们

---

1. 托马斯·奥特韦（Thomas Otway，1652—1685），英国剧作家。——译者注
2. 威廉·考珀（William Cowper，1731—1800），英国诗人。他深受长期的精神健康问题困扰，曾因此住院。——译者注
3. 威廉·柯林斯（William Collins，1721—1759），英国抒情诗人。他深受精神健康问题困扰，曾因此住院。——译者注
4. 托马斯·查特顿（Thomas Chatterton，1752—1770），英国诗人。1770年，他在伦敦穷困潦倒，但不愿向人借钱或乞讨，终于在绝望中自杀。——译者注

是这个伟大事业的志愿者，他们权衡了该事业的魅力和危险，他们必须像所有人一样，遵从自己的最后决定。他们踏上的路途充满艰难险阻，但并非一切艰难都不可避免，而只要方式得当，并非没有伟大的回报。如果作家的生活比他人更为动荡和痛苦，它也可能更为崇高、令人振奋；命运可能使他不幸，但只有他本人才能让自己卑鄙龌龊。事实上，天才的人生既有光明的一面，也有黑暗的一面。如果说，审视文人的悲惨境遇，以及更糟糕的，他们中如此之多的天赋异禀者的自甘堕落，是令人痛心的，那么另一方面，我们会备感振奋地想到，极少数的那些文人镇定而威严地经受住了生活各个领域尤其是他们从事的领域中可能存在的诱惑与磨难的考验，如今不仅以其作品而且以其品行在我们的记忆中享有神圣的地位。这样的人是这个低下世界的花朵，伟大的名号只有用在此类人身上才能起到真正的强调作用。在他们的经历中，作品和品行的协调一致耐人寻味："要写出英雄史诗之人，需使自己的一生成为英雄史诗。"

这便是我们的弥尔顿[1]的观点，更难得的是，他也做到了这一点。在弥尔顿这位作家中道德高尚的王者看来，一个来自不同时代和国家的英雄群体也可以加入他本人的行列。这个英雄群体作为"一群见证者"，在真正的文学家朝圣之行的路途中环绕着他，鼓舞他志存高远、赶超古圣先贤，满怀希望地为文学家形单势孤的思想喝彩叫好，教育他拼搏、忍耐、战胜困难，或在失败与沉重的痛苦中——

---

[1] 约翰·弥尔顿（John Milton, 1608—1674），英国诗人、政论家、历史学家。他生活于英国17世纪中期政治动荡的年代，经历了英国内战、英国短暂的共和制时期，以及之后的君主制复辟。他写过大量的小册子和政论。共和国时期，他曾担任公职，服务于共和国的对外交流和政治宣传。王朝复辟以后，弥尔顿一度被捕入狱。——译者注

> 拿顽强的耐力武装那铁石心肠，好似百炼才成钢。[1]

在这个令人敬畏的文学家系列中，我们可以添上席勒的名字，使之与弥尔顿同列。

席勒生活在比弥尔顿更加太平的年代，他个人克服的障碍抑或为原则作的牺牲，与弥尔顿相比，简直就是小巫见大巫。然而，他仍然要面对属于自己的考验，他作品的仰慕者无需为他承受考验的方式而羞愧。有这么一种美德，它是许多美德的根本，也是一切美德中最重要的，而席勒在他所处的环境中就高度具备这种美德。他以全部的热情始终如一地投入他刚刚开始的事业。对一个热情不太高的人来说，超常的先天禀赋可以作为长期懒散的借口，而这种懒散状态也只会被偶尔为之的随意发挥打断，但对席勒而言，超常的禀赋只会激励自己不断提高发展自己的先天潜力。他心目中"理想的人"，即他自己应该成为的样子，是按照一个严格而不寻常的标准构建的，而达到这个永远若即若离的完美标准，是他一生孜孜以求的目标。这一为人处世的最高原则从未停止启发他活跃的思维，并以一种坚定的连贯性贯穿他的日常表现和个性人格，而鉴于他个人经历的诸多不稳定因素，他品行的稳定连贯显得尤为重要。他的财力、住所、合作伙伴、名利前景，随时可能发生变化，但这一意志不会改变，它始终与他同在，给他思想与心灵的每一种优秀才能注入力量，赋予他在命运的兴衰变迁中源自自身的尊严。他本性中的热情克服了虚度年华与犹豫不决的诱惑，克服了在懒惰和艰苦劳作之间的摇摆不定。文人孤零零地工作，没有

---

1. 此处引文出自弥尔顿的《失乐园》第二部第568—569行，引自弥尔顿：《失乐园（上）》，金发燊译，桂林：广西师范大学出版社，2004年，第78页。——译者注

任何紧迫具体的需求召唤，他的酬劳也只是遥远而不确定的好处，因此文人特别容易受到薄弱的意志力及其带来的令人痛苦和衰弱无力的后果的影响。在一般的品格力量的帮助下，矢志不渝通常会确保坚持不懈的恒心。这种特质不在基本美德之列，但对形成一生良好的品行来说，它的重要性不亚于任何基本美德。人类九成的苦难与恶习是由无所事事引起的。一个思维敏捷的人，经历许多失望和计划受挫后，易于染上这种陋习，而这一陋习对他们又尤其有害。一般人计划失败，与其说是因为力不从心，不如说是因为方向错误。最柔弱的生灵集中力量于单一的目标，可以取得一些成就，而最强大的生命将精力分散到各处，可能一事无成。滴水以其恒久的坚持可以穿透最坚硬的岩石，匆忙的洪流咆哮着在岩石上奔腾而过，声势骇人，却未留下任何痕迹。很少有人比席勒更坚定不移地投身于事业，抑或比他更执着、更勤奋。

在他目前的情形下，剧场诗人的职业特别有利于维持健康的精神状态。在履行职责的同时，他满足了自己最大的喜好，但同样也得到了公众的主流品位的热情支持。在德国，戏剧引起的强烈兴趣，以及公众对与之有关的一切的极大重视，是欧洲其他地方无法企及的，就算法国（即便包括巴黎）也概莫能外。在德国的城镇，戏剧也不像在巴黎那样，仅仅被视作一种精神娱乐，一种优雅且令人愉快的填补空虚的漫漫长夜的方式。在德国，戏剧具有相对来说比较新奇的优势，且戏剧表演针对的是适应更高调情感表达的观众群体。德国人被指责有放大和系统化的倾向，过分地钦佩仰慕，并能在任意可以引发掌声之处找出其他地方的观众所无法发现的千种戏剧卓越的典范。他们关于戏剧的讨论无疑增加了这项指控的可信度。至少对于英语读者来说，德国人赋予戏剧演出的影响力，以及他们投入戏剧相关事务的大量忧心忡忡的调研都过头了。

就我们而言，现在戏剧娱乐的道德倾向问题一般都丢给辩论俱乐部和青少年思辨协会来思考，但对于我们邻居来说，这差不多是需要由最高级别的头脑探究的重要课题。在我们这里，戏剧被认为是一种健康无害的消遣，因为它占用人的心智，而非肉欲感官。它是众多虚构性表现艺术的一种，也许是最令人兴奋的，但也是最短暂的，就像其他虚构性艺术一样，有时有害，总体有益，不值得给予特别的尊重，而且在效果上远不及许多不需要特殊器具的虚构艺术。相反，德国人把戏剧看成用来净化人的心灵和思想的新工具，一种世俗的讲坛，值得敬重的神圣的布道坛的同盟，甚至可能比神圣讲坛更适合于升华我们那些比较高尚的情感；不仅它的对象更为千差万别，而且它通过许多途径向我们讲话：用盛大的场面和装饰向眼睛述说，用和声向耳朵倾诉，用诗意的修辞以及英雄事迹与情怀向心灵和想象力表达。还有更为隐秘的影响，尽管它们没有被直接陈说，但已通过暗示传达给了人们。似乎在德国人某些深奥复杂的思考背后，暗藏一个理念，即理性进步正迅速从世界上驱逐某些崇高的幻觉，而戏剧注定要取代这些幻觉。他们似乎以为，戏剧中的露天历史剧、讽喻以及比喻性的暗示可能会给人的本性提供大量使崇高幻觉复苏的养分，而这种养分是我们曾经从更黑暗的时代的迷信和神话中获得的。有鉴于此，他们以面面俱到的认真态度对待戏剧。他们细致入微、不遗余力地调查戏剧情感的起源及其不同类别与程度，还进一步区分浪漫主义、英雄主义、浪漫英雄主义和其他没完没了地充斥于他们评论文章中的术语。普通人的热情与这些导师是一致的。在德国，由于缺乏更重要的公众感兴趣的话题，戏剧自然获得了更进一步的显赫地位。这是因为与戏剧相关的讨论是不被禁止的，即便禁止也肯定没有效果。文学几乎兼容并蓄了所有在德国的流行思潮，而戏剧又在德国文学中占据着核心。

可想而知，席勒愿意融入当时德国这种如此普遍且与他的个人愿望和发展前景如此一致的情感海洋。曼海姆剧院是当时德国几家最好的剧院之一，席勒为在剧院经营中能够贡献自己的一份力量感到自豪，欣然地全力促成剧院各项目标的实现。在履行工作职责的同时，他还有一项私人使命：提高个人能力，提高他在孜孜以求的戏剧艺术方面的修养。他大量地阅读，进行了更多的研究。阅读高乃依[1]、拉辛[2]、伏尔泰等法国作家的经典，对于一个受到的指责要么是因过度表现自己的才能要么是因品位欠缺的人来说，必然是大有裨益的。因此，他学到了更明智的理念，并不断忙于尝试把学习心得付诸创作实践。他推迟了原定的莎士比亚和法文翻译计划。不过事实上，除了《麦克白》以外，这个计划一直未能完成。《康拉丁·冯·施瓦本》和《强盗》第二部分的写作计划同样也被放弃了，但是一些小型的写作项目足以表明他的勤勉。此外，他现在认真着手剧本《唐·卡洛斯》的创作，全力以赴投入剧本写作。

另一个他十分关切的问题是创办一种专门探讨戏剧艺术及相关话题的刊物。在这项事业中，席勒期待有人出资赞助，希望自己所属的德意志协会能够参与合作。他没有想到，人们加入这样一个团体，除了出于对艺术的真正热爱以及对艺术进步的热情关注之外，可能别有动机。德意志协会的热情显然与熟人而非新同伴更为相合，他们充满

---

1. 皮埃尔·高乃依（Pierre Corneille，1606—1684），法国剧作家。——译者注
2. 让·拉辛（Jean Racine，1639—1699），法国剧作家。——译者注

赞赏地听取了他声情并茂的陈述和庞大的计划，但拒绝参与项目的实施。只有达尔贝格似乎愿意支持他。达尔贝格以外的人的冷漠令席勒难堪，但他并没有气馁，而是想出了在没有他们支持的情况下成功实施计划的办法。他把工作计划压缩到较小的范围，决定凭借个人财力启动项目。长时间的拖延之后，在 1785 年，《莱茵塔利亚》[1]创刊号问世，这一期中附上了《唐·卡洛斯》的前三幕。此后《莱茵塔利亚》持续发行，直到 1794 年停刊，其间有一次时间比较短暂的中断。该刊物的主旨是促进戏剧艺术的发展，提高公众对此类娱乐艺术的鉴赏品位。不难猜测，其主要内容大致包括：戏剧批评、关于戏剧本质的文章、各国的戏剧史、戏剧的伦理影响和思想影响，以及戏剧生产的最佳途径。该出版物的一部分篇幅用于海阔天空的诗歌漫谈等话题。

席勒不辞辛苦思考着千头万绪的问题，不知无事可做为何物。然而，诸如创作各种剧作、培训演员、在剧院评议会商讨问题，抑或就这些问题泰然自若地发表个人看法等，对他来说并不会占用全部的精力。尽管他素来爱好戏剧，尽管戏剧艺术家自吹自擂，有时他仍认为戏剧绚丽如画的荣耀不过就是一场虚空的表演，一个撒谎者的避难所，在那里心灵得不到持久的安宁。他热切的精神从戏剧微不足道的纸板世界转向了人类生活世界的深沉而严肃的利害关系。《塔利亚》除了关注戏剧理论以及戏剧表演艺术之外，还发表席勒的一些诗歌。这表明尽管表面上他的注意力似乎被引向了别的地方，但他仍然密切关注一切普遍的人类问题，他既从作家的视角也从个人的视角看待生活。在《劳拉》中他歌颂的同名女子，并非他头脑中的幻

1　后文以《塔利亚》简称。

象，而是一位活生生的美人，一个他日常所见并在心中秘密爱恋的人。他的《来自地狱中的一群》[1]（Gruppe aus dem Tartarus）和《杀婴》（Kindesmörderinn）是对黑暗与神秘的事物进行思考的产物。他在改进诗歌艺术从而使它能够以最适合的形式表达思想的同时，也在改进更有价值的思想艺术本身，并将其不仅应用于艺术想象，也应用于任何理性的凡人都需要进行的那些深刻而严肃的探索中。

特别地，大约在这一时期写作的《哲学通信》以全新的、对我们来说更有趣的角度展示了席勒。尤利乌斯和拉斐尔是他自己恐惧和希望的象征，他们的《哲学通信》向我们揭示了许多发生在作者心灵秘室中的幽暗冲突。对于有着席勒这般理解力的人来说，在所有主题中最重要的那个问题上产生深刻怀疑是很自然的事，但他的心性不会满足于存疑而不了了之，不会因自觉见识过人，而从升腾的自豪感中获得些许可怜的补偿，不会通过口诛笔伐他人挚爱的、最神圣的信仰而对他人造成伤害，从中获得趣味低下的快乐。对他来说，我们存在的本质这一问题是不可以被肤浅地推测的，哪怕委婉地称之为"科学地推测"。它更不是用来赢得争强好胜的舌战的。它是一个可怕的谜，涉及他心中一切最深切的同情和最崇高的期许。不是无聊的好奇心，而是大自然在用颤抖的声音问道："我们的幸福是否只取决于感官的和谐运转？我们的信念是否只随着脉搏的跳动而摇摆？"席勒对上述问题的最终看法如何，我们无从知晓。他的内心情感是正统的，整个宇宙对他来说是座寺庙，在那里，他不断地献上心香一缕，这一点在他的作品和生活中都得到了崇高的印证。然而，他最美好的愿景似乎

---

1. 此译名参照钱春绮译本。参见席勒：《席勒文集Ⅰ·诗歌小说卷》，钱春绮译，北京：人民文学出版社，2005年，第1页。——译者注

不时突然因一抹淡淡的疑云而变得苍白，好似萧飒的阴影掠过他的心底，在他心绪绝佳之际陡然令他不寒而栗。他能够惟妙惟肖且以动人美感表现出渴望信仰却无法信仰的人类的黯淡无光的处境，这充分表明他自己对此深有体会。除了独创性之外，他作品的一些片段具有强烈的感染力，使我们受到特别的情感触动。《哲学通信》以外另一部作品的男主人公如此表达自己的感受：

> 我认为，在我之前和在我之后，是两道漆黑的无法穿透的帘幕，悬挂在人生的两个端点，从未有活着的人将帘幕拉向一边。数百代人曾经站在帘幕前，手持着火炬，焦急地猜测帘幕后面隐藏着什么。在未来之幕上，许多人看到自己的影子，他们澎湃的激情被放大并运动着，惊恐的他们对自己的这个形象畏缩了。诗人、哲学家和国家的缔造者们把他们的梦想涂画在这道帘幕上，这些梦想也许温馨甜蜜，也许晦暗阴森，正如他们头顶的天空或明媚怡人，或阴郁惨淡。从远处看，他们的图画会造成视觉上的错觉。许多杂耍者也从我们普遍存在的好奇心中获利，通过古怪的哑剧表演，他们使大为惊讶的人们努力发挥想象力。帘幕背后的主宰是一片深邃的寂静，任何人一旦进到里面，就不会对留在外面的人做出回应。你能听到的只是你的问题的空荡荡的回声，就如同你对着深谷大喊。我们命中注定要到帘幕的另一侧，人们在通过时把它抓在手里，浑身颤抖，不确定谁会站在里面接收他们，"显然他们只看到濒临死亡的部分"（quid sit id quod tantum morituri vident）。那里有一些不信的人，他们说这帘子不过是嘲弄人的把戏，不会看见任何东西的，因为它背后本来就什么都没有，但是，为了说服这些人，其他人抓住他们，不

管三七二十一把他们推了进去。[1]

《哲学书简》描绘了一个生性热情、狂热好奇之人的斗争,他想摆脱令人不安的不确定性,从而穿透那笼罩着人类命运的可怕黑暗。怀疑者的第一个微弱的顾虑是由格言来解决的:"除了你自己的理性,不要相信任何东西。没有什么比真理更神圣。"但是理性在真理的探索中只能做一半的工作,他就像巫师,念出了咒语,但是忘记了破除咒语的口诀。幽灵和鬼影在召唤下蜂拥而至,他们大批大批源源不断地赶来,相互拥挤着,环绕魔法盘旋,吓得魂飞魄散的巫师无力驱除众鬼。尤利乌斯发现,在拒绝基本的情感原则与教条的信念体系后,他被推向唯物主义思想体系。他惊恐地从这死气沉沉的信条中退缩出来,在泛神论的迷宫中跋涉和徘徊,寻求安慰和休息,却苦寻未果。最后,困惑疲惫、忧虑重重的他似乎打算完全放弃这个令人沮丧的问题,闭上他过于敏锐的眼睛,寻求庇护于启示的阴凉下。尤利乌斯的焦虑和过失以热情洋溢的语言被描述,他的机敏才思与感情强烈的雄辩口才相得益彰。他朋友的回答风格与之类似,这些回答目的不在于说服,而在于劝说。整部作品富有激情、见解犀利,给人的印象是一个既擅长哲理思辨又富有诗意的人,以他旺盛的精力努力调和他的诗歌和哲学,使它们和谐一致。该作品被认为表现了席勒在这一时期的思想状态,具有一种特殊的意趣,在其他方面则乏善可陈。它简短而不完整,表达的观点几乎都不具有独创性,其结构形式更是没有任何创新。作为一场双方参与的论辩,作品过于注重修辞,显得分量不

---

[1] 参见《席勒作品集》(*Schillers Werke*),第四卷,《招魂唤鬼者》,第350页。

够。正当探究的问题之难度及价值变得非常大时,该作品却放弃了探究下去,突然中断而没有得出任何结论。席勒调查了背弃信仰的黑暗绝境,但他没有铺设通过它的道路,因而《哲学书简》是并不完整的断章残简。

席勒忙于各项工作,拥有健康的体魄,摆脱了生活中更残酷的磨难。他的感情可能是真挚的,而且很难说不快乐。他为人温和友善,加之宅心仁厚以及事业有成,受到曼海姆社会各界的喜爱。达尔贝格仍然是他热心的朋友,施万和劳拉则每天都可以同他交谈。他的天才正在迅速扩大其帝国领地,并迅速获得更完全的支配权。他受到热爱和钦佩,充分享受当前的活跃和盛名,对未来更是充满希望。然而,随着才能日益得到广泛认可,发展前景日益广阔,他开始越来越不满足于现状。在他到达后的一段时间里,很自然地,曼海姆对于他是一片美不胜收的乐土,但是这就像随便什么陆地对沉船的水手来说都会是乐土一样。同样再自然不过的是,一段时间后,这种情绪便会减弱和消失,他的避难所会像其他地方一样,因为近在眼前,所以更加令他感到它的难处和不便。他在这里的收入不值一提,还要全凭运气来维系,同时,协助指导地方剧院事务这项任务也少不了烦心事,远不能满足像他这样的人才的愿望。席勒渴望有一片更广阔的天地。整个世界都在他面前,他哀叹自己仍在这个忙碌的世界的边缘地带逡巡,被迫浪费这么多时间精力对付演员暴躁的虚荣心,抑或留意公众欣赏品位的起伏变化,抑或通过忍气吞声达到微不足道的目的。他决定离开曼海姆。即使没有其他方面的约束来阻止他,他谨慎的个性可能也会教导他抑制这种骚动(这位每个人胸中永恒的住客),继续安分守己地留在原地,但各种资源在等待他利用,其他地区向他发出的邀请带给他不同的希望。他的作品，以及他的职业都将确保他有能力在任何地方立足，前者已经在德国的每个地方为他赢得殊荣，博得好感。他的《塔利亚》创刊号已经到达了黑森－达姆施塔特的王宫，而萨克森－魏玛公爵碰巧在那里。在仔细阅读《唐·卡洛斯》的前几场后，开明的公爵通过文字结识了这位作者，并授予他宫廷顾问的头衔以表赞许与尊重。最近，他还从莱比锡得到一份不那么辉煌，但更为真实、令人欣喜的纪念品。

"几天前，"他写道，"我收到了一份非常讨人喜欢、令人愉快的惊喜。素不相识者从莱比锡寄来四个包裹和四封信，信中以最热烈的话语向我致意，洋溢着诗意的忠诚与热爱。此外，还附上四帧小像，其中两帧上面是非常漂亮的年轻女士，还有一本以最优雅的品位缝制的袖珍书。这样的礼物，来自那些没有利害关系的人，单纯是为了让我知道他们祝我好运，并感谢我使他们度过了一些愉快的时光，对此我极其珍视。世界上最响亮的掌声也不会像这样使我感到开心。"

这个小插曲也许琐碎平淡，但在他决定未来去留时并非无关紧要。莱比锡是商业、文学等各种活动的中心，是一座魅力非凡的城市。那里有席勒的一些朋友，他们比这些素未谋面的崇拜者更能提供实际的帮助。他决心移居莱比锡。在搬迁之前不久，他在写给莱比锡的好友胡博[1]的一封信中详细说明了自己的愿望和打算。鉴于它一定程度上反映了席勒在那段时期的品位和习惯，我们不妨把它翻译出来以飨读者。

---

1. 路德维希·费迪南·胡博（Ludwig Ferdinand Huber, 1764—1804），德国作家、翻译家，席勒好友。——编者注

那么，这很可能是我从曼海姆写给您的最后一封信了。从3月15日开始，我度日如年，苦闷难挨，感谢上帝！我现在距离见到您又近了十天。现在，我的好朋友，既然您已同意让我以十足的信心倚仗您，请允许我荣幸地把话题转到我私底下关于家务的想法上。

当我在莱比锡重新安家时，我想要避免一个错误，这在曼海姆已经给我带来很多困扰。那就是：我将不再自己操持家务，也不再独自生活。对于操持家务，我绝对不在行。我创作一部情节完整的五幕戏剧所花的时间，要少于我安顿好一周内的家务耗费的时间。您自己知道，诗歌在计算经济开销方面只是一个危险的助手。我的注意力被吸引到各处，如果一只带洞的长筒袜让我想起现实世界，我便会从我的理想世界中一头栽出来。

至于另一点，我为了我的私人幸福，要求有一个真正温暖的朋友，就像我的好天使一样，永远陪伴在我左右。我可以在新的想法萌芽之初就与他交流，而不需要像目前这样通过信件或长期访问。不仅如此，若我的这位朋友住在我房子之外，那么，为了到达他那里，我必须过马路、穿戴整齐等等，这种琐碎啰唆的细节本身足以毁掉这一刻的好心情，我的思绪在见到他之前就已被撕得粉碎。

我的好兄弟，您看，这些都是小事，但生活中的小事往往会酿成大祸。我对自己的了解，也许会胜过一千个母亲的儿子中的每一位对他自己的了解。我了解我需要多少东西（经常是多么少的东西）才能实现彻底的幸福。因此，问题是：我的心愿在莱比锡能够实现吗？

如果我可以寄宿贵处，那么这个问题上的一切顾虑皆会烟消云散。我不是您想象中的坏邻居，我有足够的灵活性去适应他人，正如约里克所言，我在助人为乐方面有一定的诀窍。若是这不可行，如果您能找到一个愿意替我料理小小家政开支的人,一切也都会很好。

我只想要一间卧室,它同时也可以是我的工作间,另外还要有一间房用于接待来访的客人。对我来说,房子里必备的家具包括一个五斗柜、一张书桌、一张床兼沙发、一张饭桌,还有几把椅子。有了这些便利条件,我的住处便一应俱全了。

我不能住在底层,也不能靠近屋脊,我的窗户也一定不能面对教堂的墓地。我热爱人类,因此喜欢他们的喧闹。如果不能这样安排,我们这五方联盟[1]便会乱得一塌糊涂,我便会去小酒馆那里吃饭,因为假如没有很多人抑或良朋为伴,我宁愿饿着也不想吃饭。

我在信中告诉您这一切,我最亲爱的朋友,目的是使您知道我愚蠢的偏好。无论如何,我可以听凭您进行一些初步的安排,不管住哪都可以。事实上,我的要求是非常天真的,但您的善良惯坏了我。

《塔利亚》的第一部分一定已经在您的手上了,《唐·卡洛斯》的厄运也该到宣告的时候了。然而我会听您亲口宣告。假如我们五个人本来不认识,我们完全可能会因《唐·卡洛斯》这个特别场合而相识,谁知道呢?

于是,席勒去了莱比锡,究竟是胡博接纳了他,还是他在别处找到了简陋的生活所需,我们不得而知。他在曼海姆生活十八个月后,于1785年3月底抵达莱比锡。关于他受到的接待,他的娱乐

---

[1] 除了席勒和胡博以外,五个人中剩下的三个指的是谁并不清楚。

消遣、职业、前景，他在一封给曼海姆的书商（上文提过的施万先生）的信中进行了描述。除了达尔贝格，施万是席勒最早结交的朋友，现在他们因频繁交往而更加亲密，这种交往不是通过书信，而是通过日常接触。更重要的是，劳拉是他的女儿。可以看到，这封信有着比畅谈莱比锡更重要的目标。信上署的日期是1785年4月24日。

> 您有权利对我长久的沉默感到愤怒，这一点不容置疑，可是我太了解您的善良，因而毫不怀疑您的宽宏大量。
>
> 一个人在繁忙的世界里若是像我一样缺乏技能，第一次访问博览会期间的莱比锡，在众多奇怪的东西涌入他的头脑之际，他有几天甚至会忘记自我。如果这是不可原谅的，至少也是可以理解的。直到今天，我最亲爱的朋友，我差不多依然处于这样一种状态。即使现在，我也不得不从许多消遣娱乐中偷走些令人愉快的时刻，这样的时刻我是想和您一起在曼海姆度过的。
>
> 关于我们到这儿来的旅程，格茨先生会给您一个间接的描述，这是您能想象的最惨淡的旅程：泥沼、雪和雨是三个邪恶的敌人，轮番对我们发动攻击。虽然我们从瓦赫出发，一路上还多换了一匹马，但我们本应在星期五结束的旅行，却一直拖延到星期天。人们普遍认为，博览会明显地受到令人震惊的道路状况的影响。无论如何，即使在我看来，聚集的买卖商家也远不如我过去在帝国常常听说的那么多。
>
> 我在住下来的第一个星期结识了无数的新朋友，其中包括魏瑟、厄泽尔、希勒、措利科费、胡博教授、荣格、著名演员赖尼克、此

地的几户商人家庭，以及一些最有趣的柏林人。正如您所知，在博览会期间，一个人不能充分享受与任何人在一起的欢乐时光，因为我们对个人的关注在喧闹的人群中消散殆尽。

到目前为止，我最愉快的娱乐活动是去里希特咖啡馆，在那里我时常发现半个莱比锡的人都聚在一起，并结识了更多的外国人和当地人。

我从不同的个人和群体收到一些诱人的邀请，邀我去柏林和德累斯顿，这对我来说是很难忍受的。我的朋友，在文学上有名气是很特别的一件事。很少有值得敬重的人因此主动与你结交，虽然他们的尊重是真正值得向往的。他们给人的愉快被数量远远超过他们的一群邪恶、令人不快的人抵消，这些人像许多肉蝇一样，不停在你周围嗡嗡叫，惊奇地看着你，好像你是个怪物，而且他们还会凭借一两张溅了墨水的纸片屈尊大驾地以同行相称。许多人都不明白，一个写出《强盗》这样作品的人怎么会看起来就像另一个亚当之子[1]？至少，剪得很短的头发，还有驭马者的靴子和猎人的鞭子，都是他们期望看到的。

这里的许多家庭习惯于在邻近的村庄消暑以享受田园之乐。我打算在戈利斯住几个月，它距离莱比锡只有大约0.25里格[2]，有一条风景怡人的小路穿过罗森塔尔直通那里。在那里，我的目标是非常勤奋地继续进行《唐·卡洛斯》和《塔利亚》的创作。还有一件事，也许比任何事情都更合乎您的心意，那就是我可以逐渐默默地回

---

1. 亚当之子，指男人或男孩。——译者注
2. 里格（league），欧洲长度单位。在不同地区长度并不相同，1里格在3.9到7.4千米之间。——编者注

到我的医疗行业。我迫切地期盼我生命中的那个时代，到那时我的前景稳定而明确，我可以只是为了个人乐趣坚持我亲爱的追求。我曾经充满激情地钻研医学，如今我难道不能以更大的热情去做这件事吗？

这件事，我最好的朋友，可以使您相信我的意志的真实与坚定。但关于在这个问题上会给您提供最彻底的安全保障的事情，关于必定消除您对我的坚定决心的所有疑虑的事情，我一直守口如瓶。此时我必须把握机会一吐为快，否则就永远没有机会了。距离给了我勇气来表达我心中的愿望。当我曾有幸在您身边时，常常话到嘴边却犹豫再三，当我竭力要说出它时，我的信心总是弃我而去。我最好的朋友！您的善良、您的爱、您的慷慨，鼓励了我的希望，而这希望的合理性我只能用您一直给予我的友谊和尊重来证明。我自由地、不受限制地出入您的府上，这给了我与您亲切可爱的女儿亲密接触的机会，您和她表现出的可敬的坦率与善良使我斗胆萌生了成为您儿子的愿望。一直以来我的前途黯淡缥缈，现在才开始好转。当目标明确时，我将更为不懈地奋斗。在心中最美好的愿望给予我的热情以勇气和力量之际，在您看来，我是否能达到目的呢？

还有短短两年，我的全部命运将就此决定。我能感觉到我要求了如此之多，要求得如此大胆，却又如此没有资格提出这样的要求。自从这个念头占据我的内心，已经过去一年了，但我太尊重您和您优秀的女儿，不能允许自己存在这种在过去看来虚无缥缈的奢望。我自己也有责任不那么频繁地出入您的府上，并通过缺席来驱散这份情感，但这种拙劣的手段并没有使我受益。

魏玛公爵是第一个使我敞开心扉的人。他善意地满怀期待,并对我的幸福明显流露出浓厚的兴趣,这促使我承认,这种幸福将基于同您高贵的女儿结合。他对我的选择表示满意。如果事情发展到了谈婚论嫁、永结同心的地步,我有理由相信他能做得更多。我不想再多说什么了,我很清楚,比起我目前能承诺的,还有成百上千的人可以给令爱一个更美好的归宿,但我敢冒昧地说一句,任何人的心都不能比我的心更值得她拥有。我怀着急切与恐惧期待您的决定,它将决定我是否可以大胆地亲自写信给令爱。再见。

永远爱您的

弗里德里希·席勒

关于这次求婚,我们没有更多的信息,只是双方没有结婚,也没有停止做朋友。其他的资料显示,席勒在信的末尾提出的请求得到了许可。三年后,他写信给同一个人,这次带着暗示着重提及他的大女儿,更为不祥的是,为他对她的沉默道歉。在这一时期,席勒的情况使立刻结婚的想法行不通。也许,在对婚姻的期待中,劳拉和他开始了通信,但在期待中的命运转折到来之前,他们都被其他目标吸引,在生活的旋涡中失去了彼此,不再认为他们的相识相交是可取的。

席勒的医学计划和他拟定的许多计划一样,从未得到实施就不了了之。在焦虑的时刻,在命运的起伏跌宕中,这一职业念头在他的脑海中浮现,就像一个遥远的大本营,在需要的时候他可以躲避到那里。但文学与他的性情和习惯太密切地交织在一起,以至于不能受到严重的干扰。只有在短暂的间隔内,纯粹地追求文学的乐趣才会因由此带来的不便而失衡。他需要一份比写诗更稳定的收入，但他希望从一些与他心爱的文学研究不那么格格不入的事业中得到它。离开斯图加特后，他从未行医。

同时，不管他后来怎么想，他决定完成他的《唐·卡洛斯》，其中的一半是在很久以前完成的，最近在《塔利亚》遭受评论家的批评。[1] 席勒的日子过得很惬意，以写作《唐·卡洛斯》为主要工作，以戈利斯或莱比锡为安身之地，有一群意气相投的朋友排忧解闷。他的《欢乐颂》——一首最活泼美丽的抒情诗——就是在此创作的，它显示了他是那种就连在欢乐中也比较冲动的人，全诗洋溢着温暖而真挚的情感。

但是，只要预期和现实间存在巨大差异，这种差异便会催生对改变现状的渴望，并且这种渴望会一直存在人的心中，直到活到一定年纪，那时习惯变得比欲望更强烈，抑或预期不能再转化为希望。席勒认为，尽管日子会一直过得很惬意，但在莱比锡安身立命并不能实现他终极的抱负。他屈服于一些"邀请的诱惑"，在夏日将尽之际去了德累斯顿。德累斯顿有许多人钦佩他，更多的人只是仰慕他的大名，还有一些人热爱他本人。在后者中，特别值得提及的是高级行政官科尔纳[2]先生。科尔纳是席勒找到的真正朋友，席勒住进了他的家里。他把时间分配在德累斯顿和洛施维茨之间，科尔纳住在洛施维茨附近。正是在洛施维茨，《唐·卡洛斯》最终得以完稿，最后的校对也

---

1. 其中维兰德对它的相当严厉和不太明智的批评，详见格鲁伯（Gruber）的《维兰德评传》（*Wieland Geschildert*），第二卷，第 571 页。
2. 在斯图加特和图宾根版本的席勒作品集前面附上的席勒传记，就是这位科尔纳（Körner）写的。著名诗人、德国民族英雄特奥多尔·科尔纳（Theodor Körner, 1791—1813）是他的儿子，其诗集《琴与剑》（*Lyre and Sword*）在他死后由父亲科尔纳整理发表。

随后完成，印刷则在莱比锡进行。《唐·卡洛斯》于1786年出版。[1]

唐·卡洛斯的故事似乎特别适合剧作家的口味。一位王室青年被他的父亲判处死刑的惨象（幸运的是，我们的欧洲编年史对此还提供了另一个例子）是人们可以想象到的最具悲剧性的情形。那个年轻人的性情交织着偏执、嫉妒、爱以及其他强烈的激情，它们带来了他的不幸命运，提供了令人感动的情境的组合，并且非常适合作为特别有趣的虚构故事的蓝本。这些情况并未被世人忽视，卡洛斯常常成为诗人吟咏的主题，特别是自圣雷亚尔[2]以更加绚烂的笔触记录卡洛斯的

---

[1] 在维也纳版的席勒作品集第十卷中，有一首滑稽的诗，这几乎是席勒在逗趣方面的唯一尝试。标题差不多是这样——"致一群最正确、最有荣誉感的洗衣服的女人们，最卑微地纪念一个悲惨的在洛施维茨的悲剧诗人"。关于这首诗，德林作了如下叙述："《唐·卡洛斯》的第一部分已经在莱比锡被葛勒（Göschen）印刷出来了。诗人急切地想得到剩余部分，所以不得不放弃参与科尔纳一家的短程旅行，他们在一个明媚的秋日出发。不幸的是，房子的女主人以为席勒要和他们一起去，所以她把所有的橱柜以及地窖都锁上了。席勒发现自己找不到肉或者酒，甚至找不到木材当燃料。更让他气愤的是，一些洗衣服的女工在他的窗下探头探脑，于是他就写下了这些诗句。"这首诗属于无法翻译的那种，前三节内容如下：

　　　　门前浣衣声，
　　　　使女嬉水鸣。
　　　　灵禽应助我，
　　　　飞越西王庭。

　　　　健步过游廊，
　　　　得窥艾伯莉。
　　　　公主性本痴，
　　　　为爱独陶醉。

　　　　美人雀跃呼，
　　　　我识末世哀！
　　　　但问何所闻，
　　　　湿袜抛入水。

[2] 塞萨·德·圣雷亚尔（César de Saint-Réal，1639—1692），法国史学家。——译者注

历史，并使每位作家乃至每位读者都开始审视他的故事以来。

圣雷亚尔是一位技巧娴熟的艺术家，从事历史小说的创作，而历史小说在当时仍是不太被承认的创作体裁。在工作中，他发现了这些事件，并通过放大、美化、压缩、改编等手法，根据自己的想象填补了历史学家们的粗略勾勒。他把整段历史变成了一个引人注目的小叙事，为它赋予了他本人作品向来具有的对称性、璀璨夺目的语言魅力、充满活力的描述和敏锐的思想等特点。因此，该作品成为出类拔萃的名著。圣雷亚尔被法国人誉为"法国的萨卢斯特[1]"，他的作品已被许多剧作家改编成戏剧。他的《1618年西班牙对威尼斯共和国的阴谋》为奥特韦最优秀的悲剧提供了框架，《埃皮卡里斯》不止一次被搬上舞台，而圣雷亚尔的《唐·卡洛斯》几乎被以所有欧洲语言改编成戏剧过。奥特韦的《唐·卡洛斯》初次亮相就名噪一时，但除了它以外还有许多围绕这一主题写作的悲剧，它们中大多数作品早已聚首长眠之地。其中有些作品很快就去了那边报到，只有两部有希望长久流传下去。席勒和阿尔菲耶里[2]都从圣雷亚尔那里借鉴情节，只不过前者对之扩展和增补，而后者对之压缩和简化。

《唐·卡洛斯》是席勒第一部打上彻底成熟印记的剧作。他的人生机遇拓宽了他的视野，并且勤勉的艺术创作实践、对更纯粹的艺术模式的研究，产生了令人满意的效果。岁月的增长带来了收获，勤奋则带来更为丰盛的回报。青春的热情现已转化为男子汉的坚定毅力，那个藐视世俗谬见的狂热空想者，现已成为开明的道德家，他或哀叹这些错误的必然性，或努力找寻补救措施。从作品的外部形式、情节和

---

1. 萨卢斯特（Sallust，约前86—约前34），古罗马共和时代末期的历史学家。——译者注
2. 维托里奥·阿尔菲耶里（Vittorio Alfieri，1749—1803），意大利剧作家。——译者注

措辞表达上，我们可以看到相应的变化。情节设计独出心裁，反映了大量戏剧和历史研究的成果。语言采用无韵体[1]，而非之前的作品使用的散文。它更谨慎、更有规律，在目标上不那么雄心勃勃，但更易于达到。席勒的思想现在已臻成熟，他的所思所感更为公正，他能够更好地表达情感和思想。

我们在《斐耶斯科的谋叛》中注意到的优点，即把行动的场景带至我们眼前的逼真感，在《唐·卡洛斯》里表现得更加分明。16世纪末的西班牙宫廷，它刻板、冰冷的礼节，它的残忍、固执但高傲的王公贵族，它的宗教大法官和天主教神父，以及国王腓力（身处复杂的利害冲突中，他既是这座宫廷的首脑，又是它所有好与坏的特质的典型化身），这些均被高超且栩栩如生地表现了出来。我们能看到的不仅仅是表面或外在的行动，还认识到了人物的心理机制，而且看到它在行动中表现出来。腓力，这位铁石心肠的专制君主一定曾是作者特别研究的对象。他的理解力狭隘，他的感情已死，他从出生起就是欧洲的君主，一生高高在上，从未生活在民众之间。他封闭自己，对所有慷慨友善的情感都感到陌生；他的阴郁情绪无所寄托，只能不断加强升级；他百无聊赖，只能满足自我意志。迷信色彩与他这些内在的倾向协调一致，增加了它们的力量，但并没有使它们更加可恶。在他自己眼里，迷信色彩赋予他的内在倾向某种神圣感，而在我们看来甚至是一种可怕的尊严感。腓力并非不具备某种伟大，一种拥有无限外在权力的伟大，而且他具有一种无情执行自身命令的意志，它以连

---

1. 无韵体（blank verse），一种没有固定押韵模式的诗歌形式，但它仍可能有其他韵律和节奏要求。席勒并不是第一个在戏剧中使用无韵体的德国戏剧家。但是，席勒对于无韵体贡献巨大，他和歌德使得无韵体成为一种广受认可的德语戏剧形式。——编者注

贯的、不可更改的原则为指导，即使这些原则是错误的。他的存在图景是憔悴疲惫、严厉冷酷、孤独凄凉的，但这一切都属于他自己，他似乎很适合这种图景。我们恨他，也怕他，但诗人已设法使我们不蔑视他。

卡洛斯与他父亲的命运和性格形成鲜明的对照。很少有人的处境比这位慷慨的年轻王子的不幸处境更能激发人们的怜悯。从少年时起，他便一心憧憬伟大的事业。为他准备好的、等待着他成熟的王室荣耀，对他来说，只是实现那些造福百姓计划的手段，造福百姓才是他仁慈的灵魂一直专注的事业。父亲的性情和朝廷的性质，不允许这种想法发展，他不得不隐藏自己的情感，但由此而来的神秘感却使他的情感更具魅力。他的生活曾经充满希望，他值得同时拥有荣耀和幸福，却只期望得到其中一种，我们因此更为依恋他。不过，光明的日子似乎即将来临。他曾被排斥于阿尔巴与多明各的交谈之外，在他们中间他是一个陌生人，但他将与另一个更亲爱的对象思想交融：伊丽莎白的爱以更绮丽的色彩描绘出他的未来，似乎使他摆脱了对自己未来的担忧。可瞬间她就被所有苦难中最可怕的一种带走了。他的新娘成了他的母亲，而使他失去她的不幸打击，永远毁灭了他。更致命的是，他不能抱怨，一旦抱怨就是大不敬的忤逆犯上，而且即使是命运本身的力量也无法改变他的处境。诗人笔下的卡洛斯唤起我们最温柔的同情。他的灵魂似乎曾经富有而辉煌，犹如伊甸乐园，但沙漠风暴过后只留下永恒的荒芜。绝望使他早年所有的美好憧憬黯然无光，即使他依然抱有希望，也只是精神错乱中的灵光一现，比职责更严峻的东西则将其熄灭在死亡的冰冷黑暗中。他的旺盛精力幸存下来，却只能发泄在一阵阵狂野的激情冲动或漫无目的的愤怒中。我们被他的辛酸遭遇深深打动：他倾诉压抑他的愁绪哀思；他以无法摆脱的痛苦看待已褪色的过去岁月中的梦想；在强烈的感情迸发和沉郁的犹豫不决中，他时而被强烈的感情催促去找回失去的东西，时而又意气全无陷入消沉，因为人之常情和理智告诉他，它不能，也一定不能被找回。

伊丽莎白，同样动人和迷人，这个形象的塑造体现出了作者娴熟高超的笔法。如果说她回应过可爱的昔日未婚夫的热情，那也只能是我们对于事实的猜测，因为这么可怕的想法从未对她温柔而一尘不染的心灵低语过。然而，她的心在为卡洛斯流血，我们看到，如果不是人类最神圣的感情阻止她，她会牺牲一切来恢复他内心的平静。通过好言相劝，她努力抚慰他精神上的伤痛。通过温和的雄辩，她将说服唐·卡洛斯，当他个人幸福的希望破灭时，其他目标必须保持不变。她将把他对她的爱转变为对数百万人的爱，他们的命运取决于他。作为温顺的贞妇，她天性中和谐地融合了所有优雅而慷慨的女性品质，以王后的谨慎和主妇的勇气生活在一个对她来说全然陌生的环境：她应该拥有的幸福近在咫尺却可望而不可求，她必须忍受的痛苦时刻紧紧包围着她。然而，她没有后悔，没有抱怨，反而寻求从责任本身中获得补偿，来抵消责任造成的不可救药的邪恶。许多悲剧中的王后比席勒笔下的伊丽莎白更加威严，但没有哪位以如此温柔和女性化的影响支配我们，没有哪位能让我们如此尊敬并热爱。

在与她的侍从女官艾伯莉公主的立身准则和行为处世形成的鲜明对比之下，伊丽莎白的美德被进一步彰显。艾伯莉这个人物总是装腔作势、起誓表白，成天将宽宏大量和赤胆忠心挂在嘴边，这些字眼儿的一些影子甚至也浮现在她的想象中，但它们并非植根于她的内心，她的内心只有骄傲、自私、不正当的儿女私情。当她对卡洛斯的依恋变得无望时,她自吹自擂过的慷慨大度很快就被抛在脑后。自私的爱情之火一旦在她的胸中熄灭,她就会以纯粹粗俗的感情对待曾经的暗恋对象。当美德不再与利益一致,她不再需要美德。对她而言,从被拒绝的情人转变为嫉妒的间谍,顺理成章且轻而易举。然而,我们并不讨厌这位公主,因为她的性格有一种诱人的温暖和优雅,这使我们哀叹她的恶习,而不是对之进行谴责。在诗人的笔下,她既虚伪又楚楚动人。

在刻画艾伯莉和腓力时,席勒似乎在与他的天性做斗争,我们对他们的反感情绪没有他想要的那么激烈。他们的言行,至少是行为,足够邪恶且令人厌恶,但我们仍然有一种潜在的信念,即他们的初衷比他们的言行更好。至于波萨侯爵,他有一个更令人振奋的任务。我们很容易觉察到,这个波萨就是席勒本人的代表。对人类的热爱构成他最主要的激情,同样这也是作者始终不变的情感。他以热情洋溢的口才倡导真理、正义和博爱,其口吻与席勒如出一辙。在某些方面,波萨是这部作品的灵魂人物,他的目标卓越而伟大,他追求目标的能力和情感也是卓越而伟大的。他拥有非凡的智慧,一颗勇敢而忠诚的心,他的全部力量为了一个共同的目的联合在一起。即使是他同卡洛斯的友谊,也是建立在他们志趣相投的基础之上的,虽然它是忠诚的,但它似乎也是与这种至高无上的情感,即对人类普遍利益的关切融合在一起的。他的目标是,用他所有的思想和行动的力量促进人类的幸福,并为人们争取最大的权益。他孜孜不倦,以应有的技能和尊严追求这一崇高的目标,态度真诚,内心平静。他是另一个卡洛斯,但年纪稍长,阅历更丰富,从未在无望的爱情中受挫。波萨拥有一种平静的力量,任何意外事件都不能动摇他。无论是鼓励孤独无助的卡洛斯振奋精神投入新的行动，无论是在暴君和审判者面前慷慨陈词，还是在宏大的未竟事业中放弃生命，他都有同样的稳重大度，同样的无畏沉着。当致命的子弹击中他时，他临死前表达的是对他人而不是对自己的关切。他是改革者，是改革者的完美典型，却不是革命者，因为他是谨慎但坚定的改良派。他的热情不是在狂热的暴力行动中，而是在勇敢觉悟的力量中爆发出来的。不仅他雄辩的口才打动人心，而且他崇高的哲学对头脑很有说服力。他的说教蕴含一种雄浑浩瀚的思想，该思想使头脑乐于接受这些说教，无须依赖于语言的华美的外衣。很少有哪段诗篇比他最后通过王后带给卡洛斯的口信更振奋人心。死亡已成定局，这似乎给他的精神罩上了殉道者的光环。他激动万分，并以一种威严的气势讲话。"告诉他，当他成为一个男子汉时，他必须尊重他青春年少时的梦想"，这句话蕴含的荡气回肠的智慧经常被人赞叹不已，而那一场有很多类似的隽永精彩的台词。

波萨与腓力会面那场写得同样精彩。以"所有行省里唯一无求于他［国王腓力二世］[1]的人"对抗冷酷、孤独的暴君，在这个黑暗的充满奴役束缚和宗教势力的政治影响的房间里，第一次抬高真正男子汉的声音，这种想法本身，有某种特别惊人的东西。我们可以原谅这一段诗意的放纵，因为正是通过它来达到这一效果。腓力和波萨在所有方面都是对立的。腓力认为他的新智囊是"新教徒"，波萨镇定自若地反驳这一指控，表明他的目标不是分离与冲突，而是联合与逐步的和平改良。波萨似乎更理解腓力的性格，没有试图唤醒他那贫瘠的内心对真正的荣耀或他人利益的感受，而是攻击他的自私与骄傲，并

---

[1] 本书中，方括号［ ］表示作者卡莱尔增添、删改的内容。——编者注

对他描述王位本身固有的特点，即不论外在的排场使它多么富丽堂皇，只要它建立在奴役的基础之上，不关心他人的感情与疾苦，那么这个王位必然内在携带有不幸和对他人的残忍。

我们完整翻译了这一场戏，虽然它绝非最好的，但它是整部剧中最适合节选的。国王派人传话要波萨觐见，波萨正在王宫里等候面见国王，不知道国王意欲何为。国王上场，未被波萨察觉，因为他正专注地看着墙上的一幅画。

第三幕

第十场

国王、德·波萨侯爵

（德·波萨侯爵一注意到国王，就朝他走来，行礼，然后起身，等待着，丝毫不尴尬）

国王：（惊异地注视他）所以，我们曾经见过面吗？

侯爵：没见过。

国王：您曾有功于我的王室，为何避开我的感谢？

我们的记忆被成群的恳求者包围，

只有天堂里的上帝全知全能。

您应该来面见我，您为什么不来呢？

侯爵：陛下，从我回到西班牙，

至今还不到两天。

国王：我不习惯欠臣仆的债，向我提出

您的请求吧。

侯爵：我已然享受到了法律。

国王：那是连谋杀犯

也拥有的权利。

侯爵：诚实公民自然

拥有更多！——陛下，我很知足。

国王：（旁白）的确自尊心很强，而且勇气十足！

但这也是意料之中，我愿意让

我的西班牙人傲慢。杯子应该

溢出，而不是不满。——我听说

您辞掉了公职，侯爵。

侯爵：让贤

给更优秀的人，我退出了。

国王：这是错误的。

当像您这样的才智之士逃避责任时，

我的国家一定会受到影响。也许您认为，

配不上您的职位

却被安排给了您吧？

侯爵：不，陛下，我相信，

一个阅人无数的裁决者

只需一眼就能看出来

我在哪里可以为他效力，哪里不可以。

我怀着谦卑的感激之情感受着

陛下给予我的许多恩惠，

它们载负着如此崇高的思想。但我——

（他停了下来）

国王：您怎么不说话了？

侯爵：陛下，目前我还没有准备好
用西班牙语表达出来，
我作为一个世界公民思考的内容。
事实是，在我永远离开宫廷的时候，
我认为自己已被批准不必
再用我离开的理由叨扰它。

国王：您的理由不好吗？您不敢冒险
披露真相吗？

侯爵：如果时间允许我披露
所有，将是我的平生之幸。
假如国王不准许我讲出全部，
我危及的并非我自己，而是真理。
我会回避您的愤怒抑或蔑视，
但如果我不得不在二者之间做出选择，我宁愿
在您看来是一个值得惩罚
而非值得怜悯之人。

国王：（期待的神情）嗯？

侯爵：我无法充当
君主的臣仆。

（国王惊讶地看着他）

我不会欺骗给予我信任的人。
如果您肯屈尊把我当作您的臣仆，

您期望的，您希望的，只是我的行动。

您希望我的手臂投入战斗，我的思想可供咨询，

您不会再接受什么了。不是我的行动，

而是在王廷上得到的认可，将成为

我行动的目标。现在对于我来说，

正确的行为自身有价值，

我的国王可能借我之手种植的幸福，

我会自己创造。驱策我的，

应是有意识的快乐，

自由的选择，而不应是

职责的力量。陛下，这是您

需要的吗？您在自己的造物中

会容忍别的造物主吗？

当我希望成为雕塑家的时候，我能

耐心地同意充当凿子吗？

我爱人类，但在君主制中，

我自己是我能爱的一切。

国王：这种激情

值得称赞。您会做利于他人之事。

您接下来要如何做，爱国者，聪明人

能当机立断。所以就这么定了。

您在我的王国中自己去寻求一个职务，

从而让您获得机会满足

这种崇高的热情。

侯爵：没有这样的职务。

国王：怎么？

侯爵：国王希望通过这些软弱的手

传播到国外的东西，是人类的福祉吗？

那福祉是我无拘无束的爱会希望人们拥有的吗？

苍白的王权会因看到它而颤抖！

不！王室的政策在她的宫廷中形成

的是另一种人类的福祉，一种

她富有到可以白送的福祉，

她用这种福祉在人们心中唤醒新的

它可以满足的渴望。

她在制造厂不断地铸造真理，全是她

可以容忍的真理。除了她自己的铸模以外，

其他的铸模都被她打破和抛弃。

但是王室的赏金足够慷慨到

让我愿意为王室效力吗？一定要

我兄弟承诺的爱

成为关押我兄弟的狱卒吗？[1] 当他不敢思考的时候，

我能说他是快乐的吗？陛下，选择别人

———————

1. 作者在这里提供的英语翻译的原文为："But is the royal bounty wide enough | For me to wish and work in? Must the love | I hear my brother pledge itself to be | My brother's jailor?" 席勒的原文为："Doch was der Krone frommen kann – ist das | Auch mir genug? Darf meine Bruderliebe | Sich zur Verkürzung meines Bruders borgen?" 张玉书译本将此段翻译为："可是，凡是有益于王室的东西，|是不是对我足够了呢？我的兄弟之爱 | 是否会用来减少我兄弟的权利？" 参见席勒：《席勒文集 III·戏剧卷》，张玉书译，北京：人民文学出版社，2015 年，第 185-186 页。——编者注

来分发您为我们印制的福祉。

对我来说它不相称,我无法充当

君王的臣仆。

国王:(很快地)你是个新教徒。

侯爵:(沉思片刻)陛下,您的宗教教义同样也是我的信条。

(顿了一下)

我发现

我被误解了,正如我担心的。

您看我揭开威严的面纱,

注目观看它的奥秘。

您怎么知道我是否会依然将

自己不再视为可怕的东西视为神圣的呢?

我看起来很危险,因为我的思想太先进了,

但是,我的国王,我并不危险。我的愿望

长眠于此。

(手放在他的胸口)

革新精神的可怜而盲目的

愤怒,只会加重

它无法打破的镣铐,

永远不会使我热血沸腾。这个世纪

不认可我的想法,我是生活在未来世纪

的公民。陛下,一个图景

能搅扰您的安宁吗?您的呼吸便使它消散了。

国王:没有别人知道您怀有这样的念头?

侯爵：这样的念头？没有别人。

国王：（起身，走了几步，然后停住脚步，面对着侯爵，发表旁白）

至少是新的，这种说话方式！

阿谀奉承很快就会穷尽自己，而有才华的人

不喜欢模仿。就这一次，让我们

来试一试相反的东西！为什么不呢？

异常之举会带来幸运。——假如

这是您的原则，为什么让它被忽略呢！

我会遵守的。国王将有一个臣仆，

来自西班牙的新派人物——一个自由派！

侯爵：陛下，我明白

您对人类的看法有多么不堪，

即使在坦率真实的精神的话语中，

您也只看到了一种更深层次的欺骗手段，

被一个更有经验的骗子施展。我也能

部分地看到这是什么原因造成的。是人，

是人迫使您这样。他们自己

已经抛弃了属于自己的高贵，

他们自己卑躬屈膝至自我贬低。

人类天生的伟大，就像幽灵一样，令他们生畏。

他们的贫乏似乎成了安全。他们用卑鄙的技能

装饰他们的锁链，并将神情优雅地佩戴锁链

称为美德。您发现了这样的世界。从您的父王那里

您继承了这一世界。在这种扭曲的、

残缺不全的形象中，您怎么能尊敬人类呢？

国王：说得有点道理。

侯爵：然而，遗憾的是，

您把人从造物主那里带走，

把他变成您的手工艺品，

并使自己成为

这个新造生物的上帝，您却

忘记了重要的一点，您自己

仍然是一个人，地道的亚当之子！

您仍然是一个痛苦、充满渴望的凡人，

您需要同情，但对于神，

我们却只能献祭、祈祷、颤抖！

不明智的交易！不受祝福的身份错乱！

当您把兄弟们当作竖琴

来演奏，谁会同您一起

演奏和声呢？

国王：（旁白）天啊，他触动了我！

侯爵：然而，这牺牲对您来说不值一文，

只不过使您成为孤家寡人，与众不同。

这是您作为神付出的代价。

如果您在这件事上失败了，那就太可怕了！

如果，造就了数百万人的苦难，

您这个制造苦难的人却依然——一无所获！

如果您破坏和扼杀的自由

是唯一能提升

您自己的手段！——陛下，请原谅，我不能留下。

这件事使我鲁莽：太强大的诱惑，看到一个

我可以向他袒露心声的人。

（勒尔玛伯爵上，对国王低语几句。国王示意他退下，继续保持原来的姿势坐在那里）

国王：（在勒尔玛走后，向侯爵）继续说！

侯爵：（停顿了一下）我认为，陛下，所有的价值——

国王：继续说！

您还有话要说。

侯爵：不久前，陛下，

我碰巧经过佛兰德和布拉班特[1]。

那里有那么多富饶繁荣的行省，

有一个伟大、富强的民族，还是

一个诚实的民族！——这个民族的父亲！

我想，他一定是神圣的，这样想着，

我意外发现了一堆人骨。

（他停顿了一下，目光停留在国王身上，国王试图直视他，却流露出尴尬的神情，不得不眼瞅地面）

您是正确的，您必须继续做下去。

您所能做的，您认为您必须做的，

让我在钦佩中不寒而栗。

---

1. 布拉班特（Brabant），西欧低地地区的地区名。当时布拉班特归腓力二世管辖。——译者注

可怜那些倒在血泊中的受害者

只能虚弱地赞颂

领导者的意志！可怜书写世界史册的人，

仅仅是人类，并非更为镇定沉稳的实体！

更为太平的时代

将取代腓力的时代。这将带来

更温和的智慧，臣民的福祉将

与君王的伟大达成和解。

节俭的国家将学会珍视自己的孩子，

而迫不得已之举将不再如此非人道。

国王：您想，假如我在这般的诅咒面前退缩，

那些幸福的时代还会来临吗？

瞧我的西班牙！在这里绽放着

臣民的美好生活，在永无阴霾的和平中。

我将把这样的安宁赐予佛兰德。

侯爵：墓地般的安宁！您希望结束

您已经开始做的事情吗？希望能阻挡

基督教世界的时代变革，阻止

那使大地焕发青春的

无所不在的春天？您决意在整个欧洲单凭

一己之力，扑到沿着既定路线永远滚动的

命运之轮前，用凡人的

手臂紧握辐条不放吗？您不可以，陛下！

早已有成千上万的人抛弃了您的王国，

虽然贫穷却快乐地逃离。您因为信仰

而失去的公民,是您最高贵的公民。

伊丽莎白[1]用母亲般的臂膀接纳了

逃亡者,她的英国依靠外国人的技能而富强,

在富饶的力量下绽放。格林纳达[2]

被她辛苦劳作的人民抛弃,荒芜地

躺在那里。欧洲惊喜地看到

它的敌人因自己造成的创伤而昏厥。

(国王似乎被话语打动,侯爵注意到了,走近了几步)

用死亡的种子来种植永恒吗?

您将收获虚无。这项工作

不会比它的执行者的魂灵更长久。

您的辛苦努力是徒劳无功的,

因为您在与自然做斗争,

并把身为国王的宝贵的一生心血

奉献给毁灭的蓝图。

人类比您想象得要更伟大。他将挣脱

长期沉睡的魔咒,恢复他神圣的权利。

他会把腓力的名字与

尼禄、布西里斯[3]列在一起——这使我很伤心,

因为您曾经是好人。

---

1. 这里指剧作背景时代的英国女王伊丽莎白一世(Elizabeth I, 1533—1603)。——译者注
2. 格林纳达(Grenada),西班牙南部城市及地区的名字。——译者注
3. 布西里斯(Busiris),传说中的埃及暴君。——译者注

国王：您怎么知道？

侯爵：（洋溢着热情奔放的活力）您曾经是，

是的，以主之名！是的，我重复一遍。

把您从我们这里拿走的东西还给我们。

让人类的幸福从您的丰饶之角[1]流出，

请您像强者一样慷慨，让人们

在您周围自然终老。把您夺走的东西还给我们，

请您成为千王之王。

（他大胆地走近他，炯炯有神地注视着他，目光坚定）

哦，愿千万人的雄辩之词，

参与这伟大的时刻，

借我之口说出，将您眼中燃起的微光

变成熊熊燃烧的火焰！

放弃这种自欺欺人的自我崇拜吧，

那只会令您的兄弟们什么都不是！成为让我们

效仿的永恒与真实的典范！

从来没有——从来没有一个凡人拥有如此多的财富，

并如此神圣地使用它。欧洲所有的国王

都将尊崇西班牙的名字，

请您走在欧洲所有的国王前面！

您大笔一挥，地球

就被重新创造出来。只需说，要有自由！

---

[1]. 丰饶之角，又名丰饶羊角，源于古希腊罗马神话，其形象为装满鲜花和谷物的羊角（或羊角状物），象征着和平与幸运。——译者注

（扑倒在他脚下）

国王：（惊讶，转过脸去，然后又面朝波萨）

奇怪的狂热主义者！然而——起来——我——

侯爵：请环顾四周，看看上帝神圣的宇宙：

它建立在自由之上，它的自由

多么丰富多样！他，伟大的造物主，

甚至给蠕虫自己的数滴甘露；

就连在死后的腐烂空间，

他也留给自由意志选择的机会。

您的世界！多么狭窄、多么可怜！

树叶的沙沙声就能惊动基督教世界的

君主。您因每一种美德而战栗，

他，不会破坏自由的光荣形象，

宁可忍受可怕的邪恶大军

在他合意的世界中发起暴动。

他是我们看不到的创造者，

他平静地以永恒的法则遮蔽自己。

怀疑论者发现了法则，却未见到他，便大声说：

"为什么需要神呢？世界本身即是神。"

没有一位基督徒对上帝的称颂

能比这位怀疑论者的亵渎之词赞美得更好地完成赞美上帝的任务。

国王：您会承担起职责，在我的王国

建立这样的榜样，供他人效仿吗？

侯爵：您自己便可以，何需他人？奉献国王的力量

以造福人民，国王已经太久地为

王权的伟大而奋斗了。

请您恢复人类失去的高贵尊严。

让臣民恢复本来的样子，

让臣民重新成为王权的目标。除了他弟兄具有的与他同样

神圣的权利外，不要用任何绳索

束缚他的手脚。当人恢复到自力更生的状态时，

就会意识到自身的价值，

自由的自豪而崇高的美德之花便会绽放。

然后，陛下，在使您的王国成为地球上

最幸福的国度后，征服他人的王国

将可能成为您的职责所在。

国王:（沉吟半晌后）我听您说完了。

您的头脑里勾画的图景

不同于普通的头脑中的，我不会以普通的标准

估量您。我是第一个

听到您肺腑之言的人，

我知道这一点，所以相信它。

因为您这样克制，因为您虽然如此挚诚地相信

这些想法，却依然三缄其口

直至此刻，为了您的

秘而不宣的缘故，年轻人，我会忘记

我曾听到这席话，以及我是如何听到的。

起来吧。我会矫正轻率的年轻人，

不是作为他的君主,而是作为他的长辈。

我会的,因为我愿意。所以!我发现,

天性慷慨之人身上的祸根

可能会变成更好的东西。但

小心我的宗教裁判所!倘若您——

我会感到悲伤的。

侯爵:您会吗?会吗?

国王:(凝视着他,大吃一惊)在此之前,我从未

见过这么一个人。不,侯爵!

不!您这么对我不公平。对于您,我不会

做尼禄,不会对您。不应该让

所有的幸福都被我毁掉。在我身边,

您应该被允许仍然做一个

真正的人。

侯爵:(立即)我的同胞呢,陛下?

哦,不是为了我个人,我不是在为我个人请求。

您的臣民呢,陛下?

国王:您看得很清楚,

后代子孙将如何评判我。您的例子

将教会他们,当我找到一个真正的人时,

我将如何对待他。

侯爵:哦,陛下!在做最公正的国王的同时,

不要做个最不公正的!在您的佛兰德

有成千上万比我强的人。

但是您——我可以坦白地讲吗，陛下？——

现在第一次真正看见了什么是自由，

它正以较为温和的形式出现。

国王：（带着温和的专注神情）年轻人，这样的话不要再说了。

当您像我那样看到并研究了人类后，

您会形成截然不同的看法。

但我们的第一次会面绝不能是我们的最后一次，

我应该如何努力使您成为我的人呢？

侯爵：陛下，让我

继续像现在这样吧。如果我像他人一样腐化变质了，

对您来说又有什么好处呢？

国王：我不会再忍受您的高傲。从这一刻起

您就为我效力了。不要再抗议！

我的主意已定。[……]

假如波萨这个人物是在十年后塑造的，那么就会像所有的事情一样被归因于法国大革命，席勒自己也可能被称为雅各宾派。幸运的是，事实根本不为这种指控留有余地。我们很高兴能在波萨这个人物身上看到一个伟大而善良的人对这些永远争论不休的公共话题的情感，这些情感经过深思熟虑后被表达出来。这是一座高贵的纪念碑，体现了席勒所在时代的自由思想，其形式又被席勒利用自己的天才美化了，最后它与他的其他作品一样永世流传。[1]

---

1. 尽管如此，让·保尔（Jean Paul）还是并非毫无根据地把波萨比作灯塔："高，遥远闪耀——空！"（1845年版注释。）

然而，批评家们发现了与波萨的卓越品质有关的一个戏剧性的失误，作者本人就是第一个考虑到并承认这一点的人。波萨的高大形象使卡洛斯处于他的阴影之中，前三幕的主人公在另外两幕中已不再是主人公。据了解，造成这种情况的原因是这部作品在席勒手头拖的时间太久。

"在创作这个剧本时，"他评论道，"发生了许多次中断，因此从开始到完成，剧本创作经历了相当长一段时间，同时我自己的思想也发生了很大的变化。在这个时期，我的思维方式和感受方式发生各种变化，自然会在我的写作中表现出来。它最初吸引我的那些方面，变得不那么有吸引力，并且到最后几乎完全丧失吸引力。其间，萌生的新想法取代了原来的想法，卡洛斯本人已失去我的青睐，可能只是因为我已变得比他成熟。出于相反的原因，波萨占据了他的位置。因此，在开始写第四幕和第五幕时，我已彻底改变初衷。但前三幕已在公众手中，现在无法从整体重新规划，什么都做不了了。要么把这部作品整个作废，要么尽我的最大努力使第二部分与第一部分达成统一。"

由于后半部与前半部结合得足够巧妙，上述暗指的不完善之处是普通读者不会特别在意的问题。假如我们并不着意于用戏剧评判的标准来衡量，而只是想体验感动，得到情感升华，我们可以细读这部悲剧而丝毫注意不到作品中的此类瑕疵。我们最初被引导感受到的对卡洛斯的爱和怜悯一直陪伴我们到最后。尽管波萨随着剧情的发展变得越来越重要，但我们对他超然美德的钦佩并不妨碍我们对他朋友的命运怀有一种更温柔的感情。结尾的事件有些混乱和拥挤，这是席勒的布局中唯一让我们在一定程度上能感觉到的失误。即便如此，在整体上仍旧无伤大雅。

一个内在的且更有分量的不足是作品的整体布局不够轻松自如，这是作品所有优点都无法阻止我们注意到的一个缺陷。情节跌宕起伏，对白极具张力，而且无论情节还是对白都充盈个性之美，但这部剧自始至终都带着使人从戏剧幻觉中跳脱出来的某种违和感。总体而言，它的语言给人留下深刻的印象，气势恢宏，但不时出现浮夸的言辞。人物的人性，似乎并没有通过无数细腻的笔触和不可名状的曲折变化表现出来，而这一点恰恰把本质上的戏剧天才与纯粹的诗歌天才区别开来，把舞台上的普罗透斯[1]，与哲学层面的观察者、生活中受过训练的模仿者区别开来。我们没有看到无忧无虑的幸福、从高到低的变化，没有看到莎士比亚作品中那种自由自在的生活气息。莎士比亚让我们变成了被宠坏的孩子，他让我们习惯于在每一部完美的戏剧作品中寻找这些东西。席勒站得太高了，他也太习惯于保持在他的高度，因而会显得不那么自然。

然而，无论如何，《唐·卡洛斯》是一部优秀的悲剧作品。它的结构气势磅礴，事件宏大感人，人物富有感染力，刻画生动，描写虽非尽善尽美，但也令人印象深刻。在机智风趣方面，席勒只拥有一点微薄的份额，他在伟大的诗人中也没有因表现悲情的深度或极致而出名。但是赋予他属于自己的地位，且是最崇高地位的，是他的头脑的浩瀚深邃与强大活力、他的思想与意象的绚烂辉煌，以及他对各种形式的真实与崇高的大胆强烈的热情。他并不使我们紧张激动，但他使

---

1. 普罗透斯（Proteus）是希腊神话中的一位海神。他有预知未来的能力，但他只向逮到他的人预言未来。他经常变化外形，使人无法捉到他。——译者注

我们的情感得到升华。他的天才是易冲动的、激情洋溢的、威严的，他所有的创作中闪耀着天堂般的火焰。他把我们带到一个更神圣、更崇高的世界，我们周围的一切散发着感染力与庄严之美。他的主人公们的外表可能比现实中的人更古板，他们的思想活动可能更加缓慢，更深思熟虑，但我们折服于他们天赋的力量和被他们赋予蓬勃生气的迷人情节。诗人强大的魔力足以打消我们的怀疑，我们不再探究戏剧中的一切是真是假。

由于阿尔菲耶里久负盛名，通常读者会将席勒的《唐·卡洛斯》与《菲利波》[1]进行比较。两位作家就同样的主题进行创作，他们的素材来源相同，即圣雷亚尔的历史小说[2]，不过不会再有两个强大的头脑在表现一个给定的想法上比他们区别更大了。事实上，他们各有千秋，以至于几乎不具有可比性。阿尔菲耶里的剧本很短，人物也很少。他没有描述任何场景。他的人物不是西班牙国王及其朝臣，而只是普通人；他们的行动地点不是埃斯库里亚尔建筑群[3]或马德里，而是随便一个地方的一个空无一物的平台。在这些方面，席勒有明显优势。他描绘了世态风情，他在我们面前展示了一幅惊人的历史画卷，这使我们不仅对它本身感兴趣，且对任何与它相关的东西也产生新的兴趣。古典主义原则，或者更确切地说是法国戏剧的原则，亦即阿尔菲耶里秉持的戏剧创作理念，不允许这样的描绘。同样，在风格上，二者亦是截然不同。严格的朴素性是阿尔菲耶里作品的一贯风格，他在整部悲剧中没有运用任何修辞。他的语言与散文语言的

---

1. 《菲利波》(*Filippo*)，标题指的人物即腓力二世。——编者注
2. 即法语作品《唐·卡洛斯》(*Dom Carlos*)。——译者注
3. 埃斯库里亚尔(Escurial)建筑群位于西班牙马德里附近，包括西班牙国王陵墓、宫殿、教堂、修道院和庙宇等。——译者注

全部区别,仅仅在于它具有很强的简洁性。我们已经看到,席勒的作品充满了绝妙的隐喻,以及热情洋溢、令人兴奋、富有诗意的雄辩之词。只有在对腓力性格的表现上,阿尔菲耶里才展示出明显优势。在戏剧的终幕,席勒专门利用迷信色彩来实现创作意图,而阿尔菲耶里在没有迷信色彩帮助的情况下,以他的腓力展示了一幅无与伦比的掌权者画像。应当说,朦胧是恐怖与崇高的关键,席勒却让我们看到暴君的精神中最隐秘的深处,从而削弱了他的暴君带来的戏剧效果。虽然我们因此更了解他,但我们对他的恐惧感也随之减少。阿尔菲耶里并没有向我们展示腓力的心理活动,我们只是从他内心运作的外在表现来判断他的性情。神秘的气氛、恐怖而残酷的阴影笼罩着他的腓力,只有短暂的言辞或行为时而让我们一瞥他凶狠、不可救药、可怕的灵魂。只有一丝短暂而可疑的微光,向我们揭示他的存在的深渊,它黑暗、阴森而恐怖,"好似通往地狱之池的狭窄通道"。阿尔菲耶里笔下的腓力也许是人类通过想象构思出来的最邪恶的人。

此外还有一次,阿尔菲耶里和席勒不知不觉间成为一决高下的对手,这次是在对苏格兰女王玛丽·斯图亚特[1]传奇一生的戏剧演绎中。不过这次,我们面前的作品更真实地展示了他们的高低胜负。席勒似乎在天分上更胜一筹,阿尔菲耶里则塑造出更加威严的人物形象。阿尔菲耶里的伟大在于,在坚强意志的支配下,他的似火激情高强度聚焦于一点。这是他性情使然,他以本身魅力全无的笔触表现如此激情,但二者的结合产生的艺术效果犹如预言卷轴般可怕。席勒的

---

1. 玛丽·斯图亚特(Mary Stuart,1542—1587),即苏格兰女王玛丽一世。——译者注

道德力量与他的才智天赋相称，仅此而已。席勒的心灵好似浩瀚的海洋，它的美丽展现在力量中，它在夏日的光辉中微笑，冲刷葱茏而浪漫的海岸；阿尔菲耶里的心灵犹如远远坐落于忧郁的群山之中的深不可测的幽暗湖泊，荒凉、孤寂、凄清，周围是划破天宇的阴沉悬崖，它被笼罩在暴风雨中，只有闪电的红光偶尔把它照亮。席勒的铺陈扩展华丽壮观，阿尔菲耶里在他凝聚起的能量中压倒一切。前者更令我们心驰神往，后者更令我们心存敬畏。

这部名为《唐·卡洛斯》的悲剧立即得到广泛的认可。无论是在台前还是幕后，该剧在知识界和普通观众那里都博得最热烈的掌声。席勒并未抱有如此高的期望。他深知作品的优点与不足，但他没有预料到它的优点会如此迅速地被认可。因此，这种新的声望给他带来了快乐，这种快乐因完全在意料之外而令他尤为欣喜。倘若在戏剧上取得杰出成就是他唯一的目标，那么他可能早就不必如此努力了，公众早已把他视作这个热门领域中首屈一指的作家。但这种有限的抱负并非他最重要的信念，而且他也不属于这个世界上那种抱着一劳永逸想法的人。天性促使他笔耕不辍。他生命中的伟大目标，即展现心智的力量，是那些只有相对进步而不存在绝对进步的目标之一。新的关于完美的理念，随着前一个的实现而产生。努力钻研的人总是在努力追求达到完美的极致，又永远不会达到。

对自己的生活环境，席勒也是仔细盘算过一番的，目的是防止过度的精神寂寥。他大体上仍在生活的大潮中随波逐流，他被授予桂冠，但仍是一个无牵无挂的单身汉。他的心，温暖而充满深情，适合享受它渴望的家庭的祝福，却还没有机会遇到此生的有缘人。他觉得无依无靠，茕茕孑立，无法给予他人更友好的同情和支持，或者即使有机会品尝这种"给予"的乐趣，那也是"紧抓快赶，而不是慢慢地享用"。对于财富和地位的世俗欲念一刻未曾钻进他的脑海，但随着年龄的增长，安宁平静和持续舒适的快乐很快变得比其他快乐更让人向往。他在辗转漂泊中焦虑四顾，寻求一个安身之所，想要成为凡夫俗子中的一员。

席勒认为，实现所有愿望的唯一途径，就是他在文学事业上坚持不懈。然而，尽管他的创作活动并未减少，公众对于他作品的需求有增无减，但他的创作方向正在逐渐发生转变。长期以来，戏剧一直是他稳定不变的创作方向，但近来，他对戏剧的评价一直在下降。在他看来，戏剧艺术的困难已被克服，而其他领域正召唤他开启新的征服之旅。《唐·卡洛斯》的后半部分，他是当作一项任务而非当作一种乐趣来完成的。他不打算继续从事与戏剧有关的工作。实际上，在一段时间里，他似乎在众多冒险计划中摇摆不定，一会儿被怂恿做这个，一会儿被怂恿做那个，却不能下定决心专注于任何一个。他内心的狂躁不安是由他尝试的各种项目的数量和种类表现出来的。他内心的波动起伏表现为，所有这些尝试都是浅尝辄止，或者不了了之。首先是他的抒情作品，其中许多是在这一时期更为严肃的创作工作之余完成的。在创作特色上，这些作品基本上与他以前的作品一脉相承。它们对生活有着深刻的洞察力，而且对生活的悲欢饱含强烈而广泛的同情，同时又结合了那种席勒特有的激烈的感情冲动，以及庄严华丽的思想和意象。如果他此时已离开戏剧，很明显他的思想仍然充满诗歌元素，他生活于最宏伟的信念和最大胆或最美好的情感中。他的思考专注深刻，他用优雅的风度和魅力装饰他的思想，而这些优雅风度需要理解力之外的才能来实现。在席勒的余生里，他用闲暇时光抽空创作了这些形制较小的作品。它们中有些将被誉为这位文学天才的最为成功之作。《散步》与《大钟歌》，包含了对人类命运和历史的精致描绘，而他的《骑士托根堡》《伊比库斯的鹤》以及《赫洛和勒安得耳》，在任何语言中都会是最富有诗意、感人至深的歌谣。

在这些诗歌中最著名的，当数大约在此时期创作的《激情的自由思想》(*Freigeisterei der Leidenschaft*)，据说它源于一场真实的恋爱。席勒的一些传记作者在向我们介绍这位女士时，以"A 小姐"这一神秘称谓来指代她。"她是德累斯顿的名媛之一"，似乎在诗人的心目中留下了深刻的印象。传记作者告诉我们，她是他的《唐·卡洛斯》中艾伯莉公主的原型，他以最慷慨激昂的热情向她求爱。那些传记作者又补充了一两则真实性存疑的逸事，然而这类逸事并不能说明任何问题，只能向我们表明，爱可以使席勒疯狂，正如它可以使所有的神和人为之痴狂，我们在此不再赘述。

这位丰姿绰约而又不为所动的姑娘也许取代了曼海姆的劳拉，成为席勒心目中的女王，但她要求或允许的殷勤，似乎并未影响到她的崇拜者对他更有利可图的事业的热情。我们认为，她的统治是短暂的，没有产生持久的影响。席勒从来没有比在德累斯顿时更勤奋地写作或思考过。在他编辑《塔利亚》杂志，或者从事更为无足轻重的诗歌写作的同时，他的思想在许多更有分量的计划中徘徊，并贪婪地抓住任何可能有助于指导他做新尝试的线索。为此，我们大概应感激一本小说《招魂唤鬼者》，该作品引进到我们国家的流通图书馆时，标题译为 Ghostseer，当时已出版两卷。著名的江湖大骗子卡廖斯特罗[1]正在巴黎玩弄他那巧妙的伎俩，用各种"奇迹壮举"折磨首都所有阶层的好奇且易受骗的人。他让坟墓里的死人起死回生，更重要的是，他从一个落魄的西西里小侍从摇身一变，成为一位纵情于声色犬马的伯爵。关于他功绩的各种传言甚嚣尘上，似乎由此引发了席勒的这一创作。小说尝试以生动的事例说明，如何哄骗一个敏锐但又过于敏感的人：这个人外表持怀疑主义态度，内心里，潜在的迷信苗头却在起作用。他的头脑被魔法的恐怖，即化学和自然哲学的魔力和骗子固有的狡诈折磨着，直到他受尽了疑虑和痛苦的恐惧的煎熬，最终从一个黑暗的、不确定的深渊跌落到另一个深渊，不得不在可靠无误的教会的怀抱里使良心获得安宁。这些事件的构思运用了高超的技巧，显示作者不仅谙熟多个科学领域，而且还对一些离奇古怪的生活状态和人性特别了解。有一两个人物刻画得入木三分，特别是那位骗术的受害者，令人愉快但神经脆弱的伯爵。那个陌生的外国人尽管出场次数不多，有着一张冷冰冰的脸，从事神秘的事务，但也给我们留下深刻印象。作品描写生动，一些片段具有浓厚的悲剧色彩。它展现出敏锐的观察力，整体上有某种粗犷的力量，这可能会让人对它最终未能完结感到遗憾。但席勒发现他的创作初衷被误解了：人们认为他只是希望通过堆砌令人惊讶的恐怖事件来令读者兴奋，正如拉德克利夫夫人[2]的小说那样。因此，他感觉失去了继续写下去的勇气，最后放弃了。

---

1. 亚历山德罗·卡廖斯特罗（Alessandro Cagliostro，1743—1795），意大利江湖骗子、魔术师兼冒险家。他出身于一个西西里的贫穷家庭，却依靠骗术和预言等伎俩，迷惑了当时的不少贵族。1785至1786年间，他卷入了使得法国王室信用大大受损的"钻石项链丑闻"，被捕入狱，最终被逐出法国。——译者注
2. 安·拉德克利夫（Ann Radcliffe，1764—1823），英国女小说家。以写哥特小说见长。——译者注

事实上，席勒已厌倦虚构写作。对他来说，想象力是一种强大却非唯一，或许甚至不占据主导地位的能力。在他的天才最美妙的迸发中，才智是一种与其他品质一样引人注目的品质。与其说我们喜欢包裹他的思想的华丽装饰，不如说我们常常更喜欢这些宏伟的思想本身。对一个如此探索不止的头脑来说，培养它所有种类的力量是一种迫切的渴望，而对一个如此真诚的人来说，对真理的热爱肯定是他诸多强烈的激情之一。即使当他带着不磨灭的热情，陶醉在想象的梦幻场景中时，他也常常对更冷静的理性领域投出一道渴望的目光，有时会匆忙进军其中。但是青年时代最初的活泼欢快已一去不返，现在对按照事物应有的样子描绘它们的热爱，相比以往任何时候都更频繁地让位于对探究事物真相的热爱。他的思想倾向正在逐渐发生变化，他即将进入一个全新的冒险领域，在那里新的胜利等待着他。

有一段时间，他不确定该选择什么，最后他想到历史。作为主要的追求目标，历史对席勒来说有它独特的优势。这对他来说是全新的领域，而且恰好可以运用一些他最宝贵的天赋。历史是建立在现实基础上的，而正如我们所说，他对现实的兴趣正变得愈加浓厚。历史上的重大革命和事件，以及其中赫赫有名的权威人物，也同样会向他呈现伟大而感人的东西，对此他一直保持强烈的兴趣。历史既记录过往浮沉兴衰，又暗示民族前途命运，对他这样一个人来说，研读历史绝对是一件乐事。另外，对席勒来说人性是一个最迷人、最值得探讨思考的主题，而且他对全人类怀有兄弟般的情谊，正如他经常说的那样，他"最大的愿望莫过于看到世人个个快乐知足"。此外，历史还有一个不足称道的好处，他的处境让他无法忽视这一点。历史研究不仅为他提供了一个可以持之以恒为之奋斗的课题，而且更重要的是，也给他提供必要的创收途径，因为他不再愿意依赖诗歌才华为生，但写作如今是他唯一的谋生手段。

因此，他决定开始从事历史研究工作。《唐·卡洛斯》的写作已经促使他对腓力二世统治下的西班牙展开调查。由于对沃森[1]针对这一统治时期的清晰但又失之肤浅的研究著作不太满意，他转向第一手的信息资料，比如格劳秀斯[2]、斯特拉达[3]、德·图[4]以及其他许多历史学家的著作。在他以一贯的兢兢业业的工作态度热切地调查这些问题的过程中，尼德兰革命[5]逐渐在他的头脑中不再陌生，许多以前模糊不清的地方变得清晰分明，而且理所当然地，对他这样性情的人产生了强大吸引力。他当即决定，他的第一部历史著作应该是关于这一事件的叙述。他决心探索它的发起和进展的最细微情形，以一种更符合哲学逻辑的顺序安排他可能收集到的材料，将它们融入他已经形成或正在形成的关于政体、民族或个人品质的许多总体看法。最后，如果可能的话，用温暖的同情使整部作品充满活力。而对于自由的热爱者来说，作品中描写的这种自由的最光荣的胜利，自然会在他们身上召唤出这类温暖的同情。

对于填写这样一个大纲，勤奋努力已经足够。但席勒的天性并不满足于平凡的努力，一个计划一旦占据他的头脑，他就把所有的聪明

---

1. 指的是罗伯特·沃森（Robert Watson, 1730—1781）的《西班牙国王腓力二世史》（*History of Philip II of Spain*）。——译者注
2. 胡果·格劳秀斯（Hugo Grotius, 1583—1645），荷兰法学家、历史学家。——译者注
3. 法米亚诺·斯特拉达（Famiano Strada, 1572—1649），耶稣会历史学家。——译者注
4. 雅克·德·图（Jacques de Thou, 1553—1617），法国历史学家。——译者注
5. 尼德兰革命（Revolt of the Netherlands），经常也被称为八十年战争（Eighty Years' War, 1568—1648），是指发生在尼德兰地区的，反对西班牙哈布斯堡王朝的统治的一系列武装冲突。这一系列冲突导致尼德兰联省共和国成立，最终西班牙承认了尼德兰的独立。——编者注

才智汇聚在它周围，把它扩展成宏伟庞大、综合全面的项目，以至于几乎要耗尽一生才可能将其实现。这部《尼德兰独立史》虽是他主要的研究成果，他却只将它视作注定要着手研究的伟大课题的一个子课题。涵盖各个方面的整个历史是他现在的最终目标，他的头脑中不断酝酿着各种关于获取、改进和传播历史知识的计划。

在这些计划中，许多尚未成形，就连只是得以部分实施的也是寥寥无几。后者中有一个是计划中的《自中世纪以来最著名的阴谋史和革命史》。第一卷于1787年出版。席勒在其中发挥的作用是微不足道的，只不过充当翻译和编辑。圣雷亚尔的《贝德玛颠覆威尼斯共和国》也被包含在此书中，它被附上一篇长长的导言，成为这本书最好的一部分。实际上，圣雷亚尔似乎是第一个令席勒下决心完成此项任务的人。圣雷亚尔早已表明他对阴谋和革命的偏好，并展现过他处理这方面素材的优秀能力。席勒做的就是扩展这个想法，并赋予它一种成体系的形式。如果他的工作得以完成，它可能是不同凡响且有价值的，但由于其他工作的压力，由于他不得不把研究视野限制在尼德兰，他暂时搁置了整体计划。后来，这件事被淡忘了，席勒没有继续做下去。

这便是席勒在德累斯顿的工作情况，他的写作内容范围之广和类型之多样足以证明他根本没有懒惰的恶习。事实上，他的错误是走向另一个极端。他的写作和思考总是伴随一种超出自然承受限度的冲动。最初他无法忍受被打扰，便决定在夜间进行研究。这是一种诱人但有害的做法，始于德累斯顿，后来从未被摒弃。他的娱乐消遣也如出一辙，他喜欢长时间独处，让情感受到强烈的触动。易北河畔是他早晨最喜欢去的地方，在这里，他独自徘徊在深林、草坪和郁郁葱葱的美景间，沉浸在愉悦的沉思之中。他留意着思绪的动向，观察它们以模糊、奇妙、华丽的形式席卷他的灵魂。或者他在回忆和憧憬的短暂印象中自得其乐，又或者他思考那些最近一直占据他身心，而且很快又要继续占据他身心的各种事务与研究工作。有时，他可能会被看到坐在一叶小舟上荡漾于河中，尽情享受天地间的美好与惬意。当暴风雨来临时，他最愿意在那里。大自然替他在它自己脸上表达出他内心的骚动不安，他不平静的心绪得到了慰藉。危险给他的处境增添一种独特的魅力，当狂风气势汹汹地扫过天际，当凉风传来林涛阵阵，当河水在怒涛中翻滚成无数愤怒的旋涡，他感受到自己与周围景物变得和谐统一。

然而，在黑夜召唤他专心投入工作之前，席勒通常把他一天里的部分时光用于社交娱乐。如果席勒能从好客的奉承中得到乐趣，那么如今他的名望会为他带来大量这样的阿谀之词，但这些东西不符合席勒的口味。我们已了解他对莱比锡"肉蝇"的看法，他一生都保持同样的观点。成为一个我们所谓的"名人"（lion），这样的想法，即使对有普通虚荣心或者一般常识的人来说，都足以令人不适，对他来说更是如此。他的骄傲和谦虚都不允许他有如此想法。他敏感的天性，加上他受到的教养及习惯，使他变得羞怯，因此抛头露面对他来说痛苦非常。"指路人"（digito praetereuntium）[1]是一种他决不艳羡的颂扬之词。在上流社会的圈子里，他显得很不情愿，很少乐在其中。他们的灿烂光鲜、炫耀招摇与他的个性不符，他们严格的仪式感使他感到扫兴。他像被无形的樊篱包围在烦琐的礼仪隔膜中，它们如此牵强却又如此不可侵犯。他感到拘谨和无助，时而懊恼，时而愤怒，就仿佛

---

[1] 原文 digito praetereuntium。本书中有一些旧式的拼写，为方便读者检索，它们均被统一为当下常见的拼法。后文中不再另作说明。——编者注

是小矮人中的巨人格列佛，正在小人国被一千条绳子捆着。但是，他还可以同更意气相投之人往来交好，还有更熟识的圈子能让他在其中找到他寻求的乐趣。在这里，席勒轻松自在，坦率、不拘谨，能够融入当时的气氛。他的谈话令人愉快，同时充满非凡而朴素的魅力。它除了承载着知识财富，还流淌着温情和毫不做作的风趣幽默，可以使枯燥本身变得惬意。席勒在德累斯顿有许多朋友，他们既钦佩他作为作家的才华，也爱他这个人本身。他们之间的交流是他喜欢的那种，清醒、自由而快乐。他想要的是那种漫不经心、平静、诚实的感情流露，而不是吵闹喧嚣和粗俗放荡。对那些东西，无论何种形式下，他从未表现出丝毫兴趣。

访问魏玛长期以来一直是席勒的心愿，而1787年他第一次成行。萨克森曾经长时间是德国的阿提卡[1]，而近来魏玛便成了萨克森的雅典。在这座文学的城市，席勒找到了他期望的同声相应、同气相求，也找到了与意气相投的人之间的兄弟般的情谊。他没有被介绍给歌德[2]，但赫尔德和维兰德[3]亲切地接待了他，他很快就与维兰德建立了最为亲密友好的关系。维兰德，德国文学界的涅斯托耳[4]，是资深前辈，席勒敬他如父，他亦爱席勒如子。"我们将迎来辉煌的时刻，"他说，"当维兰德爱起来的时候，他依然年轻。"维兰德长期担任《德意

---

1. 阿提卡（Attica），古希腊地区名，它是古希腊文化的核心地带，包含雅典等城市。——译者注
2. 德林说："歌德此时在意大利，不在魏玛。"这是一个错误，在他的书中会反复出现。
3. 克里斯多夫·维兰德（Christoph Wieland，1733—1813），德国诗人、小说家、翻译家、文学评论家。——译者注
4. 涅斯托耳（Nestor），古希腊传说中的人物，传说他是特洛伊战争时期希腊联军中的贤明长老。他的形象常被用来形容年老、睿智且经验丰富的领袖。——译者注

志信使》[1]的主编，由于他们之间的密切关系，席勒参与了此项工作。他的一些小诗、《尼德兰独立史》中的一两个片段，以及关于《唐·卡洛斯》的书信，在这本杂志上首次见刊。他自己的《塔利亚》仍然继续在莱比锡刊行。此时席勒将以上这些作为副业，以尼德兰革命[2]为主要研究课题，在闲暇时拥有德国最优秀的文人雅士为伴，他对魏玛已是恋恋不舍。此地的风土人文无不令他满意，他想把它选作久居之地。他写道："您知道这些人，他们是德国的骄傲。一个赫尔德，一个维兰德，以及与他们志同道合的朋友，而现在一道墙已把我和他们圈到了一起。魏玛真的是物华天宝，人杰地灵啊！在这座城市，至少在这片土地上，我打算度过余生，最后再一次属于一个新的国家。"

他这般忙碌，又有了这般心思，于是继续留在魏玛。在到达几个月后，他收到了早期的资助人和好心的庇护人冯·沃尔措根夫人的信，邀请他去鲍尔巴赫拜访她。于是席勒再次来到他从前的避难之地，再次领略到了他以前经历过的所有盛情款待，那时它的性质更不太可能被误解，但他的旅行产生了比这更持久的影响。这次旅行中，他在鲁多尔施塔特停留了一段时间，遇到了一位新朋友。正是在这里，他第一次见到了伦格费尔德小姐[3]，她的魅力使他不忍离开鲁多尔施塔特，并渴望重返此地。

翌年他果然回来了，从 5 月到 11 月，他要么住在鲁多尔施塔特，要么住在那附近。他像往常一样忙，几乎每天都去看望伦格费尔德一

1.《德意志信使》(*Deutsche Mercur*) 是德国启蒙运动时期影响力巨大的文学杂志。——译者注
2. 原文为 Belgian Revolt。作者指的仍是尼德兰革命。——编者注
3. 即夏洛蒂·冯·伦格费尔德（Charlotte von Lengefeld, 1766—1826），席勒后来的妻子。——编者注

家。席勒对婚姻的看法，以及他对"市民家庭生活"的渴望，我们已经知晓。他说："双方同甘共苦，彼此情投意合。妻子性情柔顺、善解人意，凭借她平静而温暖的感情，我们的精神从一千个令人分心的事物、一千个狂野的愿望和喧嚣的激情中放松下来，在家庭的怀抱中梦想着度过一切时运艰辛。这是生活真正的乐趣。"自从他表达这些看法以来，几年过去了，经过岁月的沉淀它们不但没有减弱，反而更加坚定。伦格费尔德小姐的出现重新唤醒了他对家庭的憧憬。他热烈地爱着这位女士，而她对他爱的回报令他感到荣幸，这份回报在他焦虑不安的世界里洒满阳光。与她永结同好的愿望，引起了他对解决安身立命问题的更多不耐烦的焦虑，但也带给了他新的力量来实现它。他在鲁多尔施塔特期间工作繁忙、热情激越、严肃认真，但绝非不快乐。他的文学计划像以前一样继续进行，除了享受纯洁的爱情之外，他还收获了与同好及才俊贤德之士交往的快乐。

其中有在各方面都首屈一指的歌德。正是在这次访问期间，席勒第一次会见了这位鼎鼎大名的人物。通过阅读作品以及道听途说掌握到的信息，他对此次会面期望甚高。这两个人在众多共同朋友的陪伴下聚到一处。没有哪两个德高望重的天才，能够像现在的他们这样，拥有如此不同的卓越成就。英国读者可以借由想象莎士比亚和弥尔顿之间的会晤，形成对歌德和席勒之间的反差的某种近似概念。歌德和席勒，他们多么有天赋，而他们的天赋又多么不同！一个头脑冷静，有着变幻莫测、不可模仿的艺术魅力，在人类感兴趣的所有领域发挥作用，另一个把同样超强的才智集中运用在不那么广泛的少数几个主题上。一个头脑是天主教式的，另一个是宗派式的。一个包罗万象，另一个却偏狭有局限。前者被赋予了无所不包的心灵，能驾轻就熟地表现人类的各种激情和观点，仿佛完全凭借着个人经验，因而他容忍一切，和平宁静、镇定自若，不为任何阶层的人或原则而战斗，甘心接受现实世界对诸多问题无能为力的现状，以平和的心态冷眼旁观世界及其中的各种斗争，将深沉而微妙的智慧之光与充满幻想的华丽装饰倾泻在丰富多彩的百态人生上，并在他的脑海中允许形形色色的人和事物拥有自己的自由空间，正如他们在上帝安排的世界里一样。后者认真、忠诚，努力进行一千个伟大的改进计划。他感知这个世界的方式越偏狭时他的感觉反而越强烈，强烈地拒绝，强烈地选择，与一半的事物交战，与另一半事物相爱，因此对现实不满，浮躁冲动，内心得不到平静，几乎从不设想拥有内心平静的可能性。除了观点和修养的差异之外，莎士比亚和弥尔顿似乎在基本思想体系方面也在某种程度上处于这样极大的反差关系中。同样，在许多方面，歌德和席勒也是如此。此外，二者所处的外部环境也进一步增强了他们各自的个性特质。歌德三十九岁，早已拥有体面的社会地位和安定的生活。席勒比他小十岁，人生还存在很多不确定性。出于这两种原因，他的基本思想规划，即他判断、行动以及保持个性的准则，尽管可能保持稳定不变，却不大可能是清醒和成熟的。基于这些情形，当席勒对歌德的第一印象并不好时，我们几乎不会诧异。歌德坐在那里谈论意大利、艺术、旅行等五花八门数不清的话题，滔滔不绝的谈话彰显了他卓绝而深刻的判断力、嬉笑怒骂的诙谐幽默、渊博深厚的知识涵养、奇妙的幻想和善良的天性，据说这使他成为当今[1]世上最健谈的人。席勒以一种完全不同的心情看着他。一位性情如此迥异之

---

1. 1825 年。

人，却如此才智过人，又拥有如此独特娴熟的驾驭能力，这令他更加局促不安。他无法苟同对方的看法，却又不知道如何反驳。在他们会面后不久，他这样写道：

> 总的来说，这次私人会面丝毫没有影响我之前对歌德产生的那种伟大的印象，但我怀疑我们是否还会进行任何密切的交流。我仍感兴趣的许多东西都已打上了他的时代印记。他的整个禀性，从源头来看，都与我迥然不同，他的世界不是我的世界。我们设想事物的方式似乎有本质上的差异。从这样的组合中，不可能产生稳定的、实质性的亲密关系。未来的事情交给时间，时间会尝试解决问题。

事实上，时间的帮助并非没有必要。在歌德方面，存在同样充满敌意的先入为主的成见，来自比这次短暂的会面更早和更深刻的原因，并很可能导致了歌德对此次会面的不满。他本人最近在一篇论文中以他惯有的坦率和良好的心情谈起了当时的看法，其中一部分可能会引起读者的研读兴趣，不应仅仅把它们看作个人生平琐事。

他说："在意大利，我曾一直努力训练自己以在所有的艺术领域都更加纯粹和精确，而没去关注当时在德国发生的事情。在我从意大利回来后，我在这里发现了一些较旧的和较新的诗歌作品享有盛誉并广泛流传，但不幸的是，它们的文字在我看来是极其令人生厌的。我只谈一下海因瑟[1]的《阿丁盖罗》和席勒的《强盗》。关于前者，我最讨厌它

---

1. 威廉·海因瑟（Wilhelm Heinse，1746—1803），德国作家。《阿丁盖罗》（*Ardinghello*）是他的书信体小说，以一个在希腊岛屿上建立了乌托邦的艺术家为主角，书中赞美了感官和肉欲的生活。——译者注

表现出的肉欲和神秘的晦涩，它利用创造性艺术使这些东西变得崇高，并借此得到支持。至于后者，我讨厌它是因为，在该作品中，我当时正在努力摆脱的道德和戏剧的悖论，被一个有着强大感染力但尚未成熟的天才掌握，他使浩瀚汹涌的洪流席卷我们全国各地。

"对于这些有天赋的人，我没有责怪过他们做的事情，也没有责备过他们的目的。每一个人都以他自己独特的方式努力工作，这是他的天性和特权。他在缺乏文化修养的情况下，几乎没有意识到自己在做什么，而随着意识因文化修养的提高而提高，他继续这样做。因此，世界上同时流传着这么多精美的东西以及这么多微不足道的东西，于是一种困惑从另一种困惑的灰烬中升起。

"但是，令我恐惧的是，这些怪诞的作品在德国引起流言，从狂野的学生到优雅的贵妇，每一类人都对它们交口称赞。我此时认为我所有的努力都付之东流，我一直不遗余力去表现的对象和处理问题的方法，似乎被丑化了，被丢到一边了。更让我痛心的是，所有与我有联系的朋友，海因里希·迈尔[1]和莫里茨[2]，以及其他艺术家蒂施拜因[3]和布里，似乎都面临被这种倾向传染的危险。我受到莫大的伤害。如果有可能的话，我会完全放弃创造性艺术研究以及诗歌实践，因为哪里有可能超越那些大受欢迎的显示天才价值、风格怪诞的艺术作品呢？想象一下我的处境：我向来以传承守护最纯粹的诗歌艺术表现为

---

1. 海因里希·迈尔（Heinrich Meyer，生卒年不详），德国艺术家，曾与歌德、席勒共同主导魏玛艺术奖，意在推动当时的画家接受古典主义的艺术理想。——译者注
2. 卡尔·莫里茨（Karl Moritz，1756—1793），德国作家，著有自传体小说《安东·莱瑟》（*Anton Reiser*），受到歌德的欣赏。——译者注
3. 约翰·海因里希·威廉·蒂施拜因（Johann Heinrich Wilhelm Tischbein，1751—1829），德国画家，与歌德交谊甚笃。——译者注

己任,却反倒被阿丁盖罗和弗朗茨·冯·莫尔包围!

"莫里茨碰巧这个时候从意大利回来,同我待了一阵儿,在这段时间里,他言辞激烈地再次坚定了我们的信念。我避开了席勒,他此时在魏玛,离我很近。《唐·卡洛斯》的问世并非为了接近我们,我抵制我们共同朋友的艺术尝试。因此,我们将继续各行其是。"

然而,在某种程度上,双方都发现他们弄错了。连续的意外事件使许多一直被掩盖的东西显露出来,他们的真实性格越来越完全地展现在另一个人的面前,双方出于尊重的冷淡、慎重的致敬,被友善的感情乃至最终的喜爱之情赋予了灵动的生气,最终他们的感情升华。不久,席勒通过令人欣慰的证据发现"歌德是位非常值得尊重的人"。尽管歌德对席勒的个人厌恶仍未减少,他还是出于爱才之心以及对文学事业的热心,为席勒履行了自己作为朋友的必要职责。

严格的性格相似并非友谊的必备条件,甚至可能不是非常有利的条件。为了实现完满,每一方都必须有能力理解另一方,两者都必须具有在重要特征上相似的性情,但是,当在"不相似中存在相似"(likeness in unlikeness)时,比较双方的想法和情感的乐趣就会随之增加。卢梭认为,同样的情感,不同的观点(same sentiments, different opinions),是建立友谊的最好原材料,互惠的友好言行比任何东西都更奏效。路德[1]喜欢梅兰希通[2];约翰逊[3]与其说是埃德

---

1. 马丁·路德(Martin Luther, 1483—1546),德国神学家,宗教改革的发起者之一。——译者注
2. 菲利普·梅兰希通(Philipp Melanchthon, 1497—1560),德国人文主义者和宗教改革家。曾和马丁·路德共事,并将路德的思想系统化。——译者注
3. 塞缪尔·约翰逊(Samuel Johnson, 1709—1784),英国作家、文学评论家和诗人。——译者注

蒙·伯克[1]的朋友，更不如说是可怜的老莱维特医生的朋友。歌德和席勒又见面了，当他们最终同在魏玛生活并更频繁地见面时，他们更欣赏对方了。他们成为事业上的伙伴、朋友，他们的和谐融洽的交往，在许多后来的社群中得到加强，从未中断过，直到死神之手将之无情终结。[2]歌德在他的时代做了许多好事，但回忆往事时，很少有比对席勒的帮助更令他欣喜的。文学友谊据说是不稳定的，而且是罕见的，利益的竞争使得友谊无法持续。这种竞争之所以对友谊伤害更大，是因为竞争的主题如此模糊、难以捉摸和起伏不定，如同公众的青睐。而且，借此给予人满足的情感又是一种如此接近虚荣的情感，人类内心最烦躁、最无趣和最自私的情感。倘若歌德的主要动机是获得名利，那么他一定会怀着厌恶的心情审视这些崛起中的天才的天赋而非他们走的错误的方向，怀着厌恶看着这些天才以如此迅速的步伐与他争夺思想界领军人物的地位（事实上，在数以百万计人的心中，他们已经占有了这一地位）。如果他自己的尊严感阻止了他设置障碍或在私下谈论中表达任何不满，那么只能是一种真正的贵族精神才让他真诚地提供帮助。要想做到秘密地敌对又公开地漠不关心，另外一个办法是充当保护人，通过帮助他无法阻止的对手，或者没有他的帮助也可以成功的对手来满足虚荣心。歌德没有采纳上述两种方案的任何一种。他的高尚行为赢得了赞誉。他热切地动用全部影响加速席勒的思想成长，并成功地实现了这一点。更难能可贵的是，他不区分恩人

---

1. 埃德蒙·伯克（Edmund Burke，1729—1797），爱尔兰政治家、作家和哲学家。——译者注
2. 歌德逝世后，人们在他遗留下的材料中找到有关与席勒的友谊的记载，上面写道："两个人好似相互作为半个组合在一起，不相互排斥，而是相互联结，相互补充。"引自吕迪格尔·萨弗兰斯基：《歌德与席勒：两位文学大师之间的一场友谊》，马文韬译，北京：生活·读书·新知三联书店，第131页。——译者注

身份与同伴身份，与席勒平等相处。他们不仅成了朋友，而且成为并肩工作的伙伴，这种关系对两位大作家的人生都产生了重要影响，特别是对年纪较轻和更为盲目的一方。

同时，《尼德兰独立史》已经部分面世，第一卷出版于1788年。席勒以前的著作证明了他才能卓越，多才多艺，博学多识，精通写作艺术，无论是实用性的还是科学性的都不例外，那么在历史这样的学科领域，绝不会有平庸之作出自他的手笔。他勤奋地积累材料，耐心地仔细研究，很难不取得杰出的成就。目前这一卷完全符合这种期望。《尼德兰独立史》具备一部良史应有的一切众所周知的要素，同时，在某种程度上它还具有许多独特的重要特征。它传达的信息详细丰赡，所有相关情形，无论远近，都清楚地展现在我们面前。而且，由于它谋篇组织的技巧，所有这些情形能以简明且令人印象深刻的语言被呈现出来。作品不是以连续不断的叙述展开，而是被分成若干组聚拢起来的大块大块的文字。这些大块文字相继被展示出来，次要的事实被集中在一些主要的事实周围，其核心目标即是使我们的注意力主要指向主要事实。这种整合事件细节，且按照事件的本来面目展开叙述的方法，就像一步跨越高峰间的距离，直接从一个高峰到另一个高峰，然后站在峰顶概述周围的景色。这无疑是最有哲学性的方法，但很少有人能够胜任这项任务，并恰到好处地完成它。它必须由一个能同时观察所有事实的头脑来执行，这样的头脑能解开谜团，理清纷繁的头绪，并且经常能用极高超的技巧选择一个观察角度，让读者从这一角度可以一览无余。如果不这样做，或者没有充分完成这项工作，一本如此规划的著作将不堪入目。席勒非常完美地完成了工作。显然，整个事件的场景清晰地呈现在他自己眼前，而且他不缺乏善于区分并抓住鲜明特征的慧眼。他从来没有忽略因果联系，且在每个部分的叙述中，他都倾注了他先前所有著作都展示出的智慧和想象力的光辉。他的反思，无论是明示出来的还是暗示出来的，都是强大、全面且深入的思考的果实。他的描述很生动，他的人物研究体现出敏锐的判断力，将人物最引人注目的一面呈现在我们面前。在每个读者看来，哀格蒙特[1]和奥兰治[2]都是难得一见的集足智多谋与高谈雄辩于一身的人才。这部著作条理清晰，既有美感又有平静内敛的力量。倘若该作品得以完成，它可能会位列席勒散文作品之首。但令人遗憾的是，第二卷从未问世，第一卷在阿尔巴公爵进入布鲁塞尔时便结束了。仅"困守安特卫普"和"阿尔巴大军通过"这两个片段呈现的生动画面，便足以向我们展示假如席勒坚持写下去，他可能达成的成就。这场战争中，那些往往极其生动曲折的非凡情节、荷兰人的献身精神，以及他们争取自由的英雄气概，注定不能被席勒的生花妙笔描绘，虽然席勒的思想和感情都使他完全能够胜任这一伸张正义的使命。[3]

这项工作为作者平添了新的声誉，但这并不是他从中获得的唯一

---

1. 拉莫拉尔·凡·哀格蒙特伯爵（Lamoraal van Egmont，1522—1568），尼德兰政治家和军事家。在被阿尔巴公爵逮捕后，他在1568年以叛逆罪被斩首。歌德以他为原型创作悲剧《哀格蒙特》（Egmont），贝多芬为该剧谱写了序曲。——译者注
2. 威廉·凡·奥兰治（Willem van Orange，1533—1584），人称"沉默者威廉"，被尊为尼德兰国父。尼德兰革命中，他是反抗西班牙哈布斯堡王朝统治的尼德兰的主要领导者。——译者注
3. 如果我们没有弄错的话，斯塔尔夫人（Madame de Staël，1766—1817）在她的《法国大革命》（Révolution Française）一书中显示出她看过席勒对这段历史的精彩演绎。她的作品是建立在一个类似却相当松散的整体结构之上的，效果上与席勒有异曲同工之处。她的作品更注重规律性，更讲究修辞技巧，虽然准确性不如席勒，但在思想与意象的感染力方面并不比席勒逊色。

或主要好处。历史教授艾希霍恩此时即将离开耶拿大学,歌德已经向担任萨克森－魏玛女摄政的热爱艺术的阿玛莉亚[1]介绍了他新结识的席勒,并引起了对方的特别注意。他现在和宫廷首席牧师福格特一道为席勒争取这个空缺的职位。在公众呼吁以及女摄政的劝说下,歌德成功了。席勒被任命为耶拿大学教授,1789年他去耶拿大学执教。

随着席勒移居耶拿,他的公共和私人生活开启了新的时代。他与歌德的关系在这里最早发展为友谊,并因频繁的交往得到巩固。耶拿[2]离魏玛只有十几英里[3]远,两个朋友都在同一政府担任公职,每天都有互访的机会。席勒的漂泊生涯现已宣告结束。他的内心厌倦了这种动荡的生活,却并没有丧失享受平静生活的能力,他的思想因经历大量形形色色的人际交往而变得成熟老练。他知识渊博,脑子里装满如何利用这些知识的计划,现在他可以停靠在家庭这一舒适的避风港里,期待着可以更不受打扰地努力工作的日子,期待着比迄今为止的命运更有益健康、更能带来永久性快乐的日子。在定居耶拿后的两个月间,他向伦格费尔德小姐求婚成功。长期以来,他一直把希望得到的所有快乐,都与同她结婚的幸福联系在一起。几个月后,他在给一个朋友的信中这样写道:

---

1. 安娜·阿玛莉亚·冯·不伦瑞克－沃尔芬比特尔(Anna Amalia von Braunschweig-Wolfenbüttel, 1739—1807),萨克森－魏玛公爵卡尔·奥古斯特的母亲。在她摄政期间,魏玛被建设成文学与艺术的殿堂,吸引了歌德、席勒、维兰德、赫尔德等文学家。——译者注
2. 关于他们友谊的障碍,我们已用歌德的话进行了描述。歌德在同一篇文章中以同样生动翔实的话语描述了克服这些障碍的过程。很有趣,但不能在这里赘述。见附录一"3. 与歌德的友谊",第379页。
3. 1英里=1609.344米。

即使在夏日，因为有娇妻在侧，生活也是完全不同的，我不再感到被遗弃，也不再感到形影相吊。美丽的大自然！我现在第一次充分享受它，生活于其中。这个世界再次在我周围穿上诗意的外衣，旧的感情又在我的胸中复苏。我在这里过着多么美好的生活啊！我以一颗快乐的心看着周围，我的心在心灵之外找到一种永久的满足，这令我精神焕发，活力四射。我的生活在和谐的平静中安顿下来，不是紧张热烈的，而是平和宁静的。我怀着一颗愉快的心展望未来的命运。现在，当我站在渴慕已久的目标上，我惊异于这一切何以发生，如此远远超出我的预期。命运为我征服了困难，我可以说，它推动我走向了目标。未来我期待拥有一切。再过几年，我便能恣意享受我的精神生活，不仅如此，我想我的青春将会重新焕发，一种内在的诗意生活将再次给予我美妙的青春。

在这部传记的下一部分，亦即最后一部分中，我们将看到这些欢欣的希望在多大程度上得以兑现。

第三部分

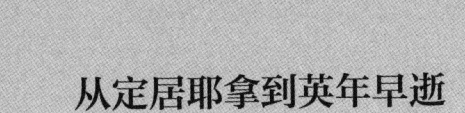

从定居耶拿到英年早逝

1790—1805

新职位自然要求席勒以双重的热情投身于历史研究,这本是他已经热切地自愿涉足的一门学科。在研究中,我们看到他最强大的才能如何得到历练,他最大的爱好如何得到满足。如今新机会与新动机相结合,他继续坚持研究探索。关于他的学术演讲计划或演讲效果,我们几乎没有任何信息。据说,在课堂上,他最常进行的是即兴演讲。他的演讲不以流利或优雅著称,这可归因于他对公开露面的焦虑不安,因为正如沃尔特曼使我们深信不疑的那样:"他在私下里流利地表达自己观点时展现出的优美典雅、轻松自如和真知卓识,是他所有朋友有目共睹和钦佩不已的。"我们认为,他的演讲内容将弥补外在形式的缺陷,这从他的著作中保留下来的一篇介绍性演讲中可见一斑,其标题为"何谓及人们为何目的学习普遍历史",也许在欧洲从来没有另一门历史课程能勾勒出如此宏伟的哲学原则。[1]但是，在高等学府锻炼远非他的终极目标，他也不甘心止步于完美的愿景。他勾勒的大纲范围是如此之广，以至于哪怕是一位合格的历史学家，工作状态也很难与席勒努力填补大纲时的勤勉程度相比。他的信件洋溢着辛勤与热情的活力，他似乎全力以赴地投入这项新的工作，为这片历史哲学思辨的迷人的未经开拓的领域享有的广阔前景欣喜万分，它正在他的周围全面展开。他声称"对自己的事业极其满意"，对该事业性质的认识正在不断扩大并日益清晰。他的每一刻闲暇都被用来将想法付诸实践，他此时正忙于撰写《三十年战争史》[2]。

这部历史著作于1791年问世，德国评论家称之为席勒在该领域的一部力作。唯一可能与之抗衡的著作《尼德兰独立史》很可惜未能完成，否则，在我们看来，《尼德兰独立史》可能会更胜一筹。这两者中的任一部都足以确保席勒在历史学家中享有显赫的地位，跻身于历史哲学家之列。然而，即使这两部著作放在一起，它们也只提供了能够揭示席勒历史撰写的指导思想的一个微弱例证。在他看来，历史不仅要记录，而且要解释；不仅涉及对事件和人物的明确概念和生动阐

---

1. 席勒写过题为《摩西五经中暗示的人类社会起源的线索》《摩西的使命》《梭伦和吕枯耳戈斯的法律》的论文，都是水准很高的作品，充满了力与美。对那些"塑形哲学"（plastic philosophy）的爱好者来说，这些论文尤其甘美。过去的这些难解的历史事件躺在编年史的神秘简短的书页中，而"塑形哲学"是一种能赋予这些历史事件的"干枯的骨架"以形式和生命的哲学。席勒还写过《对第一次十字军东征期间的欧洲的概览》《皇帝腓特烈一世的时代》《法国的骚乱》。这些作品同样都是大师手笔，风格更为简洁平易。
2. 标题中的三十年战争（Thirty Years' War, 1618—1648），指的是一场起始于神圣罗马帝国的内部冲突的大规模战争，它主要发生在中欧战场，但波及整个欧洲。战争的起因十分复杂，牵涉的势力众多，可以分为多个阶段。宗教改革引发的新教和天主教的冲突是战争爆发的重要原因之一。参与战争的双方，根据战争的阶段不同而有所变化，可模糊划分为两派，一派主要有神圣罗马帝国的哈布斯堡王朝、哈布斯堡西班牙、天主教诸侯，另一派主要有法兰西、瑞典、尼德兰以及新教诸侯。——编者注

述，而且涉及健全、开明的关于个人、民族道德的理论，涉及人类生活的一般哲学，从而对事件和人物进行判断和衡量。历史学家如今站在一个新的高度，比前人视野更开阔，他可以调查大量的人类行动，并从延伸到许多不同地域和时代的经验中推演出历史规律。此外，就他的思想而言，他的情感应该被扩大化。他应考虑的不是任何教派或国家的利益，而是全人类的利益；他应考虑的不是某个阶级的任何艺术或观点的进步，而是普遍的幸福和全面的改进。总之，他的叙事应该遵照科学，并充满时代的自由精神。

通常，人们认为伏尔泰发明并提出了一种撰写历史的新方法。追随他的脚步的最重要的历史学家们，绝大部分被认为是哲学性的历史学家。这一观点并不正确。伏尔泰以超越他人的才能书写历史，但并不是以新种类的才能书写历史。他把18世纪的思想应用于历史学科，但这并不怎么新鲜。在有思想的作家手中，历史一直是"从经验推导的哲学"（philosophy teaching by experience），即历史学家时代提供的哲学。对于希腊人或罗马人来说，他们会很自然地在看待事件时着眼于事件对其城邦或国家的影响，并通过一套准则规范来对事件本身进行评判。在这套准则规范中，城邦或国家的繁荣强大是人们关注的主要目标。对于僧侣编年史家而言，用建立的修道院数量来审度世事的发展，用向神职人员捐赠的总额来判断人的品质优劣，这些都是很自然的。对于当今的思想家来说，用一套完全不同的标准来衡量历史事件同样自然而然。这套标准会考察历史事件对人类普遍命运的影响，判断它们究竟是阻碍还是推动人类获得自由、知识、真正的宗教和人格尊严。这些历史叙述者中的每一个，都只是按照他们所处的时代被认为是表达了人类的重大关切和人类职责的尺度来衡量历史。

正如人们预料的那样，席勒的历史观是最博爱的一种。"在我看来，"他在一封信中说，"在为现代人撰史时，我们应尝试赋予作品一种犹如《伯罗奔尼撒战争史》之于希腊人那样的感染力。当前的问题是如何选择和组织材料，做到无须华丽装饰便能引人入胜。有一种特殊的兴趣为希腊罗马人所不知，爱国热情亦无法与之匹敌，却可供我们现代人驱使调动。总的来说，爱国的热情主要对尚未成熟的国家、对世界青年是重要的。但是，如果我们把发生在人们身上的每个不平凡事件都描绘成对人类具有重要意义的事件，那么我们可能会激发出一种截然不同的兴趣。为一国而写作是一个微不足道的目标，哲学精神不能容忍这样的限制，不能将其观点束缚于一种如此武断专制、变动不居、偶然的人性形式。最强大的国家也只是一个残缺的碎片，有思想的人不会因它变得热情激昂，除非该国家或者该国命运对人类的进步有影响。"

要说这一无所不包的世界性哲学毫无夸大之处，未免有些牵强。大自然本身无疑明智地将我们划分为不同"种族、民族和部族"，我们本能地会为自己的国家感到热血沸腾，不需要额外的条件。理性似乎应该遏制和指导我们的本能，而非摧毁它们。我们在感情中需要个体性，遍及所有人的同情通常会在它不断扩散的过程中受到削弱，以至于它对任何人都是无效的。在自然界中如此，在艺术中亦不例外，艺术应反映自然。普遍的慈善行为只是一种不稳定、软弱无力的行为准则，而"人类的进步"也同样不适合激发想象力。我们能同情的并非自由，而是自由的人。确实，历史中应该有一种比琐碎划分和粗俗偏袒更优越的精神，我们对具体事物的情感应该得到启迪和净化，但是这类情感不应被抛弃，否则的话，由于人性的特点，我们的感情必定在这种极端的扩散中消失殆尽。也许，在某种意义上，最可靠的取悦、指导所有国家的方式，便是为一国而写作。

席勒也意识到这一点，并在一定程度上给予注意。此外，就"三十年战争"这个主题而言，情感的民族性甚至可以完全不予考虑。因此，它胜过几乎所有话题。它不是德国的话题，而是整个欧洲的话题。它构成了宗教改革的最后一部分，这一事件并非属于特定国家，而是属于整个人类。然而，如果我们没有弄错的话，这种过度概括化，无论是在思想上还是在情感上，都损害了该作品。作品里渗透的哲学思想，不时地因哲学抽象而变得含糊暧昧，因过度精炼而变得无效。这部作品热情饱满，志趣高尚，富有感染力，思想开明，如果它被限制在一个更窄的空间内，并指向更具体的一类对象，就会更好地对我们的心灵产生影响。由于席勒极度关注这一时期的哲学，他忽略了用其他视角看待该时期时能发现的许多有趣素材。在三十年战争的事件中，在推动这些事件进展的人物的处境中，都充满了所谓的画面感。哈特的《古斯塔夫史》[1]是一片似乎仅凭人类耐性无法探索的荒野，然而当哈特告诉我们一些关于架云梯攻城或夜间奇袭的细节，或者推测骑兵如何试图通过魔法来防弹时，不时出现的精彩看点为作品平添了生机。事实上，他杂乱无章的记录为我们的小说家提供了关于杜格尔·戴尔吉铁的创作素材[2]，他是一位装束非常独特的骑兵，并

---

1. 哈特的《古斯塔夫史》(*History of Gustavus*)，指的是沃尔特·哈特（Walter Harte, 1709—1774）的《古斯塔夫·阿道夫的一生的历史》(*The History of the Life of Gustavus Adolphus*)。——编者注
2. 这里指的是英国历史小说家沃尔特·司各特（Walter Scott, 1771—1832）的作品《蒙特罗斯传奇》(*A Legend of Montrose*)，其中出现了杜格尔·戴尔吉铁（Dugald Dalgetty）这一人物，他是参与过三十年战争的老兵。——译者注

且出于许多原因，他的性格举止值得研究和描述。然而，正如席勒后来证明的那样，尽管他对该作品非常熟悉，但他对于其中大部分内容都并未予以足够关注。与其说他的作品因此赢得了尊严，富有教育意义，不如说它由于这一疏忽而失去了活力。

这部历史著作尽管存在种种缺陷，但绝非等闲之作。诚然，作品并不尽如人意，它排除了那些更感人的或更令人愉快的话题，有时也带有与务实政治家风马牛不相及的未经世事的理论家味道。作品的主题并不足够统一，尽管尽了一切努力，它却在走向结论时分崩离析。但在作品中仍有一种能量，一种活力之美，远远不止于弥补其不足。时时处处伟大的思想吸引我们的注意，让我们驻足，或是予以肯定，或是进行反驳。妥帖巧妙的隐喻[1]，以及对事件和人物的一些生动描述，令人很容易想起《斐耶斯科的谋叛》和《唐·卡洛斯》的作者。古斯塔夫[2]和华伦斯坦[3]的人物形象在叙事过程中得到了很好的发展。梯

---

1. 我们很少能遇到像下面这个隐喻那样妥帖巧妙的隐喻。这个《尼德兰独立史》中的惊人隐喻出现在阿尔巴入城的那刻，作者用它结束了对笼罩在阴郁寂静中的布鲁塞尔的画面描写："现在，这座城市接纳了这位西班牙将军，它的神气就仿佛一个人喝了一杯毒药，每一刻都在颤抖地等待着夺命药力的发作。"
2. 古斯塔夫·阿道夫（Gustavus Adolphus, 1594—1632），即古斯塔夫二世，瑞典国王。他在法国的资助下参与三十年战争，在布雷滕费尔德战役中大败神圣罗马帝国军，一路南征到慕尼黑，迫使皇帝重新起用华伦斯坦。在随后的吕岑战役中，瑞典军虽击败了华伦斯坦的军队，古斯塔夫本人却战死沙场。——编者注
3. 阿尔布莱希特·冯·华伦斯坦（Albrecht von Wallenstein, 1583—1634），即席勒《华伦斯坦》（Wallenstein）中同名角色的历史原型。在三十年战争中，他曾被任命为帝国军队的大元帅，配合梯利击退丹麦，但随后被皇帝解除职务。在古斯塔夫的威胁下，华伦斯坦再次被任命为帝国军队统帅，获得了前所未有的权力。吕岑战役后，他私自与帝国此时的敌人如瑞典等谈判，倚仗兵权向皇帝施压，试图达成自身希望的和平方案，却招致各方尤其是西班牙的反对，在多重压力下，皇帝选择罢免华伦斯坦。最后，华伦斯坦被自己部队中的军官暗杀。——编者注

利[1]跨过莱希河的一幕,以及莱比锡和吕岑战役,都赫然出现在我们的记忆中,仿佛我们亲眼见过。对古斯塔夫之死的描述,足以令铁骨铮铮的老兵为之落泪。[2]如果席勒仅仅停留在书写主题的视觉或想象的部分,那么没有人能够比他描绘得更为生动传神,或者比他更好地唤起我们的情感,无论它是悲悯的还是浪漫的。但我们已经看到,这绝不是他最重要的目标。

总的来说,目前这部作品仍然是德国可以引以为豪的最杰出的历史著作。穆勒[3]的历史著作以另外一种价值著称,即在给定的空间中浓缩空前丰富而可靠的信息,并经常能保持条理清晰。但就历史著作的思想成就而言,穆勒无法与席勒相提并论。柏林的沃尔特曼继《三十年战争》之后,推出了另一部同样规模的作品作为续篇,题为《〈明斯特和约〉史》[4],聚焦于这一结束了三十年战争的和约的最初谈判磋商的过程。沃尔特曼是个人才,但我们不敢用维兰德高度评价席勒的话来张冠李戴,即通过席勒的第一次历史写作尝试,他"已发现了一种可以使他与休谟[5]、罗伯逊[6]和吉本[7]比肩的决定性能力"。相反,

---

1. 约翰·冯·梯利(Johann von Tilly,1559—1632),三十年战争中天主教联盟军队的统帅。1631年,在布雷滕费尔德战役中被古斯塔夫击败,次年在莱希河又被古斯塔夫击败并受重伤,同年伤重而死。——译者注
2. 见附录一"4.古斯塔夫·阿道夫之死",第380–384页。
3. 约翰内斯·冯·穆勒(Johannes von Müller,1752—1809),瑞士历史学家。——编者注
4. 《〈明斯特和约〉史》(History of the Peace of Munster),《明斯特和约》是《威斯特伐利亚和约》的一部分。——编者注
5. 大卫·休谟(David Hume,1711—1776),英国哲学家、历史学家、经济学家。——译者注
6. 威廉·罗伯逊(William Robertson,1721—1793),英国历史学家。——译者注
7. 爱德华·吉本(Edward Gibbon,1737—1794),英国历史学家。——译者注

沃尔特曼更可能与贝尔沙姆[1]或斯摩莱特[2]齐肩。

这是席勒在历史领域的写作艺术的第一个完整样本，虽然它只是他打算做和本来可以做的工作的一小部分，结果却成了他最后的史学研究工作。另一种烦心事正在等待他。1791年，他病倒了，他不得不放下有吸引力的创造性劳动，愤慨而不安地面对肉体上的疾病。他的病在胸部，病来如山倒，虽然最后他的生命力战胜了疾病，但是他再也没有恢复到完全健康的状态。这一沉重的苦难，似乎是他迄今为止日复一日无休止的辛劳和焦虑导致的。他虽然很高，但从未强壮过，他的身体对里面那个激越而不眠的灵魂来说实在太虚弱了。夜间伏案工作的习惯无疑使他的身体变得更糟。自从他移居德累斯顿以来，他的体质就每况愈下，但这次突如其来的冲击瞬间粉碎了残存的体力。在一段时间里，医生采取了一系列最严格的预防措施以维系他的生命。这些强制性规定中最严格的是要求他彻底终止一切脑力活动。无论是席勒的个人习惯还是家庭经济条件都不允许这一措施的执行。他有爱妻需要供养，因此无所作为本身便可使他片刻难安。他的处境似乎很艰难，纯真无邪的幸福前景被恶毒地遮蔽起来。然而，在这种痛苦而困难的处境中，他并未失去勇气，最后他从一个极其意想不到的角落得到了雪中送炭似的援助，使他不安的灵魂获得部分解脱。席勒病倒没多久，世袭君主荷尔施泰因－奥古斯腾堡公爵[3]与冯·席莫尔

---

1. 威廉·贝尔沙姆（William Belsham, 1752—1827），英国政治作家。——编者注
2. 托比亚斯·斯摩莱特（Tobias Smollett, 1721—1771），英国小说家。——译者注
3. 弗里德里希·克里斯蒂安二世，荷尔施泰因－奥古斯腾堡公爵（Friedrich Christian II, Duke of Holstein-Augustenburg, 1765—1814），丹麦贵族。——译者注

曼伯爵就一起给了他总共1000塔勒［克朗］[1]的年金，为期三年。[2]没有附加任何规定，仅仅要求他保重身体，安心调养。此外，如此迅速而慷慨的援助是小心谨慎地以礼貌的方式提出的，正如席勒所说，这比礼物本身更令他感动。我们应该牢牢记住这位伯爵和这位公爵，他们理应受到钦佩和嫉妒。

这场疾病使席勒的生活变得阴郁沉闷，他现在有另一个敌人要斗争。在征服这个隐秘可怕的障碍的过程中，需要付出大量艰苦卓绝的努力，却未必能产生任何积极的结果。痛苦并不完全是邪恶的同义词，但肉体上的痛苦似乎比其他类型的痛苦都更难被善赎救。从失去财富、名望甚至朋友的不幸中，哲学女神佯装获取某种补偿，但一般来说，永久的健康损失将挑战她的魔力。这是一种普遍的减少，我们的资源和我们管理资源的能力的同等减少，而且这是一种几乎无法减轻的刑罚，能减轻它的只有朋友之爱（只有在我们病痛时这份爱才第一次显得弥足珍贵），以及来自尘世之外的，来自静谧的和平与希望之泉的慰藉，我们的脆弱的哲学女神靠自己的翅膀飞不到那里。对所有人来说，疾病本身即是苦难，但是对那些感情细腻、更具天赋的人来说，作为拥有这类优越条件的代价，疾病似乎以最令人痛苦的形式最频繁地眷顾他们。这是一种残酷的命运：诗人有自己想象中阳光灿烂的国度，这往往是他唯一的领地，它却由于痛苦阴影的笼罩而遭受损毁、变得黯淡；一个以发挥聪明才智为最大幸福的人，其才智

---

1. 塔勒（thaler），帝国塔勒（reichsthaler）的简称，旧时货币单位。它由神圣罗马帝国从16世纪开始推广使用，今已不再流通。卡莱尔原文中此处使用的是克朗（crowns）一词，它是此时与塔勒对应的英国银币，卡莱尔应是为方便读者理解而如此写作。——编者注
2. 同样在丹麦方面的资助下，克洛卜施托克完成了他的《弥赛亚》。

却被束缚在不健全的身躯中,被迫陷入瘫痪。一个人如果拥有外在的活动、实实在在的爱好,以及最重要的——具备适当的平和心态,那么即便受某些疾病影响,仍会有很多事情可做且能过得很惬意。但是,席勒内心过于敏感激烈,他的世界是理想的、内在的,属于思想本身。当迟迟不去的疾病的霉烂袭击了那个世界,开始遮挡并吞噬它的美丽时,似乎没有什么东西能留下,除了沮丧、痛苦和凄凉的悲伤,它们是直到死亡为止仅存的能被席勒感觉到与期待的东西了。

如若他的意志同样也动摇了,如若他的决心失败了,他的灵魂屈服于这个新敌人的枷锁,对他来说将会多么不幸啊!惰性和迷乱的想象将紧紧抓住他,释放千万恶魔骚扰他,折磨他,使他疯狂。唉!阿尔及尔[1]的奴役与天才的病人身上的锁链相比也算是自由,他的心已昏倒在它沉重的负荷之下。他的躯体变成了一座幽暗的监狱,每一根神经都变成了一条通往烦恼或苦痛的大道。被囚禁的灵魂在忧郁的孤独中成为绝望幽灵的猎物,或因过度的痛苦而神色木然,命中注定将清楚地意识到痛苦的存在,却无法感知应伴随它的力量,可以说生不如死。令人高兴的是,死亡或完全的痴呆至少最终会结束这种不体面的悲惨景象;然而,尽管这般景象是不体面的,我们也应怜悯而不是蔑视。

这往往是那些本来人品才气俱佳的人久病之后的下场,他们的感性超过了精神力量。在席勒方面,疾病最坏的影响被唯一有效的解药抵制住,这解药即一种无视疾病的坚强的意志。即使在这种危急情况下,他的精神也过于蓬勃旺盛和热切炽烈,以致不能屈服。他不屑

---

1. 阿尔及尔,阿尔及利亚的首都,历史上曾是巴巴里奴隶贸易(Barbary slave trade)的核心城镇之一。——译者注

于沦落为憔悴的病人，在病中，他以不减的热情坚持他一生的伟大事业。当他部分恢复时，他像往常一样努力地回到他的脑力劳动中，不仅如此，在诗意创作的激情下，他几乎忘记了疾病的存在。他以刚毅的硬汉气概，解除了这种疾病最残忍的杀伤力。他的躯壳可能会痛苦，但他的精神仍然保持活力，没有熄灭，几乎没有受到阻碍。他没有失去对任何形式的美、善、雄伟的兴趣，像从前一样爱他的朋友，当健康一去不返之时，他写出了最精美、最崇高的作品。也许他一生中没有哪个时期比这一时期更能表现出他的英雄气概。

在这次病倒并从丹麦方面得到善意的年金后，席勒似乎减少了与耶拿大学的联系。他通过代理人卸掉了最为沉重的教学负担，他的历史研究也被放弃了。然而，这只是他思想活动的改变，而不是减少。一旦部分摆脱了痛苦，他以前的所有勤勉都苏醒过来。他同时也摆脱了更紧迫的义务和经济负担，现在允许他把注意力转向更有吸引力的目标，其中最迷人的当属康德哲学。

这位柯尼斯堡教授的先验体系在过去十年里一直在德国传播，现在它使德国到处充满最激烈的争论。康德的才能和成就得到了普遍承认，他的体系在哲学上雄心勃勃。对，雄心勃勃，这点已经有无数人指出过，同时他的体系的缺陷也被无数人批判过了，但这一体系仍然能激起人们的关注，因为它有康德的名声和能力支持。与这些教义相联系的神秘主义气息吸引着德国人，在他们看来，含糊暧昧和博大宽广总是令人愉快的品质。在令人生畏的基本原则阵列与庞大无比的术语与定义的森林中，弱者气喘吁吁的智慧像在没有路的灌木丛中徘徊，最终无力地倒在地上，精疲力尽，在学术气氛中窒息而死，这在德国人看来是崇高的，而不是骇人听闻的。另外一部分人不畏劳苦，对他们来说，一定程度的黑暗似乎是一种原生元素，这种黑暗对于发挥那种深刻的冥想热情是必不可少的，而这种深刻的冥想热情又是他们性格中非常重要的特征。因此，康德哲学俘获了众多信徒，他们以一种自毕达哥拉斯时代以来未曾有过的激情痴迷于它。事实上，这与精神狂热相似，而不是科学事业上冷静的热情。康德最热情的崇拜者似乎更多把他视作先知，而不仅仅是人间的智者。当然，这种钦佩被相应的责难声音反对，先验的新教徒必须遭遇与自己一样坚定的怀疑论者。后一类人中，最著名的是赫尔德和维兰德。赫尔德当时是魏玛的宫廷牧师，似乎从来没有理解他强烈反对的东西到底是什么，他痛斥康德的形而上学理论，因为他发现那是异端邪说。年轻的神学生从耶拿大学回来，近乎发狂，满脑子稀奇古怪的教义。他们向魏玛教会议会的考官解释时使用的那些词句，虽然让这些值得尊敬的教士不明所以，却令他们内心充满了惶恐。[1] 于是造成了申请圣职人员和授予神职的人之间的责难和斥责，以及过度的不满与怨愤，魏玛的一位年轻牧师为此开枪自杀。异端邪说，令人不快、毫无益处的逻辑，无所不在。因此，赫尔德强烈抨击这种"恶毒的骗术"，这种虚妄与破坏性的"文字体系"[2]。维兰德则出于另一个原因与之抗争。他一生都在他的德国同胞间努力散布一种简约的享乐主义，建立一种从我们的沙夫茨伯里伯爵和法国人那里借来的某种精致平和、优雅细腻且微小的

---

1. 德国哲学家谢林有一本关于"世界的灵魂"的书，其中有费希特对他的学生说的话，"明天，先生们，我将创造上帝"，这是大多数读者都知道的。
2. 见赫尔德的遗孀写作出版的《赫尔德传》(Herder's Leben)。赫尔德通常不会被任何缺乏哲理的怀疑论或对新奇事物的厌恶情绪困扰，这可以从他赞助加尔博士(Dr. Gall)的颅相学体系或德国人口中的"头骨教义"的举动中推想得知。但是加尔对康德的《人类历史哲学》(Philosophie der Geschichte der Menschheit)表示了肯定和钦佩。这就是他们的不同。

品位和道德体系。所有这些软弱无力的大厦在新的教义以龙卷风般的威力横扫而过后都彻底毁灭。维兰德眼见半个世纪的苦心经营功亏一篑,万分痛心。他天真地想象着,要不是康德哲学,它可能是永恒的。这样的动机促使着怀疑主义采取行动,赫尔德和他联手反对先验的形而上学,不久,他们便受到许多人愤怒的攻击。在德国,自路德时代起,思想界的冲突引起的轩然大波很少有能与这场抗衡的。战场交锋,互有胜负,几乎全国所有的人都秘密地或公开地站在这一边或那一边。只有歌德似乎完全保持一贯的镇定,他明确表示,他允许康德的计划"像所有事物那样盛极一时"。歌德已在生活中通晓这种观点蕴含的智慧,这是他的天才与思想特点的典型表现。

这些争论很快就过了火,不再温和或有益,而席勒并未参与其中,但他们制造的噪声为他提供了一个来考察这一普遍看来很重要的学说体系的新的动机。该哲学体系承诺要完成康德坚称它能完成的全部使命,即使这似乎不太可信。这些使命包括:解释物质与精神的区别;破解关于必然性与自由意志的困惑;向我们展示我们对上帝的信仰的真正理由,以及大自然给予我们的关于灵魂不朽的希望;经历上千次失败之后,最终向我们解释我们存在的奥秘。因此,几乎不需要额外的诱因,这一哲学体系就能让席勒这样的人满怀好奇地去试图理解它。他目前的情况也为他的进步提供了便利条件,耶拿现已成为康德学说当之无愧的大本营,而且它直至今天依然配得上这一称号,不管这到底算是荣誉还是耻辱。莱因霍尔德[1],康德身边几位最聪明能干的追随者之一,此

---

[1]. 卡尔·莱因霍尔德(Karl Reinhold, 1757—1823),德国哲学家,康德哲学的追随者和重要传播者。——编者注

时是席勒在耶拿大学的同事和平日的朋伴，他成功地鼓励和帮助他的朋友走上研究康德的道路，而且正如他相信的，这条道路将会通向辉煌的成就。在他的指导下，席勒不久就发现，至少"新哲学比莱布尼茨[1]哲学更富有诗意，而且更为宏伟"，这当然更坚定了他考察它的决心。

我们无法得知，席勒究竟在多大程度上深入探究了先验论的奥秘。它的形而上学和逻辑学似乎没有给他真正意义上的满足，也没有牢牢控制他的思想，其影响几乎无法在他之后的著作中追踪到。唯一让他以高度热情投身其中的，是跟模仿艺术原则及其道德影响有关的哲学思想。这在康德哲学的术语中被称为"美学"（Aesthetics）[2]或"情感判断"（doctrine of sentiments and emotions）[3]。在这些问题上，他已进行大量的思考，而看到这些旧有想法被以新的符号表达形成体系，并被一些共同的理论结合在一起，必然会愉悦他的心智，并激励他精神抖擞地从事这些研究。在考察过程中，他的新发现或者看似新发现的内容被反映在各种论文中，至少体现了他踏实勤奋的研究精神以及他的高产。这些论文中篇幅最长、论证最精细的有《论秀美与尊严》《论质朴与多情的文学》《审美教育书简》，此外他还写了《论悲剧艺术》《论激情》《论悲剧题材产生快感的原因》以及《关于在艺术中庸俗鄙陋元素的运用》。

---

1. 戈特弗里德·莱布尼茨（Gottfried Leibnitz，1646—1716），德国哲学家、数学家。——译者注
2. 这个词来自希腊语动词αισθάνομαι，它的意思是感觉。这个术语最早出自鲍姆加登（Baumgarten），在康德之前（1845）。
3. 康德美学论中，美的趣味判断不是一种理智的逻辑判断，而是一种情感判断。——译者注

这些论文按照康德主义的模式塑造定型，或者至少包裹有康德主义的外衣。对于那些不熟悉这一体系的读者，阅读过程中不时会遇到比主题本身更大的困难。在研读这些论著时，缺乏经验的研究者颇感窘迫地发现，如此强大的思想被扭曲成了如此奇妙的形式，它们凭借的推理原则显然不遵从普通的逻辑。模糊晦暗与疑虑不安笼罩着结论，几乎没有东西能以令人信服的方式得到证明。但在此类作品中，这并不稀奇。对于普通读者来说，康德哲学几乎总是颠倒普遍的基本原理（common maxim），它的目的和目标似乎不是"使深奥的事情变得简单"，而是"使简单的事情变得深奥"。存在这么一类命题，它们乍看上去既高深莫测又可怕，但如果我们死死地抓住它，把它从那令人毛骨悚然的陌生术语的堑壕中拉出来，拖至光天化日之下，用肉眼和人类的理解力审视它，我们就会发现，它竟然只是一个我们在旧时便熟悉的非常无害的真理，有时甚至就是一种不言自明的老生常谈。焦虑的初学者往往会想起《书籍之战》[1]中对德莱顿[2]的描绘：有一只生锈的铁盔，黑暗、阴冷、巨大，但在它最里面的角落，是一颗同核桃大小相同的头。以上便是康德式哲学批评的常见错误，不过在目前的作品中它们绝不是最坏或最普遍的，而且这些哲学批判还有一个本质优点，极大地抵消了不足——一般地说，摆在我们面前的这些学说，最终还是可以经过学习而被理解的。席勒的聪明才智，即使在伪装掩饰下也是可以识别的。它时不时显露出来，以人人都可明了、人

1.《书籍之战》（*Battle of the Books*）是英国作家斯威夫特的讽刺作品。——译者注
2. 约翰·德莱顿（John Dryden，1631—1700），英国诗人、剧作家、文学批评家。据说斯威夫特和德莱顿是远房亲戚，德莱顿在看到斯威夫特的诗后说："斯威夫特表弟，你永远做不了一名诗人。"后来斯威夫特经常在作品中挖苦德莱顿。参见斯威夫特：《桶的故事·书的战争》，管欣译，北京：商务印书馆，2016年，第10页。——译者注

人都必定欣赏的本来面目出现。这些夹杂在作品中的不时出现的文字片段，就像在云雾迷蒙的形而上学之海上漂浮着的明丽葱茏的岛屿一样。

我们不得不就康德哲学发表上述评论，但有必要补充一下，上述评论是我们对这一主题非常有限的了解产生的结果。我们不希望为这个国家中针对康德哲学发出的根本不和谐的声讨抗议增添一个音符，无论这个音符多么微弱。当一种如此晦涩艰深却被显赫人士认可的学说摆在我们面前时，好奇心必须找出一种与之有关的理论，而懒惰乃至其他卑微的情感十分乐意为她提供这样的理论。把康德哲学体系称为费力不讨好的梦想，并称它的追随者为疯狂的神秘主义者，是一种简洁的方法，简洁但是错误。康德哲学的批判者自身的哲学也包含同样的人类的疯狂，只不过批判者在其哲学中以一种简易流畅的方式处理了它，他会感谢上天赋予他任何时代或国家都少有的科学与敏锐的天赋。然而，那些更刻薄的批判者应该记住，在不理解的事情上，应该推迟做决定，或者至少为了自己的专属利益保留自己的决定权。我们英国人可能会出于某种理由拒绝康德体系，但它应该是基于上述内容之外的其他理由。哲学是科学，正如席勒指出的，科学不能总是用"客厅炉边谈话"或类似这样的书面论文来解释清楚。诚然，这类学说的目的或意义[1]可能无法通过算术计算予以解释，它的主题也因晦涩难懂以及各种各样的错觉而含混不清，而且它的阐释者还像"阴沉的星斗"一样，在已经足够晦涩不明的内容上散发出更多的黑暗。但那又如何？宝石能否总是在公路上平凡的尘土中被发现，并

---

1. cui bono，拉丁语短语，直译为"何人得益"。——译者注

总是能依照大众的判断估价呢？宝石隐藏在矿井深处，必须先砸裂岩石才能到达它那儿，而且手眼必须熟练配合才能将宝石与掩盖在外的废物分开。只有身份高贵的买主才会青睐并购买它。这种政治上曾经很危险的古老的排斥法则在科学上一样是危险的。让我们不要忘记，许多不能用沃茨[1]的逻辑学规则证明的事情，依然不失为真实。许多真理是有价值的，但它们没有在帕特诺斯特街[2]被标价，也无法在圣斯蒂芬[3]获得任何席位！无论谁仔细阅读席勒的这些论文，都会发现它们秉持的原则比我们的"关于品位的论文"和"关于自由意志的研究"[4]更高深、更复杂。席勒的这些论文旨在建立来自人内在本质的批评规则，它们极力主张的道德体系，上升到了一个更光明的地带，远远超出我们那些满嘴"功用"和"反省－感官"的哲学的知识范畴。跟我们这里的这些哲学不同，席勒的论文不会教我们像"评判晚餐好坏一样评判诗歌和艺术"，不会教我们评判作品仅仅通过观察作品在我们身上产生的影响，而且它们确实从"得失哲学"以外的领域引申出人的职责和主要目的。在《审美教育书简》中，就连最多疑的人也找不到可以称之为迷信的内容。不需要迷信内容的帮助，《审美教育书简》勾勒出一套道德体系，并试图向我们担保它是正确的。在这套道

---

1. 艾萨克·沃茨（Isaac Watts，1674—1748），英格兰神学家和逻辑学家。——译者注
2. 伦敦证券交易所总部设在伦敦帕特诺斯特广场（Paternoster Square）。它创立于1801年，是世界上几个最古老的证券交易所之一。——译者注
3. 圣斯蒂芬（St. Stephen's），即圣斯蒂芬教堂（St. Stephen's Chapel），它是一座位于威斯敏斯特宫内的教堂。因为该教堂曾作为英国下议院的会议厅，所以作者在这里用教堂的名字指代下议院。——编者注
4. "关于品位的论文"（"Essays on Taste"）可能指的是英国哲学家休谟的美学论文《论趣味的标准》（"Of the Standard of Taste"）。"关于自由意志的研究"（"Inquiries concerning the Freedom of the Will"）则可能指的是休谟的《人类理智研究》（*Enquiry concerning Human Understanding*）中的第八章"关于自由与必然"（"Of Liberty and Necessity"）。——编者注

德体系中,即使是斯多葛主义者和基督徒最崇高的情感,也只处于我们迈向人类真正伟大的顶峰过程中的一个准备阶段。人,孤独地生活在宇宙的这个碎片上,被无边无际荒凉的未知世界包围,与命运交战。他孤立无援,甚至连获得救援的希望都没有。然而,他却有可能被号召,得以信心满怀地上升到内心世界中各种内在活动都平静下来的无云的高处,上升至祥和中,并成为他自称的"这个平凡世界的上帝"。如果这便是结果,谁不会为实现目标而努力寻找途径呢?应该承认,如果读者在经过所有的努力之后能在席勒的论文中寻得此途径,他便是幸运儿。然而,第二遍仔细阅读会使他比第一遍更有收获。在那些填满康德主义哲学之夜的无边混沌中,在那些令他困惑而非受到启发的流星般的光辉中,他会幻想自己看到几抹更为宁静的光辉,他会虔诚地祈祷时间能净化这些光辉,使它们成熟,从而成为完美的白昼。康德哲学的核心很可能就是错的,但这种笨重的、难处理的废料中也可能含有大量永恒的真理之金!伟大的人已经在通过辛苦劳作来提炼它,而我们却致力于生产那些价格低廉的"功用"哲学的锡铅合金,完全放弃提炼真理之金,此举是否明智?显然不。[1]

席勒的天才造诣从这种对审美形而上学的艰苦执着的研究中获益,这一点经常被质疑,有时被予以否认。确实,在席勒进行此类学术研究之后,从问题的性质来说,我们可以推断出他的写作过程将变得更加艰辛。我们可以更大胆地断言,席勒研究的这一批评理论的原则在某种程度上是错误的,而在更大程度上是过于牵强和不切实际

---

[1] 我们从柯勒律治先生那里获得的希望不会有结果吗?对苏格兰的常识哲学嗤之以鼻没有什么用处,也许这是一种糟糕的哲学,但总比什么哲学都没有要好。可惜,目前我们这里似乎就是处于任何哲学都没有的情况。

的，不适用于写作。但值得人追求的是卓越，而不是写作的轻松。对于席勒那充满活力、想象力和创造力的头脑，从事更勤勉的实践不大可能是有害的。虽然相当多的错误可能与他借以评价自己的准则混杂在一起，但草率评价或根本不评价远比有时评价错误糟糕得多。此外，像席勒这样的人一旦习惯于严格审视他的天才的运作，严密地审查其天才之作，便一定能及时发现他审查这些作品时使用的原则本身的错误，从而最终保持这一程序的好处而免受其害。毫无疑问，在品位上有一种纯粹主义，一种对完美的不切实际的刻板要求，一种对接近不妥极限的恐惧，它阻碍了各项机能的自由冲动，而如果过度强调纯粹主义的话，便会使机能完全丧失。但更为常见的是相反方面的过度现象，对于天资超凡者而言，后者更加贻害无穷。经过最顽强的努力，可能实现不了任何目标，但没有顽强的努力，就一定不能实现什么。"在我们的任何工作中，过分的谨慎都是有害的"，这是一种向懒惰谄媚的教义，我们应该以极其谨慎的态度接受它。在留下真正天才印记的作品中，我们重视的是其品质，而非其广度。迟钝的人可能一生写得很少，这样倒比写得多更好，但一个头脑强大的人不会有这方面的危险。在我们所有的作家中，格雷[1]也许是唯一由于品位上的过度挑剔而导致实际创作数量比本应创作的数量少的人，但有成千上万的人犯了与之相反的错误。如果洛佩·德·维加[2]写的作品数量少至原来的百分之一，却在质量上胜过原来百倍，西班牙读者会做何反应呢！

---

1. 托马斯·格雷（Thomas Gray，1716—1771），英国诗人。他一生只公开出版过十几首诗。——译者注
2. 洛佩·德·维加（Lope de Vega，1562—1635），西班牙诗人、剧作家。有大约三千首十四行诗、三部小说、四部中短篇小说、九部史诗和约五百部戏剧被认为是他创作的。——译者注

席勒自己关于这些问题的看法似乎足够合乎情理。下面是我们从他的一封信中摘录的部分，信中简述了他的相关观点。它作为对席勒在这一时期的目的意图和思想状况的一份记录，别有一番意趣：

> 现在，批评女神必须为她造成的损害对我做出补偿。她千真万确地伤害了我，因为在我知晓规则之前，我感受到的那种大胆、活泼的光辉，已经有好几年不复存在了。我现在能看到自己创造和构思（create and form）的过程。我观看灵感如何运作。我的想象，在知道她的行动不是没有目击者以后，不再以同样的自由采取行动。然而，我希望最终我能发展到艺术成为我的第二天性，正如优雅的举止对于有教养的人一样。那时，想象力将恢复她以往的自由，除了自愿的限制之外不屈从任何事物。

席勒后来的著作就是最好的证明，证明他对未来的判断准确无误。

席勒如此广泛而认真地从事历史和批评研究，这对他总体的思想特质不会不产生影响。他花了五年的时间，积极从事几乎完全针对理解力或与之相关的能力的研究，如此的辛勤与如此的狂热相结合，产生了大量的新思想。历史为他提供了社会风俗及事件的图景、异国他乡的事态，以及生存境遇的画面。历史使他对千差万别的人性有了更细致和更真实的认识，对人的性格特点和人类的目的形成了新的和更准确的看法。他的思想领域扩大，见识得到了增长，他的记忆中积累了大量的形象、独立的事实和观点，同时他的才智因习得的思想而得到充实，并通过在更广阔的知识领域中增进历练而得到加强。

但对席勒而言，只去理解是不够的，他有一些能力，在理解的过程中得不到施展，因此他无法获得真正的满足。他命中注定的主要使命是诗歌创作，他的其他才能只不过为他提供了在诗歌方面施展才能的素材。这些素材在被升华成纯粹而完备的美的形式之前，似乎并不完美，正是诗歌方面的天赋使他从素材中营造出美的形式来。新思想孕育出新情感，而他现在需要同时体现出新思想与新情感，以可见的形象将它们表现，用创造性天才的魔力来使之生动，并为之增添光彩。最初充满诗意激情的青春烈焰早已消逝，但知识的大量增长使它复燃，于是它经过岁月与阅历的磨砺升腾出更稳定、更明亮的火焰。此时不完美的模糊影子，理想美的闪光，在他的脑海里不时旋绕。他渴望赋予它们形状，给它们一个本土的住所和名字。同样，批评也提升了他的艺术理念。他最近研究了现代作家关于品位的著述，还研究了亚里士多德以及古代诗人，致力于博采众长，并融合各家之长。如今在筛选比较时，他变得更为苛刻。小诗（minor poems）一直占据他的部分注意力，但它们不足以表达他强烈的冲动和自他想象中浮现的宏伟蓝图。他清楚地意识到自己的长处，唯恐无缘诗歌艺术的最高文学范式。对希腊悲剧作家的阅读使他不久前从事了一些翻译工作[1]，而此刻对荷马作品的阅读，似乎暗示他已萌生史诗创作的想法。他首先想到的英雄是古斯塔夫·阿道夫，后来普鲁士的腓特烈大帝[2]取代了古

---

1. 席勒翻译了欧里庇得斯（Euripides）的《伊菲革涅亚在奥利斯》（*Iphigenia in Aulide*），翻译得相当精良，同时席勒也翻译了他的《腓尼基妇女》（*Phoenician Women*）中的几场。
2. 腓特烈大帝（Frederick the Great，1712—1786），即腓特烈二世，普鲁士国王。他在位期间，普鲁士进行了大规模的军事、行政、司法、财政、教育等方面的改革，并取得了一系列军事和外交方面的胜利，领土得以大幅扩张，一跃成为欧洲军事强国。同时，他也是艺术、科学、哲学的赞助人，经常被视为开明专制的代表。——译者注

斯塔夫二世，成为席勒心目中的史诗英雄。

史诗，自《埃皮戈诺伊》[1]和《列奥尼达斯》[2]以来，特别是自今人的一些尝试以来，已成为一种对我们来说非常乏味的体裁。席勒的目标是创造出比那些黯淡无光的、因落后于时代而被废弃的模仿之作高明得多的作品，甚至是要远远超过克洛卜施托克的成就。下面这段话摘录自他的一封信，信中他谈到了这个问题：

> 18世纪的史诗应该与人类童年时代的史诗截然不同，正是这一要求引起了我对此项目的极大兴趣。我们的社会风俗，我们的哲学、政治、经济、艺术，简而言之，即我们一切所知所行的最精华部分，都需要被毫无限制地兼收并蓄，并在作品中交织在一起，在美好的和谐与自由之中焕发生机，正如希腊文化的所有分支都生动地活在荷马的《伊利亚特》中一样。我也并非不愿意为此目的发明一种新的史诗体例，我急切地想精密准确地完成史诗诗人需做的所有事情，甚至在形式方面亦不例外。此外，在如今平淡的时代，这种针对现代主题的史诗体例，似乎成为最大的难题。不过，如果这种史诗体例能妥帖地适应现代精神，它可能会在很大程度上激发人们的兴致。在这件事上，很多困惑在我的脑海里萦绕，最终会有某种清晰晓畅的东西从它们中产生出来。

1.《埃皮戈诺伊》(*Epigoniad*)，苏格兰诗人威廉·威尔基（William Wilkie，1721—1772）的英雄体史诗。——译者注
2.《列奥尼达斯》(*Leonidas*)，英国诗人理查德·格洛弗（Richard Glover，1712—1785）的史诗。标题中的人物指的是列奥尼达斯（约前540—前480），希波战争期间守卫温泉关并最终壮烈牺牲的斯巴达国王。——译者注

至于我会采用哪种格律，我想你很难猜到：就是八行体[1]。除了抑扬格[2]之外，其他的格律都变得令我无法忍受。让真诚而高尚的人戴着这些轻便的镣铐表演会是多么美好！史诗的内容将从这一优美韵律的柔和、灵活的形式中获得何等魅力！这是因为，诗必须不仅在名义上，而且在事实上能够被歌唱，正如《伊利亚特》能够被希腊农民演唱，正如《被解放的耶路撒冷》[3]的诗节至今仍被威尼斯划小船的船夫吟唱。

我也认为，腓特烈大帝生活的时代最适合我。我想选择一些不幸的场面，这将使我能够更诗意地展现他的思想。如果可能的话，史诗中主要的行动应该是非常简单的，没有复杂的情况扰乱，所以尽管这部史诗将包括多到前所未有的小型单元，但可能一眼就能轻松看清全部。在这方面，没有比《伊利亚特》更好的榜样了。

席勒并未施行他在这里如此完备地勾勒的计划，甚至他从未开始过这一计划。他目前的处境带来了各种限制，加之这一事业虽然伟大，其成功的不确定性却更大，这些原因足以令他望而却步。此外，在广泛涉猎之后，他认为戏剧是他真正的归宿，那是他的天才初试锋芒的领域，而现在无论出于习惯抑或天性，创作戏剧都是最让他感到得心应手的。因此，他又回归戏剧创作。《三十年战争史》曾使席勒想

---

1. 八行体，一种源于意大利的押韵的诗歌形式，每一个诗节包含八行，押韵模式为abababcc。——译者注
2. 抑扬格（iambic），如果一个音步中有两个音节，前者为轻，后者为重，则这种音步叫抑扬格音步。席勒戏剧标志性的诗行韵律是五步抑扬格。参见吕迪格尔·萨弗兰斯基：《歌德与席勒：两位文学大师之间的一场友谊》，第272页。——译者注
3. 《被解放的耶路撒冷》(*Jerusalem Delivered*)，是意大利诗人托尔夸托·塔索（Torquato Tasso, 1544—1595）的代表作，一部宗教题材的史诗。——译者注

到要把古斯塔夫·阿道夫作为一部史诗的男主人公，同样这部作品也为他提供了一部悲剧的主题，他如今决定着手创作《华伦斯坦》。他的设想并不简单。一部普通的戏剧此时并不能构成他的目标，他需要某种宏伟壮观且无所不包的创作对象，让他可以在创作中动用他多年来在新诗学与思想方面积累的知识储备。这一创作对象，应该能体现他获得的进一步完善的艺术理念，并给他的新知识和新感情提供艺术表现的空间。当他研究华伦斯坦的生平并评估该素材各个方面的潜力时，相关的新想法逐渐增加。此主题在规模上不断增长，并且经常在形式上发生变化。当然，他在实际创作方面不仅进展甚微，而且毫无规律可言。随着他自己的思路变得更加开阔，更加雄心勃勃，此主题的难度也随之不断增加，但这并没有影响他的干劲。虽然《华伦斯坦》经历了许多次中断和诸多改动，时而停滞不前，时而出现倒退，但总的来说，它一直在缓缓向前。

这是他数年间选择的工作，他把自己最辉煌的时期和最杰出的才华奉献给这一任务。那些较低微的工作只要求勤劳刻苦而不要求灵气才干，所以席勒仍然会有大量的闲暇时光，但是哪怕浪费一小时也不符合他的习惯。因此，他临时的工作数不胜数，各不相同，有时跨度相当之大。在1792年底，一个新的对象似乎引起了他的注意，他曾经在这一时期认真地考虑参与政治。他从一开始就对法国大革命抱着不寻常的希望，然而，随着事态的发展，特别是在路易十六[1]被监禁后，希望迅速转化为震骇。这位不幸的君主可能要受到的可耻的对待，既威胁着他本人，又威胁着法国轰轰烈烈的自由事

---

1. 路易十六（Louis XVI，1754—1793），法兰西波旁王朝复辟前最后一任国王。——译者注

业。席勒密切关注着这一切，因此他决定在这些问题上向法国人民和整个世界发出呼吁。这一决定本身是不无风险的，他有可能名誉扫地。他认为，在这个弥漫着恐怖与妄想的时期，主张自由和秩序的理性声音仍然可能使人形成一种有益的印象，一位德高望重者的声音乍听之下像是他代表的那个国家的声音。席勒正在寻找合适的法国翻译，他脑海中反复思忖可能使用的各种论据，斟酌着使用或避免使用这些论据的利弊得失，但事态的进展使这种深思熟虑变得没有必要了。几个月后，路易十六死在断头台上，波旁家族成员或遭杀害，或散落在欧洲各地，法国政府陷入一场可怕的混乱。在狂暴的血腥恐怖中，没有人愿意再去倾听冷静的真相。席勒不再关注这些令人厌恶和骇人听闻的事件，他遁入了心灵更熟悉的其他领域，在那里他更可能有用武之地。法国大革命使他痛苦和震骇，自由的名字在大革命疯狂的动乱中被如此亵渎，但这些并没有动摇席勒对自由的信念。也许在他后来的著作中，我们可以感受到他对旧的当权者，对社会习俗的权威有了更多敬意，尽管他对人类的热情如故，他对人类完美性的信心已不那么坚定。改变，本身就是沧桑岁月最常见的果实，在世界上任何时代或气候中都是如此。

在不断变动的诸多事务中，有一项他已经坚持十年之久，那就是编辑出版《塔利亚》。他向来认为这项工作的宗旨和业绩是不尽如人意的，特别是自他移居耶拿以来，他最想做的事情便是放弃《塔利亚》，另起炉灶，从而可以在更为自由开明的宗旨下，集合更多的人才来支撑新杂志，并欣然接纳更广泛的文学兴趣。德国许多杰出人士皆答应协助他实施此项计划，歌德本人，作为主办方之一，承诺与他携手共进。《塔利亚》因此在1793年底正式停刊，而《季节女神》[1]创刊号在翌年年初发行。这份出版物刊载大量关于哲学和批评方面有价值的文章，席勒的一些最优秀的文章便是在这里首次刊发。即使那些事先承诺的帮助没有兑现，《季节女神》也已如席勒期望的那样，有望超越先前所有这种类型的刊物。

他对同样由自己监督出版的《缪斯年鉴》[2]的期许并不那么高。就像德国众多同名的其他刊物一样，它旨在保存并每年向世界发表一系列从不同地方收集的短诗或其他流散的作品，而这些作品汇集在一处，常常不过是一个彼此没有任何联系的大拼盘。席勒的一些最好的小诗最早见刊于《缪斯年鉴》和《季节女神》，其中许多首大约是在这齐时期写就的，特别是他的大部分歌谣。他是在与歌德的友好竞争中萌生创作歌谣的想法的。但是在《缪斯年鉴》中最著名的创作是《赠辞》[3]，一组讽刺短诗（epigrams），其中一部分似乎讽刺了当代良莠不齐的文人那些卑鄙或令人恼火的行为。尽管《季节女神》有着最讨人喜爱的美好前景及自身固有的特色，但在创刊之初，它并没有像预期的那样成为一股号召力量并受到国内权威人士的响应。相反，它在很多方面遇到的只有冷漠或敌意。时代的争论在文学界播下不和的种子，而席勒和歌德的联合，引起了许多人的敌意，虽然他们深感这种天才之间惺惺相惜弥足珍贵，却并不喜欢看到二者强强联盟。无论歌

1.《季节女神》(Horen)，又译《时序》或《时序女神》。——译者注
2.《缪斯年鉴》(Musen-Almanach)，又译《文艺年鉴》，1770年创刊。——译者注
3. 这一标题来自古希腊语的 ξένιον（给客人的友善礼物），拉丁语中是 munus hospitale（给客人的礼物）。这一标题来自马蒂亚尔（Martial），他在他的第十三卷作品中用它命名了一系列私人性质的讽刺诗篇。

德和席勒在履行职责和佩戴勋章时表现得多么温顺，他们依然满怀嫉妒和不满地仇视着这一知识界的双头政治（duumvirate）。

这些人的吹毛求疵与他们个人的荒谬及平淡乏味形成了令人尴尬的对比，最终引起这对最著名的好伙伴的高度关注，由此产生了这一德国版的《群愚史诗》[1]。具体的创作计划是，作品应包括大量独立的对句（couplets），每个对句本身均传达一个完整的思想，并因邻近的对句而增色。诗歌的题材变幻无穷，正如席勒所说，其中"最多的"是"愤怒的讽刺，纵观这些作家及他们的作品，夹杂灵光一现的诗意或哲思"。它最初的目标是提供大约一千个犀利尖锐的单个对句（monodistichs）。虽然这些单句保持着自身的异质性，但这样一部作品整体上仍能保持统一，因为个体的异质性似乎能被作品规模上的浩瀚无边掩盖住。然后，作者会对整体进行复杂精致的安排，直到它们在适当程度上获得一致性和对称性。每句均牺牲某种自身独有的气韵，以保持整体风貌。此千句诗计划从未完结，歌德如今正忙于他的成长小说《威廉·麦斯特》[2]，最终合作对句计划不了了之，而《赠辞》被作为彼此没有关联的诗句出版，而不是假装构成一个整体。大量讽刺诗的问世在牵涉各方中引起无限的骚动，《赠辞》受到了来自各方的攻击、谩骂和反唇相讥。但由于短诗不是对个人宣战，而是对行为宣

1.《群愚史诗》（*Dunciad*），英国诗人亚历山大·蒲柏（Alexander Pope，1688—1744）于1728年发表的长篇讽刺诗。这是一首使用押韵的对句的拟讽英雄体诗歌。蒲柏戏仿《伊利亚特》等英雄史诗的风格，描写当时的英国文化界，借此讽刺与他同时代的文人们的卑微、愚蠢、迂腐，以及他们对无聊琐碎事物的沉迷。——译者注
2.《威廉·麦斯特》（*Wilhelm Meister*），全名《威廉·麦斯特的学习时代》（*Wilhelm Meisters Lehrjahre*）。——编者注

战,不是对格莱姆[1]、尼可莱[2]、曼索[3]宣战,而是对恶劣的品位、乏味无趣和矫揉造作宣战,因此那些试图对席勒和歌德不利的人,没法宣称这些诗歌构成了犯罪行为。[4]《赠辞》于1797年在《缪斯年鉴》上发表,该刊物一直持续出版,直到席勒离开耶拿。当时《季节女神》已于数月前停刊。

席勒在这些工作中轻而易举地获得歌德的大力配合。此外,在许多其他方面的工作,歌德的配合对他也有非同一般的用处。两人均拥有最优秀的头脑,但他们的思维却是按照完全相反的模式被构建和训练的,因此他们有必要互通有无、互相取长补短。两人同样优秀,却各具千秋,彼此欣然承认对方的优点。他们因互利合作而紧密相连,分享着共同的文学爱好,彼此之间鲜有不快。对于高素质的人来说,知音难求,缺少知音是痛苦而有害的。孤独会激怒或扼杀心灵,误用或压抑才能,且与能力较低者的交往会导致思想上的教条主义,甚至情感上的任性固执。卢梭本不该隐居蒙莫朗西山谷;倘若赫德[5]从未存在,这对沃伯顿[6]未尝不是件好事;倘若约翰逊从不认识博斯韦尔[7]

---

1. 格莱姆(Gleim),不详。疑为当时的一位德国评论家。——译者注
2. 尼可莱(Nicolai),具体姓名和生卒年不详,为当时的一位德国评论家。关于尼可莱,歌德和席勒在《赠辞》中写道:"你喜欢干扰我们的队列,然而我们将信马由缰,/ 蠢笨的家伙 / 你就蹒跚着继续跟在后边吧。"参见吕迪格尔·萨弗兰斯基:《歌德与席勒:两位文学大师之间的一场友谊》,第217页。——译者注
3. 约翰·曼索(Johann Manso),当时德国的一位别有用心的评论家。参见吕迪格尔·萨弗兰斯基:《歌德与席勒:两位文学大师之间的一场友谊》,第209页。——译者注
4. 这只是对声名远播的《赠辞》及其成效的蹩脚描述。详见卡莱尔的《著作汇编》(*Miscellanies*)和弗兰兹·霍恩(Franz Horn)的《诗艺与辩才》(*Poesie und Beredtsamkeit*)。
5. 理查德·赫德(Richard Hurd,1720—1808),英国主教、文学批评家。——编者注
6. 威廉·沃伯顿(William Warburton,1698—1779),英国主教、学者。——编者注
7. 詹姆斯·博斯韦尔(James Boswell,1740—1795),苏格兰律师、作家。——编者注

或戴维斯[1]，这对于约翰逊来说也将大有裨益。席勒和歌德得以从如此厄运中解脱，他们的亲密无间似乎是平等、坦率和亲切的。从他们大相径庭的思维和禀赋来看，他们的友谊一定有着非凡的魅力。在批评理论方面，席勒在同这位和自己一样散漫，却更冷静、更富有怀疑精神的智者的交流中受益匪浅。在席勒的信条摆脱了碍眼的康德哲学之后，歌德和席勒比较彼此的观点时，往往会发现它们惊人地相似。当我们考虑到他们是从何等不同的前提得出如此和谐的结论时，便会感到这一切更加异乎寻常、更令人欣慰。在这些问题上，他们经常要么写信讨论，要么促膝交谈，无论聚散离合，随时都交流看法。[2] 他们习惯于到对方家中长期访问，频繁结伴往返耶拿和魏玛。有人告诉我们："在特里斯尼茨，离耶拿几英里远的地方，有时人们会看到歌德和他坐在桌旁，在一棵枝繁叶茂的大树的浓荫下，一边交谈，一边观看过往的行人。"有些人会"步行五十多英里"前来参加聚会！

除了与歌德交往，他还与许多值得尊敬的人在文学和生活中保持友好的联系。在外地，达尔贝格是他的铁杆朋友和最热烈的崇拜者。在耶拿，他有许茨[3]、保尔[4]、胡夫兰、莱因霍尔德。威廉·冯·洪堡，著

---

1. 托马斯·戴维斯（Thomas Davies，约1713—1785），英国书商、演员及剧作家。——编者注
2. 歌德曾把他与席勒交谈的结果写成一篇文章，题为"谈史诗与戏剧文学"（"Über epische und dramatische Dichtung"），后来这篇文章以他与席勒两人的名义发表。参见吕迪格尔·萨弗兰斯基：《歌德与席勒：两位文学大师之间的一场友谊》，第276页。——译者注
3. 克里斯蒂安·戈特弗里德·许茨（Christian Gottfried Schütz，1747—1832），德国学者，耶拿大学教授。
4. 让·保尔（Jean Paul，1763—1825），德国小说家。——译者注

名德国旅行家的兄弟[1]，大约在此时来到耶拿，成为席勒亲密的伙伴之一。在魏玛，除了不太重要的一些人，还有赫尔德和维兰德，他们与歌德一同分享席勒的注意力。最令席勒那颗充满深情的心感激的是，他年迈的父母依然健在并分享了儿子的好运气，他们曾经为他哀叹和绝望，但从未停止爱他。1793年，他回施瓦本探望父母，度过他最难忘的九个月的愉快时光。大自然赐予他一群坚定不移的朋友，这期间他享受来自他们的温暖善意，以及那些在恶劣、卑微的环境下认识他的人最令人欣喜的钦佩之情——无论过去他们是尊重他还是蔑视他。大公，他旧时的审查官兼保护人，并没有再对他横加干涉，这位君主在答复先前关于此次探访的申请时，已间接承诺不予理会这次旅行。大公已干涉他太多，现在对曾经的干涉行为懊悔不已。翌年大公去世，当噩耗传来，席勒早已忘记过去大公对自己的虐待，他发自内心地表示哀痛，并满怀感激地追忆昔日的恩情。新的君主急于弥补前任的不公，几乎立刻向席勒提供了一个图宾根大学的空缺的教授职位。显然这是个旨在讨好席勒的提议，但在魏玛公爵的劝说下，席勒态度谦恭地回绝了。

在工作与娱乐活动如此繁多的情况下，在各种各样的脑力消耗和人际交往中，席勒显然没有受到身体疾病的侵扰，所以他的精神或道德力量的活力没有受到损害。在他的一生中，没有哪段时期能比现在以更强烈的色彩展现出他性格中崇高而坚定的热情。他已写了很多东

---

1. 威廉·冯·洪堡（Wilhelm von Humboldt，1767—1835），著名的教育改革者、语言学者及外交官，柏林洪堡大学的创始者。此处提到的他的兄弟指亚历山大·冯·洪堡（Alexander von Humboldt，1769—1859），德国著名地理学家、博物学家。——译者注

西，他的名声业已建立在坚实的基础之上，他也不再因生存所迫而笔耕不辍。他在一种无法治愈的疾病的缓慢侵蚀下逐渐憔悴。然而，他从未虚度光阴，从未松懈。他的热烈精神，在他青年时代战胜敌对和压迫，在他成年初期与种种恼人的不确定因素作斗争，并抵抗住许多诱惑，清白坦荡，而今依然没有屈服于这最后的、最致命的敌人。现在正当他文学生涯最繁忙、最多产的时期，尽管有各种不利条件，但这可能是他最幸福的时期。他的病很少猛烈发作，它的不断的影响，犹如黑暗的蒸汽，本来会使他的头脑和心智能力蒙上阴影，却被他的勤勉刻苦和勇敢意志击退。在其他方面，他几乎没有什么可抱怨的，而且也有许多值得高兴的事。他的家庭生活是幸福的，这是他选择的最甜蜜、最持久的满足之所。他受到整个世界的尊重与景仰，他的愿望得到满足，工作带给他鼓舞并让他忙碌，他有爱他的朋友和他爱的人。席勒有很多东西要享受，其中大部分是他亏欠自己的。

就席勒在耶拿的生活方式而言，简单一致是最明显的特征。他承认自己唯一的过分之处是对文学追求的狂热之情，这是一生中最容易困扰他的恶行。他的健康受到很大的影响，有人认为这主要是由于他夜间创作的工作习惯，然而，这种做法的魅力依然太大，他很难阻止自己。他平日里维持夜间工作的习惯，只有在重病期间才会停止。他心目中最高尚、最自豪的乐事便是获得脑力劳动的喜悦，那种"美好的狂热"，使诗人成为一种崭新的、更为高贵的生命，把他提升到更光明的、景象更雄伟壮丽和美丽瑰奇的地带。在这里，他所有的才能，都因为能更强烈地意识到它们发挥出的力量而变得愉悦。在夜晚，孤寂散发出庄严的力量，既影响地球和空气，又影响人的思想。在夜晚工作是一种完美的乐趣，享受这种乐趣最终在席勒的生活中变得不可或缺。为此目的，现在和以前一样，他习惯于颠倒事物的共同秩序。白天，他读书，利用大自然的作用使自己振作精神，与友人交谈或通信。夜间，他从事写作和研究。由于他的身体常常倦怠和疲惫，他对这种卑鄙的障碍不耐烦地采用了兴奋剂这种有害的权宜之计。兴奋剂产生了短暂的效力，但那只会更快、更确定无疑地耗损剩余的健康储备。

"夏天，他的书房设在耶拿郊区的一座花园里，他最终把它买下来，那里比较邻近韦塞尔赫夫茨一家的住所，当时它还是《文学汇报》[1]的办公所在地。以耶拿的市场为起点来算的话，席勒的书房位于耶拿西南部的边界上，在恩盖尔加特山和诺伊托尔山之间的一条山间狭径上。穿过这条山间狭径，洛伊特拉巴赫河汹涌奔腾地绕城流淌。在山坡顶部，席勒为自己建造了一座一室的小房子，从那里可以俯瞰一直伸展到萨勒河谷的美丽景色，以及附近森林中冷杉覆盖的群山。[2] 这是他最喜爱的创作之所，他当时的大部分作品均是在这里写作的。在冬天，他也远离尘嚣，住在护城河外格里斯巴赫一家的宅子里。[……] 晚上，他坐在书桌前，习惯在桌子上放一些浓咖啡或混合着酒的巧克力饮料，但更多时候摆在他身旁的是一瓶陈年莱茵葡萄酒或香槟，这样他便可以不时用它们来修复自然带来的疲惫。邻居们常常在静寂的夜色中听到他一本正经地慷慨陈词。无论谁有机会在这样的情形下看见他——从他花园小屋对面的山上看到他，这

---

1. 《文学汇报》(*Allgemeine Literatur-Zeitung*)，当时德国最重要的书评报刊。——编者注
2. "从席勒的住宅通向这里的那条街，被一些爱开玩笑的人叫作'讽刺短诗通道'，这个名字尚未被完全弃用。"

是很容易办到的——都会看到他正大声说话，在房间里快速走来走去，突然间猛地坐到椅子上写字并且饮酒，甚至有时不止一次喝旁边的玻璃杯里的酒。冬天，人们会发现他伏案工作到凌晨四点，甚至五点；夏天，通宵工作到三点。然后他上床睡觉，经常到九十点钟才会起床。"[1]

如果谨慎是席勒性格中的主导品质，这种有害身体的做法无疑早就被他放弃，或者更确切地说永远不会开始。糟蹋身体是一种错误，但这是一种只会增加而不会减少我们对席勒的敬意的错误。这种错误是出于对最美好和最宏伟事物的慷慨激情，只有生性冷酷的人才会严厉地对之进行谴责。就我们自己而言，我们哀叹且尊重这种过度的热情，其后果是令人伤心的，其初衷却是高尚的。谁能想象席勒在这片孤独寂寞中的情怀，而又不会产生类似席勒的伟大的激情呢？哪怕只能做席勒的伟大激情的一个微弱的影子！劳苦而忠诚的灵魂，独自在寂静长夜的星空下，在永恒的祭坛上献上生活的烦恼艰辛！在这里，虽然这个必死之人的灵魂中的耀眼光辉同我们中任何人的一样短暂，却成了永恒。这些意象和思想将传递到未来的时代和遥远的国度，在人类心灵中焕发新的光彩，尽管孕育它们的心早已化作尘埃。对天才的崇拜者而言，这座花园小屋可能是一个被选中的圣地。他们会不无遗憾地得知，由于岁月变迁，它的墙垣已经坍塌荒废，如今已无迹可寻。它站立的那块土地，本身便因一种明亮、纯洁和持久的荣耀而变得神圣，但当文学朝圣者考察这个简陋房间时，他们不可能无动于衷，因为席勒曾在里面写作脍炙人口的名篇，如《影子王国》

---

1. 参见德林，第118–131页。

《散步》《理想》，以及剧作《华伦斯坦》中的不朽场景。

其中最后一项工作，既让他在焦虑中耗费大量光阴，又带给他许多快乐的时光。七年来，它一直在一种不规律的、经常被悬置的状态中进展。有时它在他面前"无限延伸，毫无头绪"，有时它濒临被彻底放弃的边缘。他有无数的想法希望能加入这部作品，这使他不得不放缓速度，而且，关于实现意图的方式，他难以让自己满意，这使他进展更加缓慢。在《华伦斯坦》这部作品中，他希望更全面地展现出阅历带给他的关于人类的观念，特别是他在历史研究中形成的关于将军和政治家的见解，而且在让人物行动时，他希望能表现出在三十年战争的暴风骤雨中具有诗意的东西，抑或使之富有诗意的东西。当他酝酿这一题材时，它仍然在不断扩展。在他的想象中，它先后以上千种不同的形式出现，但是在经过一切应有的严格筛选后，他手头仍掌握大量材料。所以他认为有必要把这部剧分成三部分，每部分具有独立且鲜明的布局，但连起来便是一部长达十一幕的戏剧。在1799年，它便是以如此形制与世人见面的。这是一部作者在持续不断的焦虑状态下，付出艰巨劳动写成的作品，照当时的情形而言，所有的焦虑与艰辛并没有被错付。《华伦斯坦》是迄今为止他创作的最优秀的作品，该作品值得用很长的一章篇幅进行评论，然而我们这里能做的只有以寥寥数页一带而过。

第一部分作为伟大建筑物的门廊，题为《华伦斯坦的军营》，亦即第一幕。它以极其幽默生动而得体的文笔描摹华伦斯坦麾下那支军队粗鲁而喧闹的众生相，他们已成为他实现野心的工具。席勒早期的军事生涯似乎对此很有帮助，在他笔下，将士们形象鲜明如在眼前。他们粗犷豪迈、话锋敏锐，有时让我们想起英国作家斯摩莱特笔下的水手。在这里，欧洲所有疯狂的不法分子聚集在同一战壕中。他们过着充满暴力的狂暴而不稳定的生活。他们是被逐出者，与所有人为敌，所有人亦都与他们为敌；他们是劫掠抢夺的工具，无恶不作，除了匹夫之勇和绝对服从他们的头领之外，几乎不知道何谓美德。他们的处境仍然呈现出一些打动我们的方面，诗人以他惯用的手法抓住了这些细节。这部剧让我们忘记这些雇佣军将士的残忍和令人发指的暴虐，沉思于他们孤苦无依、无家可归的流浪生涯，以及在实际生活中的豁达开朗。靠着这股精神，他们甚至从命运中也获得一点还算可以的享受。关于他们的生存方式，华伦斯坦在后面的情节中做出了相当感人的形容：

> 我们的生活只是战斗和行军，就像
> 狂风一样，永不停歇，无家可归，我们怒吼着
> 横行于战乱频仍的大地。

为了进一步缓和场景的粗鄙狂放，对话运用了粗犷的休迪布拉斯式[1]的韵律，充满了牵强的押韵和古怪的双尾韵[2]，节奏富于变化，语言活泼奔放，几乎可以与战鼓的铿锵有力、不规则的声音相比较。在这首滑稽可笑的打油诗中，这些将士的措辞和使用的修辞，与他们的

---

1. 休迪布拉斯式（Hudibrastic）。《休迪布拉斯》（*Hudibras*）是英国诗人塞缪尔·巴特勒（Samuel Butler，1612—1680）的一首拟讽英雄体（mock-heroic）的诗歌，运用了四步抑扬格和押韵的对句。人们用休迪布拉斯式来形容那些风格类似《休迪布拉斯》的诗歌，或者一般意义上的拟讽英雄体的诗歌。——编者注
2. 指的是诗句的尾韵中，有两个音节押韵，比如 inviting 和 exciting 位于诗句末尾押韵时，便可算押双尾韵。——编者注

人物特征对应,他们既朴实无华又荒谬可笑地生动描绘出自己的希望和所作所为。他们来自不同阶层和群体,代表着这支鱼龙混杂的军队的不同组成部分,一起追随着华伦斯坦,这位雇佣军的枭雄。军曹(Wachtmeister)的庄严迂腐被忠实地呈现。同样被生动展现的还有荷尔克团的猎骑兵的快乐、残暴、鲁莽、轻率,以及帕彭海姆部甲骑兵钢铁般的意志和冷峻的军营哲学。猎骑兵尊奉的唯一准则是服从命令,他从不考虑或筹划。他的任务是执行一切命令,享受他能得到的一切。"我希望自由地活着。"他说。

> 我希望自由地活着,轻松而快乐,
> 在每个新的一天都看到新事物。
> 尽情享受眼前快乐的时刻,
> 不去思考或关心过去、未来。
> 因此我把我的性命卖给皇帝,
> 并由他负责管理好所有的事情。
> 他命令我在呼啸的枪林弹雨中冲锋,
> 越过波澜壮阔、巨浪滔天、咆哮着的莱茵河,
> 三分之一兵力必将遭遇毁灭——
> 我毫不犹豫,上马扬鞭。
> 但此外,我苦苦乞求,您看,
> 在其他的事情上让我自由。

而帕彭海姆的部下[1]老成持重，更为勇敢坚定。他在欧洲游荡，收集了关于军人准则和军人特权的亘古不变的格言。他并不缺乏对生活的合理解释。人类的各行各业都在他面前经过了检视，但他见过的任何外套都不像他自己的"钢铁紧身衣"那样令他开心，穿上战甲便是他的愿望：

俯视着世上可怜、焦躁不安的攀爬争夺，
漫不经心地，骑着他的马悠闲自得地经过。

然而，他承认，在这种戎马生涯的坚忍中有时还夹杂一丝质朴的悲怆：

我们的这把剑不是犁，也不是锹，
你不能用铁刃去挖或收割。
我们既不播种，也没有使田地里的谷物生长，
士兵没有家，也没有亲人。
他在大地上徘徊，在别人的壁炉旁温暖他的手。
他必须离开城镇的浮华继续漫游。
无论是在绿色乡村的欢快游戏中，
还是在葡萄佳酿或丰收进仓的欢乐中，
士兵都不能赢得任何份额。
那么告诉我，除却货物或钱财，

---

1. 指的是剧中角色第一甲骑兵（Erster Kürassier）。——编者注

他还剩什么，除非他自尊自爱？

连这也不给他留下，

这人要烧杀抢掠，有什么奇怪？

华伦斯坦的军营在充满喧嚣嘈杂的同时，也充满形形色色的投机活动。这里有赌徒、农民、军中小贩、士兵、新兵、嘉布遣会修士，他们走来走去，不安地经营着各自的梦想。嘉布遣会修士的布道词是一篇无与伦比的小品文[1]，混杂着经文、双关语、昵称和语言逻辑，被愚蠢的判断力和炽热的天主教热情黏合起来。修士以强烈的宗教激情布道，并在营地里找到了"合适"的听众。这些听众在布道将近结束时直接扑向他，因为他胆敢含沙射影地责难将军，他只因侥幸才逃脱了被杀死或扎入水中的厄运。士兵们在嘲笑、争吵、推搡，讨论他们的愿望和期望，最后，他们一起对事态进行了见解深刻的评议。通过这些士兵粗糙的视角，我们似乎看到了即将到来的事件与人物，它们模糊而夸张的轮廓在我们眼前成像。我们隐约地感觉到华伦斯坦的地位岌岌可危，并发现了那些威胁他地位的阴谋，以及他自己正在策划的阴谋。我们勾勒出华伦斯坦的主要将领们最关键的才干。于是我们对华伦斯坦，这个强大的精神体予以高度评价，他不仅把这个凶暴、不和谐的群体联合在一起，而且在一个人人都没有其他尊崇的东西的地方，他似乎是唯一的所有人普遍崇敬的对象。

---

1. 据说出自歌德的手笔。这些材料忠实地从它提及的那个时期的圣克拉拉耶稣会神父的一篇真正的布道词中摘录出来。当时有各种各样的圣克拉拉耶稣会神父，这是德国的一位，名字叫亚伯拉罕（Abraham）。他的布道词是那种狂热到疯狂的布道词的典型样本，但因为业余爱好者对它们的喜爱，近年来被重印过。

在三部曲的第二部《皮柯洛米尼父子》中，我们期待中的将军们纷纷登场，向我们展示了他们的阴谋和对策。华伦斯坦，在个人野心和心腹怂恿的共同作用下，经过长时间的迟迟不决，终于下定决心准备发动叛乱。奥克塔维奥·皮柯洛米尼暗中削弱华伦斯坦在将领中的影响力，并为他设下毁灭性的陷阱，而在第三部《华伦斯坦之死》中，我们看到他万劫不复地坠入了陷阱。弥漫在前一部的军事精神在这里被很好地维持。这些上尉和上校的主导性目的比甲骑兵和猎骑兵的更精致，或更隐蔽，但它们在实质上是相同的：追求现在或未来的享乐、行动、声誉、金钱和权力。士兵们和军官们一样自私，但这些军官的自私以表面的礼貌为特征，并以辉煌的战功、坚定不移却又轻松、冷静、谦逊的勇气为装饰。这些人不是虚构的英雄，而是真正的雇佣兵。我们不爱他们，然而他们的行动有一种浮夸的氛围，令人满意地填补了场景的空白。这种战争的喧嚣，这种混乱的利益冲突，被认为是主要人物指挥、影响他人时恰当的伴奏，它的声音或是将人物包围起来，或是服从于这些人物。

在这个战争世界里赫赫有名的人物中，华伦斯坦本人，作为支撑起这一切的强大的阿特拉斯[1]，迄今为止给人印象最为深刻。华伦斯坦是典型的精神崇高、才华出众的伟大人物，主导他的激情是雄心抱负。他的胆量是男子气概的极限。他热情似火，但他的灵魂之火深深隐藏在谨慎的岩层之下燃烧，他通过算计来指导自身，这些算计涵盖了他关注的一切，包括最细微的地方。这种谨慎，有时近乎优柔寡

---

1. 阿特拉斯（Atlas），古希腊神话中的擎天巨神，属于泰坦神族。他被宙斯降罪，用双肩支撑苍天。——译者注

断，形成了他性格的外在表象，而这一度是我们能在他身上发现的唯一品质。他有众多追随者，他的天才似乎对每个追随者都施加了巨大影响，这使我们期待他会是一位伟人，但当华伦斯坦——在经过长时间的拖延和大量的预警之后——最终呈现在我们面前时，我们首先会感到有些失望。我们发现他确实有一种沉稳的庄重气质，却陷入了神秘事物，在两种意见之间摇摆不定，而且尽管他拥有非凡智慧，在最重要的事情上却似乎盲目轻信。只在事态迫使他做出抉择时，他才会在他具有天赋的力量中崛起，他巨人般的精神才会在我们面前展现出力量：

在弗里德兰的星星发出光芒之前，它必定是黑夜。

在困难、黑暗和即将到来的毁灭中，即使是他最大胆的追随者也变得面色苍白，他自己却很平静，在这可怕的危机中，他的灵魂回归了，他因此第一次感受到灵魂的平静和自觉的力量。事实上，尽管华伦斯坦力量卓绝，无论是外在还是内在均具有超凡智慧和威严意志，精通军事和政治，雄视整个欧洲，是六万无畏的将士心目中的偶像，他还是不免成为我们同情的对象。我们和他情感相通，虽然他认为情感是软弱的，但是感情却属于他本性中最慷慨的部分。他的优柔寡断一定程度上来源于内心的敏感以及决断的审慎，对占星术的信仰便是他此种倾向的证明。同时，占星术信仰加剧了他这方面的倾向。他的信仰起源于柔和善意的情感，并为他的武士精神增添了新的兴味。它使他谦卑，因为在他看来，就连地球也得屈从于这些神秘的力量，它们将人类的命运放在自己的天平上衡量。在这些超自然力量的眼中，人类中最伟大者与最渺小者几乎没有区别。华伦斯坦对与奥克塔维奥之友谊的信任，对马克斯·皮柯洛米尼的无私之爱，他父兄般的仁厚之心，将一种动人的光泽投射在构成他的性格的另一面，他那些更严酷、更英雄主义的品质上。尽管他对皇帝的背叛是一种罪行，但我们并不十分责怪他，因为他受到挑衅和诱惑。我们因对他高贵品质的钦慕之心而忘记了他的背叛行为，或者我们回忆起他的背叛行为时，只把它当成一种可以原谅的冒犯。席勒在华伦斯坦这一本来很难成功塑造的人物上取得了令人惊叹的成功。历史的真相几乎没有受到损害，我们却被迫认为华伦斯坦是一位坚强、崇高和威严的人物，尽管他的个人行动微不足道、一败涂地且大逆不道。我们饶有兴致地注视他，带着一丝善意的怜悯关注他的命运。

在他的战友奥克塔维奥·皮柯洛米尼身上，我们会发现更少的过错，但我们获得的快感也变得更少。奥克塔维奥的人格主要是负面的，他更愿意遵守道德法则的字面意义，而不是它的精神。他的行为表面上是正确的，但他的内心没有一点慷慨仗义。他更像是朝臣，而不是军人；他的武器是阴谋，而不是武力。他坚信"发生过的一切都是最好的安排"，不信任任何新的、不寻常的东西。他对人性没有信心，似乎更多的是通过深思熟虑而不是冲动来实现自己的道德。我们根本不可能感谢他的忠诚，他为皇帝效忠，背叛友谊，使朋友遭受灭顶之灾。此外，虽然他不承认，但个人野心是他的主要动机之一，他希望成为将军和被列土封疆的王公权贵，而华伦斯坦不仅是君主的叛徒，而且是他晋升之路上的障碍。的确，奥克塔维奥并没有亲自引诱华伦斯坦走向毁灭，但他也并未警告华伦斯坦小心提防，也许他知道新的诱惑完全是多此一举。尽管华伦斯坦对他的信任是盲目的，并且受到幻象和星空预兆的引导，但华伦斯坦不该被这个他当作兄弟信任的人如此欺骗。奥克塔维奥是一位干练、谨慎、善于经营的政治家，这种人会受到朋友的高声赞扬（即便并非出自真诚），并深受敌人憎恨。他的目的可能是合法的，甚至值得称赞，他的手段却不正当。我们越是不知如何责备他，便越是不喜欢他。

奥克塔维奥·皮柯洛米尼和华伦斯坦可以说代表着两股对立力量，它们保持着这部剧中的军事政治宇宙的运转。慷慨大度与意志力，加之叛国罪，共同对抗在法律帮助下的狡猾诡诈，加之表面上的美德。这产生了一系列不寻常的故事情节，这些情节被生动地呈现出来。我们卷入沙场英豪的利益冲突，我们在他们张灯结彩的喜庆场合和唇枪舌剑的磋商论辩中看到他们，并分享令他们焦虑的希望或恐惧。这一题材存在着很多潜在可能，而席勒使所有的可能为己所用。一连串惟妙惟肖的场面、对话、事件，使我们的头脑一直保持警惕。随着剧情不断深入，情节变得越来越复杂，越来越扑朔迷离，而我们兴致盎然，直到最后。

但是，在这忙碌的烦嚣扰攘中，有两种超凡脱俗的美引起了我们的注意。他们的命运与他们周围人物的命运休戚相关，从而在我们眼中具有了本来不可能拥有的重要性。奥克塔维奥的儿子马克斯·皮柯洛米尼和华伦斯坦的女儿苔克拉为这场悲剧增添了一抹优雅缥缈的光辉。在人们体味了五味杂陈的情感之后，他们唤起人们心灵中最美好的感情。激动人心的盛况已点燃我们的想象力，但他们在此基础上又增添了充满光明的、完美的人类热情，"青春欲望的绽放，爱情的紫色光芒"。马克斯和苔克拉的经历在诗歌中屡见不鲜，但席勒却在这里运用了一种极其罕见的技巧。他们两人均集各种卓越品质于一身，他们的感情是瞬间的,又是无限的,然而即使是最冷漠、最多疑的读者也会不得不赞美、信任他们。

对于马克斯,我们从剧情开端便被告知要抱有最高的期望。普通士兵和上尉说他是完美的英雄。在吕岑战场上,帕彭海姆阵亡时,甲骑兵们一致推举他为上校。他的出场正与这些理念吻合。马克斯是荣誉、正直、青春热情的人格化身。虽然他年纪尚轻,但他已见识并经受很多磨难,然而他的人生阅历并未扼杀或削减青春热情。他从童年时代起便一直生活在战争的刀光剑影中,除了军营之外,几乎一无所知。然而由于一种与生俱来的本能,他的心被军旅生涯中一切高贵优雅的东西吸引,拒斥一切令人厌恶或残忍的东西。他爱他的统帅华伦斯坦——他勇敢而威严的领袖;他爱目前的生活方式,因为这是危险而刺激的生活方式,因为他对其他生活方式一无所知,但主要还是因为他年轻、未受玷污的灵魂,哪怕在人类命运最荒芜的地带,也能洒下光辉灿烂的美。虽然他是一名军人,一名最勇敢的军人,但他并不局限于此。他觉得生活中有更美丽的景致,这些满目疮痍的战争景象只会将之破坏或毁掉。初次结识苔克拉,为他开启了另一个世界,这是他之前从未梦想过的。那是一个充满和平与宁静的天堂般幸福的国度,他用朴实而无与伦比的口才描绘它的魅力。马克斯勇敢,但他同样充满深情;尽管他一直受训于军旅,但他温文尔雅;尽管他年纪轻轻,受到普遍爱戴,但他谦虚谨慎。我们认为他深思而热情,无畏而温柔。他是战争时代的诗情画意,是一个典型的青年英雄形象。我们在任何地方都会爱他,但在这里,在充满冲突与危险的贫瘠景象中,他对我们来说更是弥足珍贵。

他首次亮相便赢得我们的青睐,他表达情感的口才使我们十分期待他在行动中气度不凡的表现。于是我们看到：奥克塔维奥和克威斯腾堡正在商讨国事时，马克斯上场，他刚刚回来，之前他护送了苔克拉公爵小姐和她的母亲，即弗里德兰公爵的女儿和妻子前往位于比尔森的营地。

第一幕

第四场

马克斯·皮柯洛米尼、奥克塔维奥·皮柯洛米尼、克威斯腾堡

马克斯：是我！我的父亲，欢迎，欢迎！

（他拥抱父亲，转过身来，发现克威斯腾堡，冷冷地退回去）

忙着呢？我不会打断您的。

奥克塔维奥：怎么了，马克斯？好好地看看他是谁！

老朋友理应受到尊敬与善待，

皇帝的使者必须备受尊崇！

马克斯：（讽刺地）冯·克威斯腾堡！如果是好事把您

带到我们的指挥部，那么欢迎！

克威斯腾堡：（已拉住他的手）不，不要抽回

您的手，皮柯洛米尼伯爵！

我握住它，并非为了我一个人，

我马上要说的话非比寻常。

奥克塔维奥，马克斯·皮柯洛米尼！

（握住他们俩的手）

仁慈而庄严的重要名字！当

两颗这样的明星在我们的军队上方闪耀，

指引和守护奥地利时，她永不会遭受失败的厄运。

马克斯：您弄错了，大臣阁下！我知道，

若要赞美，您不会到这里来；您是来归咎和谴责的。

让我也来领教一下吧。

奥克塔维奥：（对马克斯）他从宫廷来，那里并非所有人都

像在这里的人一样对公爵如此满意。

马克斯：他们又要拿什么新过失指控他？

他擅自决定只有他自己能

理解的事情吗？好吧！难道不该如此吗？

应该而且必须！这人从不会

像蜡一样任人随意塑造，

这违背了他的心，他做不到。

他有统治者的精神，

也有统治者的地位。对我们来说，

这很幸运！只有少数人能够统治自己，能够明智地

运用自己的智慧。令众人幸福的是，

他们中有一人可以成为

中心，成为成千上万人的支点。

那人可以像一根坚固的柱子一样岿然不动，

让所有人安全地依靠！这样一个人

便是华伦斯坦。他人也许适合

为宫廷效力，在军中为国效力则非他莫属。

克威斯腾堡：在军中效力，确实如此！

第三部分 | 从定居耶拿到英年早逝 1790—1805

马克斯：人们愉快地看到一切在他周围苏醒、壮大、

复兴。在他周围，每个人的能力

都表现出来，他们越发清楚自己的天赋！

他激发出每一个人的天资，

他们独特的力量。而且他手段精明，

他让每个人都保持本性，

看顾他，让他总是适得其所，因此他使所有人的才能

都为他所用。

克威斯腾堡：没有人否认

他与人打交道的能力和用人的能力。他的错误是

在掌权的时候，忘记他仆人的身份，

好像他生来就应做司令官似的。

马克斯：难道他不是吗？从出生起，他就被赋予

所有的相关天赋，此外他还被赋予另一种天赋，

用于寻找使用它们的空间，获得

适合其统治才能的统治职权。

克威斯腾堡：那么在弗里德兰，我们其他人有

多大的权力或影响力呢，如果有的话？

马克斯：他绝非等闲之辈，他不需要

通常的信任。给他空间，

他自己将设定适当的限制。

克威斯腾堡：审讯结果表明的确如此！

马克斯：啊！他们就是这副样子！

一贯如此！但凡有些深度，都会令他们恐惧，

他们只有在浅滩才会感到舒适。

奥克塔维奥：(对克威斯腾堡)我的朋友，随他去吧！这场争论不会对我们有用。

马克斯：他们在危难关头召唤鬼魂，

当他复活时却战栗不安。

伟大而美妙的事物

却必须看起来像世间万物！——在战争中，在战斗中，

时刻决定着胜负，必须

当机立断，瞬间完成。

领导者必须具备每一种

高尚的自然禀赋，那么，让他活

在高尚的领域！他必须问询

心中的神谕，活的灵魂，

而非死的书本，旧的形式，

霉烂的羊皮古卷。

奥克塔维奥：我的儿子！不要鄙视这些古老的狭隘形式！

它们正如屏障、宝贵的墙和篱笆，

是被压迫者为了改变

压迫者的轻率意志而树立的。

因为不受控制的人从来都具有破坏性。

秩序之路，虽然它蜿蜒曲折，

却是最好的。闪电和炮弹笔直

前行，沿着最近的路径，

它们快速到来，以凶暴的巨响开道，

去炸裂和毁灭！我的儿子！人们经常走的

僻静道路，沿着河道，顺着弯曲的山谷，

是和平与祝福所在。

适度地绕过麦田和葡萄园，

尊重田产的指定界限，

缓慢但安全地抵达目标。

克威斯腾堡：哦，听您父亲的！他是英雄和男子汉！

奥克塔维奥：我的儿子，

是你体内的军营之子在说话。长达

十五年的战争养育教导了你，和平

是你从未见过的。我的儿子，有一种价值

胜过战士的价值，即使战争本身

也并非以战争为目的。权力意志的迅速

行动，此刻令人震惊的奇迹——

并不会给人类带来

任何有用的、善意的或持久的事物。

漂泊的士兵匆匆赶来，用帆布

筑起他快活的小镇。一会儿这里就

成为一个匆忙的集散地，市场开放，

道路和河流挤满了商品

和人，四面八方络绎不绝。

不久，某个早晨，看——它消失了！

营地受到了袭击，军队开拔了。

被践踏的洒满种子的田地像墓地一样生气全无，

一年的收成付之东流。

马克斯：哦，父亲啊！让皇帝讲和吧！

我很乐意把那血淋淋的桂冠换作

春天带给我们的第一朵紫罗兰，

那大地重新焕发青春的小小誓言！

奥克塔维奥：怎么回事？是什么让你发生如此改变？

马克斯：我从未见过和平吗？不，我已见到！

现在我从它那里来，我的旅程带领我

穿过尚未被战争访问的土地。

哦，父亲啊！生活有着我们不知道的魅力。

我们只看到了贫瘠的生命海岸，

犹如一些四处游荡、无法无天的海盗船员，

挤在他们狭窄而嘈杂的船上，

粗鲁地生活在粗暴的大海上。

不知有美好的大地，只知有海湾，

在那里他们可能冒险匆忙偷偷登陆。

然而在它平静的山谷里，这块土地

隐藏着美丽的景色——哦，父亲！——哦，

在我们狂野的航行中，我们无缘一瞥。

奥克塔维奥：（注意起来）这段旅程向你展示了很多吗？

马克斯：这是我生命中的第一个假日。

告诉我，这一切劳碌的目的是什么？

这折磨人的劳碌夺去了我的青春，

使我的心萎靡空虚，使我的灵魂

像旷野一样荒芜。

军营不断的喧闹声，嘶嘶的骏马，

铿锵的号角声，永不改变周而复始的

服兵役、训练、接受检阅，不给予

渴望得到滋养的心灵任何东西。

在这枯燥乏味的事务里，没有灵魂，

但生活有另一种命运和其他的快乐。

奥克塔维奥：在这短暂的旅程中，我的儿子，你学到了很多东西！

马克斯：啊，幸运的光明的一天，士兵终于

要回归生活，做回普通人！

在欢快的歌声中旗幡招展，

归乡途中令人激动地奏起轻柔的和平进行曲。

帽子和头盔均装饰着绿叶花枝，

这是对田野的最后一次破坏！一道道城门

飞速开启，再无需靠炸药破门而入；

城墙上挤满兴高采烈的人，

他们的喊叫响彻天际。那天，从每一座塔楼上传来的

愉快晚祷的快乐钟声

齐声鸣响。从城镇和村庄

涌出成千上万欢乐的人，以他们

热诚善良的冲动阻碍我们行进。

老人，哭着说他终于看到了这一天，

拥抱他失散已久的儿子。儿子重归故里，

已成为一个陌生人。枝繁叶茂的

大树，在他归来时，把他罩在浓荫里，

在他离家时，它的枝条还只是摇曳的嫩枝。

羞怯的少女红着脸迎接他，

他离开时她尚在奶娘的怀抱中。啊，这是多么幸福，

为了他，如此亲切的一扇门即将打开，

柔软的手臂将去抱住他！

克威斯腾堡：（情绪激动）啊，您

谈论的时代这样遥远！您不谈论明天或今天！

马克斯：难辞其咎的，难道不正是身在宫廷里的你们吗？

我要明白地告诉您，克威斯腾堡，

当我在这里注意到您的时候，一股怒气

和怨恨袭遍我的周身。是你们

阻碍和平，是的，你们。将军

一定要推动和平进程，你们却不断折磨他，

竭力阻挠他前进的步伐，诋毁他。

为什么？因为欧洲的幸福离

他的心更近，而不是将有多少英亩

肮脏的土地能归奥地利所有！

你们叫他叛徒、叛逆者，天晓得，

因为他放过撒克逊人，好像那

不是通往和平的唯一途径。如果

战争不能在战争期间结束，请问和平该如何到来？

得了！得了！因为我热爱善，所以我憎恨

你们这卑鄙的伎俩。在这里，我向上帝发誓，

为了他,这个叛逆者、叛徒华伦斯坦,
我宁愿流尽我心脏的每一滴血,
也不愿看到你们在他的覆灭中得逞!

对我们而言,苔克拉公爵小姐也许更为宝贵。苔克拉的人生刚刚开始,迈着"胆怯的脚步",她憧憬着不受现实矛盾干扰的世外桃源般美妙的生活。在马克斯身上,她不仅看到了自己的保护者、送自己去父亲营地的护送者,而且看到了她恍惚发光的梦想化身。她不知欺骗。她信任人,也被人信任。马克斯和苔克拉的灵魂相遇、交融,"紧紧地、永远地拥抱在一起"。诗人描述的这一切被一种平静的灵感启发,得到了我们最深切的同情。如此美妙的朴素是不可抗拒的。"多久,"特尔茨基伯爵夫人问道,"您吐露心曲有多久了?"

马克斯:今早我第一次冒险吐露只言片语。
伯爵夫人:二十天了,直到今早才开口?
马克斯:这件事发生在您遇见我们的城堡里,在这里和
内波穆克之间,那是旅程的最后一段。
她和我站在阳台上,我们
静静地注视着空旷的风景。
在我们面前,龙骑兵团正跃马扬鞭,
那是公爵派来护送她的。
我的心里满是离愁别绪,
最后我用颤抖的声音说:
"小姐,这一切提醒我,今天

我必须告别我的幸福。

几小时后,您会找到一位父亲,

会发现自己被新朋友环绕,

而我对您来说将只是一个陌路人,

在人群中被遗忘——"同特尔茨基姨妈谈!"

她很快打断了我的话。我注意到

她的声音有一些颤抖,她的脸颊上

泛起一抹发光的红晕。她的目光从地上

缓缓地移开,碰到了我的。我不能

再控制自己——

(公爵小姐出现在门口,停下。伯爵夫人看见了她,皮柯洛米尼却没有)

我把她疯狂地抱在怀里,

我的嘴唇和她的融在一起。隔壁房间响起

脚步声,把我们分开了。那便是您。

您知道后来发生了什么。

伯爵夫人:您能如此懂得分寸,

也不好奇,连一次都不试图

反过来探寻我的秘密?

马克斯:您的秘密?

伯爵夫人:是的,当然!之后,

我外甥女是如何接待我的,她最初

吃惊的那一刻,她——

马克斯:啊?

苔克拉：（匆忙上）不必
劳烦您了，姨妈！我可以来告诉他。

为这两位天使般美好的青年之热烈、纯洁、真挚的感情，我们欢欣鼓舞，但当我们想到无情的命运之手已高高举起，即将让黑暗与凄凉笼罩他们的世界时，我们的情感发生了逆转，变成了痛苦。苔克拉享受了短暂的"两小时的天堂时光"，但她朴素的欢乐被惊恐和对未来的担忧取代。她认为，华伦斯坦的营地不是一个可供希望栖息的所在。她姨妈的教诲和解释揭示了一个秘密：她不可以爱上马克斯，因为更高贵的，可能是皇室的命运在等待着她。但她仍然要引诱马克斯，促使他离开职守，为她的父亲所用。她此时第一次获悉父亲的大胆计划。从那一刻起，她对幸福的憧憬便消失了，一去不返。然而，相比于她自己的不幸，她想象到的即将压倒她温柔、深情的母亲的毁灭性灾难更令她心如刀绞。对她本人而言，她怀着沉郁的耐心，等待彻底使她希望破灭的致命一击。她温顺柔和，像普通少女一样，但她是弗里德兰公爵的女儿，不会在不可避免的命运面前退缩。苔克拉具有一种正直、果敢、坚毅的决心，这与她的青涩稚嫩、羞怯敏感形成鲜明的对比。当她发觉父亲的叛逆计划时，她暗自认为马克斯"应服从他的最初冲动"，即抛弃她。

诗歌中很少有比这更令人赞叹且同情的场景。我们看到：华伦斯坦英雄失势但威信犹在；马克斯·皮柯洛米尼冲动而绝望，被责任和爱沿着相反的方向撕扯；镇定自若但柔肠寸断的苔克拉，在她伤心欲绝的母亲旁边，被华伦斯坦绝望的追随者包围着，他们脸上茫然若失。这里有一种与行动体现出的道德的伟大相对应的物质上和场面上的华丽壮观。宫墙之外不断传来军队叛乱离开的消息，帕彭海姆部的号角呼应着他们的将领狂放不羁的情怀。后来的情形同样感人肺腑。马克斯被他的部下强迫着从苔克拉身边离开，在一种近乎疯狂的状态下，一马当先冲在最前面。翌日，噩耗传来，人们无不为之动容。它对苔克拉产生的影响显示了她灵魂深处蕴藏的无穷能量。她第一次偶然间闻听死讯时，几乎难以承受，但她重新鼓足勇气，派人去找信使，细细地询问他，以斯巴达少女[1]的英雄气概倾听他讲述那些惨烈的细节。

第四幕

第十场

苔克拉、瑞典上尉、诺伊布隆小姐

上尉：(毕恭毕敬地走近) 公爵小姐——我——我一定要恳请您原谅我那些最轻率的、不假思索的话。我不能——

苔克拉：(落落大方) 您正好在我悲痛的时刻见到我。

一个悲伤的偶然使您

从陌生人立刻成为我推心置腹的朋友。

上尉：我担心你们会不愿看到我，

我带来的是令人伤心的消息。

苔克拉：怪我！是我逼您讲出那些话的。

您的声音只是命运的声音。

---

[1]. 古斯巴达人的生活方式要求男孩和女孩都必须孔武有力、坚强勇敢，所以女孩和男孩一样，从小都要受到教育，接受体育与军事方面的训练。——译者注

我的恐惧打断了您的叙述,
我恳请您把话讲完。
上尉: 这将使您再次陷入悲伤!

苔克拉: 我准备好了, 我会准备好的。
继续! 行动进展如何? 让我听听。
上尉: 在诺伊施塔特, 我们没想到敌人会突袭,
所以只是躺在草草挖就的战壕里。到了晚上, 森林中
腾起滚滚尘土, 我们的前哨
冲进营地, 喊道: 敌人来了!
我们还没来得及跳上马背,
帕彭海姆部便飞驰而至,
越过栅栏, 下一刻
这些凶猛的骑兵也越过了我们的战壕。
但他们的勇气促使他们草率地
孤军深入, 他们的步兵
远远落在后面。只有帕彭海姆部
勇敢地跟随他们大胆的头领——
(苔克拉动了一下。上尉停顿了一会儿, 直到她示意他继续讲下去)
在正面和侧翼, 我们利用所有的战马向他们猛冲。
不久, 我们便迫使他们退回到战壕,
在那里, 我们的步兵匆忙摆开阵势,
用长矛阻止他们通过。
他们不能前进, 亦不能后退一步,

被堵在这个狭窄的监牢里,身陷绝地。

然后,莱茵伯爵[1]要求他们的头领

在公平的战斗中,公平地投降。

但皮柯洛米尼上校——

(苔克拉摇摇晃晃,抓住了一个座位)

我们认出了他,

通过他的头盔羽饰和飘逸的长发,

飞马驰骋使它松了下来。他指着

那条战壕,他自己第一个跳,他那勇敢的坐骑

利落地跃了过去。骑兵队在他后面猛冲,

但是——眨眼之间事情就发生了!——他的马

被一支戟刺穿身体,在痛苦中前蹄腾空,并向远处

甩出骑手。其他的马因此狂躁地

踩踏他,现在既不理会嚼子也不管缰绳。

(苔克拉听了最后一句话,心里越来越难受,她感到一阵剧烈的颤抖。她身体一歪,向地上倒去。诺伊布隆小姐急忙过来,用双臂抱住了她)

诺伊布隆:小姐,最亲爱的小姐——

上尉:(被感动)让我离开吧。

苔克拉:没事了,把话讲完。

上尉:骑兵队看到他们的头领倒下,

陷入了一种残酷无情的绝望。

他们忘记了逃跑,

---

1. 莱茵伯爵(Rheingraf),德国的一个特殊伯爵头衔。虽然此头衔名字特殊,但拥有此头衔的伯爵在地位和职权上和普通伯爵并无差异。——编者注

第三部分 | 从定居耶拿到英年早逝 1790—1805   *175*

像愤怒的猛虎一样攻击我们。他们的愤怒

激怒了我们的士兵，战斗直打到

帕彭海姆部的最后一个人倒下。

苔克拉：（声音颤抖）

那么在哪——在哪里——您还没有告诉我全部。

上尉：（稍微顿了顿）

今天早上我们埋葬了他。他的灵柩

由十二个来自最高贵家族的年轻人抬着，

我们全军为死者送葬。

他的棺材以月桂装饰，在上面

莱茵伯爵放下了他自己的胜利之剑。

鉴于他可悲的命运，眼泪也是必不可少的，因为我们

许多人都了解他的高尚情怀

和翩翩风度，所有的人

都为他悲伤的结局难过。莱茵伯爵愿意

救活他，但是他自己阻止了，据说他但求一死。

诺伊布隆：（情绪激动，转向苔克拉，但苔克拉藏起自己的脸）

哦！亲爱的小姐，

抬起头！哦，您为什么要坚持听他说这些？

苔克拉：他的坟墓在哪里？

上尉：他躺在诺伊施塔特一个

修道院的小教堂里，直到我们接到

来自他父亲的指示。

苔克拉：它叫什么名字？

上尉：圣凯瑟琳。[1]

苔克拉：离这儿远吗？

上尉：7里格。

苔克拉：怎么走？

上尉：您经由蒂尔申雷伊特

到法尔肯贝格，再穿过我们最远的前哨基地。

苔克拉：谁是那里的指挥官？

上尉：泽肯多夫上校。

苔克拉：（走到一张桌旁，从她的珠宝盒里拿出一枚戒指）

您见到了悲伤中的我，并向我展示了

一颗同情的心。请接受一个小小的

纪念。

（给他戒指）

现在您可以离开了。

上尉：（悲不自胜）公爵小姐！（苔克拉默默地示意他走，转身背对着他。他站了一会儿，试图说些什么，诺伊布隆再次示意他离开，他走了）

第十一场

诺伊布隆、苔克拉

苔克拉：（搂住诺伊布隆的脖子，靠在她身上）

现在，好诺伊布隆，是时候展现你

一直向我发誓的爱了。证明你自己

---

1. 圣凯瑟琳（St. Catharine's），此教堂为席勒的虚构。——编者注

是一个真正的朋友和亲随！我们得走了，就在今晚。

诺伊布隆：走！今天晚上！去哪里？

苔克拉：去哪里？世界上只有一个地方，就是埋葬他的地方。让我们去他的墓地。

诺伊布隆：唉，我最亲爱的小姐，您会在那里干什么？

苔克拉：到那儿做什么？不幸的姑娘！假如你曾经爱过，你是不会问的。那里，那里是他所剩下的一切。那个小小的地方是我的整个大地。别阻拦我！

啊，来吧！准备吧，想想我们怎么逃走。

诺伊布隆：您想过您父亲会发怒吗？

苔克拉：我现在不害怕任何人的愤怒。

诺伊布隆：世人的嘲弄，人言可畏！

苔克拉：我去找一个冰冷的躺在坟墓里的人，难道我是急匆匆地奔向我爱人的怀抱？

上帝啊！我只是急匆匆地奔向他的坟墓！

诺伊布隆：只有我们吗？两个无助的弱女子？

苔克拉：我们要武装自己，我的手臂会保护你。

诺伊布隆：在这样阴郁的夜晚吗？

苔克拉：夜色会隐藏我们的行踪。

诺伊布隆：在这狂风暴雨的天气里吗？

苔克拉：当马蹄从他身上踏过时，他的床是用羽绒做的吗？

诺伊布隆：天啊！

还有很多瑞典人的哨所！他们不会

让我们过去的。

苔克拉：他们不也是人吗？不幸

在大地上畅通无阻。

诺伊布隆：这么远！这么——

苔克拉：朝圣者在前往遥远的

圣地时，会计算行程远近吗？

诺伊布隆：我们怎么

才能离开埃格尔？

苔克拉：有钱能使鬼推磨。

快走！快走！

诺伊布隆：要是他们认出我们呢？

苔克拉：面对一个逃亡的绝望女人，

没有人会以为她是弗里德兰的女儿。

诺伊布隆：我们到哪里去弄到出逃用的马匹？

苔克拉：我的掌马官会弄到的。去叫他来。

诺伊布隆：他会在公爵不知情的情况下冒险吗？

苔克拉：我告诉你，他会的。快走！哦，不要磨蹭！

诺伊布隆：啊！如果您不见了，您母亲会怎么做？

苔克拉：（想到这件事，神情痛苦地凝视着前方）啊，我的母亲！

诺伊布隆：您的好母亲！

她已经承受了这么多痛苦。

一定要她最后再承受一次最重的打击吗？

苔克拉：我别无他法。快走，我求求你，快走！

诺伊布隆：想清楚您在做什么。

苔克拉：一切该想到的

都已经想过了。

诺伊布隆：如果我们到了那里，

您会怎么做？

苔克拉：在那里，上帝会指引我的。

诺伊布隆：您的心充满了烦恼，啊，我的小姐！

这条路不会通向安宁。

苔克拉：但通向他找到的那种

深沉的安宁那里。啊，快点！快走！别说话！

有一种力量，我不知道叫它什么，

不可抗拒地拉着我，把我拖到

他的坟墓去。在那里，我会立刻找到些许安慰。

令人窒息的悲伤的纽带

会松开，眼泪会流出来。啊，快点！

我们本来早该在路上了。

在我逃离这些围墙之前，我不会得到安宁。

它们朝我身上坍塌，一股黑暗的力量把我从它们

那里赶走——哈！这是什么？房间里满是

苍白憔悴的鬼影！没有我的地方了！

更多！更多！拥挤的幽灵向我压过来，

把我从这被诅咒的房子里推出来。

诺伊布隆：你吓着我了，小姐。我不敢

再待下去了。我马上去联系罗森贝格。

第十二场
苔克拉

苔克拉：是他的魂灵叫我！还有牺牲自我
为他疯狂复仇的烈士
的忠魂。他们责备我
如此踯躅徘徊。他们至死也没有抛下他，
因为他在他们活着时带领他们。他们这些粗人
都能够做到这一点，我却要独活？

不！不！他们放在他棺材上的月桂花环
是为我们两个缠绕的！
没有爱情的光芒，这算什么生活？
我抛弃生命，因为它的价值已然消失。
是的，当我们找到彼此的时候，生活
是美妙的！金色的早晨闪闪发光地
躺在我面前，我度过了两小时的天堂时光。

你站在通向忙碌生活的
门槛上，我迈着胆怯的脚步跨过它。
生活，在庄严的光与影中，多么美丽！
你在我身边，就像某位天使，奉命
把我从童年的童话王国

带到生命的巅峰，手挽着手！
我第一个想法是无以言表的快乐，
我第一眼就看到你那一尘不染的灵魂。
（她陷入了沉思，她的姿势显露出她内心的惊恐，然后她继续讲下去）
命运伸出他的手，它无情、冰冷，
我的朋友被它紧紧抓住把控，
并且——被投掷到发狂的战马蹄下。
这就是世间美好良善的命运！

苔克拉还要承受另一种痛苦煎熬，即与她母亲生离死别，但她狠下心来，赶赴爱人的坟旁殉情。在诗人笔下，这位可爱的少女不得不经受令人心碎的情感磨难，由此产生令人悲痛感伤的艺术效果。即使心肠坚硬之人，也会为马克斯和苔克拉的命运心酸落泪。

华伦斯坦本人的命运并不那么缠绵悱恻，却同样富有崇高的诗意。我们不同情华伦斯坦，因为即使他身败名裂，他也似乎太伟大了，无需同情。在他的女儿如美丽的幻象般从故事情节中消逝后，我们等待着华伦斯坦不可避免的命运，除了一种带有预感的敬畏外，再无别的情感：

王者般的华伦斯坦，当他倒下的时候，
他将拖着一个世界与他一起毁灭。
就像一艘在海洋中
着火的轮船，颤抖着跃向空中，
瞬间散落在海天之间。

它承载的船员，也会仓促间走向毁灭，

任何与他命运相连者皆然。

然而，在他压抑绝望的垮台中仍有一丝伤感。在缓慢到来但不可避免的灭亡中，他受到了自然的感召，于是他的灭亡变得严峻而壮观。他生命的最后一幕中包含了最优美的诗歌。他尚未获悉苔克拉的死讯，但他想到马克斯，悲从中来。他眼望群星，一阵阵朦胧缥缈带有迷信色彩的恐怖阴影从心头掠过。他看到这些光的源泉，把它们光荣持久的存在与人类短暂多愁的人生进行了比较。他妻妹的坚强意志被不祥的预感征服，种种预兆对他不利。华伦斯坦的占星家与一个灰心丧气的共谋者不约而同苦苦恳求他小心防范，他自己的感觉也要求他观察和提防。但他拒绝让他的意志和决心受到左右。他把这些警告抛在一边，心情愉快地就寝，在枕上重温希望之梦，浑然不知敌人已握紧利刃，准备把他送入漫长无梦的睡眠。华伦斯坦的死并不会惹人伤心落泪，但这可能是这出戏中最紧张的一个场景。一种可怕的阴影，一种命运的凄凉，笼罩着它，并为那美丽的诗歌火焰平添了表达效果，使诗歌字里行间激情洋溢。除了《麦克白》或《奥赛罗》的结尾部分，我们不知道在哪里还可以找到与之比肩的诗作。席勒之才较之莎士比亚之才要有限得多，但在他独特的领域，即在激发崇高、真诚、强烈的情感方面，他丝毫不逊色于任何人。其他诗人往往更精致，更犀利，更丰富，更令人兴奋，但在席勒诗兴大发时，他是势不可挡的。

《华伦斯坦》这部悲剧出版于 18 世纪末，可以当之无愧地被评选为该世纪最伟大的戏剧作品。法国从未达到席勒的水平，即使在她的

第三部分｜从定居耶拿到英年早逝 1790—1805　　　　　　　　　　*183*

高乃依时代也不例外。自从伊丽莎白时代以来，我们国家也找不出任何剧作家在总体思想感情和取得的成就上能够与席勒相提并论。大约在《华伦斯坦》问世之时，我们这一人才辈出的国度正在为哥特小说改编的同名戏剧《城堡幽灵》[1]而战栗！的确，德国人推崇歌德。在某些罕见的场合，必须承认歌德表现出的才能在层次上比席勒要更高，但他并没有同样频繁或有力地发挥这些才能。与《华伦斯坦》相比，《浮士德》只是情感的肆意倾泻流淌之作，而前者实际上是一部浩瀚而壮丽的作品。多么美好的形象、思想与情感的集合，以最令人愉快和印象深刻的顺序组合！我们有征服者、政治家、野心勃勃的将军、到处抢劫的士兵、男女主人公，他们的行动和感情都像他们在实际生活中那样。这些都被忠实地表现，但同时也被诗歌精神美化。这一切都旨在烘托渲染出一个最重要的效果，即我们对作品中三位主要人物的同情。[2]

《华伦斯坦》出版后不久，席勒又一次改变住所。他的医生认为耶拿的"山间空气"会引发肺部不适，部分由于这种观点影响，他决定从此在魏玛过冬。支持这一新安排的更重要原因，也许是如此席勒就能更接近剧院了。他将能够不断去剧院观剧，既然现在他再次回归戏剧领域，这似乎对他创作艺术的精益求精大有裨益。不过，这之

1.《城堡幽灵》(*The Castle Spectre*)，是英国哥特小说家马修·刘易斯（Matthew Lewis，1775—1818）的作品。最初《城堡幽灵》作为小说出版，后又被改编为同名五幕剧。——译者注
2.《华伦斯坦》被邦雅曼·贡斯当先生（Benjamin Constant）翻译成法语，而最后两部分被柯勒律治先生忠实地翻译成英语。至于法文版，我们几乎一无所知，除了它是一个"改良的"版本外。但知道这点就足够了，因为，剧作家席勒的作品却被贡斯当先生改进，这是一种我们不希望看到的情形。柯勒律治先生的译文，总体上，我们也不了解。但从许多大的样本来看，我们应该清楚地表明，除了索思比（Sotheby）的《奥伯龙》(*Oberon*)之外，它是最好的，实际上也是唯一可以容忍的德国文学译著。

后几年里，他依然在耶拿度过夏天，他说自己特别依恋那里，尤其是那里美丽的环境。夏日里，他的花园小屋依旧是他工作的地方，直到他最后长住魏玛。即使在那时，他也经常去耶拿。在后来的几年里，歌德选择在耶拿居住，这让耶拿对席勒而言又多了一份吸引力。我们知道，时至今日歌德偶尔仍会住在耶拿。席勒常常会在歌德家里小住数月。

住所的变更几乎没有改变席勒的习惯抑或工作，他仍像之前一样受雇于魏玛公爵，仍像之前一样从事戏剧创作并以之为生活的伟大目标。关于他的津贴数额是多少，我们不得而知，但我们有足够的证据证明，公爵对他非常慷慨器重。四年前，当席勒被邀请到图宾根大学[1]时，他得到承诺，如果他生病或出于其他原因无法继续从事文学工作，他的薪金翻倍。实际上，在目前迁居的情况下，薪金真的增加了。在1804 年，他的薪金被再度调高，柏林方面也主动向他提供了一些有益的资助。席勒似乎既非贫穷，又非富有，正如他所愿。他那朴素而不招摇的家庭开支毫不困窘地得以维持，这就是他需要的一切。避免金钱上的烦扰一直是他的目标之一，他决心永远不积攒财富。我们还应该补充一下，1802 年，公爵决定授予他贵族头衔。公爵授予此头衔是一片好意，席勒心怀感激地接受贵族头衔，但对之既不需要亦不渴求。所以，我们是为了公爵而不是席勒的缘故提及这一事实。

如此贴心的官方服务不期待从他那里得到什么回报，而席勒给出的回报即使有也是微不足道的。主要或者说完全出于他的自愿，他申

---

1. 图宾根大学（University of Tübingen）。18 世纪下半叶和 19 世纪是图宾根学术发展的鼎盛时期，这里云集了黑格尔、谢林等哲学家，以及荷尔德林等诗人。歌德在图宾根居住了十年之久。——译者注

请从事戏剧审查工作，并与歌德共同监督剧院的相关事务。新作品的排练通常是在这对好朋友中某一个的家里进行，他们坦诚地就所有问题大量协商。席勒很快从这种得天独厚的进步途径中获益。在戏剧艺术的技术细节上，他变得更加娴熟老练；通过对舞台表演的不断观摩，他更加熟悉舞台的潜力和规律。不久，他以他特有的庞大雄心，着手对这一新的知识加以利用。与歌德一起，他改写了自己的剧本《唐·卡洛斯》和歌德的《哀格蒙特》，根据他对舞台规则的最新认识对两部作品进行修改。他进一步打算以同样的方式修改一系列主要的德国戏剧，从而产生一个根据最高标准形成的民族戏剧作品文库。虽说这一浩瀚的工程不断取得一些进展，但其他工作经常迫使它中断。此时，席勒正忙于创作他的《玛利亚·斯图亚特》[1]，该作品于1800年问世。

这部悲剧不会耽误我们很久。就题材而言，这部剧的事件已是老生常谈，其道德寓意亦无足道哉。作品讲述了一个可爱的犯错女性的忏悔，向我们展示她的灵魂如何通过受苦、奉献和死亡恢复到原初的高贵，这即是《玛利亚·斯图亚特》的创作初衷。这是一出充满阴郁悲哀情感的悲剧，它弥漫着忧郁和压抑的气氛：回首往事，追悔莫及；环顾囹圄，落寞神伤；此生休矣，寄情后世。作品的目标无疑已经达到。我们不得不宽恕并热爱这位女主人公，她美丽动人、命运悲惨、思想高尚。她的罪行，无论多么黑暗，都已被多年的哭泣和悲伤赎清。她的罪行并非冷酷算计结出的有毒果实，而是一颗虽然盲目却

---

[1]《玛利亚·斯图亚特》(*Maria Stuart*)。作品标题指的是苏格兰女王玛丽·斯图亚特(Mary Stuart, 1542—1587)。玛利亚·斯图亚特(Maria Stuart)是这位女王的名字在德语中的译法，在标题之外，卡莱尔仍称其为"玛丽"(Mary)。——译者注

未死亡的心，在激情作用下产生的可怕果实，虽然她在一段时间内无法认清罪行的穷凶极恶。考虑到这点，她的罪行与那些针对她的冷酷而有预谋的险恶行径相比较，似乎并不那么可恨。伊丽莎白自私、无情、嫉妒心重。她没有违反法律，但她同样也不具备美德，她以胜利者的姿态生活着。比较而言，伊丽莎白无趣而虚伪的性格，加深了我们对另一位的同情，即她那位为人热诚却陷绝望之境的红颜薄命的对手。这两个女王形象，特别是玛丽，得到了很好的刻画。她们各自的品格被生动地展现出来，在我们心中唤起预期的感情。还有莫蒂默，一个凶狠、冲动、充满激情的情人，他主要是受自己热血冲动的驱使，但他的热切激烈和无限勇气仍具有强大的吸引力。此外，对白有许多值得称道之处，有一些场景可圈可点。其中包括两位女王的会晤，尤其是玛丽的首次出场[1]。经过长期幽囚，她再次被允许看到令人愉快的天空。在短暂自由的喜悦中，她忘记自己仍是一个俘虏。她向云，那些"空中的水手"说话，它们"不是伊丽莎白的臣民"。她请它们把她的消息带给远在异国他乡的爱她的人。毫无疑问，席勒的所有创作意图都实现了。《玛利亚·斯图亚特》是一部美好的悲剧，对于一个普通剧作家而言，这部作品足以成就他的辉煌，但不能给他带来实质改变。与《华伦斯坦》相比，其意图有限，其成果亦不显著。我们没有看到它反映社会风俗，抑或真正地描画历史。英国官廷的人物形象没有呈现出来；伊丽莎白更像是法国的梅第奇[2]，而不是我们自己的谨小慎微、反复

---

[1] 事实上，这一段是第三幕第一场中的情节，而玛丽早在第一幕第一场就已出场，这里原作者的记忆有误。——译者注
[2] 指的是凯瑟琳·德·梅第奇（Catherine de' Medici, 1519—1589），法国王后。她是亨利二世的妻子和随后三位国王的母亲。她的儿子弗朗索瓦二世（François II, 1544—1560）的妻子就是玛丽·斯图亚特。——译者注

无常、卖弄风情、飞扬跋扈，但总的来说真诚的"好女王贝丝"[1]。尽管这部悲剧充分展现了作者的戏剧天才，但它产生的影响相对较小，尤其是对于英语读者。我们在阅读散文或诗歌作品时，已经为玛丽·斯图亚特流过太多的眼泪。正如这里记录的那样，那些可能被玛丽的故事的道德寓意或道德旨趣深深打动的，只是个别的某一类人，而不是普罗大众。比如说，我们注意到，斯塔尔夫人[2]是她的主要崇拜者。

翌年，席勒占据了一个更专属于他自己的领域。1801年，他的《奥尔良的姑娘》问世。大约这个时候，法兰西文学院的德·拉韦迪首次出版了关于圣女贞德的判决及其逆转的一系列文献，这使他萌生了创作这一剧本的想法。席勒在阅读这些材料的过程中被深深地打动，这部悲剧表达了他的心声。

圣女贞德，作为诗歌吟诵或历史书写的对象，是现代最独特的人物。她是一个能够从各种视角，带着各种情感来观照的人物形象。与她同时代的英国人死守教条、顽固不化，对她的英勇善战感到困惑。在他们看来，她似乎得到了魔鬼赋予的力量，被当作女巫烧死是很自然的事。莎士比亚的诗歌亦从该角度对她进行了刻画。对于以同各种迷信斗争为己任的伏尔泰来说，这个带有狂热激情的女孩似乎就是不折不扣的耽于幻想的狂热者，而追随她并对她深信不疑的人，比疯子更糟糕。当人们回忆起她采取的手段时，便忘却了她取得的荣耀。"奥尔良的姑娘"被认为最适合作为那类最机智、放荡，能使文学本身羞

---

1. 指的是英国女王伊丽莎白一世。——译者注
2. 斯塔尔夫人，法国评论家和小说家。——译者注

愧的诗歌的主题。与伏尔泰的《少女》[1]相比,我们著名的《唐璜》[2]羞愧地低下头。《唐璜》的作者,哪怕凭借他所有的热情,在这个讽刺高手面前也只是天真无邪之辈,一个新手。

以这样的方式看待"奥尔良的姑娘"显然不正确。她的感情如此深沉真挚,绝不能成为嘲笑的对象。当一个人用如此热情的献身精神来追求目标时,无论追求的是什么目标,都有权唤醒他人心中至少是严肃的情感。热情在每一个不同的时代都呈现出不同的面貌,在某种程度上总是崇高的,往往是危险的。它的本质就是一种走向错误和夸张的倾向,然而,它是意志坚强者的基本品质,它是真正的高贵血统,所有伟大的思想或行动都由此产生。这个乡下姑娘在内心深处感受到一种决心,如此强烈,以至于她能使国王和将领屈服于她的意志。她率领军队一路奋战、收复失地,直到把侵略者逐出法国,显然她已具备威严的品格。她不容置疑地表现出心怀天下苍生的伟大情怀、崇高思想,以及最重要的,压倒一切的意志。她采取行动的形式,似乎也并不比其他我们一贯称颂的方式更不适于显示这些优秀品质。天主教的华丽启示与身后声名的幻影一样真实;对我们祖国家园的热爱与雄心壮志或军事荣誉观念一样值得称赞。圣女贞德是一个影子般的造物,她心怀朦胧而缥缈无垠的梦、无法形容的情感,以及"穿越永恒的思绪"。谁能说出,在她朴素的灵魂里,上演着怎样的考验与胜利、辉煌与恐怖!"无情、以嘲弄别人为乐的、遗忘上帝的法

---

1. 伏尔泰的讽刺诗《少女》(*Pucelle*)中包含了大量性暗示以及对于贞德的行为和生活的讽刺,因此在当时被认为是一部下流且淫秽的作品,一度成为禁书。——译者注
2. 《唐璜》(*Don Juan*),英国诗人拜伦的代表作,是一首以社会讽刺为基调的长诗。——译者注

国人！"正如老苏沃罗所说的那样，他们有愧于这位品格高尚的姑娘。她犯下的错误只是小小的过失，是只有胸襟博大者才会犯下的过失，而且胸怀宽广者也乐于宽恕这类过失。她的无知和妄想只是理解力的问题，它们只是使她心灵的光辉更加感人与醒目，就像云彩被东方之光染上金色，从而变得比碧空本身更美丽。

正是从这个角度，席勒思考着"奥尔良的姑娘"这一主题，并努力使我们也如此思考。为了后一个目的，他似乎考虑过不止一个计划。他的第一个想法是，如实再现乔安娜[1]和她生活的时代，淋漓尽致地展现这一时期的迷信、暴行和不幸，以及向我们展示这位爱国的宗教狂热者。她的出现美化了暴风骤雨般的历史画面，影响了她群情激昂的同胞。她领导他们同仇敌忾抵抗入侵法国的侵略者。最后，她被抛弃并处死，死在火刑柱上，却始终保持坚定而崇高的信念。这信念曾使她生命的过失变得高贵，并使之得到弥补，如今要荣耀她的死亡，洗雪她的耻辱。经过深思熟虑，他放弃了该计划，因为难度太大。最后剧本采纳了一种新的处理模式，去除了丑化、阻碍现实的简单平庸与粗暴恐怖。在这里，法国王太子并非骄奢淫逸的怯懦之徒，他的宫廷亦非邪恶、残酷和愚蠢的渊薮。时代的苦难只被轻轻地触碰，而圣女贞德本人被赋予了某种淡淡的神秘尊严，最终这种尊严表现为一种超自然天赋。假设它果真是超自然的，那么它究竟是来自天堂还是地狱，我们也很难得知，除非依靠信仰。我们和她都直到剧终才确定了她身上这一天赋的本质。

这一安排是否合适值得怀疑，事实上，它已受到强烈质疑。但与

---

1. 乔安娜（Joanna），圣女贞德的德语译名。

这部作品内在的宏伟相比，外在的瑕疵就显得不起眼了。乔安娜的精神是以崇高悲怆的力量呈现给我们的，足以使我们对作品的不妥之处视而不见。乔安娜是一个纯净的生灵，她的存在有一半来源于天堂。她是女性温婉可爱的魅力与女先知的可怕威严的结合体，注定要为国捐躯。在席勒眼中，她酷似古希腊神话中的伊菲革涅亚[1]，而在某些方面，他亦依照伊菲革涅亚的形象来表现她。

山河破碎的悲哀与凄凉在乔安娜敏锐而炽热的内心燃起一团火，而她生命中的孤独寂寥以及她深厚的宗教情感，则将这一火苗助长为神圣的火焰。她看护着羊群，孤独地坐在山顶的圣母教堂旁边古老的德鲁伊橡树[2]下。这是一个具有魔力的地方，邪恶与善良的灵魂都经常在此出没。她看到人类肉眼无法看到的幻象。不过，这些幻象并非来自其他的灵魂，而是来自她本人的灵魂。她本人的灵魂，为了表达感情，以这样一种作用于自身的方式制造了这些幻象。她的极度冲动使她相信，她受到来自上天的召唤，来拯救她的祖国法国。她的强烈信仰说服了其他人。她勇往直前地履行使命，所有人都屈服于她强烈的意志。她受到了天启，因为她自己是这么认为的。崇高的热情有美丽动人的一面。这种热情在幽暗的灵魂深处得到培养，经历层层阻碍，最终以势不可挡的力量爆发并实现其既定目的。长期遮挡它的障碍现

---

1. 伊菲革涅亚（Iphigenia），阿伽门农和克吕泰涅斯特拉的长女。希腊决定进攻特洛伊后，军队和给养聚集在海港奥利斯。海港风平浪静，海船无法航行，军队空耗给养。随军牧师卡尔卡斯（Calchas）预言，只有献祭阿伽门农的长女伊菲革涅亚，才能平息女神的愤怒。得知父亲要将她牺牲的事实后，伊菲革涅亚表现出可敬的镇定，表示愿意自我牺牲。——译者注
2. 德鲁伊橡树（Druid oak）。Druid 来自凯尔特语 dru-wid，意思是识树者，这里的树尤其指的是橡树。在凯尔特文化里，橡树是一种具有神力的树，因此，识橡树的人也被认为是通神之人。——译者注

在成为它力量的见证。即使这种热情上依然依附着无知、平庸和过失，我们的同情心却被进一步唤起，我们的钦佩之心也有增无减。这是一场胜利，虽然并非大获全胜，但它仍是精神反抗命运、人类意志反抗不可改变的物质世界的胜利。

所有这一切都被席勒敏锐地感受到了，他甚至以超出自身通常水平的能力对之进行表现。乔安娜思想的秘密机制隐藏在一片幽暗朦胧的宗教性质的晦涩艰深之中，但她的思想引发的积极行动却清晰明了。我们目睹她怀有崇高情感的英雄主义，她感动我们至深。她早年的时候默默无闻，却带有一种深藏不露的宁静而虔诚的纯真。那时她温顺而善良，虽然不与他人交流，但惹人怜爱。照亮她来世的天国光辉，使我们不仅爱她，而且崇敬她。她的言行既有一股极为强大的力量，又带有平静质朴的尊严，我们似乎可以理解它们如何赢得了普遍的信任和拥护。乔安娜是最高尚的悲剧人物。我们想象她身材纤细可人，面容温和而有灵性，"美丽而可怕"，在她的国家军队前高举着圣母的旗帜。她凭着专注的精神奋力前行，凭借信念的力量不可抗拒，作为"卑微的牧羊女"，以她朴素的灵魂比世上君临天下的王者更为伟大。然而，她的内心并非完全对人类情感无动于衷，她的信仰亦非永不可动摇。那无情的复仇使命使她毫不理会敌人请求宽恕的哀告，但当她因为看到利奥内尔而搁置无情的复仇时，她的心经历了第一次致命爱恋的触动，她宁静的心灵罩上一团乌云。天堂似乎抛弃了她，抑或从最初它就听任恶魔或世俗幻梦欺骗她。她精神极度苦痛，被困在无尽的可怕疑云的迷宫之中，这一点被有力地刻画出来。她在兰斯[1]为国王加冕，到处都是欢腾喜庆的盛大场面。乔安娜近乎成为

---

1. 兰斯（Rheims），法国城市名。传统上，法国国王要在这里的兰斯大教堂举行加冕仪式。——译者注

被崇拜的对象,她却并不快乐。她在人群中看到她可怜但善良真诚的姐妹们,这使她的灵魂深受触动。在这场皇家盛典的恢宏壮丽与喧嚣扰攘之中,她陷入遐思。她的家乡,那位于静谧的群山之间的阿尔克小山谷,闪现在她的脑海中,还有那带草顶的小屋和一览无余的草地。在那里,甚至阳光也如此灿烂,天空如此湛蓝,一切都是如此平静、安全,慈母般温馨。她为那个如世外桃源般的家园的和平宁静而叹息,然后她想到自己再也无法看到它了,不禁不寒而栗。心事重重的生身父亲指控她行巫术,她对于指控却丝毫不予否认。因为她的心是黑暗的,它因贪恋红尘而受到玷污,所以她不敢向上天提出申诉。她与姐妹分离,被那些她刚刚从绝望中拯救出来的人们带着恐惧赶走,四处游荡,孤独绝望,彷徨失措。然而,她并未在痛苦的考验中沉沦,因为在她忍受着来自外界的苦痛,被人们抛弃之际,她头脑变得清晰,心志变得坚强,从而她重拾信心。而今,她赢得我们较之从前更为坚定的钦佩,而且我们的其他感情中夹杂进一缕温情。急转直下的局势反而证明了她的信念。她的同胞们亦认识到他们的错误,乔安娜以壮烈牺牲[1]结束了她的戎马生涯。我们庄严地向她道别,为英雄的离去扼腕痛惜。

乔安娜是这部悲剧的艺术感染力的主导要素,表现她性格和情感发展的场景是这部剧巨大魅力的来源。然而,剧中还有其他的人物,在我们的记忆中留下了独特且令人愉快的印象。阿格纳斯·索累尔,这位温柔如水、含情脉脉、慷慨仗义的法国王太子情妇,进一步衬托出奥尔良的姑娘更为冷峻的女性美。杜努阿,奥尔良公爵的私生

---

[1] 席勒在这部悲剧里改写了圣女贞德的结局。她没有被宗教法庭烧死在火刑柱上,而是光荣地死在战场上。——译者注

子，乔安娜的求婚者，是一位直率、坦诚、睿智的法国将领，他也得到了充分的描述。至于塔尔波特，这位白发苍苍、久经沙场的英国元帅，作者运用轻描淡写却富有表现力的笔触，刻画了他邪恶多疑却不屈不挠的性格特质。他毫不屈服地倒在地上，想着一切皆为虚无，甚至对毁灭他的命运也满不在乎：

在法国的土地上他睡着了，正如
英雄睡在他紧握不放的盾牌上。

零散的摘录片段可以在一定程度上向我们的读者展示这些次要人物的形象，却不能让我们形成关于少女本人的印象。乔安娜这一人物，正如每一件艺术成品一样，必须综合考虑她所有方面的能力，才能对她做出评判。令我们深受感动的，不是某部分描述，而是整体的言说。作品对贞德的描绘通过或简或繁的笔触作用于我们的内心，直到我们的心在它面前融化成温和的狂喜，摆脱了大自然的狂热激情和杂质元素。这便是艺术家得以分享的最高胜利。

第三幕

第四场

（王太子卡尔[1]和他的诸位亲随人员上。后面是乔安娜，她穿着铠甲，

---

[1] 卡尔（Charles），如果按照英译，Charles应译作查尔斯或者查理，但是席勒按照德语的习惯处理了王太子和圣女贞德的名字，使之具有德国人的特点，从而赋予两个人物与德国人更为亲近的感觉。因而，在这里译者继续保留席勒作品的这一特点，将Charles译为卡尔。——译者注

但没戴头盔。她的头上戴着花环)

杜努阿:(迈步上前)当她卑微时,我的心早已选择了她。
这种新的荣誉[1]并不能提高她的价值
抑或我的爱情。在这里,在我的国王
和神圣的大主教面前,如果她认为
我配得上她,我愿郑重向她求婚,并献上
我王孙贵胄的头衔和地位。

卡尔:真是魅力难以抵抗的少女,
你创造的奇迹层出不穷!
从今以后,我相信没有什么是
你不可能办到的。你已经制服了
这个迄今为止蔑视爱神无边法力的
傲慢不羁的灵魂。

拉·希尔:(迈步上前)如果我对乔安娜的心思
猜得不错的话,最给她增添光彩的便是
她谦虚的内心。她值得受到伟大人物
的尊崇,但她永远不会怀有高攀
的想法。她并不追求炫目的辉煌。
忠诚者出于一颗真心的爱意
足以使她满意,而我用这只手为她
献上平静祥和的归隐命运。

卡尔:你也爱上了她,

---

1. 此时王太子已赐予圣女贞德地位尊崇的贵族身份。这一点与史实相符。——译者注

拉·希尔？两个英勇的追求者，同样具有
英雄的美德和战场上的赫赫威名！
——你使我的破碎山河实现统一，
削弱我的敌人，是否要让我最坚定的朋友彼此分离？
尽管他们两个都配得上你，但不可能都得到你！
那么说吧！你的心必须在这里仲裁。
索累尔：（走过来）乔安娜又尴尬又惊讶，
我看到她的脸颊有一抹羞涩的绯红。
给她时间，让她问她的心，在与我
推心置腹的谈话中敞开她
紧闭的心扉。这一刻终于到了，现在我也可以
在姐妹般的交流中接近这个
不苟言笑的少女，并提供给她
我忠实沉默的胸怀的安慰。
首先让我们女人坐下秘密斟酌
这件关系到我们的事情，
等待我们做出决定。
卡尔：（欲走开）就这么办，好吧！
乔安娜：不是这样的，太子殿下！并非少女的
羞涩和难为情把我的双颊染得绯红。
我没有什么只能私下倾诉给这位高贵的夫人，
而在男人面前就羞于启齿的话。
这两位尊贵骑士的偏爱
使我感到莫大荣幸，但我之所以离开

牧羊人的草原，并非为了
追逐虚荣的世俗名利。我穿上
战甲，也不是为了在我的头上
缠绕新娘的花环。我被赋予的是
截然不同的使命，只有守身如玉
的处女才能完成。我是战神麾下的
战士，我绝不可以成为世上
任何人的妻子。

大主教：女人生就是男人的贤良
助手。她若服从天性，
就是对上天最好的服从和尊重。
当上帝召唤你去战斗的命令
被圆满完成之时，你将放下
武器，回归到你矢口否认的
柔弱的女性身份中去。女性的天职
并非进行血腥的战斗。

乔安娜：主教大人，迄今为止
我还不知道圣灵将如何指示我。
当必要的时刻来临之时，他
不会保持沉默，我会唯命是从。
但目前，我被命令去完成他交给我的
任务。我的君主尚且没有加冕，
他的头还未曾被圣油湿润，
他还不是一国之君。

卡尔：我们要踏上征程，

奔赴兰斯。

乔安娜：顺便提一下，我们不要耽搁时日。

敌人在我们周围集结，封锁

您的通道，而我将带领您穿过他们所有的封锁线。

杜努阿：当使命得以达成，当我们的大军

胜利地进入兰斯之时，

乔安娜是否会——

乔安娜：如果上帝保佑

我在经历过这些浴血奋战后

凯旋，我的任务便告终结，而牧羊姑娘

便无理由继续留在国王的宫殿。

卡尔：（握住她的手）如今圣灵的声音驱使驾驭着你，

爱神在你受圣灵支配的胸膛中哑然无声。

相信我，它不会永远缄默不语！

我们的刀剑必将歇息，胜利必将牵手

性情温顺的和平，欢乐必将再次回至

每个人的胸膛，温柔的情感必在

每个人心中苏醒。你心中的温情也必醒来，

你将为最甜蜜的渴望流下泪水，

即便你的眼睛从未因此流泪。此时

被上天填满的这颗心，将轻轻地向

人间爱情开放。你从祝福成千上万人开始，

但你必将以祝福一人终结。

乔安娜：太子殿下！您是否厌倦了

上天的神示，千方百计要

污损它选择的躯壳，将神

差遣给您的圣女贬为俗尘？

你们心志迷茫！哦，你们信念无存啊！

天国的光辉笼罩着你们，在你们眼前

展现它的奇迹，你们在我身上

却只看到一个女人。试想，女人胆敢

身披铁甲，混迹于战场上

血肉横飞的鏖战吗？

如果，我手中拿着神的复仇之剑，

虚荣的心却怀有对凡间男子的爱情，那我真该不幸！

那我不如从未降生于世。切莫如此，

切莫如此！除非你们想唤醒住在我身体上的

神的愤怒！男人向我投来的

爱慕渴求的目光是极其可憎的，

也是令人恐怖的。

卡尔：别再劝了！劝说她毫无用处。

乔安娜：快吩咐吹响号角！这样的无所事事

令我悲伤和备受煎熬。某种东西追逐我，

使我远离惰怠，并驱使我去履行使命，

严厉地召唤我奔赴命定的厄运。

第五场

(一个骑士急匆匆地上)

卡尔:现在情况如何?

骑士:敌人已经越过了马恩河[1],

正在摆开阵势,准备与我们交战。

乔安娜:(仿佛受到启发)武器和战斗!

我的灵魂抛弃了束缚!拿起武器!

你们各自准备好,其余的交给我!

(她匆匆下)

(号角响起,音调刺耳,随着场景发生改变,最后变成了激烈混乱的战斗声音)

第六场

(场景变换成一片林间空地。在音乐声中,可以看见士兵们在背景里匆忙地撤退)

(塔尔波特,在士兵簇拥下,靠在法斯塔尔夫身上。稍后,利奥内尔上)

塔尔波特:把我放在这棵树下,你们

回去战斗吧。快!

我要死了,用不着人帮忙。

法斯塔尔夫:倒霉的一天!

(利奥内尔上)

看啊,等待着你的是何种景象啊,利奥内尔!

我们的将军负伤,快要死了!

---

1. 马恩河(Marne),法国北部河流,塞纳河支流。——译者注

利奥内尔：上帝保佑！起来，高贵的塔尔波特！这不是你晕倒和沉沦的时候。

不要屈服于死亡，而要用你灵魂的力量逼迫犹豫不决的本性，命令生命不准离开！

塔尔波特：没有用！命数已尽，

我们在法国的统治土崩瓦解。

在背水一战的激烈冲突中，

我孤注一掷，希图抵挡命运，却也无济于事。

万钧雷霆把我击垮，我倒下来，

永远不再站起。兰斯失守，

速去援救巴黎。

利奥内尔：巴黎已向法国太子

投降。刚刚飞马来报。

塔尔波特：（把他的绷带扯了下来）

流出来吧，你们这些生命之泉，

我已经变得厌恶这太阳。

利奥内尔：他们需要我！

法斯塔尔夫，把他移到一个安全的地方，

我们很快就守不住这里了。

懦弱的英军正从各个方向败退，

不可抗拒的女巫正在逼近。

塔尔波特：疯狂啊，你胜利了，我必须屈服。

愚蠢甚至能使众神迷惑。

崇高的理智，你是神的头颅的光芒四射的女儿，

智慧的你奠定了整个宇宙的系统，

你引导着群星。但是，

如果你被绑在叫迷信的野马的尾巴上，

你只能跳下去，睁大眼睛，徒劳地尖叫，

与那匹醉醺醺的畜生同坠深渊，你又能算什么人？

谁将生命寄托在伟大而高贵的人身上，

谁以先见之明形成明智的计划

谁就会受到诅咒！愚人王统治着这个世界。

利奥内尔：哦，死神就在你身边！还是想想你的造物主吧！

塔尔波特：如果我们在勇士之间的较量中

被其他勇士打败，我们可能会用命运

无常这一常识来安慰自己。

但一场糟糕的闹剧将是我们毁灭的原因！

难道我们真诚而辛苦的奋斗不应获得

一个比这更伟大的结局吗？

利奥内尔：(握住他的手)塔尔波特，再见！

当战斗结束，倘若我还活着，

我会及时以悲痛的眼泪补偿你。

现在命运女神召唤我回到战场，

她左右摇摆地坐在那，晃着神鬼莫测的瓮。

再见！我们会在看不见的彼岸重逢。

短暂的离别是为了长久的友谊！上帝与你同在！

(利奥内尔下)

塔尔波特：很快一切就要结束。我将把组成肉身的各种原子复归大地,复归永恒的太阳。

既为痛苦也为欢欣,它们曾结合起来,形成了我。

而强大的塔尔波特,他曾经

名满天下,仍然只是化作一把

轻尘。就像这样,人类走到了尽头。

在这场生命的斗争中,我们唯一的胜利

就是认清生命的虚无,

深深蔑视一切我们曾经认为崇高与可取的

低下事物。

第七场

(卡尔、勃艮第、杜努阿、杜·夏泰尔和众将士上)

勃艮第:战壕已被攻陷。

杜努阿:胜利是属于我们的。

卡尔:(看到塔尔波特)哈!这是谁在向白昼的光明进行

无可奈何且悲伤的告别?

他的气度不凡。快去,快,

如果他还有救的话,帮帮他。

(跟随太子的士兵走向前去)

法斯塔尔夫:后退!离远点!不要接近垂死的人,

这个向来令你们闻风丧胆的人。

勃艮第:我看到了什么?塔尔波特大人躺在血泊里!

(他朝塔尔波特走去。塔尔波特目不转睛地盯着他,死了)

法斯塔尔夫:走开,勃艮第!背信弃义之徒,不要破坏英雄的遗容。

杜努阿：令人畏惧的塔尔波特，严酷坚定，所向无敌！

你是否就满足于如此狭窄的空间？

而曾经，法国辽阔的疆土也无法使你心满意足，

无法阻止你那巨人的精神奋力前行？——

陛下，这是我第一次叫您国王。

因为只要此人一息尚存，

王冠在您的头上就会摇摇欲坠。

卡尔：（默默地看罢死者）是上天征服了他，

而不是我们。

在法国的土地上，他睡着了，正如

英雄睡在他紧握不放的盾牌上。

把他抬走。

（士兵们抬起尸体，把它移走）

愿逝者灵魂安息！

在法国，将会为他竖起一座

美丽的纪念碑。在这里，英雄穷途末路，

生命走向终点，让他安息吧。

迄今没有其他敌人如此深入腹地。

他的墓碑将立在他倒下的地方。

第九场

（战场上的另一片空旷之地。可以看到远处被太阳照亮的兰斯大教堂的尖塔）

（一位身穿黑色盔甲，面罩紧闭的骑士上。乔安娜尾随他到了幕前，他停下来等着她）

乔安娜：骗子！此刻我已看穿你的伎俩。你
佯装逃跑，引诱我退出战斗，
把死神和厄运女神从许多英国人
头上挡开。如今死神和厄运落到你自己头上。
骑士：你为何追赶我，带着谋杀者的怒火
穷追不舍？我并非命中注定要
死在你的手上。
乔安娜：在我的灵魂深处，
我恨你，如憎恨黑暗，这恰恰是你的颜色。
我感觉到某种不可抗拒的渴望驱使着我，要将
你从地球的表面清除。
你是谁？抬起你的面罩。要是我
没有看见塔尔波特倒下，我会以为你是塔尔波特。
骑士：难道你身体中预言的神灵没有说吗？
乔安娜：它在我内心最深处大声地告诉我，厄运马上就到了。
骑士：阿尔克的乔安娜！
你在胜利女神的带领下，直逼
兰斯城下。满足于你已
获得的声名吧！幸运女神
像奴隶一样被你驱使，趁她于愤怒中
摆脱奴役前，你要解放她。她
讨厌忠诚，没有人能让她一直俯首帖耳。

乔安娜：你怎会在我顺利进军的中途

告诉我要半途而废？

我将有始有终，履行我的誓言。

骑士：没有什么能抵挡得了你，你强大无比，

你将每战必捷。但不要

再参与任何战斗了。听从我的警告！

乔安娜：只有英国人屈服，我才会放下这把剑。

骑士：看！在那里耸立着兰斯大教堂的尖塔，你

行军的目的地。你看见大教堂的

穹顶在阳光下闪闪发光。

你会在庆祝胜利的盛大仪式中入城，

为你的君主加冕，履行你的誓言。

不要进城。返回家乡。听从我的警告！

乔安娜：你是谁，虚伪、两面三刀的背叛者，

你想吓唬我、迷惑我吗？你胆敢

编造神谕来骗我吗？

（黑骑士企图走掉，她挡住他的去路）

不能走！

你要回答我，否则我就要你的命！

（她举剑出击）

骑士：（用他的手碰她，她站住不动）去杀会死的凡人！

（黑暗、闪电和雷声。骑士消失）

乔安娜：（一开始惊讶地立在那，但很快缓过神来）

他绝不会是人类。

也许他是从阴曹地府派来的某种

地狱的幻影，某种虚妄的魂灵

来诱惑和恐吓我炽热的灵魂！

上帝之剑在手，我又有何畏惧呢？

我将胜利完成使命，

纵使地狱本身连同它所有的恶魔攻击我，

我的意志和信念决不稍减。

（她正欲离去）

第十场

利奥内尔、乔安娜

利奥内尔：该死的女巫，准备接招。

我们俩只能有一个活着离开此地。

你杀了我军最优秀的将领，

勇敢的塔尔波特在我的怀里

停止呼吸。我会为死者报仇，

或同他共赴黄泉。你想认识这个

无论是生是死，战斗结束后都会带给你荣耀的人吗？

我是利奥内尔，我军主将之中

最后的幸存者，这只手臂尚未被征服。

（他朝她冲去，经过短暂的较量，她击落他手中的剑）

背信弃义的幸运女神！

（他同她搏斗）

乔安娜：（从后面抓住他头盔上的羽毛，把他的头盔猛地扯下，使他

的脸露出，同时她右手举起剑）

满足你的愿望，受死吧！

我以圣母之名杀你献祭！

（这时，她看着他的脸，他的堂堂仪表深深打动了她。她立在那里一动不动，然后慢慢地放下手臂）

利奥内尔：你为何踌躇，中止致命一击？

我的荣耀已被你夺走，尽管取走我的性命。

我的命已在你手上，我不需要怜悯。

（她用手示意他离开）

从你身边逃跑？让我欠你一条性命？我宁愿去死！

乔安娜：（她的脸转过去）我将不会记得你

曾欠我一条命。

利奥内尔：我恨你和你的馈赠。

我不要怜悯。杀死你的敌人，

那个想要杀你并憎恶你的敌人！

乔安娜：杀了我，逃跑吧！

利奥内尔：哈！怎么会如此？

乔安娜：（掩面）我的不幸啊！

利奥内尔：（走近她）我听说，你杀了每一个你击败的英国人，为何放过我？

乔安娜：（迅速举起她的剑对着他，但当她看到他的脸，剑迅速再次垂下）哦，圣母啊！

利奥内尔：你为何呼唤

圣母？她对你一无所知，上天

什么也不会对你说。

乔安娜:(极度痛苦)我做了什么!
我的誓言,我的誓言被打破了!

(她绝望地扭绞双手)

利奥内尔:(同情地看着她,走近些)不幸的女孩!
我可怜你,你感动了我。你唯独
怜悯我。我的恨意渐消,
我不得不对你产生感情。你是谁?
你从哪里来?

乔安娜:离开这里!快走开!

利奥内尔:你的青春,
你的美丽融化了我,使我悲伤。
你的神情进到了我的心里去,我多么希望能救你。
告诉我怎么做!快,跟我来!舍弃
这种可怕的勾当!扔掉那些武器!

乔安娜:我再也不配拿它们!

利奥内尔:把它们
扔掉,跟我走!

乔安娜:(神色惊恐)跟你走!

利奥内尔:你可以获得救赎。跟我走!我要拯救你,
但不要拖延。你让我感到一种
莫名的悲伤,还有一种要去拯救你的
无法形容的欲望。

(抓住她的胳膊)

乔安娜：哈！杜努阿！是他们！

如果他们发现你！——

利奥内尔：不要害怕，我会保护你。

乔安娜：如果他们杀了你，我会死的。

利奥内尔：我对你很重要吗？

乔安娜：天上的圣徒啊！

利奥内尔：我能再一次

见到你，听到你的消息吗？

乔安娜：绝不！绝不！

利奥内尔：这把剑是我们再次相见的信物！

（他夺走她手中的剑）

乔安娜：疯子！你敢

做出这样的事情？

利奥内尔：敌众我寡，我暂时离开，但我会再次见到你。

（利奥内尔下）

这部剧引入了超自然力量，又在结尾的时候偏离了历史真相，所以它在这些方面受到了德国评论家的强烈谴责。我们记得，施莱格尔[1]将乔安娜的结局贬为"玫瑰色的死亡"。至于这场有关编剧艺术的讨论，纯粹的读者无需给予它太多关注。要求我们相信幽灵和奇迹这些我们现在无法相信的事物，毫无疑问一时之间阻碍了我们对诗人营造的幻象的接受，但这个故事中的奇迹罕见而短暂，对整体效果影

---

1. 弗里德里希·冯·施莱格尔（Friedrich von Schlegel，1772—1829），德国诗人、文学批评家、哲学家、文献学家，前文提到过的奥古斯特·威廉·施莱格尔的弟弟。他和哥哥一样，都是德国浪漫派的重要理论家。——译者注

响甚微。它们给我们的理性带来的麻烦可以忽略不计，甚至也许还有助于提升我们想象中的女英雄的形象。我们热爱与崇敬的仍是乔安娜的精神散发的伟大的人性光辉，即她表现出的崇高的奉献精神、慷慨大度、宽厚仁爱以及不可抗拒的意志。神圣使命只是展现这些品格的手段，它帮这些品格获得了一张通行证，让它们能在她同时代人的思维里畅通无阻。倘若不借助这样的虚构手段，就能塑造出如此美丽、高尚的乔安娜形象，无疑会更令人满足，但我们怀疑困难是否会以更大的比例增加。这部剧的情感、人物不仅准确，而且精致美丽。除了剧终的事件之外，整部剧中的事件都是现实里可能发生的，甚至是很有可能发生的。剩下的只是一个微不足道的瑕疵。

在这一微不足道的反对意见以及其他可能的反对意见被提出以后，《奥尔良的姑娘》依然会跻身最优秀的现代戏剧之列。也许，在席勒的所有剧作中，它在最严格意义上最大限度彰显了"天才"这个词。《华伦斯坦》体现了更丰富的思想，更广博的知识，更多的设想，但它只是部分地被天堂之光照亮，而这种天堂之光照亮了《奥尔良的姑娘》的每一部分。浪漫时代的精神在这里被反映出来，整部作品被崇高化和美化。这即是批评家们所说的理想化。心必是冰冷的，想象力必是迟钝的，才不致被《奥尔良的姑娘》感动。

不过这种情形在德国并不存在，德国人对这部作品的接受是无与伦比的。它的思想主旨适合德国人的思维方式，它的表演点燃了人们的热情和想象力。观众为他们的伟大诗人感到无比骄傲，他的诗歌令他们如痴如醉。在莱比锡剧院首演时，席勒虽然没有坐在观众中间，但依然待在剧院里，当时这种情感以相当独特的方式表现出来。第一幕结束时，幕布落下，伴随着号角声和其他军乐的声音，四面八方响起呼号："弗里德里希·席勒万岁！"在演出结束时，所有观众离开座位，走出剧场，挤在诗人将要出现的那个门口。他一露面，满心仰慕的观众便脱帽致敬，为他闪出一条通道。据说当时许多人抱起他们的孩子，激动地喊道："那就是他！"[1]

对席勒而言，这一定是一个令人骄傲的时刻，但也是一个令人焦虑、痛苦的时刻。总的来说，后者的感觉也许暂时占上风。这种嘈杂、正式和喧闹的喝彩并不符合他的品位，它们给予的荣誉虽然很多，但却是粗俗的。席勒谦逊的本性使他避开公众的目光，而不是努力寻求它。他爱人们，同时也并不轻视他们的赞许，但这两者都不是他从事艺术创作的主要动机。对他来说，正如美德一样，艺术本身便是它自己的回报。他喜欢从事剧本创作，因为剧本演出给他带来令人陶醉的精神体验。诗歌是他得天独厚的天赋，他乐于培养自己的诗歌才华，但在其他事情上，他希望自己的习惯或爱好无异于常人。

在魏玛，他目前的生活方式同他之前在耶拿的别无二致。他的主要任务是钻研与写作，娱乐仅限于他的家庭圈子，在那里他可以沉溺于严肃抑或琐碎的家庭情感之中，并与若干朋友坦率而愉快地交往。在这些亲密的朋友中，他成立了一个社交俱乐部，该俱乐部的集会定期为他提供天真无邪的娱乐。他仍然喜欢独自散步，在魏玛的公园里，他可能经常会被看到在林间和偏僻的林荫道上徘徊，手里拿着一个笔记本，时而慢悠悠地闲逛，时而静静伫立，时而疾步向前。如果

---

[1]. 德林（第176页）补充说："另一个公众认可他的证据是在他的戏剧首次在魏玛上演之时，其性质有很大的不同。当时，某位年轻的S医生从剧场的顶层楼座以非常响亮的声音向他喊道：'好极了，席勒！'因为席勒特别了解和尊重那座城市的公众，所以他大吃一惊！诗人对如此的鲁莽无礼报以强烈的嘘声，听众也跟着他一起。他也用言语表达了对这一行为的不满。年轻的医生，按照法院的指示，因他不明智的喝彩而受到更进一步的惩罚，受到警察的告诫。"

有人出现在视野中，他会迅速拐到别的小路上，以免他的胡思乱想被人打断。[1] 据说，"他最喜欢的去处中的一个，是那条林木遮天蔽日的石径，石径通往当初由歌德指挥修建的属于公爵的一家娱乐场所。他常常坐在幽暗的山谷中，周围是悬崖峭壁，上面长满柏树与黄杨，面前是阴凉的树篱。在不远的地方，有一条小溪潺潺流淌，注入光滑的石板沟渠里，歌德的一些诗句被刻在嵌于岩石中的一块棕色石板上"。他依旧在晚间挑灯夜战，早上同他的妻儿在一起，或者在我们注意到的那些消遣中度过。下午，他修改最近的文稿，写信或访友。他晚上经常去剧院，这是他唯一出入的公共娱乐场所，但他去的目的并非娱乐。这是他的观测台，他在这里观察场景和剧情的舞台效果，或者制订新计划，或者改进旧方案。他对待演员亲切友好，在他的任何作品演出成功或首次上演的当晚，他经常邀请演出团体的各位负责人在市政厅共进晚餐，大家会进行一些欢乐的消遣，其中之一常常是由格纳斯特背诵嘉布遣会修士在华伦斯坦营地的布道词。除了这种极为罕见的情况，一般他都会直接从剧院回家，点亮午夜的灯，开始最辛勤的劳作。

他在戏剧创作上不断艰辛追求，精益求精，如今已功到自然成。他的品位对作品的要求不再妨碍他的天才的运作，艺术最终成为他的第二天性。1803 年出现了新证据，表明他既高产又有精益求精的精神。《墨西拿的未婚妻》(*Braut von Messina*) 是一次实验，它尝试在古代风格的外衣下，展现现代主题和现代情感。这部悲剧的魅力

---

1. 不管他打算写什么，他都先在脑子构思好，然后才把它写在纸上。过去，常常一部作品在头脑里一酝酿成熟，他就立即称之为"完成"。因此，在公众中经常有传闻说，他的某某作品已完稿，而一般来说，该作品甚至尚未动笔。见《约尔登斯词典》(*Jördens Lexicon*) 中的"席勒"专题。

是古人的宿命论，它的情节极其简单，还采用了合唱队。作者在序言中详细讨论了合唱队的性质和用途。然而这部剧的实验并不成功，尽管《墨西拿的未婚妻》有许多独到之处，但它整体效果欠佳。它无法打动我们，即是说它没能实现每一部悲剧都追求的伟大目标。席勒背离了古希腊模式，他将合唱队分成相互对抗的两队，并使合唱队与他们依附的主角同时上场退场。合唱队在他手中成为传达许多优美诗句的媒介，但它阻碍了情节的进展，它既消解又扩散了我们的同情。我们本应对曼努埃尔和凯撒的命运抱有的兴趣，被扩散到了对全人类命运的关切。但是，无论是用美丽而感人的语言描绘生命，还是用朴素而刚健有力的语言表现沉郁忧伤的想法、情感和形象，这部悲剧都做得很好，从这些方面来说，它在现代作品中属上乘佳作。它里面弥漫着一股温柔而热情的青春气息，令人印象深刻地与长辈的情感体验交织在一起。长辈的回忆因忧郁而变得黯淡，他们庄严的希望也因此既明亮又灰暗。在不能改变的命运的推动下，上一代人的过失导致兄弟俩仇视对方，最终毁灭彼此，被卷入其中的母亲和妹妹也身败名裂。整部作品充满阴郁的色调。我们感动于相互敌对的两兄弟的品格，同情遭遇不幸命运、亲切友善的贝亚特丽斯，她是兄弟阋墙的受害者。剧中行动仍显太少，事件被反思冲淡得太多，兴味因停顿而变弱，未能产生充分的戏剧效果。《墨西拿的未婚妻》的抒情诗温柔感人，有时精美无比，值得长期仔细玩味，但作为新形式的戏剧，目前尚未发现它的效仿之作，很可能以后也不会有。[1]

---

[1] 作者的这一观点与事实不符。事实上，席勒在一封信里对友人抱怨，太多的德国人对他这个仿古剧进行模仿。参见席勒：《席勒文集Ⅴ·戏剧卷》，张玉书、张鹏高译，北京：人民文学出版社，2005年，序言。——译者注

在这部作品中出现的微不足道的缺憾或判断上的失误，在翌年得到充分的弥补。《威廉·退尔》于 1804 年问世，是席勒的杰作之一，是天才与艺术结合而产生的一部巅峰之作。自由女神第一次降临到我们的现代世界，第一次在欧洲的巉岩之巅颁布她的标准，这一光荣的时刻，在这部剧中得到了它配享有的赞美。《威廉·退尔》这部作品没有伪饰，没有病态的优雅精致，没有慷慨激昂的感伤情调。一切都是率直、质朴、自然妥帖的，然而，一切均被装饰和净化，变得美丽而不失本色。这部剧散发着一股清新健康的气息，它让我们置身于诚实温和但无所畏惧的农民中间，他们既未被更复杂、更变态的社会罪恶玷污，也未被如此社会的理论冲昏头脑。故事的开端将我们置身于阿尔卑斯山中。那是卢塞恩湖[1]的"一个高耸的岩岸，对面是施维茨。湖在陆地上映出一点亮光，一间小屋立在离岸不远的地方，一个打鱼的男孩正摇桨穿湖而来。在湖的对岸，我们看到绿色的草地、施维茨州的村庄和农场躺在晴朗的阳光下。在我们的左边，可以看到哈肯山的山峰被云层笼罩，在右边，远处的冰川依稀可见。我们听到牛群的脚步声，它们身上的铜铃叮当作响"。这种第一印象深深印在我们的记忆中。我们处在这样一个画面里，这里一切皆宏伟且可爱，但这种宏伟与可爱来源于质朴而纯粹的自然。这些瑞士人不是阿卡迪亚[2]的牧人或投机的爱国者，他们中间没有骗子或置身事外者，他们从未提

---

1. 卢塞恩湖（Luzern Lake），又被称作"四森林州湖"，因为它位于四森林州（Four Forest Cantons）之间。四森林州包括卢塞恩州、乌里（Uri）州、施维茨（Schwytz）州及过去的翁特瓦尔登（Unterwalden）州。——译者注
2. 阿卡迪亚（Arcadia），原本为希腊伯罗奔尼撒半岛中央的一个地区的名字，该地区在古希腊时期山峦众多、人烟稀少，居民大多为牧人。后来人们用阿卡迪亚来代指世外桃源般的乌托邦，在其中人与自然能够和谐相处。——译者注

及"社会契约"[1]或"天赋人权"[2]。他们是诚实的人，被逼无奈才维护他们的权利；他们干脆利落认认真真地投入工作，一心想迅速把事情办妥，而不是多愁善感无所事事。他们不是哲学家或古罗马护民官，而是坦率、坚定的乡下人，即使在吕特利草原[3]，他们也不会忘记他们的共同情感。三州之中，首先到来的一方怀抱一种对自己出身地区的乡土情结，沉溺于小小的、无害的虚荣中。"我们是最先到这儿的！"他们说，"我们翁特瓦尔登人！"他们没有可以诉诸的宪章或成文法，但他们拥有先辈们传统的权利，而且有勇敢的心和坚强的臂膀来落实这些权利。他们的行事准则并非先基于遥不可及的前提，再经过精密复杂的思考，最后才推导出来的。它们是经验积累的结果，由农民祖祖辈辈世代传承。真正的人性就这样被展现出来，在这一展示中存在某些特别令人高兴的东西。比如智慧，它体现在古老的格言和谨慎的实用箴言中；比如宽宏大度，它表现在人们对最卑微的日常职责的平静而质朴的履行中。真实胜过虚构，我们在这些勇敢的好人中由衷地

---

1. 社会契约（Social Contract），主要起源于启蒙运动时期的一种探讨国家的合法性的政治理论。在这种理论中，国家的合法性来源于个人明示或默许签订一种"社会契约"，同意放弃自然状态下的部分自由和权利并服从于某个政治权威，以换取对于个人的其余自由和权利的保护。——编者注
2. 天赋人权（Rights of Man），在这里指的是一种政治思想，即所有人均平等地永久享有与生俱来、不可被剥夺的若干自然权利，这些权利包括生命权、自由权等。这种政治思想在启蒙运动时期得到了重要的发展和完善。——编者注
3. 吕特利（Rütli）草原位于卢塞恩湖的东南岸。它是瑞士的建国传说"吕特利誓言"（Rütli Oath）中的重要地点。据说，在13世纪末或者14世纪初，乌里、施维茨和翁特瓦尔登三个创始州的代表，曾齐聚在此，立誓结成同盟，反抗哈布斯堡的统治者。这一时刻被视作旧瑞士联邦建国的关键节点。然而，目前追溯关于这一具体事件的文字记载时，最早只能追溯到15世纪。经常被和这一传说联系起来的是1291年的《联邦宪章》（Federal Charter），它曾经被认为是瑞士联邦建国的最重要的，哪怕不是唯一的文件。目前历史学家大多同意文件的写作日期的确在13世纪末，但关于这份文件与瑞士建国以及与传说中的吕特利誓言的关系，尚有许多不明确的地方。——编者注

感到自在亲切，他们的命运比其他作品中吵闹、乏味、感伤的虚构出的英雄的命运更吸引我们。然而，令我们对平凡人的命运感兴趣是艺术中最高深的难题。艺术需要模仿卑微的自然，给我们一份经由艺术家的天才润色提炼而成的副本，却又要在每一个线条上都保留与自然的相似之处。艺术的最高境界是不着痕迹。席勒笔下的这些农民形象，每个人都觉得自己能成功创作出类似的，然而，只有在一个真正的意志坚定的诗人手中，这些农民形象才不会沦为令人厌恶的粗劣低俗或无病呻吟的平淡乏味。那些尝试过此类主题的我们国家的作家中，在我们印象里几乎没有任何人可以与席勒媲美。不过，一个很有潜能但命运不济的天才，在非常不同的情况下，用迥然有异的手段，证明了他可以与席勒比肩。苏格兰诗人彭斯的《佃农的星期六之夜》[1]，以它自己谦卑的方式，成功做到了像《威廉·退尔》中的场景一样宁静美丽，一样简雅（simplex munditiis）。尽管一些天赋极高的诗人纷纷做出尝试，但是没有其他人可与此二人相提并论。华兹华斯先生[2]并非等闲之辈，他笔下的小贩、水蛭采集者和谷底山民也不同寻常，这些角色不缺乏艺术魅力与道德品质；但是与席勒《威廉·退尔》中的牧师罗色曼、铁匠乌尔里希、墙上的汉斯和《吕特利盟约》中其他坚定的同盟者相比，华兹华斯笔下这些小人物俨然成了爱发牢骚的痴人说梦者。

在这部剧作中，把事件串联在一起的技巧、描述风土人情的逼真

1.《佃农的星期六之夜》（Cotter's Saturday Night）是罗伯特·彭斯的代表作，歌颂了农民及优美的大自然。——译者注
2. 威廉·华兹华斯（William Wordsworth, 1770—1850），英国浪漫主义诗人。——译者注

度，都令人叹为观止。史学家丘迪[1]或穆勒的著作中详述的与瑞士革命相关的事件，在这里被忠实保存下来，甚至连最细微的细枝末节也没有被放过。席勒的描写美得令人心醉，其逼真程度让每一位到过瑞士的读者都感到惊讶。席勒未曾亲见剧中出现的景物，但他以勤奋、机敏及殚精竭虑的构思，弥补了此方面的遗憾。山与山民、阴谋与行动，皆以其真实的形式呈现在我们面前，它们在诗人幻想的和煦阳光下发光。这部作品精彩纷呈地描述了格斯勒的暴政以及这块土地陷入的极大痛苦，人民的愤怒及其坚韧与勇气，民众及其领导人物比如费尔斯特、施陶法赫和麦尔希塔尔的性格，以及这些人的种种努力及最终的成功。这些使作品的魅力经久不减。该作品充盈大量的行动，与《墨西拿的未婚妻》的缺乏行动正好相反。

但刻画最成功的人物无疑是威廉·退尔[2]，瑞士起义的英雄和本剧的主人公。退尔既未得到教育的帮助，又未经重大场合的历练，身上却凝聚了伟人的所有品质。他的知识主要是从自身经验中积累的，他只拥有以本土山脉为界限的土地内的知识。他未曾领受有关美德的谆谆教诲，亦未曾有博得声名的愿望或机会。在质朴的自由民中，他成长为一个质朴的阿尔卑斯山自由民，并不曾有其他目标。然而，我们在他身上发现了一种深沉的、反思性的、真诚的精神，它渴望行动，却被审慎的道德义务束缚。他的心地宽厚仁慈，既无意于吹嘘又

---

[1] 吉尔格·丘迪（Gilg Tschudi，1505—1572），瑞士历史学家。他关于吕特利誓言的记载成了传统历史学中这一事件记载的正统版本。他曾给出过吕特利誓言发生在1307年的说法，在19世纪末以前，这一说法一直是历史学界的主流。——编者注
[2] 威廉·退尔（William Tell），瑞士建国传说中的核心人物，但仅凭目前的历史记载，无法确定这一人物是否真实存在过，也无法确定围绕他的传说有多少真实性。——编者注

勇敢无畏。这种淳朴刚健、谦逊正直的神气，形成了退尔伟大又美丽的性格。一切皆与生俱来，一切皆为真实的。他不高谈阔论，不喜谈论高尚的行为，而是身体力行。他很少谈及他的自由，因为他一直拥有自由，并认为他将一直有能力捍卫自由。他射杀格斯勒，不是因为法学专家和作家们的道德说教，而是因为天性的本能。奥地利总督必须死，不然退尔的妻儿将被他残害。不可战胜的神箭手平静地坐在屈斯纳赫特巨石林立的山间小路上等待着格斯勒，这一幕以一种惊人的光芒呈现出他的英雄形象。之前的场景向我们展示了退尔性格中许多友善而有魅力的侧面，我们知道他既温柔又勇敢，他喜欢出没于群山之巅，在无声的梦想中汲取它们狂野壮美的力量。我们看到他不仅最有男子气概，而且是最暖心的父亲和丈夫，在危难中勇敢、谦虚而果断，冒着生命危险向被压迫者伸出援手。但在射杀格斯勒的一幕中，他的思想升华为严肃而庄严的意志，它的行动原则在这激烈的思想斗争中以更清晰的方式呈现在我们面前。他那坦率无畏的精神因谋杀之名而沮丧，但对孩子和孩子母亲的回忆，向他强调别无他法。格斯勒必须死，当恶人迫使他瞄准儿子的头部时，退尔在灵魂深处就是这样暗暗发誓。他要信守誓言。他的思想彷徨无措，但他的意志不可改变。自由和平的山民将成为行凶杀人者，使他如此的人有祸了！

　　行人沿着小路走来，他们无关紧要的日常生活与退尔那黑暗且命运攸关的目的形成鲜明对比。护林人施图西浅薄无知的饶舌、阿姆嘎尔特之妻那为母则刚的激烈爆发、格斯勒的冷酷傲慢，被先后呈现在我们面前，使描写显得真实，并深化了作品的感染力。

第四幕

第三场

（屈斯纳赫特的山间小路。人们从后面的岩石中取道而下。在行人正式登上舞台之前，他们在上方的高台处，观众已经能看到他们。岩石环绕着整个空间，最前面的是长满灌木的巉岩峭壁）

退尔：（背着弓上）
他必然会穿过这条山间小路，没有
其他的路通往屈斯纳赫特。在此，我会动手！
天赐良机，桠木的灌木丛
会隐藏我的行踪，我将在那个地点
一箭射中他，而狭窄的通道会阻塞
追捕我的人。现在，格斯勒，偿清你
欠老天的账吧！你必须死，你的命数已尽。

我生长在偏远之地，毫无害人之心，
我只弯弓瞄准森林的野兽，
从未动过杀人之念。你使我平静的内心
恐惧，你把我天性中善意的乳汁
变成致命的毒药，
你使我习惯于恐惧。格斯勒！
能瞄准亲生儿子头部的弓箭手
定能一箭射穿敌人的心脏。

可怜的孩子们！我善良忠实的妻子！
我会保护他们免受你的伤害，总督大人！那时，当我拉开
那根弓弦，我的手颤抖着，
你怀着魔鬼般的喜悦让我把它
指向那孩子，我在无力的痛苦中
徒劳地恳求你。当时，在我的灵魂深处，
我向上帝发了一个不可更改
的冷酷誓言，我下一个目标
将是你的心脏。我在那绝望
时刻的痛苦中许下的誓言
变成神圣的债务，我将偿还它。
你是我的主人，也是皇帝的总督，
然而，皇帝也不会允许你
这样为所欲为。他打发你到这里来
严酷统治我们，因为他很愤怒，
但并非叫你用杀人来满足
你野蛮的欲望，同时自己却安然无恙地活在我们中间。
上帝将惩罚那些欺侮我们的人。

现在到你出场了，我信得过的紫杉木弓！
你曾带给我一次痛苦的悲伤，但如今你是我珍贵的宝贝。
我要给你设立一个目标，这一目标是人民悲哀的祈求
永远无法到达的，但对你来说，它并非
不可穿透。还有你，我的好弓弦！

你曾在竞技中多次为我忠实效劳,

不要在这最后一次可怕的严肃行动中舍弃我。

再一次绷紧吧,你这忠诚的弓弦,你过去常常

为我射出尖利的箭。

现在,又稳又准地把它射出!机不可失,时不再来!

如果失败,我的箭筒里可没有第二支箭了。

(行人穿过舞台)

让我坐在这条石凳上,它是给

出门在外的过路人稍作

休息的。这里不是家乡,所以每个人都在快速向前,

他们来去匆匆,不注意他人的喜怒哀乐。

从这里走过的,有焦虑的商人和欢快、

贫穷的朝圣者,有苍白虔诚的和尚,

阴郁的强盗,以及快乐而爱出风头的人。

从遥远的地方来的驮夫,

带着满载货物的马匹,因为每条路

都会通向世界的尽头。

他们都是过客,每个人都在他的道路上匆匆前行,

为他自己的事情奔波,而我的事情就是死亡!

(坐下来)

不久前,我的孩子们,每逢你们的父亲外出,

在他归来之际,你们都十分快乐,

因为回家时,他总是给你们带些东西,

也许是一朵采自阿尔卑斯山的鲜花,罕见的鸟或石镞,

诸如此类山间漫游者能找到的东西。

如今,他却外出寻找另一种战利品,

独坐在荒野小路上,他怀着谋杀的念头。

他在那里等待猎杀敌人的性命,

但在那时他依旧考虑的是你们,亲爱的孩子们,

只有你们。为了你们,他在这里等待,

他要保护你们不受暴虐统治者的报复心理的殃及,

他拉开爱好和平的弓,讨还血债。

(起身)

我等待的并非普通的猎物。

难道猎人认为这不算什么吗,如果在寒冬时节,

他整日地漫游,孤注一掷地在悬崖间跳跃,

爬上令人头晕目眩的峭壁

的光滑的表面,每一步都沾着他的鲜血,

做了这一切,却只抓住一只可怜的岩羚羊?

而在这里,在野外,却有更贵重的战利品,我不共戴天的

仇敌的心脏,他试图摧毁我。

(远处传来欢快的音乐声。声音越来越近)

在我一生中,这张弓一直陪伴着我,

我苦练射箭之术。我经常

命中靶心,从欢乐的射击比赛中

把许多奖品带回家,但今天

我将表演拿手绝活,并赢得

这片丘陵地区中最好的奖品。

第三部分 | 从定居耶拿到英年早逝 1790—1805

（一支娶亲队伍穿过舞台，通过山口爬上山。退尔看着他们，靠在他的弓上）

护林人施图西向他走来。

施图西：这是莫尔利沙肯修道院的产业主管，

今天举行他的婚礼宴会。他十分富有，

拥有十条阿尔卑斯山的谷地。他们要

到伊米湖去接新娘，今晚

在屈斯纳赫特会有狂欢和酒宴。

你来！所有诚实正直的人都会被邀请。

退尔：严肃的客人不适合出席婚宴。

施图西：如果悲伤困扰着你，把它从你的心头抛开！

尽量抓住一切机会，时运维艰，人需要

机敏地抓住机会，及时享乐。

这里是婚礼，别处还会有葬礼。

退尔：常常是婚礼引起葬礼。

施图西：目前世事如此！到处

都是麻烦事。在格拉鲁斯发生一场雪崩，他们告诉我说，

格莱尼施山的一边已陷入地下。

退尔：就连山都倒塌了！那么在地球上

没有什么是持久的。

施图西：在国外，也出现了

意想不到的奇事。我和一个来自

巴登的人闲聊。似乎有位骑士，本来骑马

去面见国王，在途中撞见一群大黄蜂，

它们落在他的马上,蜇他的马,

直到马不堪痛苦而死去,

可怜的骑士只好步行。

退尔:就连弱小的生物也有刺。

(阿姆嘎尔特之妻带着几个孩子上,挡在山路的入口处)

施图西:人们认为这预示着

这片土地会有大祸临头,某种黑暗的、

非自然的事情。

退尔:每天都有大量这样的事情

发生,无需任何迹象或奇迹来

预示它们。

施图西:啊,真的!谁能平静地耕种田地,

不受打扰地在自己的炉边歇息,

就算幸运!

退尔:倘若有恶邻无理取闹,

即使最爱好和平的人,

也无法生活在和平中。

(退尔频频带着期待的神情,不安地看向山口的顶部)

施图西:太对了——再见!——你在这里等什么人吗?

退尔:的确如此。

施图西:祝你和朋友的会面愉快!

你是乌里人吗?今天,总督大人会从那里过来。

路人:(上)现在别

指望总督会来。雨水导致

山洪暴发，把所有的桥都冲走了。

（退尔站起来）

阿姆嘎尔特之妻：（上前）总督不来了！

施图西：你想向他提出什么请求吗？

阿姆嘎尔特之妻：啊！是的，确实！

施图西：你为什么守在

这条狭窄的山路见他？

阿姆嘎尔特之妻：在这里

他不能避开我，必须听我讲话。

弗里斯哈特：（匆忙从山间窄路的高处走下，向在场的人喊）

让开！让开！我的主人总督大人

马上就要骑马过来了。

阿姆嘎尔特之妻：总督要来了！

（她和她的孩子们一起走到舞台前。格斯勒和鲁道尔夫·哈拉斯骑马出现在窄路顶部）

施图西：（问弗里斯哈特）洪水把桥都冲走了，

你们是怎么过河的？

弗里斯哈特：我们与波涛搏斗过，

朋友，我们不在意阿尔卑斯的山洪。

施图西：你们在暴雨中乘船？

弗里斯哈特：没错。

那时的场景，只要我活着，就永不会忘记。

施图西：别走，别走！

哦，讲给我听！

弗里斯哈特：我们不能停下，必须赶到城堡
宣布大人来了。

（弗里斯哈特下）

施图西：若是船上这些人
诚实正直，那么连人带船
都会被淹没。但他们是浪荡子，
所以火和洪水都杀不死他们。

（他环顾周围）

刚才跟我说话的山里人去哪儿了？

（施图西下）

（格斯勒和鲁道尔夫·哈拉斯上。他们骑在马上）

格斯勒：不管你怎么认为，我是皇帝的仆人，
必须想办法取悦他。他派我来，
不是要关爱这些农民，安抚照料他们。
"顺从"是唯一的命令！问题的关键是，
谁是这里的主子，农民还是皇帝。

阿姆嘎尔特之妻：就是此刻！现在我来请愿！

（阿姆嘎尔特之妻怯生生地走近）

格斯勒：我在阿尔多夫树立起这顶帽子，听着，
不是为了开玩笑，也不是为了考验
人们的心。我很久以前就了解他们。
我是为了教会他们向我弯下他们的脖子，
它们实在是太直太僵硬了。所以在他们
频繁经过的地方，我故意把这个

讨人厌的东西立在那，使他们的眼睛可以看到它，

时时提醒他们别忘了他们的主子是谁。

鲁道尔夫：但人民有一定的权利——

格斯勒：现在

不是确立或准许享有权利的时候。

重大的举措正在筹划中。哈布斯堡王朝

必须变得强大，君父开创的

辉煌事业，儿子必须推进。

这个民族是一块绊脚石，不管怎样，

我们必须把它扔到一边。

（他们就要过去了。那个女人扑到总督马前）

阿姆嘎尔特之妻：开恩，仁慈的总督！主持公道！主持公道！

格斯勒：你为什么在这里烦扰我，在大路上挡

我的路？走开！让我过去！

阿姆嘎尔特之妻：我丈夫

在监牢里，这些孤儿哭着要面包。

发发慈悲，好心的大人，可怜可怜我们！

鲁道尔夫：你是谁？你是干什么的？你丈夫是谁？

阿姆嘎尔特之妻：一个可怜的里吉山上割野草的人，

他的活计是，在临着万丈深渊的山脊上，

在危峭的突岩上割牧草，

这些边边角角的地方，牛都不敢去爬。

鲁道尔夫：（面向格斯勒）天啊，一种疯狂而悲惨的生活！

快点！给这个可怜的做苦工的人自由吧，我请求您！

不管他犯了什么罪，那可怕的活计

已是足够的惩罚了。

（对妇人说）

你必得公道。

在那边的城堡里，提出你的请求吧，

这里不是地方。

阿姆嘎尔特之妻：不，不！在您放

我丈夫之前，我不会从这里离开！

这是他被关在地牢里的第六个月，

他等待着法官的判决，但迟迟没有结果。

格斯勒：你这妇人！你胆敢犯上吗？快走开！

阿姆嘎尔特之妻：主持公道，总督！您是这里的审判官，

代表皇帝，代表上帝。履行您的职责！

既然您希望上天给您公道，

那就为我们这样做吧。

格斯勒：走开！带走这些反叛的暴徒，

不要让我看见他们。

阿姆嘎尔特之妻：（抓住马的缰绳）不，不！我如今一无

所有。总督，您一步也别想走，

直到您给我主持公道。啊，拧紧您的眉毛，

随便您怎么严厉地瞪眼睛。

我们已是如此悲惨，一点儿也不用再

顾虑您的愤怒了。

格斯勒：妇人，让开！

不然我的马会从你身上踏过去。

阿姆嘎尔特之妻：随它去吧！你瞧——

（她把她的孩子拉倒在地，自己和他们倒在一起，挡住了他的路）

我和我的儿女在这里，让孤儿

在您的马蹄下遭受践踏！

这不是您做过的最坏的事。

鲁道尔夫：妇人！你疯了吗？

阿姆嘎尔特之妻：（更加激烈地说）您已经践踏皇帝的人民

太久了。太久了！

哦，我只是个妇人，倘若我是个男人，

我会做别的事，而不是躺

在尘土里哭泣。

（在窄路的顶部再次传来婚礼的音乐声，但出于距离的原因，声音很柔和）

格斯勒：我的随从呢？

快点！把她从这里带走！不然我可能会控制不住，

做下我会后悔的事。

鲁道尔夫：我的大人啊，

随从过不来，在上面

被迎亲队伍堵住了。

格斯勒：对这个民族来说，我是个太温和的统治者。

他们没有被驯服，他们的舌头

仍然自由。这样的局面将被扭转！

我将改掉他们这种倔强的脾气，自由

与它冒失的吹嘘将不再被听到。

我将在这些地区实施一项新的法律，

不应——

（一支箭射穿他的身体，他的手忙捂住他的心口，要倒下去。他以微弱的声音说道："上帝可怜可怜我！"）

鲁道尔夫：总督先生——上帝！是什么？从哪里来的？

阿姆嘎尔特之妻：（跳起）死了！死了！他摇摇晃晃，倒下了！他被射中了！

鲁道尔夫：（马上跳下来）太可怕了！——上帝啊！——骑士大人，求上帝怜悯吧！您要死了。

格斯勒：这是退尔的箭。

（他从马背上滑入鲁道尔夫的怀里，鲁道尔夫把他放在石凳上）

退尔：（出现在上面，站在岩石上）你已认出这位弓箭手，别再另寻他人。乡下人不必再受你的约束，无辜者不必再受你侵扰，你不会再踩蹋这片土地了。

（退尔从高处消失。人们冲进来）

施图西：（冲在最前面）什么？发生了什么事？

阿姆嘎尔特之妻：总督被射中，中箭身亡。

人们：（冲进来）是谁？谁中箭了？

（走在迎亲队伍最前面的人走进舞台，而最后面的人仍在高处，音乐还在继续）

鲁道尔夫：他在流血，他会流血至死。

赶紧去寻找帮手！追捕凶手！

迷途的羔羊！您一定要如此下场吗？您就是不愿听从我的警告！

施图西：千真万确！他躺在那里，脸色苍白，撑不了多久了。

众人的声音：是谁杀了他？

鲁道尔夫：人们是不是疯了，在命案现场奏乐？别演奏了，哎哟！

（音乐声戛然而止，越来越多的人聚拢过来）

总督先生，您还能不能跟我说话？您没有什么要交代我的吗？

（格斯勒用他的手比画，因为对方看不明白而情绪激烈地重复他的手势）

我该往哪里赶？

去屈斯纳赫特！我不明白您的意思。

啊，不要动怒！别再管人间的事情，想想您该如何平静地接受天国的生活！

（整个迎亲队伍围绕着这个垂死的人，露出了一种毫无同情心的恐惧神情）

施图西：快看！他脸色多么苍白！现在死神将降临在他的心上。他的眼睛变得黯淡，定住了。

阿姆嘎尔特之妻：（抱起她的一个孩子）看，孩子们，恶棍是什么下场！

鲁道尔夫：呸，一群疯婆子！你们胸中难道连一点感情都没有，竟然尽情地欣赏如此一幕？帮帮我，伸出你们的援手！

没有人愿意帮助我，从他的胸口

拔出那折磨人的箭吗？

众女人：（突然向后退缩）叫我们触摸这个上帝惩罚的人？

鲁道尔夫：我诅咒你们！

（拔出剑）

施图西：（把手放在鲁道尔夫的手臂上）温柔一点，我的好先生！

你们的统治已到头了。残暴的统治者

已经倒下，我们再也不会容忍暴行，

我们自由了。

所有人：（骚动）这个国家已自由！

鲁道尔夫：哈！变成这样了吗？

敬畏和服从已经消失殆尽？

（对挤过来的那些全副武装的随从说）

你们目睹了已经发生的谋杀行为。

我们回天无力，追捕凶手也是徒劳，

还有其他要紧的事等待着我们。继续前进！去屈斯纳赫特！

去拯救皇帝的堡垒！此时此刻，

一切秩序、责任都已被解除，

没有人的忠诚值得信赖。

（他与随从们离开，来了六个慈心会修士）

阿姆嘎尔特之妻：让一下！让一下！慈心会修士来了。

施图西：受害者被杀，乌鸦正在集结！

慈心会修士：（在死者四周围成半圆，并以低沉的音调轻唱）

死神踩着无声的脚步降临人间，
任何恳求，任何祈祷都无济于事。
死神突然出手，中断了他忙碌
人生中尚未完结的计划。
不论是否做好准备，莫拖延，
他必须动身前往上帝的审判席！

格斯勒之死，作为故事情节发展的核心目标，发生在第四幕的结尾。戏剧的第五幕则着力表现人们如何驱逐他的爪牙，以及瑞士人的最后胜利和解放，尽管事件和场面富于变化，但故事情节的进展却缺乏活力。确实，整部剧自始至终都明显欠缺某种统一性，这些事件并未指向同一个方向。退尔的事业和吕特利同盟爱国者的事业之间没有联系，或者说二者间只存在非常微弱的关联。这是该作品主要的缺陷，或更确切地说，是唯一的缺陷，而这部戏剧的这一缺陷与它对历史事件的忠实呈现密不可分。但是，严格遵循历史事实也带来了更深沉的关注、更广泛的情节和描写的范围，这已经大大弥补了这一缺陷。按照目前的艺术处理风格，阿尔卑斯山地区的生活的方方面面都呈现在我们面前，从瑞士贵族阿庭豪森的庄园府邸到卢塞恩湖的渔夫卢阿狄，还有阿姆嘎尔特——

一个可怜的里吉山上割野草的人，
他的活计是，在临着万丈深渊的山脊上，
在危峭的突岩上割牧草，

> 这些边边角角的地方，牛都不敢去爬。

我们仿佛身临其境，巨细无遗地观看他们实现自由的历史进程，他们的成就朴素、自然而伟大。诗人的天才之光照耀着 14 世纪初的四森林州，贯穿全剧的所有场景不仅闪耀着现实之美，而且闪耀着现实的光明与真理。

尽管《威廉·退尔》这部悲剧缺乏兴趣与行动的统一，它还是可以当之无愧地跻身于席勒最优秀的戏剧作品之列。它不像《华伦斯坦》那样包罗万象和雄心勃勃，不像《奥尔良的姑娘》那样虚幻缥缈，它拥有自然风格和实体般的真实感，而这一点是以上二者无法比拟的。它反复灌输和极力呼吁的情感是那些具有普遍人性的情感，并将它们以最纯洁、最质朴的形式呈现。在这部剧中，既没有步步惊心的情感波澜，也没有充满诗情画意的爱情。退尔爱他的妻子正如所有诚实正直的男人爱他们的妻子一样。贝尔塔和鲁登茨的爱情插曲虽然很美，但很短暂，对整体的效果没什么影响。在《威廉·退尔》的场景中流连令人心旷神怡，一切都是令人愉快的，但一切又都是真实可信的。物质与道德精神的伟大是协调统一的，而两者亦皆归结于大自然朴素的伟大。在我们身边有清澈的湖泊和绿色的山谷，同时，施雷克峰、少女峰和她们的姐妹峰，以及雪崩和冰宫都在南方的阳光下闪闪发光。在湖光山色之间生活着一群阳刚且无畏的农夫，英勇而不失平凡，诗意而不失真诚。

我们在这部戏剧里停留得太久，不仅因为它魅力独具，而且因为它是我们的最后一部！[1] 席勒从未似如今这般才华横溢，他正值壮盛之年，成绩斐然，无数个挑灯夜战的不眠之夜结出累累硕果。他写出如此高贵的诗篇，其速度之快，同时证明了他的思想之丰沛和表达能力之高超。尽管如此，他完成的一切似乎不过是他宏伟计划的冰山一角，他大胆的想象正把他带到遥远的、尚未有人触及的思想与诗歌的领地，他将要在那里赢得更辉煌的胜利。新的作品计划、新的写作类型在他的想象中萌芽，他一如既往地被诸多项目包围着，激情满怀地拼搏，努力使之实现。但席勒的乘风破浪和一路凯歌正在接近尾声。看不见的信使[2]早已迫近，他突然降临到人们头上，不管他们是忙忙碌碌还是无所事事。他中止他们正在进行的工作或玩乐，将他们改头换面打发上路。

1804年，他在柏林目睹《威廉·退尔》的演出盛况，在返回途中因旧疾发作而病倒，这病多年来一直时好时坏。这次病情来势汹汹，甚至一度把他裹挟至坟墓的边缘，但他逃过一劫，被认为已脱离危险，便再次恢复诗歌创作。他把各种法文和意大利文的材料译成德文，此外他还勾勒出一部关于珀金·沃贝克[3]的历史悲剧的框架，并完成另一部历史悲剧的前两幕，这部是关于一位与珀金·沃贝克类似，

---

1. 席勒在死前仍在创作《德米特里乌斯》，但他没有完成这部作品，所以《威廉·退尔》是他最后一部完整的戏剧作品。——译者注
2. 这里指死神。——译者注
3. 珀金·沃贝克（Perkin Warbeck，约1474—1499），英格兰王位的冒名顶替者。他自称约克公爵理查，爱德华四世的第二个儿子，即与哥哥爱德华五世一同被关押进伦敦塔的"塔中王子"。他获得了法国、神圣罗马帝国、苏格兰以及英格兰的一些实权人物的支持，几度入侵英格兰未果，最后被亨利七世的军队击败并于1499年被处决。——译者注

但更为幸运的冒名顶替者——俄国的德米特里[1]。同时，他的头脑似乎常常被庄严崇高的思想占据。此时他已在人类思想的宇宙探索遨游许久，但在这个思想宇宙的任何角落，席勒都没有得到永久的满足。他后来的许多诗歌均表明他对解决人生奥秘的渴望在不断增长，甚至有时这种渴望变为一种悲观顺从，他因为缺乏任何解决办法而绝望。他激情似火的灵魂无法满足于肉眼可见之物，不管这可见之物被智慧与想象力装饰得多么金碧辉煌。它振翅高飞另觅他处，带着无法形容的渴求，在这个世界的地平线以外寻找一个更可靠、更光明的家园。他大概没有理由认为死期将近，但我们不难看出，与死亡相关的可怕秘密，早已是他常沉思默想的熟悉主题。不经意间，阻挡他视线，使他无法洞悉死亡奥秘的面纱将很快被撕开。

1805年的春天，这个席勒曾怀抱多姿多彩的希望且无比期待的时节如约而至，但它却寒冷凄清，外加狂风暴雨。与此同时，他的旧疾卷土重来。医生束手无策，不知疲惫、忧心忡忡的悉心呵护于事无补，他的病情不断恶化，5月9日，他病入膏肓。那天清晨，他变得神志不清，逐渐精神错乱。人们注意到，在他的言语中，Lichtenberg这个没有意义的词经常被提及。一些人认为，这指的是某位叫这个名字的作家，他最近一直在阅读这位作家的作品；另一些人则说，这应该指的是生病前几天他一直打算去参观的洛伊希滕贝格（Leuchtenberg）的城堡。这位诗人、智者将不久于人世，但不幸中的万幸是，他的至

---

1. 俄国的德米特里（Dimitri of Russia，1582—1606），即伪德米特里一世，俄国沙皇。自称是已故沙皇伊凡四世之子，真实出身不详。在波兰和立陶宛贵族以及天主教僧侣的支持下，他于1604年入侵俄国。沙皇鲍里斯于1605年死亡后，德米特里得到了莫斯科波雅尔和政府军的支持，成为沙皇。不到一年，瓦西里·舒伊斯基就发动政变，杀死了德米特里，然后成为新的沙皇。——译者注

亲好友不必忍受眼看着他在疯狂中离世的煎熬。肉体痛苦的炽热天幕，一度遮蔽他的思维，现已被拉至一边，而席勒的灵魂在它永远消逝之前，以它惯有的宁静安详再度苏醒过来。正午过后，他的精神错乱症状有所减轻。大约四点钟，他安稳地入睡，不久他醒过来，完全恢复神志。他恢复了意识，此时灵魂与人类世界的联系被切断，陷入孤立无援之境，人必须凭借自身的力量面对死神。席勒没有在他面对人生最后一次且最严厉的审判时失去勇气或失败。他意识到自己大限已至，于是专心以与自己相称的方式迎接死神，既没有佯装漫不经心，也没有流露出充满迷信色彩的惶恐不安，而是表现出一种平静、质朴无华的男子气概，这亦是他人生的主基调。他与朋友和家人进行了一次感人而平静的告别，他要求为他举行私人葬礼，不要盛大的排场或游行。有人问起他的感受，他说："越来越平静。"这些朴素而难忘的话语，表达了此人淡淡的英雄主义气概。六点钟左右，他沉沉地睡了一觉。有一次，他带着活泼的神气抬起头，说："对他来说，许多事情都正在变得清晰晓畅！"他又闭上眼睛，睡眠越来越深沉，直到它变成再不会醒来的长眠。席勒只留下一具没有生命的躯壳，很快就会与山谷混为一体。

席勒去世的消息让许多人悲痛欲绝。不仅仅是在德国，而且是在整个欧洲，所有理解这一消息真正意味的人都认为这是公众的损失。特别是在魏玛，他取得最伟大成就的地方，他的挚友生活的地方，这一消息产生的轰动效应是深沉而普遍的。公共娱乐场所被关闭，各阶层的人纷纷匆忙证明自己的感情，通过追忆与死者的过往来悼念死者，并引以为荣。席勒去世那天是星期五，他的葬礼本打算在星期天举行，但他遗体的状况迫使葬礼不得不提前举行。德林如此描述葬礼仪式：

　　依照他本人的意愿，棺材应由普通市民来抬，但是几个年轻的艺术家和学生出于对死者的崇敬之情，从市民手中抢走了这一任务。快到教堂墓地时，大约是午夜到凌晨一点钟。天空乌云密布，随时都有下雨的可能。但是，当灵柩被安放在坟墓旁边时，云层突然散开，月亮出来了，澄澈而宁静，把她的第一缕清辉投射到逝者的棺木上。人们将他放入墓穴，月亮又回到云层背后。狂风咆哮，似乎在提醒在场的众人他们巨大的、无法弥补的损失。此刻谁会想到诗人自己的诗句而不为之动容神伤：

　　　唉，淡红色的清晨点染
　　　寂静、冰冷、阴森的墓石；
　　　黄昏把她绯红的流苏抛射
　　　在他黑暗、孤独的沉睡周围！

　　弗里德里希·席勒生而如斯，逝而如斯。世人将长期对他怀着一种混合崇敬与爱的感情。我们对他的生平和写作的卑微记录已然渐近尾声，然而，我们依然在拖延，不愿与对我们而言如此亲切的灵魂告别。在数量稀少、被严重忽视的席勒传记领域，也许仍可钩沉一些微不足道的事实和信息。它们虽颇不足道，却又具有他个人的独特魅力，不应在如此严重而不当的资料匮乏中受到鄙视。

席勒去世时，年仅四十五岁零几个月。[1] 疾病早就把他的身体糟蹋得不成样子，他的体型已不能被称为匀称适中。他身材高大，但瘦削羸弱，可以说，他的身体是在一种过于强烈的意志支配下逐渐衰弱的。他的脸色苍白，脸颊和太阳穴深陷，下巴有点大，略显突出，鼻子是不规则的鹰钩鼻，头发呈赤褐色。即便如此，他的面容依然很迷人，且具有一种男性美。他的双唇弯曲成一条线，流露出微妙而诚实的情感。一种沉默的热情，时而受忧郁抑制的冲动，在他明亮的眼睛和苍白的脸颊上闪烁着光彩。他的额头很高，一副若有所思的样子。从他的肖像判断，席勒的脸很好地表现了他的思想特质。他的坚定刚毅被温柔的性情调和了。他的炽热的激情透过苦难与失望的云层放出光芒，它深沉而不厌其烦地忍耐一切。苍白是席勒的思想特质恰如其分的色调，他的脸颊和太阳穴深陷得恰到好处。没有几张面孔比席勒的面孔更能感动我们，因为它既温顺、柔和、谦逊又刚毅。

他的衣着和举止正如其他方面一样，皆为朴素自然的。在陌生人中，他偶尔会被看到流露出害羞与腼腆，但在自己家中，或者在好友中间，他宽厚而自在，快乐得像个孩子。在公共场合，他的外表本身毫无吸引力。他衣着简单，一副朴实无华的样子，走路时往往专注于地面。据说，他因此"常常注意不到路过的熟人向他致意，但如果他听到了，他会赶紧摘下帽子，友好地道一声'你好'"。谦虚与朴素在他身上表现得特别明显，他完全没有任何排场或矫饰。这些品质通常与真正的伟大共存，可以缓和炫目的荣耀。在平凡的事情上，

---

[1] 根据德林的记载，"他死后留下一个寡妇，两儿两女"。遗憾的是，我们没有听闻关于他们的消息。"关于他的姐姐和两个妹妹，最小的妹妹在他之前去世。姐姐嫁给了迈宁根的莱因瓦尔德，另一个妹妹嫁给符腾堡的默克米尔牧师弗兰克先生。"

他与普通人毫无二致。他在这些事情上的行为是毫无计划的、无意识的，因而一点不做作，令人愉快。

关于他的思维特点，我们该说的话大部分早已在谈他的作品时说过了。即便只是草草阅读他的作品，我们也会确信无疑他拥有最高明的头脑。他天生条件就不错，同时又终其一生勤勉努力。席勒给我们留下深刻印象的，不是他某方面才能的支配性影响，而是他所有才能的总体影响。他作品的每一页都打上了内在活力的印记：新真理、已知真理的新方面、大胆的思想、快乐的意象、崇高的情感。即使席勒完全不具备诗人的特质，他也绝不会是平庸之辈。他的思维清晰、深刻而全面，他经常从无数联系不大的前提中得出推论，这些推论却宏大高深，既包含定理又包含大量的次要命题。他的思维强大而广阔，而不是迅速或敏锐，因为席勒并不以机敏闻名，尽管他的幻想总是迅速敏锐地用隐喻、例证、比较来装饰和阐明他的理性观念。此外，他诚挚的性情也使他无法胜任机敏的文学，因为他倾向于崇拜伟大和崇高，而不是鄙视渺小和卑鄙。也许他最伟大的才能是一种半诗意、半哲学的想象力，一种富于壮丽与辉煌的想象才能。它有时帮着建立庄严的金字塔式的科学推测模型，有时思考着思想与情感的深渊，直到思想与情感以及其他无法形容的事物都以传神的形式被表达出来，虚幻而美丽的宫殿和景观如同薄雾一般从深渊升腾而起。

与席勒的这些智慧才能结合紧密的是他的热烈性情。它与席勒的智慧才能在一定程度上有亲缘关系，而且对于他的智慧才能得到充分发展是必需的。席勒的心炽热而温柔，浮躁、柔软而深情，他的热情给宇宙披上了壮丽的外衣，使他兴致盎然地探索宇宙的秘密，并热情洋溢地参与其中。因此，席勒的诗歌并非单一天赋的体现，而是诸多天赋的结合。它不是"思想贫瘠浮华而不实的歌曲",和谐悦耳而情感脆弱,也不是纯粹的动物般狂野的激情,或只因为肆无忌惮才创造出新事物的想象力。它是真正的诗歌一贯的样子,是普遍精神财富的精髓,是强有力的思想观念与优雅、强烈的情感经过净化的结果。在他的作品中,我们看到他是道德家、哲学家、具有普遍知识的人。在上述的每一方面,他均是伟大的,但他的才能不止于此,他在这些方面取得的一切成就都因镀上一抹特别的品质而熠熠生辉。他的名言警句、情感、观点将毫无生气的道德说教转化为生动的形象,从而满足比理解力更为美好的官能需求。

也许任何具有理性思考能力的人都或多或少拥有实现这种转化的天赋,即纯净、热情、温柔的情感以及幻想与想象。但是,每个人拥有的天赋的强度却不同,这些天赋相应地为纯粹的思维逻辑产物增添了新的迷人色彩。显然,在很大程度上,它们构成诗人的内在素质。至于席勒在多大程度上具备此类特殊才能,我们无需过度细致地说明。在不损害他声誉的情况下,我们可以承认,总的来说,他的作品与其说展现出了其非凡的精湛才华抑或多才多艺,不如说展现出了非凡的力量。他的戏剧模仿能力也许从来不属于最高级别的那种,不属于莎士比亚代表的类型。充其量,他也只是局限于对一定范围内的人物进行模仿而已。他擅长在作品中表现严肃、认真、崇高、深情、悲哀。他并不缺乏幽默,正如他的《华伦斯坦的营地》显示的那样,但他也并非富于幽默感。他很少展露出任何形式的嬉笑怒骂的品位或才华。若非机遇使戏剧成为他的主要领域,他很大可能在许多其他领域绽放异彩。他的戏剧作品中展示的充满活力且丰富的创造力,对生活、人和事物的了解,也许会在非常不同的领域中发挥作用。席勒作品的魅力往往与一般的理智和道德力量的魅力相差无几，他作品的动人之处往往在于演说者那种气度恢宏的思想、生动的意象、冲动的情感，而不是诗人那种狂放悲怆和变幻莫测的魅力。然而，任何读过他的《奥尔良的姑娘》，苔克拉这个人物所在的《华伦斯坦》，或他的许多其他作品的人，都会毫不犹豫地承认他有能力达到诗歌最崇高的境界。有时，我们怀疑，正是他了不起的综合能力使我们无法完全欣赏他的诗歌天才。我们不会被诗歌中的塞壬之歌[1]迷惑，因为她的旋律与更为清晰、更有男子气概的调子混合在一起，它们来自严肃的理性和正直而崇高的情感。

　　许多辛苦的讨论被浪费在定义"天才"上，特别是席勒的同胞，他们中的一些人到目前为止已经大幅缩小了这个术语的应用范围，以至于自创世以来只有三个天才：荷马、莎士比亚和歌德！将这种严格的精确标准应用于一个本来模糊的问题，可能会表面上提升准确性，但事实上并非如此。这里讨论的这种创造能力，不仅被赋予了显赫的地位，而且人们在判定它是否存在时十分谨慎，只有少数人才被认为拥有这种能力。它不仅是模仿给定形式的存在的能力，而且是想象和表现新的形式的存在的能力，它既未曾作为与生俱来的天赋毫不保留地被赋予任何人，也未曾完全被拒绝给予任何人。它的细微差别无法用像语言这样粗略的尺度来区分。一个将席勒这样有才的人排除在外的"天才"定义，从哲学角度来说是根本不合适的，而且它会降低而不是提高这个字眼的尊严。席勒拥有所有的一般性才能最高程度的

---

1. 塞壬（Siren），古希腊传说中的生物，常用歌声诱惑过路的航海者而使航船触礁沉没。——译者注

力量：一种永远活跃、广阔、强大、有远见的才智；一种永远不会厌倦创造宏伟或美丽形式的想象力；一颗具有最高尚的性情、博大而热烈的同情以及激越冲动的情感的心，它充满爱、友善和温柔的怜悯。他有意识地高歌猛进，激情四溢地运用体内这些力量，并能进一步地以精致而和谐，"与不朽的诗句结合"的方式呈现他的创造物。我们不能确定席勒是否会被评论家称为天才，然而无论评论家如何评判，他将依然是最令人钦慕的旷世奇才。

对于那些名副其实的诗人，才智的力量与道德情感紧密交织在一起，他对诗歌艺术的运用绝非仅取决于其中某一方面的完美。假如诗人既没有高尚公正的情感，也没有激情，那么他永远不会成功使别人感受到这些情感。错误和虚假的形式，在数量上是无限的，其生命力却是短暂的。真理离不开思想和情感（主要是情感），它本身是永恒而不可改变的。但是，令人高兴的是，至少对理性与想象力的产物的喜悦，不能与对美德与真正的伟大事物之爱截然分开。我们在情感上青睐英雄主义，我们祈望纯洁完美。如果一个人的决心如此强烈，抑或诱惑如此微弱，以至于他能把这些情感转化为行动，那么这个人将是幸运的！天性骄傲而敏感的人可感受到的最大痛苦，是对自身堕落的认识。生活中痛苦的根源很多，而罪恶是最无悬念的一个。任何被罪恶败坏的人都会很惨，但在这种情况下，天才会蒙受双重的不幸，因为他追求的目标更高，他的失败感也更强烈。对于席勒，根本不存在这方面的不幸。赋予他的诗歌以生气的情感被转化为行为的准则，他的行为是无可指责的，正如他的作品是纯洁的一样。他凭着朴素而崇高的喜好，以及强烈的为崇高事业献身的精神，设法终其一生沿着特定的道路前进，不被生活的卑鄙玷污，不被任何困难或诱惑征服。事实上，他与这个世界没有多少关联，他毫不费力便与之分开。他在这个世界能获得的奖品，比如金钱，并不能使他真正感到富足。他的伟大的，几乎也是唯一的目标，便是展现他在精神世界的才能，研究、思考与改进他的智力创造。他以一个使徒的坚定意志专注于此，世界上再肮脏的诱惑在他身边经过也不会对他形成危害。他不想欺世盗名，只想实至名归，嫉妒是一种他知之甚少的感受，甚至在他功成名就之前也不例外。他认为财富或地位是手段，而不是目的。他自己卑微的财富为他提供了生活中所有必要的便利，于是世界上再没有他渴求的东西，世界再也给予不了他什么。他并不富有，他的生活习惯很简朴，而且除了他的疾病及由此造成的后果外，他没有什么大的开销。在任何时候，他都不屑于蝇营狗苟，特别是最为不堪的见钱眼开。德林告诉我们，《华伦斯坦》出版在即，一位远道而来的书商明确开出更高的价格购买以《华伦斯坦》的版权，因为席勒与图宾根的科塔已达成协议，他回答说："科塔和我有稳定的合作关系，因此我同他合作。"就这样，他把书商打发走了，甚至都没有为日后的讨价还价留有余地。事情虽小，但它似乎体现了席勒的正直品质，他在品行上以最严格的标准要求自己，不计较金钱上的得失。事实上，他真正的财富在于能够从事心爱的研究，生活在友谊与亲情的温暖阳光下。这是他一直渴望的，他终于享受到了。虽然疾病缠身加之许多烦心事令他苦恼，但他天性中固有的优点散发出源于他自身的光辉，装点了生活中最黑暗的愁闷，使之变得明暗交织。他的热情被仁爱之心调和，因此平和而宁静；他的脾性虽因宽宏大度而热情洋溢，但似乎从未表现出任何急躁或愤怒。对所有人来说，他都是高尚的、富有同情心的。对待他的朋友时，他坦诚、慷慨、乐于助人；在他的家庭圈子里，他亲切、温和、热情。而赋予这一切一种特别魅力的，是伴随这一切的谦虚。席勒没有招摇过市，没有炫耀，没有一丝一毫的矫揉造作，正因为他忘记自己的伟大，把自己单纯当作一个正直的人和公民，他才变得更伟大。

这便是席勒占主导地位的良好习惯。在外表温和而美丽的光辉中，一定有一些瑕疵和不完美之处，这是可怜的人类的共同命运，又有谁不知道呢？但是，我们几乎没有收到关于席勒这方面的任何暗示，由此判断，他的这些瑕疵是细微的、转瞬即逝的。同时，我们也并不急于获得对此问题的全面描述。实际上，我们足以推测出它们是什么，但我们的内心希望不要去纠缠于此类事物。席勒已离开我们黯淡、污秽的世界，愿他于九泉之下安息。愿他在我们的想象中变得完美无缺，在那里发光，不受生活中附着他的小瑕疵的影响。

席勒具有典型的德国人性格，他充分拥有一切德国人的优秀品质，却几乎没有德国人的缺点。我们从他身上可以看到德国人的典型特征：直率朴素，真诚的心灵与思想；热情、耐心、持久执着的专注精神；想象力，对崇高与壮丽的痴迷；一种上升到精妙的抽象概念的智慧，它进而发展为无所不包的普遍原理。这种性格很容易导致偏执行为，但是，在席勒身上，偏执被坚定而谨慎的分寸感阻止。他的朴素从来不会沦为无能或平淡，他的热情必须建立在理性的基础上，他很少听任对浩瀚无垠的爱引导自己误入歧途，去容忍模糊的事物。青涩稚气的席勒很不切实际，但作为男子汉的他不允许夸大其词成为自己的风格，也不允许思想或行动中有任何自命不凡的成分。他是植根于真实的诗人，所以在他的作品中，我们的理解力和良知得到极大满足，我们的心灵受到深深感动，想象力得到充分激发。他的艺术虚构明显是对自然的模仿和美化，他的感情细腻动人，但同样也是阳刚而有分寸的，它们催人上进、振奋人心，并不会使人误入歧途。最重要的是，他没有任何惯用的套话。所有的流行空话的成百上千的分支，无论是可笑的还是可恶的，在他的作品里均未出现过。他不会扭曲自己的个性或天才，使之变得比自然本性更得体；他不会摆出他人的理由，也不会热衷于自己将信将疑或完全不信的信念。他不常谈及伦理道德的先入之见，他不"因罗马天主教最豪华且最舒适而信奉它"。对于席勒而言，真理，抑或近似的真理，是不可或缺的必要条件。一旦他开始怀疑某一观点是错误的，不管过去它对他来说有多么珍贵，他都会立刻开始严格审查它。倘若发现它是有问题的，便会把它拽出来，坚决把它扔出去。这种牺牲可能会给他带来痛苦，甚至是永久的痛苦，但他认为这几乎不能给他造成真正的伤害。在黑暗中旅行令人讨厌且危险，但终归比用鬼火给我们引路好。鉴于他热烈的情感，席勒在这一点上的表现比我们最初设想的要好。对于那种以智力为主要或唯一才能的人来说，他的同情心、爱、仇恨相对粗俗迟钝，所以他也许很容易避免半心半意地拿错误来消遣的行为，以及作为其后果和标志的流行套话。但是，对于很有品位的人来说，他必须具备足够多内在的正直，才能避免去模仿那些他如此心仪却无法企及的卓著成就。在这些很有品位的人中，一个完全不受这类影响的人难得一遇。如果我们忽视了这一点，席勒的其他高尚品质便不会受到公正的对待，因为这一点是席勒一切高尚品质的最真实的证明。正直、谦逊、具有男子气概的质朴无华渗透着他的人格、天才和生活习惯的方方面面。我们不仅钦佩他，而且信任他，爱他。

他自己也注意到："天才给他的作品打上了孩童般天真质朴的烙

印,而在他的个人生活和言谈举止中,他也表现出同样的天真质朴。天才是害羞的,因为天性向来如此,但天才不会假装正经,因为只有堕落腐化才假装正经。天才有眼光,因为天性永远不可能是相反的样子,但天才不是狡猾的,因为只有机巧做作才会如此。天才忠于他的品格和倾向,但这很少是因为天才是由原则指导的,而更多是因为在反复摇摆后,天才的天性总是不断地回到她原来的位置,不断地重申她的原始要求。天才谦虚且胆怯,因为天才对自己来说总是一个秘密,但天才并不焦虑,因为他不知道旅途的凶险。关于那些著名天才的私人习惯,我们知之甚少,不过以上真知灼见被为我们留下的关于那些著名天才中的翘楚的只言片语的记录证实,这些翘楚包括古希腊的索福克勒斯、阿基米德、希波克拉底,以及近现代的但丁、塔索、拉斐尔、阿尔布雷希特·丢勒[1]、塞万提斯、莎士比亚、菲尔丁[2]等人。"[3] 席勒本人便是很明显的例子,也许比这里列举的大多数例子都更为有力地证实了这一点。未曾有比他更谦和的天才,也未曾有人在完成一部伟大作品之时,对自身作品的伟大价值,比他更加浑然不觉。他的目光从自我观照中移开,投向工作的对象,他以一个男孩对游戏的热切,自发地、真诚地、全身心地扑在工作上。因此,这种"孩童般的天真质朴",是在席勒其他优点基础上的最后的点睛之笔。他具有强大的灵魂,却并未意识到自身的力量。他以平静的力量行走在人间大地上,"他长矛的杆像织布工的织轴那样粗"[4],但他把它像魔

---

1. 阿尔布雷希特·丢勒(Albrecht Dürer, 1471—1528),德国画家、版画家、建筑师、艺术理论家,同时还精通几何学和数学。——译者注
2. 亨利·菲尔丁(Henry Fielding, 1707—1754),英国小说家。——译者注
3. 出自席勒《论质朴与多情的文学》(*Naive und sentimentalische Dichtung*)。
4. 出自《圣经》。——译者注

杖一般挥舞。

　　这就是席勒的生平和作品在作者这个离群索居者的脑海中逐渐显现的图景了，作者已尽最大笔力去书写。席勒经常吸引作者幽居独处，教导他，鼓励他，感动他。我们知道，原始的印象是模糊而不充分的，当前对于原始印象的记忆更是含糊不清，然而，我们已竭尽所能勾勒出席勒的人物和作品的大致轮廓。席勒本人，以及他构思与描绘的人物均在这里，他自己"手中持一面镜子，这面镜子向我们展示更多内容"。对那些与我们心有同感之人而言，席勒无需更多的赞美之词。为了文学女神，人们仍可以说，他的功绩应特别归功于她。文学是他的信条，是他良知的主宰，他是崇高和美的使徒，他的文学使命感使他成为英雄。他正是以真正的人的精神考量文学，并着手发展文学，文学灵感不断守护他灵魂中最高尚的性情。在席勒看来，文学的目的并不是用华丽壮观的场面使人浮想联翩，也不是用离奇有趣的隽语以及充满警句的专题论文陶冶心智，从而娱乐那些安闲自在之人，或者为忙里偷闲者提供消遣。文学的目的更绝不可能是以任何形式满足文人的自私，迎合他们的恶毒天性、他们对功名利禄的热衷。对于将文学贬低为如此卑劣目的之人，他在任何时候都保留着善良本性所能允许的极度蔑视。"不幸的俗人！"他对文字商人，那些为了获取金钱利润而写作的人说，"不幸的俗人，他拥有一切技艺中最高贵者，即科学和艺术，然而他企图得到的东西，却同以最低劣技艺做苦工者毫无区别。他在绝对自由的领域里生活，却有着奴性的灵魂！"正如席勒认为的那样，真正的文学涵盖哲学、宗教、艺术的精髓，以及一切对人类不朽灵魂有感染力的东西。她既是我们性格中一切精神性的、崇高的东西的女儿，又反过来像母亲一样滋养着它们。文学赐予的恩惠是真理。她的真理不仅仅包括我们作为世俗之人永远要求并随时准备回报我们,在一般情况下可能找得到的物质、政治、经济方面的真理,而且包括道德情感的真理与品位的真理。这一内在真理千变万化,只有我们本性中最超凡脱俗的部分才能分辨出它来;但如果没有它,我们本性中最超凡脱俗的那部分便会枯萎和死亡,我们便会被剥夺与生俱来的权利,沦为"出于地,乃属于土"[1]的一味赚钱和享受的机器,不配再被称为天堂之子。因此,文学的宝藏美妙而不朽,珍贵无比,她是我们最美好希望的殿堂,纯粹人性的保障。文学事业的守护者与仆从是一个人可以承担的最崇高的职责。天才,即使在它最微弱的闪光中,也是"上帝灵感的馈赠"。他庄严的使命便是投身于所在的领域里努力工作,保持"圣火"在人间燃烧不熄,即便尘世间沉重污浊的空气永远威胁着将其熄灭。倘若他玩忽职守,倘若他没有听到神圣使命那小小的平静的声音,他便有祸了!他若使"上帝灵感的馈赠"服务于邪恶或可耻的欲望,便有祸了!他若把它献在名利的祭坛上,若把它卖掉换钱,便有祸了!

"艺术家,固然,"席勒说,"是时代之子,但如果他是自己所在时代的学生,甚至是它的宠儿,那么他便可怜了!愿某位仁慈的神从母亲的怀中把正在喝奶的他夺走吧,用更美好时代的乳汁哺育他,使他在遥远的古希腊天空下长大成人。长大成人后,让他带着异国风采回到他的时代,然而,他的归来将不是为了取悦时代,而是为了可怕

---

1. 原文为 of the earth earthy。语出《圣经·哥林多前书》15:47(KJV),"The first man is of the earth, earthy: the second man is the Lord from heaven"。新标点和合本译为:"头一个人是出于地,乃属土;第二个人是出于天。"——编者注

的目的，即像阿伽门农[1]之子一样去净化它。他将从当下选择作品素材（Matter），但他将从更崇高的时代，甚至从超越所有时代的、绝对不变的、他的完整天性中获得作品的形式（Form）。在这里，从他精神本质的纯净的以太中，流下了"美之泉"（Fountain of Beauty），这泉水并未沾染上远在其下方的旋涡中反复翻腾的岁月与世代的污浊。他的作品的素材受制于物质世界的变化无常，时而崇高，时而卑劣，但纯洁的形式却从世界的变化无常中全身而退。1世纪的罗马人早就习惯于跪伏在凯撒们脚下，但罗马的雕像依旧傲然直立；当罗马的神早已成为笑柄时，庙宇在罗马人眼中依然神圣；尼禄和康茂德[2]行径可憎，他们能藏匿在建筑中，却逃不过这些建筑的艺术风格对他们无声的斥责。人类已失去的尊严，在艺术中得到拯救。艺术将人的尊严保存在富有表现力的大理石中。真理依旧长存于艺术虚构之中，原版将从摹本中被恢复。

"但在其时代四面八方的腐化思想的攻击下，艺术家要如何保护自己免受侵蚀呢？他需要藐视时代的判断力。他要仰望自己的尊严和使命，而不是低头关注自己的幸福和需求。同样，他要从虚荣的活动中解脱出来，这些虚荣活动会诱使人只渴望在稍纵即逝的瞬间留下痕迹。他要从对现实不满的狂躁中解脱出来，不要用完美的尺度去衡量贫瘠的现实。把贫瘠的现实留给常识吧，因为常识在这些实际生活的领域中就像回到了自己家一样。艺术家要专注于可能与必然的结合，

---

1. 阿伽门农之子，指俄瑞斯忒斯，希腊神话中的人物。阿伽门农在特洛伊战争结束后返乡，却遭妻子克吕泰涅斯特拉和她的情人的谋杀。俄瑞斯忒斯流亡多年后回到家乡为父报仇，杀害了母亲和母亲的情夫。——译者注
2. 康茂德（Commodus，161—192），罗马帝国皇帝。康茂德在执政期间不受元老院与人民的喜爱，同时代的史学家将其视为暴君的典型代表。——译者注

努力使理念变为现实。这让他不断表达自己的理念，留下自己理念的印记，既在虚构中，又在真实中，既在想象的游戏中，又在真诚的行动中。他将自己的理念以感性或者精神的形式印刻下来，默默地让它以永恒的时间为模子熔铸成型。"[1]

谨请记住，这些观点并不仅仅是一个头脑发热、稚气未脱的青年，在满怀英雄主义激情步入文学领域时，发表的自吹自擂的宣言。这类宣言很快便会被困难与诱惑扼杀，又或者被引入歧途。席勒的这些观点是以正直果敢的男子气概表达出来的冷静的做人准则，人们可以将之与席勒长期的品行做出比较判断。在这种公正与崇高的信念激励下，席勒投身于文学事业；凭着同样的信念，他以毕生精力不懈地创作。在动荡起伏且身不由己的生活中，有寻常与不寻常的困难，但它们都无法冷却或减弱他的热情。疾病本身似乎不会影响到他。在生命的最后十五年里，席勒写出了他最伟大的作品，然而，事实充分证明，这一时期他没有一天不是在痛苦中度过的。[2] 痛苦既不能使他偏离目标，也不能撼动他的镇定自若，在弥留之际，他越来越平静。他也并非在未获酬报的情况下离开。这个世界也有值得称道并铭记的地方，它慷慨地赋予席勒认可，虽然席勒从未争取过认可。他比强大的弥尔顿更幸运，甚至在有生之年，他便找到了"合适的聆听者"，而且他们人数也并非"很少"。他对德国思想的影响深刻而普遍，有可能还是永久的，而他对其他国家的影响最终也将被证明是同

---

1. 出自席勒《审美教育书简》(*Über die ästhetische Erziehung des Menschen*)。
2. 在他死后的尸检中，人们发现他的大部分重要脏器功能均已彻底紊乱。德林的书中说："肺部结构在很大程度上被破坏，心腔几乎增大，肝脏变得坚硬，胆囊扩展到大得惊人的地步。"

样深远的。因为席勒美丽且不朽的作品中闪现着这些作品所代表的作者的高贵的心智与灵魂，所以它们并非属于一个民族的财富，而是属于所有民族的财富。将来，席勒将从他所在世纪的大师级人物中脱颖而出，并在整个人类历史上占有一席之地。他那些记录着他的事迹与为人的作品，将像历史的荒野中高耸的地标一样从远处拔地而起，此时遥远的时间距离可能已将那些包围着他、妨碍近观者视线的小人物化为乌有。

总之，我们可以断言他是幸福的。他在对理想的高贵品质的沉思中度日，他生活在森罗万象的荣耀和庄严之中，他思索的是圣贤与英雄以及天堂般的美丽场景。诚然，他没有休息，也没有安宁，但他充满激情地享受着对自身活动的清醒意识，而对于像他这样的人来说，这种激情四溢的意识活动比安宁和休憩更为重要。的确，他病了很久，但他在病中不也是构思并塑造了马克斯·皮柯洛米尼、苔克拉、奥尔良姑娘，还描绘出了《威廉·退尔》中生动感人的场景吗？诚然，他英年早逝，但研究者会与卡尔十二世[1]一道惊叹，虽然针对的是不同情形："在他已征服一个又一个王国后，难道此生还会有遗憾吗？"席勒征服这些王国，却并没有为了一国而牺牲另一国，他征服的王国没有被爱国者的鲜血、寡妇孤儿的眼泪玷污。席勒在受黑暗统治的贫瘠领土上征服这些王国，旨在提升所有人的福祉、尊严和力量。这些王国是从"空虚与无形的无限"中获得的真理的新形式、智慧的新箴言以及美的新形象与场景，是一笔赠予一代代地上人民的"永恒的财富"。

---

1. 卡尔十二世（Charles XII，1682—1718），瑞典国王。——译者注

第四部分

席勒的父母、童年和青春

（1872版新增内容）

一、绍佩先生的书[*]

在去岁深秋时节,一位老友从德国旅行归来,好心带给我格拉高级中学副校长绍佩先生的一本小书,书名为《席勒和他父亲的家庭》[1]。尽管它自问世以来已有二十余载,但我之前从未耳闻。这本令人愉快的小书总体上很不错,质朴无华、清晰准确、亲切友善,虽然在艺术表现方面并非很生动,却提供了席勒生活中的小细节的新资料,加上一些具体说明,并对旧资料做了一两处轻微校正,兼具趣味性和

---

[*]. 本书的第四部分为1872年的人民版的新增内容。该版本不含歌德撰写的德文内容。1869年的图书馆版,是《卡莱尔全集》(*Thomas Carlyle's Collected Works*)中的第五卷。该版本包含歌德部分,不含1872年新增部分。本书翻译根据的底本是1873年的图书馆版,它在原图书馆的基础上补充了1872年新增部分。——编者注

1. 格拉高级中学副校长恩斯特·尤利乌斯·绍佩(Ernst Julius Saupe)著,《席勒和他父亲的家庭》(*Schiller und sein Väterliches Haus*),莱比锡:J. J. 韦伯出版社[Verlagsbuchhandlung von J. J. Weber],1851年)。

启发性。尤其重要的是，它从多方面激发我反思，唤起了我对过去的哀伤而美丽的记忆，并引导我进一步阅读涉及同一主题的其他书，特别是下面提到的这三本书[1]。其中前两本比绍佩的更早，第三本则晚于绍佩这本并且对之略有校正。这几本书使我度过了几周愉快的时光，而且阅读它们对我来说绝非苦差，它们让我乐在其中。

与此同时，除了意外获得绍佩这本小书之外，我还收到一条同样令我意想不到的信息：我从书商协会那里获悉，自己关于席勒的旧作即将再版。在这次的"人民版"中，它需要（歌德撰写的德文导言部分已加入"图书馆版"，但在这里却不合适，必须被撤换下来）另外补充六七十页才够凑成一本薄厚适度的书。我当时正在读（或正在漫不经心地读）绍佩的这本著作，它提供了现成的权宜之计，因此绍佩的著作便出现在这个版本中。我已将他的著作忠实地翻译成英文，但为了表达清楚起见，不时有一些小的删节以及略作改动之处。我还从已在上文列出名字的三部辅助性书中收集了一些阐明问题的文字，它们都与绍佩的文本有一定的区别，我把它们作为补丁加入绍佩的文本中。通过这个方法，此版本空缺的书页均被很好地填补了，整体上几乎浑然一体。因此，我现在可以保证，英语读者在阅读此书时，基本

---

1. 古斯塔夫·施瓦布（Gustav Schwab）著，《席勒传》(*Schiller's Leben*，斯图加特，1841年)。

卡洛琳娜·冯·沃尔措根（Caroline von Wolzogen），即原冯·伦格费尔德小姐（席勒妻子的姐姐）著，《席勒传》(*Schiller's Leben*，斯图加特和图宾根，1845年)。

冯·格莱兴男爵夫人（Baroness von Gleichen）（席勒的小女儿）和冯·沃尔措根男爵（她的表兄）合著，《家族文献中席勒父母、姐妹及冯·沃尔措根一家的关系》(*Schiller's Beziehungen zu Eltern, Geschwistern und der Familie von Wolzogen, aus den Familien-Papiere*，简称《关系》，斯图加特，1859年)。

上在所有方面都可以获得同阅读绍佩原文的德语读者一样的阅读体验。我们中许多热爱席勒的读者，同时也可能热爱着谦卑而美丽的人性价值，热爱着这里老席勒一家自然展现出的贫困生活中的高贵的画面——它似乎比加利福尼亚更为富有。对于他们而言，我希望这本书会带来一种受欢迎的，甚至是有益的阅读体验。

托马斯·卡莱尔

1872 年 11 月于切尔西

二、绍佩：《席勒和他父亲的家庭》

（一）父亲

席勒的父亲约翰·卡斯帕尔·席勒于 1723 年 10 月 27 日出生在比滕费尔德，这是符腾堡的一个古老的小村庄，位于魏布林根以北。他的父亲约翰内斯·席勒，村里的"小治安官"，是一位面包师，在约翰十岁那年撒手人寰，享年五十一岁。这个失去父亲的男孩几乎连最基本的知识都还不具备，不久便被迫退学去做外科医生的学徒。根据当时的惯例，他应该向医生学习"外科手术"的手艺，但在现实中，却同跟随理发师学习理发几乎没有区别。

在完成学徒期和实习期后，这位富有进取心、渴望到外面世界闯荡的小伙子，在 1745 年的奥地利王位继承战争中，作为军医随巴伐利亚骠骑兵军团进入荷兰。在那里，他思想活跃，医务工作无法使他充分发挥自身能力，于是他欣然承担起小型军事行动中下级官员的职责。随着1748年《亚琛和约》[1]的签署，该军团中卡斯帕尔·席勒所属的那部分随即解散，卡斯帕尔·席勒回到祖国，在涅卡河沿岸一个景色宜人的小镇马尔巴赫安顿下来，成为当地的外科医生。1749年，他在这里娶了诗人的母亲，她当时只有十六岁。伊丽莎白·多萝蒂亚于1733年生于马尔巴赫，她的父亲是受人尊敬的市民格奥尔格·弗里德里希·科德魏斯，一位面包师，同时还是客栈老板和林木测量员，小有积蓄，在当时可谓生活富绰，但后来涅卡河水泛滥成灾[具体"时间不详"][2]，他陷入贫困。这位勇敢无畏的人由于这种不可避免的不幸而渐渐家道败落，他被迫放弃在集市广场的房子，最后住在一间简陋的小屋里，沦落为马尔巴赫一个收费关卡的守卫。伊丽莎白是个长相标致的姑娘，身材苗条，体态娉婷，个子不是很高，长长的脖颈，一头迷人的略呈红色的深金头发，额头很宽，眼神微含哀愁，脸上布满雀斑。所有这些特征都因她亲切柔和的神情而生动起来。

他们在婚后最初的八年里并未生育，之后陆续有了六个孩子，其中有两个在出生后不久便夭折了。诗人席勒是这六个孩子中的第二个，也是唯一的男孩。这对年轻夫妇生活拮据，因为他们俩都没有什么财产。丈夫的生意几乎不够养家糊口。他们当时的合法的婚姻登记记录

1.《亚琛和约》(Peace of Aix-la-Chapelle)，由英国、法国主导，于1748年在亚琛签订的和约，标志奥地利王位继承战争的终结。然而，和约未能完全解决参战的欧洲国家之间的矛盾冲突，为之后的七年战争埋下了导火线。——译者注
2. 在本书中，"二、绍佩：席勒和他的兄弟姐妹"中的"（一）父亲"和"（二）母亲"，以及"（三）姐妹们"中的"南内特"，主体是作者卡莱尔从绍佩书中翻译过来的内容，虽然他同时还增添、补注了部分内容。在这几部分中，所有卡莱尔在绍佩原文中增添或补注的内容，用方括号加以区分。在"二、绍佩：席勒和他的兄弟姐妹"中的"（三）姐妹们"中的"克里斯多芬娜""路易丝"部分，卡莱尔不再直接翻译，而是在整理汇编绍佩的书以及其他材料的基础上写作。这两部分的主体仍是卡莱尔的创作。因此，在"（三）姐妹们"中的"克里斯多芬娜""路易丝"的部分，将不再用这种方式区分作者的写作内容和他使用的其他人的材料。——编者注

和通常的婚姻登记财产清单被保留了下来。这份财产清单对两个年轻人结婚时凑在一起的金钱和财物做出估算，它们总共大约值 700 古尔登[1][约 70 英镑][2]。人们从这份清单可以清楚地看出，凭着这些估算的外科手术器械的小额价值和病人的未偿债务，卡斯帕尔·席勒当时的医术并不比三流外科医生强多少，并且如上所述，他几乎不足以维持最基本的家庭日用开销。因此，在七年战争[3]爆发之际，一心想改善家庭处境的卡斯帕尔·席勒重新在军队里谋得差事，也就不足为奇了。而且，军队里的差事也更适合施展他作为年轻人的勇力和抱负。

1757 年初，他就以步兵少尉和副官的身份进入了符腾堡路易王子军团。在七年战争的几次战役中，路易王子军团均隶属于奥地利军队的一个辅助兵团。

［有的人会问，他参加富尔达舞会了吗？是的，当然！他在富尔达舞会现场（当时，跳舞尚未开始，舞会上发生了一次具有悲喜剧色彩的爆炸）。他不得不像他的公爵那样，以一种非常讽刺的方式仓皇逃命。此外，不幸的是，洛伊滕会战时[4]，他在时运不济的奥地利左翼，他的坐骑在战斗中中弹倒毙，当晚他在拼命奔往布雷斯劳途中，差点

---

1. 古尔登为德国旧时的货币单位。——编者注
2. 为方便本书的英国读者阅读，作者卡莱尔将绍佩原文中用德国货币单位表示的金额换算成了用英镑表示的金额，并将其补充在了括号内。——编者注
3. 七年战争（Seven Years' War, 1756—1763），一场具有全球影响力的欧洲战争，参战双方分别是英国、普鲁士主导的同盟和法国、奥地利主导的同盟。战争的主要起因包括英国与法国对于海外殖民地和全球霸权的争夺，以及普鲁士与奥地利对于德意志地区的领土和在德意志的影响力的争夺。——译者注
4. 洛伊滕会战（Battle of Leuthen），1757 年，七年战争期间，普鲁士与奥地利间的战役。这场战役中，腓特烈二世率领的普鲁士军队战胜了卡尔亲王率领的奥地利军队。——译者注

儿葬身泥潭。[1]]

在波希米亚，这支军队染上一种传染性的热病，瘟疫肆虐，部队损失惨重。在这糟糕的时期，靠着节制和经常的露天活动，卡斯帕尔·席勒尽力保持了极好的健康状态，他表现得非常积极踊跃并乐于助人，愉快地从事一切力所能及的事务。由于医生短缺，他担负起照顾病人的职责，同时还充当起兵团里的牧师，负责带领唱诗班并朗读祷文。此后，他被调到另一个在黑森和图林根服役的符腾堡兵团，在那里他利用一切闲暇时光勤奋学习，努力弥补他深深体会到的早年辍学带来的诸多不足。他态度严肃认真，好学不倦。由于坚持不懈和勤奋刻苦，他在战争岁月里不仅成功获得了大量医学、军事和农业知识，而且正如他的信件证明的那样，他还在日积月累的过程中极大提升了文化素养。他值得称道的顽强努力也并非没有得到认可和外在奖励。在七年战争结束时，他已晋升为上尉，甚至还攒下一点积蓄。

他的妻子在战争时期靠他寄来的钱维持生计，住在她父亲在马尔巴赫的房子里。尽管卡斯帕尔·席勒极其想念自己忠实的妻子，但他很少去看望她，他们只能在冬季短期团聚。1757年9月，他们的女儿出生，在此之后妻子对他更是无比重要。但战时纪律的刻板束缚从未像两年后，即1759年11月他们的儿子（即我们的诗人）出生时那样令人无法忍受。他喜气洋洋地感谢上帝，感谢这份天赐的珍贵礼物。在每日祈祷中，他将母子托付给"万物之主"。现在，他迫不及待地盼望重返家乡、回到家人身边。然而，直到四年后的1763年，《胡

---

1. 参见《弗里德里希传》(Life of Friedrich)（第十九册，第8章；第十八册，第10章），以及收录于《家族文献中席勒父母、姐妹及冯·沃尔措根一家的关系》（上文提及过）中老席勒自己撰写的小传，名为"我的生平经历"，第1页以及随后几页。

贝图斯堡和约》[1]签署后,身为人父的卡斯帕尔·席勒才能够从战场返回祖国。在他回来的时候,他的第一个驻防地在哪里,究竟是在路德维希堡、坎恩施塔特,还是在其他地方,我们不得而知。此外,一旦条件允许,他很可能便马上把妻子和一双儿女,六岁的女儿克里斯多芬娜和现已四岁的小弗里德里希从马尔巴赫接到他所在的驻地,从此无论部队驻扎何处,他们都不会骨肉分离。

[我们不知道上文提到的涅卡河河水泛滥的确切日期,但我们掌握的其他方面的证据表明,可敬的外祖父科德魏斯和他的妻子,此时仍然住在位于集市广场的舒适房子里。我们也知道,尽管文本中没有提及,但他们孝顺的女儿为缓解父母的极度贫困一直拼命努力,从纯粹的金钱角度来看,她的努力只是杯水车薪,这可以证明当时席勒一家是多么贫穷和困窘。]

随着父亲从战场归来,这个丧失其天然守护者和顾问如此之久的家庭,出现了一个新元素。席勒上尉因服役而长时间无法履行为人夫和为人父的神圣使命。过去他缺席的时间越长,现在他就越需要成为完全意义上的"一家之主",要承担的责任也更大。他始终是一个理性而公正的人,在实际生活中朴实坚强,练达积极,有时也不免有点儿性急和粗暴。这甚至在他的外表上也有所体现:他身材矮小壮实,四肢强壮,眉毛高高翘起,目光敏锐。此外,他那笔挺的身姿、坚定的步伐、整洁的衣着以及清晰果断的讲话方式,都表明了很强的军事素养。这也渗透到他的整个家庭生活中,甚至渗透到家庭日常的宗

1.《胡贝图斯堡和约》(Hubertsburg Peace),是七年战争之后奥地利、普鲁士和萨克森于1763年签订的条约。条约签署以后,奥地利彻底失去西里西亚,在德意志中的地位被进一步削弱,奥普之间的矛盾进一步加深。——译者注

教敬拜中。虽然该时期浅薄的启蒙思想对他的宗教信仰产生过一定的影响，但他依旧坚守祖先的虔诚信仰，经常为他的家人朗读《圣经》，每天大声地晨祷和晚祷。对他而言，这不仅是一种外在的稳重得体的行为准则，而且实际上也是内心基督教信仰的忠实表达。他相信：人的真正价值与真正幸福仅能在对上帝的畏惧以及内心与品行的道德纯洁中找到。他自己甚至依照当时的样式写了一篇长祷文，在以后的岁月里，他每天早上都向上帝如此祈祷，祷文开头几句是：

以色列的真正守望者！向您献上赞美、
感谢和敬意。我大声祷告，愿天地可以
闻听我对您的赞美。[1]

因此，倘若某位可信的证人称卡斯帕·席勒是想入非非的、不切实际的人，常常因为奇怪的想法和计划而闷闷不乐，这只能意味着，他在早年即最初在马尔巴赫当外科医生时就是这个样子。这是因为那时他感到自己被迫进入了一个与自己意愿、优势以及需求均格格不入的圈子。

在儿子的教育方面，这位尽责的父亲充分利用了自身最热衷的爱好和活动。有一段时间，他似乎得到了一位近亲，某位来自比滕费尔德的约翰·弗里德里希·席勒的帮助。他是哲学专业的大学生，在

---

1. 德文原文如下：
   Treuer Wächter Israels!
   Dir sei Preis und Dank und Ehren;
   Laut betend lob'ich Dich,
   Dass es Erd'und Himmel hören'&c.

1759 年成为男孩的教父。据说他是自己的小教子弗里茨在写作、自然史和地理方面的启蒙老师。在举家迁往洛尔希后,席勒父亲在教育儿子这件事上很快得到了更为有力的帮助。

1765 年,符腾堡的执政公爵卡尔派席勒上尉到帝国自由城,施瓦本的格蒙德招募新兵,并获准与他的家人住在符腾堡中离那里最近的地方,即洛尔希村和修道院一带。洛尔希村坐落在一片绿色的草原上,四周环绕着山毛榉林,位于一座小山脚下,山顶上有修道院的风格怪异的建筑群,修道院内还有霍亨施陶芬家族[1]的墓地。在修道院和小村庄对面,古老的霍亨施陶芬堡的废墟高耸着,周围环绕着小山丘。山下流着雷姆斯河[涅卡河的一个支流],它蜿蜒流向物产更为丰饶的地区。在这个迷人的乡村地区,席勒一家住了好几年,受到小村庄虔诚善良的人们,特别是值得尊敬的教区牧师莫泽尔最为亲切的接待,他是席勒全家人的朋友。席勒家的孩子们在洛尔希如鱼得水,自由而快乐,尤其是在弗里茨遇到了第一个要好的男孩玩伴,莫泽尔牧师性格温柔的儿子克里斯多夫·费迪南·莫泽尔之后。在这位受人尊敬的牧师先生家里,弗里茨还同牧师的儿子们一起,首次得到定期、准确的阅读、写作以及拉丁语和希腊语入门指导。这种安排令席勒上尉备感欣慰。他头脑清晰,为人坦诚,越是清楚地认识到自身教育能力与知识储备的不足,就越是深刻地意识到他的儿子应该尽早在语言和科学方面打好基础,学习一些可靠有效的东西。在这方面,他自己能够做的,他都全力以赴地做了。抱着教育的目的,他与孩子们进行富有启发性和令人兴奋的对话。一部分时间,他向他们介

---

1. 霍亨施陶芬(Hohenstaufen)家族是神圣罗马帝国 1138 年至 1254 年间的统治家族。——译者注

绍附近宏伟的历史遗迹；另一部分时间，他分享自己的人生经历。面对这对聆听他叙说的小儿女，他会指给他们看著名的霍亨施陶芬家族的古老城堡的遗迹，或者讲述自己的军人生涯。他把小男孩带到训练营，带到森林里的伐木工人那里，甚至带到遥远的霍恩海姆快乐城堡去，引导他们发挥朝气蓬勃的想象力，展开对生活的变幻万千的想象。[1]

从外表上看，小弗里茨和姐姐一点儿不像。克里斯多芬娜更像父亲，弗里德里希则是母亲的翻版。不过从另一方面来看，他们的内心存在很多共性，他们对任何真实、美好或善良的事物都有很强的领悟力。两人个性中都充满激情，这种激情早年主要向往崇高和宏伟的事物。简而言之，他们灵魂的弦是按照同一种音调调节的。此外，在他们一生中最美好、最幸福的时期，两个人都由虔诚而温和的母亲一手照顾和教导。弗里茨，至少在他六岁之前，只与克里斯多芬娜为伴，并无其他玩伴。因此，对彼此而言，他们两个被迫是而且的确是对方的全部。正因如此，克里斯多芬娜终其一生都比后来出生的妹妹们与弟弟感情更亲密。

在静寂的乡居生活中，在几乎不间断的与户外大自然的交谈中，弗里茨和克里斯多芬娜的大部分童年和少年时光匆匆流逝。他们特别喜爱位于这一浪漫的乡村地区的住所，在完成课业等任务之余，他们会在附近游荡。他们最大的乐趣就是在附近的群山之间散步，尤其喜欢一起去几英里外的格明德的加尔瓦略山上的小教堂漫游。去那里还会经过几处古老的修道院，最后这条路会一直通往上文提

---

1. 绍佩，第 11 页。

及的洛尔希修道院。他们常常紧握着手，坐在千年菩提树下面。菩提树立于修道院墙前的一处土堆之上，似乎在向他们低声诉说着过去岁月沉默已久的故事。在散步过程中，两颗心紧紧依偎在一起，他们如实地分享小小的、孩子气的欢乐与悲伤。当活泼好动的弟弟犯了一些小错误并因此受到惩罚时，克里斯多芬娜会伤心痛哭。在这种情况下，她经常撒谎说弗里茨的过错是她犯下的，并甘愿受罚，而实际上她没有一点儿错。最后离开他们的小天堂时，姐弟俩都怀着极大的悲痛，他们对洛尔希及周边地区一直怀有深厚的感情。克里斯多芬娜活到九十岁，就连在晚年，她也常常带着温柔的情意回想起他们早年在洛尔希的住所。[1]

在他的家里，这位在其他事情上不讲情面的父亲，总是发自内心地向母亲和女儿们展现出最温柔的敬意和款款深情。因此，倘若在餐桌上有一道菜是为他特别准备的，如果没有先邀请女儿们帮忙一起吃，他不会吃这道菜。长远来看，他几乎不能抵挡住温柔妻子的请求，因此她常常可以使他粗暴严厉的态度缓和下来。孩子们学会了利用他性格中的这一特点，使自己免于招惹他的雷霆之怒。他们会事先向母亲承认自己的错误，并恳求她施加惩罚，以防落入父亲之手而遭受更严厉的责罚。父亲焦虑地监督着儿子的身心成长，但他的愤怒有时会因男孩的勇气与无畏而瞬间消除殆尽。小弗里茨有一次在霍恩海姆做客，待在父亲正拜访的一所房子里，那是城堡侧楼的一部分。当时父亲在屋子里正忙着，没人注意到他。小弗朗茨从一个房间的窗户里爬出来，在屋顶上进行了一次探索之旅。这时父亲想起男孩，开

---

1. 绍佩，第 106-108 页。

始费力地四处寻找，而小弗朗茨正试图更近地观察"狮子头"。它旁边的一个屋顶排水沟淌出水来，这时被吓得惊慌失措的父亲看到他，大声喊他。然而，狡猾的弗里茨一动不动地站在屋顶上，一直等到父亲的愤怒平息下来并答应宽恕他。

[下面是一则情节有点儿扑朔迷离，却显得很逼真的逸事：]

"还有一次，那个小家伙在晚饭时不见了，外面正下着一场雷雨，炽热的闪电在乌云中燃烧。房子里到处都不见他的踪影。每一声霹雳巨响，都会加重他父母的痛苦。最后，父母在离房子不远的地方，发现他在最高的一棵菩提树顶上，在一阵雷鸣声中，正准备从树上下来。'苍天在上，你在那里做什么？'父亲激动地喊道。'我想知道，'弗里茨回答，'天上的火是从哪来的！'"[1]

席勒一家在洛尔希住了整整三年，拮据度日。父亲虽然在为公爵效力，但在这段时间里，他连哪怕最低的薪俸也拿不到，只能靠他在战争时期的微薄积蓄生活。直到1768年，在以最令人印象深刻的方式向公爵请愿之后，他终于被通知离开他的招募官员职位，被调到路德维希堡驻地，在那里他一点点地挤出了拖欠已久的薪俸。

父亲调任后，首要关心的事是安排他九岁的儿子到路德维希堡的拉丁语学校读书。受洛尔希牧师家给自己留下的美好印象与父母显而易见的愿望影响，男孩已经决心从事牧师职业。在这件事办妥后，父亲最关切的事情便是确保儿子迅速取得令人满意的进步。但在这方面，尽管老师们对弗里茨非常满意，但他仍然永远无法达到父亲的期望。放学后，弗里茨并没有像人们期望的那样勤奋好学，相反，他喜

---

[1]. 原作者卡莱尔曾于本书第8页讲述过这一逸事，他的表述与绍佩的表述稍有不同。——编者注

欢在花园里蹦跳嬉戏。他的老师约翰·弗里德里希·雅恩是一位相当不错的拉丁语学者，然而他的语言教学枯燥乏味，不足以给这个聪明活泼的男孩留下特别迷人的印象，因此只是对父亲的崇敬与敬畏之心才驱使着他勤奋学习。

席勒最早完全保存下来的诗就是在这一时期写的。这是一首小小的赞美诗。在1769年元旦，还只有九岁的男孩向父母表达了新年祝福。它让我们有机会了解儿子对父母，特别是对父亲的看法。

我深爱的父母

我可亲可敬的父母，
今天我的心充满感激！
这一年愿仁慈的上帝不断
加大对你们一直以来的支持！

上帝，一切喜乐的泉源，
永远是你们的安慰，赐给你们应得的份额。
愿他的话语滋养你们心灵，
愿耶稣永远作为你们盼望的救世主。

我感谢你们所有爱的证明，
感谢你们所有的关爱和耐心，
我的心赞美你们所有的美德，
并时刻在你们的恩宠中得到安慰。

顺从、勤奋和温柔的爱

今年我保证向你们提供。

愿上帝赐给我良善的性情，

实现我所有的愿望！阿门。

约翰·弗里德里希·席勒

1769 年 1 月 1 日[1]

按照他们儿子虔诚的愿望，这一年，即 1769 年，确实给他们带来了一些"安慰"。席勒上尉一贯热爱乡村劳动，擅长园艺和苗圃事务，他在路德维希堡为自己设计布置了一个小苗圃。它是根据后来在他的著作《大规模苗木培育》（诺伊施特雷利茨，1795 年；第二版，吉森，1806 年）中阐明的原则来管理的，现在那里树木葱茏，一派欣欣向荣的景象。公爵注意到了这一点，表示很满意。1770 年，公爵派他去公爵美丽的森林城堡——斯图加特附近的索里图德，任命他为那里所有林木项目的总监。对这位积极向上、热爱生活的人来说，他的美梦

---

1. 德语原文如下：

    Herzgeliebte Eltern

    Eltern, die ich zärtlich ehre, | Mein Herz ist heut'voll Dankbarkeit! | Der treue Gott dies Jahr vermehre | Was Sie erquickt zu jeder Zeit!
    Der Herr, die Quelle aller Freude, | Verbleibe stets Ihr Trost und Theil; | Sein Wort sei Ihres Herzens Weide, | Und Jesus Ihr erwunschtes Heil.
    Ich dank'von alle Liebes-Proben | Von alle Sorgfalt und Geduld, | Mein Herz soll alle Güte loben, | Und trösten sich stets Ihrer Huld.
    Gehorsam, Fleiss und zarte Liebe | Verspreche ich auf dieses Jahr. | Der Herr schenk'mir nur gute Treibe, | Und mache all'mein Wunschen wahr.Amen.

    Johann Christoph Friedrich Schiller

    Den 1 Januarii Anno 1769

成真了，一个与他的技能和爱好相一致的工作领域向他敞开了大门。在索里图德，他遵照公爵的命令，为整个符腾堡建立了一个模范苗圃。他一丝不苟、高度忠诚地管理着苗圃，在这个职位上，他完全满足了公爵的期望，不久公爵晋升他为少校。

[他的余生一直在这个岗位上履行职责。据估计，他在此岗位上成功种植了六万棵树，全是从种子培育起的。]

1766年，在洛尔希，他的家庭增添了一名新成员——女儿路易丝。弗里茨的家人只在路德维希堡等待了一小段时间，父亲就把他们接到索里图德的新住处。在父母搬走后，弗里茨作为寄宿生被托付给了他真正的老师，严格的学究雅恩，并在路德维希堡的拉丁语学校读了两年。在这段时间里，这个活泼，也许有时也很调皮的男孩，受到最严格的管制。尽管父亲和老师不断告诫、规劝和采用体罚，试图纠正他，但他一点没有被压制或者被震慑住。例如，事实上，他更喜欢的是路德、保罗·格哈德[1]和盖勒特铿锵有力的《圣经》式的语言和虔诚的歌曲，而不是路德维希堡学院毫无生气的教义问答，这让古板保守的雅恩不时向忧心忡忡的父母哀叹，他们的儿子"对宗教毫无感情"。然而，在这方面，本来易怒的父亲很容易便对席勒满意了，因为他自己注意到了相反的趋势，更因为他对向他报告的一件小事进行了比较严格的调查。拉丁语学校的神学教师齐林教士（这个名字还被人轻蔑地记住了），曾经以他那迟钝的笨拙把《所罗门之歌》[2]作为培养要素引入他的课程。当他正以一种过时的方式，把它解释为基督教会

---

1. 保罗·格哈德（Paul Gerhard，1607—1676），德国宗教诗人。——译者注
2. 《所罗门之歌》（Solomon's Song），也译为《雅歌》，《圣经》中的一卷。——译者注

及其新郎基督的象征时，突然被可以清楚听到的小席勒的询问声打断了："但这首歌当时真的是唱给教会的吗？"这令他大吃一惊且怒不可遏。老席勒为这一鲁莽之举训斥这个小异教徒，小席勒一脸无辜地问道："教会真的有象牙吗？"父亲足够开明地接受了男孩的反抗行为，认为这是人类健全理智的自然表达，不仅如此，他几乎忍不住笑出声，迅速地转过身去，自言自语："它偶尔有狼的牙齿。"事情就这样解决了。[1]

在路德维希堡，席勒和克里斯多芬娜平生第一次亲眼见到剧院。当时公爵正热衷于追求辉煌壮丽之美，所以那里只上演浮夸的歌剧和芭蕾舞剧。他们喜欢上了戏剧。由此产生的第一个影响是，为了能频繁重温这种新的享受，弗里茨和姐姐在家里通过剪裁和折叠制作小纸娃娃来表现戏剧场景。对克里斯多芬娜来说，这些游戏的重要作用是在她很小的时候便唤醒并滋养了她的审美品位。在这些幼稚的消遣之后，席勒把姐姐视为可以分享诗歌梦想和最初尝试创作的诗歌作品的真正且忠实的同伴。他不断告诉姐姐他在卡尔学校（他于1773年入学，我们之后会讲到）秘密从事诗歌创作时所做的一切，而她在保守秘密这点上堪称完美。甚至可能的话，他还会和她一起表演自己的作品。在这种默契中，席勒和克里斯多芬娜一起表演了抒情轻歌剧《塞墨勒》[2]中的场景。该剧首次以完整的形式出现，是在席勒于1782年印刷出版的《选集》中。[3]

---

1. 绍佩，第18页。
2. 在古希腊神话中，塞墨勒是宙斯爱上的凡人情妇之一。赫拉因为嫉妒，唆使塞墨勒要求宙斯以神的面目出现。塞墨勒在见到宙斯真面目的那一刻，因为无法承受伴随主神出现的雷火而被烧死。——译者注
3. 绍佩，第109页。

1772年，弗里德里希于路德维希堡的拉丁语学校毕业，他将按照惯例进入四所初级修道院学校之一，进一步修完学业课程，从而成为一名符腾堡牧师。但由于之前有人向公爵提起过小席勒，说他是个聪明的男孩，所以公爵突然向席勒上尉提出，要把他的儿子招收进1771年公爵殿下在索里图德亲自创办的新式军事培训学校，席勒将在那里被免费抚养成人、培养成才。

这一提议在席勒家中引起极大震惊，并造成令人十分痛苦的尴尬局面。父亲为被迫牺牲自己的夙愿来迎合专制统治者的心血来潮而感到悲伤，儿子则发觉自己受到无情的伤害，因为他的希望与意愿被如此粗鲁地剥夺了。因此，尽管对这个家庭来说，拒绝公爵恩典似乎意味着无法想象的危险，但这位生性耿直的父亲还是大胆且明白晓畅地向公爵陈说下情——考虑到儿子自己的意愿以及迄今为止所受的教育，他本人一直以来都怀抱着让儿子献身于神职的心愿，但在新创办的培训学校，儿子无法为神职做好准备。公爵对席勒上尉的这一举措并不气恼，但也不打算让这样一位有前途的学生——自己的军官兼下属的儿子逃脱掌心。他只是简单地重复了他的愿望，并要求父母为孩子另择学业，指出男孩将因此拥有比神学更好的职业与前途。无论父母是否情愿，除了遵从公爵如此明确表达的意愿外，他们别无选择，因为这个家庭的安危利害都得仰仗公爵。

1773年1月17日，十四岁的弗里德里希·席勒进入了这所位于索里图德的军事培训学校。

第二年9月，席勒父母遵从该校的一项基本准则，认可并签署了一份书面法律协定：儿子进入公爵学校后，必须全身心效忠于符腾堡公爵；没有公爵的特别许可，他不得擅自离开学校；他必须尽最大的努力严格做到这一点，并遵守学校的一切规章制度。这项严格的法律协定一经签订，少年席勒就开始学习法理学。然而翌年，即1775年，培训学校升格为"军事学院"，并迁到斯图加特。也许是他自己做出的决定，也许是公爵与他的父亲面谈交涉的结果，他转而改学医学。

从席勒进入这所"卡尔学校"[官方称为"军事学院"]以来，他几乎完全脱离了父亲的管束。只有母亲和未成年的姐妹才有权探访他，而这只有在星期天才被准许。除此之外，卡尔学校的学生生活在僧侣般的小房间里，被铁门和哨兵切断了与家庭和世界的一切联系。这种与现实生活及其一切有益影响的严格隔离，还有该学校在排斥一切自由活动和一切自由意志之后加诸年轻人的精神约束，在儿子看来尤为可恨。父亲自己是一名老兵，因而在他眼中，年轻人受到严格的军事纪律约束并服从命令，是天经地义的。这使儿子充满怨恨且义愤填膺，终于导致他在《强盗》中带着革命精神充满诗意地爆发了，而父亲在卡尔学校只看到了有益身心的规则和不可或缺的严父管束的替代品。个别教师和长官的偶尔抱怨并没有扰乱父亲的想法，因为总的来说，官方对他儿子的评价一直都相当不错。公爵敏锐地注意到了少年席勒的才能，对他怀有特别的善意并且另眼相看。公爵擅长准确地辨别天资禀赋。某些老师抱怨席勒在法理学上进步缓慢，将之归因于他缺乏头脑。但在公爵看来，这样的抱怨毫无意义，他明确地回答："把那个学生交给我吧，他会有所成就的！"但席勒把他的主要精力用在卡尔学校严令禁止的事情即诗歌上。我认为，父亲对席勒的诗歌创作要么完全不知情，要么偶尔发现过一些不值得深究的迹象，但放过了它们，因为儿子并未因诗歌荒废在就业市场上适销对路的学科。

席勒上尉二十二岁时第一次随军远行，参加荷兰和奥地利的王位继承战争，他的儿子则在二十二岁这年，于1780年12月15日从卡尔学校毕业，并立即被任命为斯图加特的军团医生，月薪为23古尔登[约等于每月2英镑6先令，即每周11先令加一点零头]。随着这次任命，席勒公开地完全摆脱了所有家长的特别监护或指导，从这时起，席勒已独立地立足于社会，父亲开始像对待成年人一样对待他。如果父亲和同伴一起来到索里图德（正如父亲经常做的那样），父亲会受到席勒的热烈欢迎，他的目光常常带着明显的满足感长久地在席勒身上停留。如果这位兢兢业业、谨小慎微的老人听闻前程似锦的儿子在斯图加特为人处世时那些过度热情友好的事迹，凭借自身严肃且很有教育意义的生活经验，这位老人可能会产生各种焦虑和怀疑。尽管如此，他一定仍怀着喜悦的自豪感看待儿子，他看到那些同儿子一起毕业、风华正茂的卡尔学校的学生，都服膺儿子卓越超群的头脑而甘拜下风。当他注意到天才的儿子不断用深情的目光凝视着父母和姐妹时，他那颗不再年轻的心也一定会感到非常满足。[1]

［在席勒从卡尔学校解放出来，并被任命为军团外科医生之后，据说他在斯图加特最初的举止做派有些狂野，或更确切地说，他在那里的一般行为和生活方式有些过度了。他出于友善，甚至无关乎友善目的地大肆挥霍，其不良后果之一便是被卷入了许多不光彩的债务纠葛。标题为"（二）母亲"的下一部分将关注此问题。他的军医生涯加上在斯图加特的停留总共历时二十二个月。］

［下面这段对席勒外表的描述，来自席勒的一名老同学。这名老同学在时隔十八个月后作为奥杰军团的医生，在游行中再次见到席

---

1. 绍佩，第25页。

第四部分｜席勒的父母、童年和青春（1872版新增内容） 275

勒，以下是他对席勒的第一印象，他当时更多的是惊讶而非钦佩。］

"他穿着那件既呆板又无品位的老普鲁士制服。两边的太阳穴上都有三绺僵硬的发卷，就像用石膏做的那样。那顶小小的三角帽几乎不能盖住他的头顶；细长的脖子塞进一个很窄的马尾衬硬领圈里，显得那条长长的辫子更粗了；毡子垫在白色防泥护腿的下面，有擦鞋留下的污渍，强塞进紧身的马裤里，使小腿的直径变得比大腿还大。他几乎或者根本不能屈膝，整个人行动起来就像一只鹳。"

"诗人的外表"，［这位有点儿像半吊子艺术家的目击者在其他场合说］"大致如下：高高而笔挺的身材；长长的腿，长长的手臂；鸡胸[1]；他的脖子很长，特别僵硬；步法和仪态毫无优雅可言。他的额头很宽，鼻子瘦削，软骨质，呈白色，以明显的尖锐角度向前凸起，弯弯的。他的鹰钩鼻的鼻头非常尖（根据雕塑家丹内克[2]的说法，有吸鼻烟习惯的席勒，是用手把鼻子拉成这个角度的）[3]。那双深陷的深灰色眼睛上的红眉毛，向下弯得太多，快与鼻子连在一起了，使他有一种忧伤的神情。嘴唇很薄，充满活力。下唇突出，仿佛是受他情感的鼓舞而向前突出的。下巴强壮。脸颊苍白，凹陷而不丰满，有很多雀斑。眼睑有点红肿。浓密的头发为深红色。整个头部与其说像人类不如说像幽灵，但即使在休息时也令人印象深刻，而当席勒慷慨陈词时，所有表情都会给人留下深刻印象。无论是他的五官还是尖细的声音，他

---

1. 鸡胸是一种表现为胸骨前凸的畸形。一般除胸壁突出外，多数患者并无其他表现，但严重者会表现出心、肺功能不全。——译者注
2. 海因里希·丹内克（Heinrich Dannecker，1758—1841），德国雕塑家。他曾在斯图加特的卡尔学校学习。后来，他回到斯图加特担任卡尔学院的教授。他于1794年为席勒制作的半身像十分知名。——译者注
3. 括号中的语句来源不明，疑为作者卡莱尔所加。——编者注

都无法控制。丹内克"，[爱挖苦人的目击者补充说]"为我们用大理石雕出这个脑袋，真是个不可思议的壮举"。[1]

《强盗》[1781年秋]的出版——在愤怒与绝望交织的情绪的驱使下，席勒在卡尔学院的种种束缚中完成该剧本的创作——使他一跃成为斯图加特万众瞩目的奇才。几个月前，他在发表《为一位青年之死而作的哀歌》后，无意中夸张地对一位朋友说："这件事使我在这里的名气比行医二十年还要更胜一筹，但这个名气就好比焚毁以弗所神殿[2]的恶名一样。上帝保佑，我是罪人！"现在我们可以毫不含糊地说，这便是他的《强盗》给斯图加特与世无争的市民留下的印象。但是席勒的父亲最初如何接受儿子创作的这部向一切现有秩序公开宣战的古怪作品呢？当一幅不加掩饰的浪子画卷在他面前展开时，震惊与恐惧、愤怒与憎恶、无限的焦虑，加之些许的钦佩与骄傲，在这位诚实笃信的父亲内心交替掀起阵阵狂澜，他不得不凝睇望向最令人厌恶的激情与罪恶的深渊。然而，这部狂野戏剧中的情节具有不寻常的活力，他觉得自己无法抗拒地被一路拖拽，强烈地被其中表现出的深沉、温柔和饱满的真实情感吸引。因此，最终，在他那些矛盾的情感中，对儿子大胆而美好的灵魂怀有的旗帜鲜明的热爱占据了上风。席勒的朋友，还有与他关系亲近的人，当然特别是他的母亲和姐妹，尽一切努力维持父亲这种良好的心态，小心地瞒过他有关这部戏剧及其后果和实际效果的一切不利或令人不安的消息。于是，他频

---

1. 施瓦布，《席勒传》（斯图加特，1841年），第68页。
2. 以弗所神殿，指位于土耳其以弗所的阿耳忒弥斯神庙。据记载，阿耳忒弥斯神庙被一个叫赫罗斯特刺托斯的年轻人烧毁，后者的动机是希望自己的名字能永载史册。后来人们用赫罗斯特刺托斯来指代那些为了追求名声而不择手段、犯下暴行的人。——译者注

繁听到，《强盗》在德国各地引起强烈骚动和反响，他听说迷人的赞誉源源不断向年轻的诗人涌来，有的甚至来自遥远的省份。但他未曾耳闻儿子得罪并触怒公爵（《强盗》对公爵来说是一部可怕的作品），也未曾听闻儿子秘密前往曼海姆以及由此带来的后果［他的短暂被捕］，也未曾听到某些人恶毒散布的谣言，即这位年轻的医生不安心于医学本职工作，打算当戏剧演员。在如此情形之下，这位老人怎么会想到《强盗》将导致他可怜的弗里茨背井离乡，父子会骨肉分离呢！但后果的确如此。

尽管专横的君主暗自为他的学生声名鹊起而欣喜，但由于受到各种报信、告密和含沙射影的刺激，公爵无论如何也不能被说服以撤销或缓和他严厉的命令，即"从今以后严厉禁止诗人写诗，或者与外国人［即非符腾堡人］进行任何与此有关的沟通交流，违者以军事监禁论处"。

［席勒尝试各种办法，试图退役和离开施瓦本地区，但一切皆为徒劳，这种请求只会招致新的更尖锐的谴责与更严厉的威胁，而舒巴特在霍恩阿斯佩尔格的悲惨命运[1]是一个可疑的前车之鉴。］

年轻人坚强的灵魂渐渐成熟，他决心彻底逃离专制的符腾堡，冲破束缚他天才的这些令人讨厌的羁绊。在一个更友好的国家，他将为自己争取到自由，因为如果没有自由他的精神就无法发展。他只把自己的秘密告诉给一位朋友，一位为他几乎是忘我奉献的密友。这位密友就是斯图加特的约翰·安德烈亚斯·施特莱歇尔，他本打算来年

---

1. 参见附录二。

去汉堡，在巴赫[1]的指导下学习音乐，但他表示自己愿意陪同席勒逃离符腾堡。鉴于形势危急，他甚至愿意同席勒立即出逃。除了这位值得信赖的朋友，席勒还把自己的计划单独告诉了姐姐克里斯多芬娜。她不仅赞同这一令人悲伤的举措，而且承诺做好母亲的工作。这件事自然必须对父亲保密，更何况，如果需要的话，父亲可以用军人的名义保证，他对儿子的意图毫不知情。

曼海姆剧院经理的妻子，迈尔夫人，是斯图加特本地人。她和施特莱歇尔一起陪同席勒出城，最后一次拜访索里图德，最后再看一眼这座城堡和那里挚爱的亲人。席勒尤其希望能借机安抚一下他的母亲。他们徒步而行，在路上席勒不停谈论曼海姆剧院及其相关事务，没有向迈尔夫人泄露他的秘密。父亲以坦率的喜悦接待了这些受欢迎的客人，将起初让人相当尴尬的谈话转到一个令人愉快的话题，兴高采烈地向客人娓娓道来 9 月 17 日将在索里图德举行的盛大游乐活动、戏剧和彩灯表演，这场表演是为欢迎俄国储君，即后来的沙皇保罗[2]，和他的新娘，即符腾堡公爵的侄女举办的。可怜母亲的心情则完全相反，当她看到儿子充满悲伤的眼睛时，她差点儿就要暴露自己，因激动而无法讲话。施特莱歇尔分散了老席勒的注意力，再加上老席勒与另一位陌生客人也相谈甚欢，使母子二人得以不被察觉地迅速脱身。过了一个钟头光景，席勒才独自一人重新出现在众人面前。无论是这种特殊情形还是席勒脸上的异样表情，都未能引起谈兴正浓的父亲注意。但施特莱歇尔敏锐地注意到，席勒那有点湿润发红的眼睛流露出

---

1. 指的是德国音乐家塞巴斯蒂安·巴赫之子，伊曼努尔·巴赫（Emanuel Bach）。——编者注
2. 沙皇保罗（Czar Paul, 1754—1801），即保罗一世，俄罗斯帝国皇帝。

离别的痛苦。在返回斯图加特的路上，三人闲谈着，席勒逐渐恢复平静，心情慢慢变得愉快起来。

17号午夜时分，在逃亡的路上，离别时刻的痛苦悲伤再次回到席勒的心头。实际上，正是这些迎接俄国人的庆祝活动，帮助年轻人确定了出逃时间和计划，他们的逃离计划在喧闹嘈杂环境的掩护下幸运地顺利实施。在这一天的午夜，索里图德及其周围的一切都闪耀着灿烂的光芒，一辆来自斯图加特的简陋车辆从那里经过，几乎与隆重庆典擦肩而过。车上坐着逃亡中的诗人和他患难与共的朋友。席勒向朋友指了指父母住的地方，发出轻声的叹息，之后他悲伤地哀叹："哦，我的母亲！"然后倒在座位上。

［曼海姆，他们逃亡的目的地，在由另一个君主统治的巴登－巴登，位于斯图加特西北大约80英里。他们沉闷的旅程持续了两天，直到第二天深夜才抵达。他们俩的钱加起来总共51古尔登——席勒23，施特莱歇尔28（大约是5英镑6先令）。施特莱歇尔随后又向家里要了3英镑多的钱。这似乎便是他们的全部家当。[1]］

父亲终于明白过来，儿子撕毁了家长签订的那份书面法律协定，逃脱了为公爵效忠的义务，他对此异常惊讶，怒不可遏。他完全有理由对如此轻率举动造成的沉重后果感到恐惧，数不清的苦恼与焦虑折磨着这位可敬的老人。公爵会不会一怒之下彻底毁掉这个家庭的幸福生活？要知道他们全家人的生活都只能靠他微薄的职务薪俸来勉强维系。如果儿子在逃亡中被捕，或者如果他被按照公爵的要求遣送回

---

1. 施瓦布，《席勒传》。

来，那么儿子要面对怎样的命运呢？这两种情况都并非不可能发生。毋庸置疑，席勒一家原本平静的天空升起杀气腾腾的雷雨云，随时都有可能在电闪雷鸣中给他们带来毁灭的命运。

然而，这件事在还算幸运的平静中不了了之。虽然公爵对此愤懑不平，但他并没有追究，不管出于何种动机或者考虑。也许是因为公爵想在高贵的亲属面前表现出那种节庆日子里明媚无比的好心情，也许是因为逃亡者书信中表现出的那种高尚的坦诚。为了拯救他的家人，席勒在抵达曼海姆后立即寄出了充满敬意的书信，向他尊贵的老师解释了不辞而别的必要性。当然还有可能是因为，公爵怀着傲慢的期望，认为这位学生日后的飞黄腾达可能为他和他的卡尔学校带来荣耀。但不管因为什么，毋庸赘言，公爵并没有对诗人，更不必说他的家人，采取敌对的措施。当席勒上尉发觉自己从这最令人沮丧的焦虑中解脱出来时，他松了一口气，但他受伤的心仍然忍受着刺痛的煎熬。他的军人荣誉感受到极大的伤害，因为他考虑到如今别人可能会将他的儿子视作逃兵。此外，这种自我流放的未来看起来是如此飘摇不定、风险巨大，却很难找到理由来承担它。然而，逐渐地，他不再责怨儿子，而是为儿子的不幸命运担忧焦虑。他的儿子将面临各种矛盾和困难，因为儿子缺失可保自在生活的稳固可靠的地位。

事实上，身在曼海姆的席勒确实发现自己处于一个糟糕而艰难的境地。著名的曼海姆剧院总监，声名显赫的帝国男爵冯·达尔贝格，自从席勒的《强盗》出版以来，一直与席勒保持密切的通信往来，但是当席勒本人来到曼海姆后，他便退缩了，把诗人当成一个政治逃犯，与他保持距离，让他自生自灭。席勒向达尔贝格坦率地解释了自己的经济困境，恳求他借给自己 300 古尔登［约 30 英镑］，用以偿还一笔很紧迫的债务。他还需要这笔钱维持生计，使他能设法在陌生的环境下挣扎着开启新的生活，但他的请求是徒劳的。达尔贝格退回了席勒之前寄来的新作——共和主义的悲剧《斐耶斯科的谋叛》，并声明他不会为目前这种形式的《斐耶斯科的谋叛》预付任何酬金，这个剧本必须首先进行结构性的修改以适应舞台演出需要。这位本来如此热情奔放、活力四射和充满希望的诗人毫无怨言地着手对剧本进行结构性的修改，在此期间完全依赖忠实的施特莱歇尔在旅途中节省下来的一点钱生活，两人艰难地相依为命。

［这位好心的施特莱歇尔后来境况如何呢？我对此进行了大量的探询，但收效甚微。在他们的旅费全部耗尽之后，席勒和他不得不各奔东西。我们很快会看到，席勒投奔鲍尔巴赫庄园避难，施特莱歇尔继续留在曼海姆。虽然两人再也没有一同租房居住，但是施特莱歇尔仍然陪伴于席勒左右，热心不减、日日夜夜、竭尽所能为他服务，直到两年后，席勒离开曼海姆前往莱比锡，他们才最终分开。从此，他们再未见面。在曼海姆，施特莱歇尔似乎是以他的音乐才能为生，并以这种身份与剧院有着某种联系。这一切对我来说都模糊不清，类似地，他之后的斗转星移、冒险奇遇和人生浮沉对我来说也是未知的。他在席勒去世后仍然活了很久，在两人的曼海姆困厄岁月过去至少五十年后，他写了本关于席勒的充满感情和幸福回忆的书。尽管传记作家施瓦布时不时摘录其中片段，我却没能查到这本书的确切标题。他对席勒的感情本质上属于崇拜，是永恒不变的崇拜，这种感情很可能是可怜的施特莱歇尔的生活中的一抹阳光。1784年于曼海姆最后一别之后，席勒在他的作品或书信中从未提到过施特莱歇尔。］

在两个朋友生活特别困窘的关头，席勒不得不卖掉手表，当时他们已经靠举债度日达数星期之久。从达尔贝格那里传来了令人无奈的消息，即使《斐耶斯科的谋叛》经过结构性的修改，剧院仍不会采用它，当然，更不可能为它付钱。席勒当即做出决定，他去找了值得尊敬的书商施万。[他们之间已经建立了互相信任，甚至是融洽的关系。]席勒把自己的手稿以每页1个金路易[1]的价格卖给了施万。同时，他也意识到离开曼海姆的必要性，并在萨克森找到了一个新的避难所。他意识到自己继续留在此地，不仅对他本人很危险，而且有可能给自己的朋友们带来牢狱之灾，因为虽说符腾堡公爵对他并无敌意，他在索里图德的家人也未受到打扰，但冲动的君主随时都有可能心血来潮把他关进监狱。席勒寻求安全藏身之所的欲望越来越强烈，在那里他可以平静地实施他的诗歌创作计划，追求他的文学事业。此时他突然开始重新考虑一个一度被搁置的早期计划。

在斯图加特时，他结识了威廉·冯·沃尔措根，即后来他的连襟[席勒妻子的姐姐的丈夫]，他和三个兄弟都是席勒在卡尔学校的校友。事实上，在读书期间，沃尔措根比席勒小几岁，因而二人接触不多，关系并不密切。但如今，随着《强盗》的问世，沃尔措根对广受赞誉的诗人怀有友好而热烈的感情，他与席勒的亲密接触也进一步影响到了他的母亲，使她也对席勒的命运表示深切而热忱的同情。她丧夫守寡，为了她的四个儿子，经常住在斯图加特。席勒之前曾带着纯粹的孩童般的信任，向这位可亲可敬的女士透露了自己的秘密，并且在他被捕后（他秘密前往曼海姆带来的痛苦后果），向她说出了他

---

1. 法国金币名。1金路易=24里佛尔=24法郎。——译者注

逃跑的意图。冯·沃尔措根夫人在朋友的命运问题上无所畏惧，于是当时她主动提出让他到迈宁根附近的鲍尔巴赫家族宅邸避难。席勒也曾想过逃奔那里，然而后来他被虚假的希望欺骗，改变了初衷。现在他立刻写信给斯图加特，并向冯·沃尔措根夫人明确表示，他希望在"一段时间内避居鲍尔巴赫"。众所周知，对于席勒的这一愿望，冯·沃尔措根夫人热情诚恳地表示赞同。

在离开曼海姆之前，席勒无法抗拒想再一次见到父母的强烈渴望。于是，1782年11月19日，他怀着极度兴奋的心情匆匆忙忙写了一封家书：

最优秀的父母，我此时在曼海姆，五天后就要永远离开这里。我希望能够和你们会面，从而了却一个心愿。今天是19号，你们会在21号收到这封信。因此，假如你们毫不耽搁地（这是必须的）离开斯图加特，你们将在22号到达布雷滕的驿站，那里离曼海姆大约还有一半的路程，你们将在驿站找到我。我想，妈妈和克里斯多芬娜来的时候，最好以去路德维希堡拜访沃尔措根为借口。带上菲舍林夫人〔一个上厨的遗孀，名字叫劳拉，席勒在斯图加特时最后租住的是她的房子。〕以及沃尔措根一起来，因为我想和他们俩都谈谈，也许这是最后一次我和他们交谈了，不过沃尔措根除外。我会给你们1个卡罗林[1]作旅费，但要等我在布雷滕见到你们。要是我的

---

1. 卡罗林（Karolin），德语中又名Carolin，德国历史上的一种货币单位。它的重量和面值在不同时期和不同地区有所不同。（可能是出于保留德语原文的考虑，卡莱尔在提及这一货币单位时将首字母大写，但他提及其他德国的货币单位时通常将首字母小写。本书注释中的处理方式一律遵从原文，以反映作者的写作习惯。——编者注）——译者注

祈祷迅速实现，我就能知道你们是否依然爱我，

你们永远心存感激的儿子
席勒

［鲍尔巴赫或迈宁根位于曼海姆东北约 120 英里，从斯图加特出发则需要一直往北走差不多相同的路程。布雷滕是"建在一座小山上的小镇，被誉为梅兰希通的出生地，他父亲的房子仍然矗立在那里"，它位于曼海姆东南 35 英里，位于斯图加特西北 35 英里。从这个意义上说，从曼海姆出发到布雷滕再去迈宁根，根本不顺路，虽然直线距离只多几英里。席勒的计划是，在这次暖心的会面之后，立刻向左转，从布雷滕取道直奔迈宁根。席勒可怜的几尼[1]（卡罗林）[2]在这种情况下没派上用场，因为在布雷滕的会合被认为对斯图加特这一边来说是不可能的或者不方便的。我们的作者[3]继续写道：］

虽然这个可爱的儿子兼兄弟愿意为之花光最后一分钱的会面没有成为现实，但这种从书信的字里行间以及写信目的本身中明显流露出的悲哀渴望以及和解情愫，一定对父亲的内心有所触动。因此，1782 年 12 月 8 日，老席勒在儿子到达鲍尔巴赫的第二天，写信给曼海姆的书商施万："我在这里没有注意到公爵殿下有任何想要搜查和起诉我儿子的迹象。我儿子在这里的职位早就被他人占据了，这显然表明，他们已经用不着他了。"这封给施万的信的结尾的几句话，很符合老席勒的风格："我的儿子不顾真正朋友的忠告而不合时宜地离开，使

---

1. 几尼（guinea），英国历史上使用过的货币单位之一。——译者注
2. 在这里，作者为方便英国读者理解，将德语原文中的 Karolin 替换为了英国货币单位 guinea，并在括号中补注了德语原文。——编者注
3. 指绍佩。——编者注

自己陷入了这种困难的境遇。当他经历苦痛时，他的身心却会大受裨益，从而使他在未来变得更有智慧。不过，我并不担心他会遭受现实生活中的物质匮乏之苦，因为如果真出现这种情况，我会觉得自己有必要伸出援手。"

事实上，席勒避居鲍尔巴赫期间，的确有一两次从父亲那里得到小小的资助，信中父亲每次都认真严肃又并不过多地对他进行劝告，要他更加节俭，在花钱上更加谨慎，因为，量入为出精打细算，正如席勒自己所说，是他"根本不具备的才能"。他说："我创作一部情节完整的五幕戏剧所花的时间，要少于我安顿好一周内的家务耗费的时间。"这种时候，写信给席勒的从来不是父亲本人，永远都是受父亲委托的克里斯多芬娜。另一方面，席勒也从不冒险直接写信给父亲，因为他很清楚地感到，在父亲的眼里，他一直未能做出任何事情来证明他的逃跑是正当的。同样，在1782年12月8日，他写信给出版商施万："如果您能加快我的《斐耶斯科的谋叛》的印刷出版速度，我将不胜感激。您知道，正是因为符腾堡禁止我从事创作，我才不得不离开符腾堡。如果我在这里而不让我的祖国很快听到我的消息，他们会说我采取的行动是毫无意义的，并没有真正的动机。"

席勒在鲍尔巴赫住了大约八个月，化名里特博士，谁也不认识他。只有迈宁根的宫廷图书管理员莱因瓦尔德[1]受到沃尔措根夫人的信任，被告知这位神秘陌生人的姓名和真实情况。他成为席勒可以信赖的朋友，[我们将会看到]他之后还成了席勒的姐夫。席勒在这里的大部分时间，都用于戏剧创作、事业和梦想。经过这些努力，他于1783年2

---

1. 威廉·莱因瓦尔德（Wilhelm Reinwald, 1737—1815），席勒的好友，后来与席勒的姐姐克里斯多芬娜结婚。——编者注

月完成他的第三部戏剧——市民悲剧《路易丝·米勒琳》[1]，或称《阴谋与爱情》，并确定唐·卡洛斯为新的悲剧的题材。同时，在过去这八个月里，许多原因促使席勒决定离开他的避难所，重新回到曼海姆。当时席勒心中充满了对夏洛蒂·冯·沃尔措根的一厢情愿的依恋之情，因此无论是对于冯·沃尔措根夫人和她的女儿，还是对席勒本人，这一决定都是十分可取的。正是冯·沃尔措根夫人建议他去曼海姆，以便在短时间内与达尔贝格达成明确的协议，此时达尔贝格又开始与席勒通信往来。因此，1783年7月，席勒匆忙告别他孤寂凄清，此时却又无比心爱的住处，而且，与痴心希望相反的是，他此后再也没有见过它。

1783年9月，他与达尔贝格交涉完毕，达成协议。他被任命为曼海姆剧院的戏剧诗人，固定年薪500古尔登［约50英镑］。用他自己的话来说，通过这种方式，他获得了逐渐偿清一大部分债务的机会，这样他终于可以从致命的旋涡中解脱出来，继续做一个诚实的人。此外，他现在觉得自己可以比较镇静地出现在家人面前了。他立刻又开始与父母定期通信。席勒上尉主动给达尔贝格男爵本人写了一封拘泥刻板但又真诚恳切的信，非常谦恭地感谢这位好心的贵族给予他可怜的儿子的恩惠，并请求达尔贝格给予一个更为特别的恩惠——大发慈悲地指定一位真正的朋友给这名当时缺乏经验的年轻人，帮助他料理家务，并在道德修养方面成为他的导师！

不久，一场间歇性的发烧使诗人一病不起，导致他在五周以上的时间里丧失了脑力劳动能力。甚至到第二年6月，这种病还没有完全

---

1. 原文为 *Louise Miller*，即德语中的 *Louise Millerin*。——编者注

治愈。访友社交、各种各样的娱乐，最重要的是急于想要恢复工作的尝试，耽误了他的治疗，因此他的父亲有百分之百的权利指出，席勒本人在这件事上最应受到指责："你［德语原文为 Er，意为"他"，这是那个时代对仆人和孩子讲话时常用的一种口吻］整整八个月一直处于间歇性的发烧状态，对你这个医学出身的人来说，这无疑并非什么光荣的事。如果病人像你这样无视医生关于饮食和养生的要求，你一定会义正词严，严厉地谴责他！"

在 1783 年秋天，饱尝思念之苦的席勒无法抑制再次见到亲人的冲动，他一再向父亲表示，他非常希望能在曼海姆或者符腾堡边界以外的某个地方见面。然而，这一计划的实现，存在无法克服的障碍。母亲正在病中，父亲作为军人行动受到限制，而且他家人一贯严格地简朴且节省。于是父亲向他建议，他，弗里德里希，或者本人或者通过作为上尉的父亲，应当向卡尔公爵殿下提出申请，请求公爵允许他回到自己的祖国和亲人身边。由于席勒没有做出答复，克里斯多芬娜一次又一次迫切向他重复父亲的建议。席勒冒着再次激怒父亲的风险，在 1784 年 1 月 1 日给克里斯多芬娜的回信中，做出坚决果断的声明。在他被迫逃离符腾堡之后，如果他在还未与其他君主建立联系，还未获得身份与稳定持久的经济来源的情况下，就贸然再次在符腾堡露面，那么他的荣誉将会受到严重损害。"就算我的父亲，"他接着说出拒绝的理由，"以他的名字来请愿，也对我没有任何帮助。只要我不能清楚地表明，我不再需要符腾堡公爵，每一个人都会立刻怀疑在这次通过请愿（无论是由我自己还是由另一个人发起，实质上都一样）获得的回归中隐藏着再次回符腾堡定居的渴望。姐姐，你好好考虑一下这些情形吧。你兄弟的幸福，可能因草率地处理这件事而遭受无法平复的创伤。大部分德国人都知道我和你们公爵的关系以及我离开他的方式。人们因为关心我而得罪了公爵。我的整个未来命运都仰仗公众的尊敬,如果人们怀疑我寻求回归故国,如果人们怀疑我所处的情势迫使我对过去的行为感到后悔,如果人们怀疑我在这广阔的世界里寻求的支持已经消失,所以不得不在出生地重新寻求支持,那么公众对我的尊敬将会受到多么可怕的影响,我的声誉将会一落千丈!如果我一事无成,我在强行离开中表现出来的那种坦率的男子汉气概,就会被称为幼稚的哗变,愚蠢而无力的咆哮。对亲人的爱、对祖国的向往,也许会使个别坦率的人在心里原谅我,但是世界却不以为然。"

"另外,假如父亲执意要这样做,我无法阻止他。我只对你说一点,姐姐,即使公爵准许,我也不会在符腾堡地面上现身,除非我至少博得一些声名(为此我将积极努力)。而如果公爵拒绝,我将无法控制住自己报复这种侮辱的冲动,必定会做出一些公开的愚蠢行为,会在报刊上发表言论回击。"

向公爵提出的请愿书并没有被起草,席勒的父亲在这件事上克制住了自己的愤怒,因为他只要再仔细考虑一下儿子对这一计划表示反感的理由,就不可能完全反对儿子了。然而,他并没有向席勒隐瞒这样一个坚定的愿望:席勒应设法接近公爵。无论如何,他,席勒的父亲,"希望他们的离别不会永远持续下去。最终,他也许还能活着看到唯一的儿子再次回到他的身边"。

在曼海姆,尽管席勒努力想要明智地管理个人财务,但他的财务状况不但没有起色,反而每况愈下。因为他的社会交往中有众多小开销,他总是入不敷出。他的钱常常用到所剩无几,以至于第二天连维持生活的钱都没有。因为他父亲收入微薄,一年还不到40英镑,所以他根本指望不上家里的援助。此外，在这一点上，父亲已经表明了态度。"父母和姐妹们，"老席勒说，"在必要的情况下，既有权利也有信心期待一位儿子和兄弟的帮助与支持。"诗人原本已在经济上捉襟见肘，雪上加霜的是，突然有几个斯图加特的秘密债主要求他立即还款。于是，席勒上尉很快接连收到来自儿子的两张汇票，一张要求他偿付 10 英镑，另一张 5 英镑，这使他大为惊恐。经过认真考虑，上尉决定出钱帮忙清偿这两笔债务，但他写信给儿子说，这样做只是为了不打扰儿子的工作。他满怀信心地期待，儿子会对可怜的姐妹们和她们的那份财产心存敬意，不再使老父亲陷于危难。

但是席勒在斯图加特还有一些父亲并不知道的债务。他受着债主的催逼，却只能偿还两张汇票中较小的那笔。因此，这位可敬的父亲，被迫用省下来为女儿们添置衣服的积蓄，来支付金额更大的那笔，即 10 英镑。于是，他严厉责备不知好歹的儿子，在给他的信中写道："只要你，我的儿子，依旧把你的财务规划建立在那些还未到手，因此受制于变数和意外的钱财上，你就会继续陷入这种混乱的尴尬。此外，只要你还想着，'反正这个古尔登或巴岑[1][先令或法寻[2]]也解决不了问题'，你的债务便永远不会减少。我曾经感到悲哀的是，你在完成繁重的脑力劳动之后，却不能够与其他优秀的人在一起消遣放松。但是，倘若休闲的日子比工作的日子多，那肯定不会有好结果。最优秀的儿子，你在鲍尔巴赫的生活属于后者。所以才会有

---

1. 巴岑（batzen），德国曾经使用过的一种硬币。——译者注
2. 法寻（farthing），英国曾经使用、现已废弃的小面值货币单位，在当时值 0.25 便士。——编者注

这些泪水[1]！你现在正为此受苦，而这并非偶然。你此时所处的困窘境地实在是上天的安排，要引导你摆脱对自身力量的过分信赖，让你心存善念并且悔悟。你可以抛开一切任性，多听听你父亲和其他真正朋友的忠告，必须以应有的尊重和礼貌来接待每一个人，要更加深信我们最仁慈的公爵之所以提出他的限制性方案，是为你着想。如果你照办并继续留在你的国家，你的处境和前途现在就都好了。多少次，我发现你任性的情绪使最忠实的朋友都难以忍受你。你生硬的态度使那些原本心怀好意的人避开你。例如，我派我杰出的老朋友，中级行政官克拉默先生，从施派尔附近的阿尔特多夫出发去看你。去年年底的时候，他刚刚来到尊敬的施万先生这里。我让他去找你，虽然我的信给了你这么好的一个机会去获得这位尊贵、理性且有影响力的人（他没有自己的孩子）的好感，看看他是否可能会帮助你，但是你接待他时，却非常冷淡和吝啬。我认为，下一次有机会的时候，你会好好表现，设法弥补你的过失。"

与此同时，老人一再敦促他重返医学领域，去海德堡大学深造。"在德国，一个戏剧诗人，"他表示，"不过是一盏小灯。而他，我的儿子，虽已出版三部作品，却仍立足未稳。将来的作品又会如何呢？它们可能影响力还不如从前！另一方面，医生职业会给他带来稳定的收入和声誉。"——事实上，席勒本人也决定听从父亲弃文从医的忠告。但是，这个计划和其他计划一样，虽然席勒会不时尝试，却总是因缺钱不了了之。

在这些令人痛苦的阻挠、屈辱和尴尬之中，席勒也有许多愉快的

---

1. "所以才会有这些泪水"（Hinc illae lacrimae），原文为拉丁语。——编者注

经历，对此就连他的父亲也并非全然无动于衷。其中包括，他被接纳为今年[1]的普法尔茨选帝领德意志协会成员。他自己认为这对他的事业来说是迈出了一大步。随后在3月[2]，他的第三部作品《阴谋与爱情》被搬上舞台，赢得了暴风雨般的掌声。父亲来信，告诉席勒自己已收到《阴谋与爱情》，并写道："我没有告诉任何人，我拥有一本你新出版的悲剧，因为我不敢让别人看出我很喜欢这里面的某些片段。"尽管如此，正如当初的《强盗》，这部悲剧也在斯图加特上演了，反响热烈，好评如潮。这时，喜事连连的席勒迸发出新的灵感，着手创作《唐·卡洛斯》。随着这项工作愉快地进行下去，他变得更加自信，视野和前景也越来越开阔。从此以后，外在生活的困厄难堪对他来说将只是暂时的。

然而，不久，突然发生一件意想不到的事，令他痛苦不堪。在极度激动与痛苦的时刻，他向父亲提出无理的要求，父亲拒绝了，他指责父亲，这使父亲的感情受到莫大伤害。他在斯图加特的一个主要担保人，在债主们的严厉催逼下逃跑，逃出斯图加特，后来在曼海姆被逮捕关进监狱。如果此人不立即被释放，席勒的名誉和良心的安宁便会受到威胁。因此，在他的（确切地说，是施特莱歇尔的）房东，即建筑师赫尔策尔能够凑齐所需的300古尔登并救出这位不幸的朋友之前，这位近乎绝望的诗人写信给家人，向父亲乞求那笔必不可少的钱。在遭到父亲断然拒绝之后，他给父亲写了一封很不孝的信。过了七个星期，父亲才回信。为了纪念席勒忠厚诚实的父亲，以及他身为一个男子汉体贴公正的品格，在这里有必要附上这封信。

---

1. 即1784年。
2. 《阴谋与爱情》的首演是在1784年4月，本书此处似有讹误。——编者注

"我非常不愿意，"他写道，"去回复你去年于 11 月 21 日写来的最后一封信。我最好从未读过这封信，而不用像现在这样重温其中的苦涩。你不仅在信的开头就毫无道理地责备我，好像我能也应该为你筹得 300 古尔登似的，你还令人痛苦地责怪我对此向你询问详细情况。亲爱的儿子，现在，一个好父亲和儿子之间的关系陷入了这样的困境。儿子虽然拥有各种天赋才能，但从是否真正伟大以及是否内心平静知足的角度判断，却大错特错且误入歧途。之前，儿子将父亲出于爱、出于关心、出于自己的经验，一心只为儿子好所说的话，视作对自己的伤害。儿子永远不能认为自己这样误解父亲是情有可原的。至于那 300 古尔登，唉，凡是知道我在这里的处境的人，都知道我此时此刻连 50 古尔登都没有，更不用说 300 古尔登了。我要是借这么一笔款子给我儿子，他给了我那么多许诺，而实际做的却那么少，同时我还要让其他孩子为此处于更为不利的境况，那么我一定是一位绝对不公平的父亲。"接着老人话锋一转，跟他说起一件家庭私事。席勒曾直接或通过别人提到他的姐姐克里斯多芬娜和他的朋友迈宁根宫廷图书管理员莱因瓦尔德的婚事，他以一种怀疑的态度表达了自己的看法，因此这件事也被耽搁下来，迟迟不决。他的父亲告诉他：

现在，关于你姐姐，我有几句话要说。由于你，我的儿子，曾或直接或通过冯·卡尔普夫人表明，莱因瓦尔德会在一定程度上阻止我和你的姐姐按照我们预期的方式咨询和协商，因此这一事件似乎已经在一定程度上出现倒退，莱因瓦尔德过去两个月连一个字都没有写来。我的儿子，你阻挠这门并非不适合你姐姐的年龄和拮据经济条件的婚事，是否妥当，只有预知未来的上帝，才会知道，因为我现在已经六十一岁了，死后不会留下什么遗产。而你，我的儿子，无论你可以多么幸运地实现你的愿望，你都将不得不奋斗多年，才能摆脱目前的困境，自己才会妥善地安定下来。在那之后，你自己可能要结婚，你就得考虑自己的利益，而不能再为你姐妹们的利益操心了。总的来说，如果克里斯多芬娜能够成婚，那也不是什么坏事。她显然很尊重莱因瓦尔德，她一定会适应他的生活方式和他的为人。感谢上帝，她还没有野心，还没有追求大事的愿望，还能随遇而安。

[尽管席勒心存疑虑，但姐姐与莱因瓦尔德的婚礼还是不久就举行了。倘若克里斯多芬娜并非妇女的典范，那么他们的婚姻将会结局悲惨，伤害涉及的所有人。]

在这些事件之后，席勒竭尽全力摆脱沉重的债务负担，并达到父母为他规定的目标，即安身立命和稳定的生活方式。有两件事为他带来了无穷的活力，并照亮了他的前景。其一是他与优秀的科尔纳建立了亲密友谊，那是在1784年6月。在科尔纳身上，他不仅找到了生活中第一位帮他改善外部命运的人，而且找到了从来没有过的志趣相投的真诚朋友。第二，他结识了魏玛公国的君主卡尔·奥古斯特公爵，这决定了他未来的命运。公爵在达姆施塔特的宫廷里听这位诗人朗诵了《唐·卡洛斯》的第一幕之后，与他促膝长谈，尔后正式授予他宫廷顾问的头衔。与一位高贵的德国王公的新关系使他在未来有了一定的立足之地，同时也改善了他目前的状况，保证他不再受到符腾堡的任何威胁。现在席勒担任魏玛公爵的宫廷顾问，受到一位热爱文艺、品位高雅的公国君主的特别礼遇。这使他以更为自由的姿态向前迈进，他的地位和他本人都比当初那个受法律制裁的可怜逃亡者要安全得多。

然而，由此带来的后果是，在他一手创办的期刊《塔利亚》上，他现在更为果断地发表言论，像公众一样对演员毫不留情，这给他带来很多令人不快的争吵和烦恼。他决心辞去剧院的职务，彻底离开曼海姆，而在莱比锡，他将以宫廷顾问的新头衔，开始新的光荣事业。1785年3月底，他的朋友[科尔纳]为他提供的必要钱款和消息一到，他就赶往莱比锡休整，并在那里度过了整个夏天。同年10月，他同朋友科尔纳去了德累斯顿。在这个富有正义感、眼光敏锐的朋友的家里，他收获了对他本人乃至他的命运的最纯洁、最温暖的同情。1787年，他终于到了魏玛。尽管他已声名日盛，享誉世界，但在这里他仍然要在贫穷和匮乏的压力下奋斗很久，直到1789年，他渴望的市民生活，亦即他的父母最强烈的愿望，才终于成为现实。

　　年迈的父亲看到深爱的儿子在经历多年的漂泊、不幸和奋斗之后，终于作为耶拿大学的教授安定下来，内心的喜悦难以形容。不久之后，席勒与贤惠的妻子一起过上了幸福的家庭生活。儿子的经济状况也发生了令父亲满意的转变。虽然耶拿大学的薪金不高，但加上他在文学方面的辛苦劳动所得，足以使席勒获得一笔可观的收入。此外，他的妻子陪嫁丰厚，她的母亲为新婚家庭准备的东西一应俱全。"我们的经济调整，"席勒在婚后几个星期写给父亲的信中说，"令我喜出望外。我在这里看到的秩序和尊严使我精神大为振奋。您只要来我这里停留片刻，便会为您儿子的幸福感到高兴。"

　　从此，父亲心愿达成，由衷快慰，便密切关注儿子的伟大事业。这位受人敬仰的诗人的名望、影响、财富逐年增长，然而在父母、姐妹等亲人面前，他从来没有变得陌生，一刻也未曾有过。恰恰相反，儿子写给父母的所有书信都明显打上了真诚、感恩和孝心的烙印。他真挚热情地关注发生在父亲家里的一切大事小情,即使最微不足道的事情也不例外。作为回报,他把自己所有的经历毫无保留地告诉深爱的人,以抚慰和满足无时无刻不关心着自己的亲人。1791年10月26日,他收到一箱从老家寄来的葡萄酒后,写了这封信,从中可看出席勒的上述特点:

> 最亲爱的父亲,我刚同亲爱的洛蒂[1]从鲁多尔施塔特[她的故乡]回来,我在那里度过了假期的一部分,一回来就看到您的来信。万分感谢您在信中带给我锦上添花的消息——我们亲爱的母亲健康状况有所改善,你们所有人一切安好。当我确信你们一切都很好,我亲爱的亲人全安然无恙,我在亲爱的洛蒂身边便会更加快乐。
>
> 您虽在远方,也牵挂着您的儿女,用礼物给我们的小家增添欢喜。我们衷心感谢您寄来的美酒。我会通过最早出发的那班车邮寄,让莱因瓦尔德一家也分得一份。后天我们会为您庆祝生日,就像在您身边一样,全心全意为您的健康干杯。
>
> 这里寄给您我写的一点东西,也许这会让我亲爱的母亲和妹妹们高兴一下,因为该作品至少是为女性而写的。在1790年,维兰德编辑了《历史大事记》,在1791年和随后的1792年,我承担了这项任务。尽管《历史大事记》似乎无关紧要,但它是那种出版商可以最广泛地发行并因此得到最高收益的图书。因此,他们也会相应地向作者支付更多的报酬。为了这篇关于三十年战争的文章,他们付给我80金路易,我在讲座中途用了四个星期就把它写好了。出版商用去

---

1. 洛蒂(Lotte),夏洛蒂·冯·伦格贵尔德(Charlotte von Lengefeld)的昵称。——编者注

4500 帝国塔勒［675 英镑］支付印刷、铜版、装裱费及作者酬金，他预计能售出 7000 册或更多。

28 日。今天，［他在谈了几句父亲的一位多年好友的情况后，继续说道］最亲爱的父亲，今天是您的生日，我们都怀着虔诚的喜悦为您庆祝，感谢上帝至今仍为我们保佑您健康快乐。愿上帝依然看顾您美好的生活和您的健康，并保佑您长命百岁，以便您心存感恩的儿子可以竭尽全力为您的晚年生活带来快乐和满足，向您恪尽孝道！

再会吧，我最亲爱的父亲。深情地吻我们最亲爱的母亲和我亲爱的妹妹们。我们很快会再写信的。

葡萄酒已收到，完好无损。请您再一次接受我们衷心的感谢。

您心存感激、听话孝顺的儿子
弗里德里希

在这一年（1791 年）的年初，诗人胸口突然出现了严重而危险的感染。虽然眼下已无生命之忧，但是从此他的身体健康被彻底摧毁，因此他接下来需要采取各种措施小心疗养和休息，尤其是在病刚好的这段时间里。因此，如果席勒和他的朋友们不能够使他在接下来的几年内处于一个经济压力更小的境地，最糟糕的情况就可能会发生。让人意想不到的是，在这个困难时刻，丹麦方面伸出了援手。两位席勒的天才的热情崇拜者，当时的荷尔施泰因－奥古斯腾堡世袭君主［目前，1872 年，在我们英国宫廷里那位引人注目的克里斯蒂安公爵的祖父[1]和冯·席莫尔曼伯爵，赠予这位诗人 1000 塔勒［150 英镑］的年金，

---

1. 克里斯蒂安公爵的妻子是英国维多利亚女王的第三个女儿海伦娜，她的全名是海伦娜·奥古斯塔·维多利亚（Helena Augusta Victoria）。——译者注

为期三年。如此慷慨的援助是以礼貌的方式小心翼翼地提出的，对于席勒来说，这比礼物本身更令他感动，于是他表示同意接受。这笔年金本来是秘密的，但是席勒如何才能说服自己对父母保持沉默呢？父母收到这一令人高兴的消息时流下了感激的泪水，由此，在他们虔诚的头脑里产生一个有益的信念：他们儿子的沉重不幸和他的生命面临的危险，不过是上天的旨意，其目的是凸显他在国内外受到的爱戴和尊敬。对于席勒本人来说，这种出乎意料的、对他命运最亲切的同情，显然使他备受鼓舞，甚至使他的健康得到加强。最起码，此时他的强大的精神已摆脱了外在的困难，并战胜了他虚弱的身体。

在1793年的年中他对故土的眷恋和对亲人的想念变得强烈，他决定携妻子访问施瓦本。他在给科尔纳的信中写道："施瓦本，我以为我已经与它彻底了断，它却让我心神不宁。但说真的，我已经离开施瓦本十一年了，但图林根的存在让我无法忘却施瓦本。"8月他出发了，首先在帝国自由市海尔布隆停了下来。他在那里受到最为友好的接待。再次见到父母、姐妹和儿时的朋友，他平生第一次感到一种难以言喻的激动。"亲爱的家人们，"8月27日，他在从海尔布隆给科尔纳的信中写道，"看起来都很好，你可以想象，他们再次见到我时异常欣喜。我的父亲，年逾七十，精神矍铄，不知道的人会以为他还不到六十岁。他一直特别活跃，所以他始终保持健康年轻的状态。"久别重逢之际，这位体格健壮的老人久久凝视儿子的眼睛，尽情地享受这种快乐。现在，儿子站在他面前，是个已成家立业的成熟的男子汉了。他不知道内心里，是更爱儿子一些，还是更敬仰儿子一些。因为从儿子的外表与言谈举止，可以看出他具有强大而崇高的精神、温柔而慈爱的内心以及纯洁而高尚的品格。他那青春的热情变得柔和，即使在开玩笑的时候,也不失温和的严肃和友好的尊严。他没有像过去那样在衣着上不修边幅,相反,他的衣着带有高贵的优雅。他瘦削的身材和苍白的面庞使他尤其引人注目。除此之外,他还拥有近乎奇妙的天赋,只要他不被疾病的侵袭压垮,他就会妙趣横生地谈论喜爱的事物。

席勒到海尔布隆后不久,就以一位迫于形势而背井离乡的感激的学生的口吻给卡尔公爵写了封信。他没有收到公爵的回信。但是他从斯图加特的朋友那里得到确切的消息,公爵在收到这封信后曾公开说过,如果席勒踏上符腾堡的领地,他,亦即公爵,会不予理会。同时,公爵也答应了老席勒那卑微的请求,允许他偶尔到海尔布隆去看望儿子。

在这种情况下,席勒非常安全地访问了路德维希堡,甚至访问了索里图德,正如他自己所说,他没有征得"施瓦本君主"的同意。时至9月,他的妻子即将临产,他搬到了路德维希堡住,在那儿他可以离亲人更近些。另外,他希望同他当年的老朋友,聪明的御医冯·霍文叙旧言欢,并获得忠告与帮助。不久,长子卡尔出生,席勒体验到初为人父的甜蜜与幸福。他在离开耶拿前不久写给一位朋友的信中说:"我将品尝为人子与为人父的喜悦。这两种发乎天性的情感会使我非常幸福。"

公爵患了痛风病,也许是觉得自己将不久于人世,他似乎故意不理会席勒,没有为席勒设置任何障碍。相反,他还准许老席勒的请求,允许老席勒任意使用某个浴所。该浴所离路德维希堡这么近,公爵一定会想到,老席勒如此请求,无非是想离儿子更近些。公爵立刻批准老席勒离开,这对老席勒来说是非常有用而且必要的,正如老席勒对他向来是有用和必要的一样。这位目前已是"席勒少校"的老人，仍然在索里图德负责监督公爵的花园和苗圃事务，他在这方面的勤勉、尽责、忠诚与智慧等诸多优点早就得到了认可。

几星期后，1793年10月24日，卡尔公爵去世。他那位杰出的学生将他视作父亲般的朋友。席勒只想着逝者的伟大品质以及公爵为他做过的那些好事，而不是他作为君主和作为人犯下的重大过失。只在给最熟悉的朋友的信中，席勒才写道："老希律王[1]的离世几乎没有影响到我和我的家人，除了那些与君主有直接关系的人，比如我的父亲。他们都高兴地期待着新公爵的到来。这位新公爵完美体现了'公爵'一词的所有含义，无论是好的含义还是坏的含义。"然而，席勒的父亲——赢得新公爵路德维希·欧根的好感自然对他很重要——也不能说服席勒写首诗欢迎新公爵即位。为了从这位新公爵那里获得外在的利益，而引起任何世人关于他似乎乐见老公爵死亡的猜疑，是席勒的感情无法忍受的。[2]

〔克里斯多芬娜，席勒深爱的姐姐，此时不在施瓦本。十年来，可怜的克里斯多芬娜和她那体弱多病、郁郁寡欢的丈夫住在上百英里以外的迈宁根。但席勒的两个妹妹路易丝与南内特和他在一起，路易丝每天都在哥哥左右。路易丝二十七岁，据说是个料理家务的能手，温柔可亲，甚至热情奔放。然而，她早年虽然对哥哥和哥哥的事业充满羡慕，却把她所有才能和偏好都用在了家务上，她满足于照料她所

---

1. 希律（Herod，约前72—约前4），罗马统治时期的犹太国王。在《圣经》中，他的形象是一个暴君，在耶稣降生时，他曾勃然大怒，下令将伯利恒境内两岁以下的男孩全部杀死。——译者注
2. 绍佩，第60页。

热爱的人们的日常生活,服务于他们的需要[1]。]

　　妹妹路易丝的专长是管理家务,她追求的美德,正是她眼中虔诚的母亲具有的美德,即以在狭小的室内王国里给别人带来快乐为乐。这种安静的家庭职业,包含繁复的劳动和简单的欢乐。这便是路易丝的世界。除此之外,她什么也不需要,什么也不要求。她从父亲那里继承了这种注重实际和热爱劳动的品格,从母亲身上继承了虔诚的宗教信仰、同情心和善良,从父母两个人那里继承了对秩序和规律的热爱以及乐天知命的达观性情。由于席勒的妻子身体虚弱,路易丝很乐意替哥哥料理家务,先是在海尔布隆,后来又在路德维希堡,哥嫂对此都非常满意。席勒本人在给科尔纳的信中道出了对妹妹的感激之情,说她"十分精通家务管理"。

　　路易丝怀着胆怯的爱慕之情十分钦佩病体羸弱而又平易近人的哥哥。在与哥哥的朝夕相处中,哥哥在她心目中变得越来越重要。她常常怀着一种无言的喜悦注视这位伟大而神奇的人的温柔的眼睛,她距离他那强大的精神是那么遥远,距离他那丰富的心灵又是那么近。对她来说,哥哥在家乡小住的明媚日子转瞬即逝。她怀着忧伤的渴望,久久地目送着离开的亲人。席勒也觉得自己和妹妹比以前更亲近了。他在施瓦本的寓所在她默默而忠诚的料理下变得如此舒适宜人。

　　[正如下文所说,去年席勒在耶拿时,南内特随母亲去那里探亲。那时他又惊又喜地看到自己离开家时那个才五岁的漂亮小家伙,现在已出落成如花似玉的少女,既美丽又温柔。他常常想起她。目前,她也经常到他家里来,永远受人喜爱、引人关注。去年,初来乍到的她

---

1. 绍佩,第136页及随后几页。

在耶拿的熟人圈子里取得了巨大的成功,给众人留下了美好的回忆。绍佩,在谈到她过去在耶拿,如今在席勒于施瓦本的临时住所的表现的时候,是以如下方式描述的。]

南内特表现出最为出色的思维能力,罕见的对于事物的接受和顺从的能力,她很快就成了所有认识她的人的心肝宝贝。朗诵哥哥的诗是她最大的乐趣。她背诵得很好,她的施瓦本口音和天真烂漫的举止使她在新的亲属眼中平添一份魅力,甚至对诗人的情感也产生了有益的影响。他满心欢喜地凝视这位亲爱的施瓦本姑娘,她懂得如何唤醒他心中属于童年与家乡的甜蜜情调。"她很不错,"他在给朋友科尔纳的信中提到她,"似乎可以培养她做点什么。她在很大程度上还是单纯质朴的孩子,从未接受过任何正规的文化教育,所以目前她能这样实属不易。"席勒从1793年8月至1794年5月住在施瓦本,在此期间南内特进一步接近了他的心灵。在席勒令人愉快和鼓舞人心的住处附近,她凭借精神气质大放异彩。席勒告别父亲、离开老家时,觉得有理由对她的未来怀抱最为美好的希望。

[就在她访问耶拿前夕,老席勒写信给儿子说:"我没有能力让南内特接受更好的教育,这对她来说是人生一大憾事。她拥有理智、天赋,以及至善至美的心灵,在禀赋性情上酷似我亲爱的弗里茨。他[1]会亲眼见证这一点并做出判断。"[2]]

此外,从1793年11月8日自路德维希堡寄来的信中可以看出,席勒此时犹如孩童般与父母相处,他们亲密无间:

---

1. 见第288页作者关于德语 Er 的说明。卡莱尔似乎是为了保留特殊口吻的效果,选择直译德语原文。中译本遵从卡莱尔的处理方式。——编者注
2. 绍佩,第149–150页。

最亲爱的父亲母亲，我很抱歉，我不能和你们一起庆祝我的生日，即11月11日。但是我很清楚，我的好爸爸现在绝对不能冒险离开索里图德，因为公爵每天都有可能造访那里。总而言之，与所爱的人欢聚，哪一天并不重要。每一个与亲爱的父母团聚的日子，对我来说都像节日，我会像欢迎自己的生日一样欢迎它们。

妈妈不必为小宝宝担心。[这里有一些关于这个小宝贝的健康状况的更精确的细节，已省略。]这里有足够的人手看护照顾他，您尽可以放心。他除了有点瘦之外，很有活力，胃口也很好。

自从我到斯图加特旅行以来，我的身体一直还不错。我利用这一有利的时机，把荒废已久的各种工作稍微推进了一些。整个星期，我一直很勤奋，进展很快。这也是我没有写信给你们的缘故。当我有事可做且工作进展加快的时候，我总是特别开心。

最亲爱的父亲，非常非常感谢您送给我这幅珍贵的画像。不过，虽然我很高兴能拥有您的画像，但更高兴的是上帝赐予我与您共享天伦之乐的好运气，让我可以住在您的附近。但是，我们必须更好利用这个难得的时机，在再次相聚之前，不要再犹豫不决。如果您在索里图德见到过公爵，并了解他与您现在的关系如何、他对您的态度如何，那么我想在这个季节，您离开几天不会有什么困难。一有机会，我就要叫马车去接您。[马车是在耶拿雇的，用于往返。]我把马车留给您，这样您随时都可以来。

向你们两位致以我们孩童般的衷心问候，并向好南内[南内特]致以我作为兄长的问候。

希望不久能够欢聚一堂，你们孝顺的儿子

弗里德里希·席勒

在 1794 年新年期间，席勒在斯图加特度过了愉快的几个星期。他到那儿去，主要是因为需要到那里办理一些家事。不管怎样，他在 3 月 17 日从斯图加特写信告诉朋友科尔纳："我希望在这里至少能稍微帮到父亲，但考虑到我拥有的社会关系，我对自己不抱期望。"

然而，渐渐地，这位体弱多病的诗人又开始渴望安静、一成不变的生活方式。由于缺乏对他来说已经成为必要的智力交流，他回到耶拿的渴望日益增强，最后变得如此强烈，即使他想到返回耶拿意味着要离开他的出生地，离开他深爱的人，心里也轻松了许多。他很高兴上天又给了他几个月时间，让他能住在父母姐妹附近，与他们厮守。他打起精神，做好准备，先是回到了原来在海尔布隆的住处，然后在 1794 年 5 月携妻儿回到耶拿。

与儿孙相见的天伦之乐，似乎使席勒少校重新年轻起来，他在田园诗般的职业中有了新的乐趣，一有空闲时间，他便忙着写下在园艺和树木培育领域的二十年工作经验，完成了一部著作，由他大名鼎鼎的儿子负责印刷出版。1794 年 11 月，席勒少校被告知，出版首部《缪斯年鉴》的那位年轻出版商以 24 卡罗林的酬金接受了他的手稿，手稿已付印。与此同时，这位善良的老少校也得到了他的君主的器重，所有认识他的人也都对他刮目相看。他的部下因他办事公正无私而爱戴他，却又因他信守规则而对他心存敬畏。妻子和孩子们对他表现出崇高的敬意与温柔的爱，但儿子是他晚年的骄傲。他在有生之年亲眼见证了这位诗人如日中天的声名，以及儿子与歌德的亲密友谊。通过与歌德的密切交往，席勒将获得一代文学宗师的地位，并变得成熟稳重。当爱子的手稿从耶拿出发，经由科塔出版社在斯图加特的仓库，最终第一时间送到老人手上的时候，老人激动得双手颤抖，紧握这些手稿。保存至今的一段他亲笔写下的文字,抒发了他发自肺腑的感激之情,感谢上帝通过他的儿子赐给他如此的快乐。"您是万物之主,"在同一张纸条里,他写道,"在我唯一的儿子出生之时,我向您祈祷,希望您能赐给他智慧与才能,而这是我由于缺乏学识不能提供给儿子的。您听见了我的祷告。感谢您,最仁慈的主,您听到了一个凡人的祈祷!"

席勒离开的时候,他所有的亲人都健康快乐地留在索里图德,他怀着坚定的希望,相信自己能再次见到他们所有人。之后的几年,这个幸运的家庭确实平平安安。但是,正如谚语所说,"霉运是让人猝不及防的"。1796 年春,儒尔当[1]和莫罗[2]率领法国军队占领德国南部,同时席勒突然收到了从索里图德传来的令人震惊的消息。城堡里的奥地利总医院里暴发了一场流行性热病,城堡内瘟疫大流行,席勒一家也被感染。最小的女儿南内特正值花信年华,在疫病的折磨下衰弱不堪。二女儿路易丝因感染同样的疫病躺在床上,似乎要活不成了。父亲则患上痛风卧床不起。外界人人自危,害怕感染,除了医生,没有人会冒险去索里图德。于是,可怜的、年老体弱的母亲孤立无援,数月以来独自承担起整个家庭的苦难。令席勒痛苦的是,在这种可怕的情况下,他却不能帮助深爱的人。他努力在朋友面前掩饰自己的感情。

---

1. 让-巴蒂斯特·儒尔当(Jean-Baptiste Jourdan, 1762—1833),法国指挥官,拿破仑的帝国元帅之一。——译者注
2. 让·维克托·马里·莫罗(Jean Victor Marie Moreau, 1763—1813),法国大革命与拿破仑战争时期的法国将领。在第一次反法同盟战争中,法国发动对维也纳的三路进攻,意图逼迫神圣罗马帝国投降。莫罗担任负责对抗南部奥地利军队的莱茵-摩泽尔军团的统帅。在反法同盟的军队向德意志地区北部转移后,莫罗领导的法军在 1796 年春夏成功深入德意志南方,但从 8 月末开始,法军逐渐失利,莫罗被迫向南方撤退,最终带领军队在 1796 年的冬天撤回法国。——译者注

在痛苦和焦虑中，他最后求助于在迈宁根的姐姐克里斯多芬娜，宫廷图书馆员莱因瓦尔德的妻子，并说服她去索里图德安慰鼓励那里的亲人。如果这位真正的姐姐没有立刻答应弟弟的请求，他就下定决心在5月中旬亲自到施瓦本去，把家人从索里图德接回来，并为他们的护理和食宿做出相应的安排。姐姐准备动身的消息缓解了他长期以来的严重焦虑。"上帝保佑你，"他在5月6日写给她的信中说，"因为这充分证明了你的孝心。"他热切地恳求她，不要让他亲爱的父母为了节约而推迟采取任何改善身体健康的有益措施。他宣布自己很高兴承担一切费用，包括路费，她需要多少钱，就从图宾根的科塔那里支取多少钱。在一封诚恳的信中，他感谢她的丈夫同意妻子的这次旅行。

　　1796年7月11日，诗人的第二个儿子恩斯特出生。一段时间以来，他同样也在为自己的小家忧心如焚。孩子母亲的状况一直使人担心，不过事后证明，这些担心都是白费力气，孩子顺利出生，母子平安无恙。这一喜事减轻了他心头的沉重负担，他重新恢复了勇气和希望。但不久之后，在8月15日他给忠诚的科尔纳写的信中，席勒谈到了他在施瓦本的亲人："从战争中，我们并未遭受那么多苦痛。更令我们痛苦的，是我父亲的状况，他被一种顽固而令人痛苦的疾病压垮了，正在慢慢走向死亡。你也许会想，这是多么悲哀啊。"

　　没过几周，1796年9月7日，父亲在卧病八个月后去世了，享年七十三岁。虽然他的离去也算是一种上天赐予的解脱，但这一噩耗给这位好儿子带来了沉重的打击。他那孝顺的灵魂在这些伤心的日子里承受的苦痛，在下面两封信里都被感人地描述出来。在这里，我们仅以这两封信结束关于席勒父亲的生平简介。父亲去世十二天后，席勒写信给住在迈宁根的姐夫莱因瓦尔德：

亲爱的姐夫，这里特告知你我们的好父亲获得解脱的消息。这是意料之中的事，而且也是我们希望的，但还是令我们所有人无法接受。如此漫长且活跃的一生，就这样完结了，即使对旁观者来说，也是令人悲痛心酸的，更何况是那些与他密切相关的人呢？我不得不把自己从这痛苦的哀思中抽离，因为我要肩负起责任帮助活着的亲人。对你妻子来说，她能够尽到做女儿的职责，一直陪在父亲身边，直到最后父亲解脱，实属最大的安慰。倘若在她离开家里几天后，父亲突然去世，死时她不在父亲身边，她会永远无法宽慰自己的。

你一定理解，在这场悲痛的分别发生后的最初几天里，当那么多痛苦的事情暴风骤雨般袭向我们的好母亲时，你的克里斯多芬娜是怎么样也不会离开家的，哪怕驿路畅通无阻。不过，驿路一直处于停顿状态，我们必须等待在法兰克尼亚、施瓦本和普法尔茨边界的战事结束。你的妻子不在身边，一定会有诸多不便，这点我感同身受。但谁能与这一连串不可避免的命运抗争呢？唉，公共生活中普遍的无序也会以最致命的方式将我们的个人生活卷入其中。

你的妻子发自内心渴望回到她自己的小家。但是，她不顾自己的意愿和内心的关切，一心只想尽孝道，这才更值得我们敬重。可是，一旦危险解除，驿路变得畅通，她肯定一刻也不愿再耽搁，会立即回到你的身边。你写信给她的时候也要安慰她。她知道你孤单无助，她自己却分身乏术，心里很难过。

保重吧，亲爱的姐夫。

你的

席勒

几乎就在同时,他给母亲写了一封信:

  我怀着极其悲痛的心情,拿起笔,与您和我亲爱的姐妹们一起沉痛哀悼我们刚刚失去的亲人。事实上,在过去的很长一段时间里,我已经有确定无疑的预感,但当不可避免的事情真的来临时,它仍然是让人痛彻心扉的莫大打击。想到我们的至亲至爱之人,我们儿时情感上无比依赖之人,在后来的人生岁月中因尊敬和爱戴与我们紧密联系在一起的人,从世界上永远消失了,不论我们如何努力,也无法再把他带回来——这是多么可怕的事情啊!而我最亲爱的母亲,像您这样,与这位您刚失去的朋友和丈夫甘苦与共这么多年,和他分别一定更为痛苦。即使我不去想失去好父亲对我以及对我们所有人意味着什么,每当我想到如此坚定不移且积极生活的一个生命,一个上帝长久以来一直看顾并使之身心康健的生命,一个行为举止如此出色且令人尊敬的生命,竟会如此终结,我也不禁悲不自胜。的确,像父亲这样,在人生漫长而艰辛的旅途上,始终坚守信念,并且在七十三岁的时候能以纯洁无邪的心情离开这个世界,这不是一件容易的事。如果能像父亲一样清清白白离世,哪怕因此要承受他经历过的所有痛苦,我也毫无怨言!生活是一场严峻的考验,虽然上天也许在某些方面赋予我较之父亲更多的优势,但这更多的优势却伴随着更多的危险,那些会时时威胁着心灵和它真正的安宁的危险!

  我不想尝试安慰您和亲爱的姐妹们。你们都像我一样,痛失至亲之人,但你们也同样认为,只有死神才能结束这漫长的悲伤。我们亲爱的父亲现在一切安好了,我们不久便会追随他而去。他在我们心目中的形象永远不会褪色,我们痛失他的哀伤只会让我们更紧密地团结在一起。

我亲爱的姐妹们，五六年以前，你们似乎不太可能在经历了这样的丧亲之痛后，得到你们兄弟的安慰与鼓励——我竟然没有走在我们亲爱的父亲前面。上帝另有安排，他让我高兴地意识到我对你们来说还有些用处。我无需向你们保证，我多么心甘情愿地为你们效劳。在这一点上，我们彼此心意相通，我们都是亲爱的父亲的争气的孩子。

〔绍佩和其他一些研究者认为，这篇发自肺腑、具有男子汉气概的哀悼文字，包含了对哀悼对象客观公正的高度认可。这显然可以证明，虽然行伍出身的卡斯帕尔·席勒，死板教条，是纪律精神的化身，态度粗暴生硬，但对洒脱随性、敏感热情、有点无法无天的席勒而言，他毕竟是称职的父亲，而且很好地塑造了席勒的品格，为席勒在这个世界上成就一番事业创造了条件。〕

（二）母亲

〔关于席勒的母亲伊丽莎白·多萝蒂亚·科德魏斯的基本情况，我们已经在上面交代过了。她于1733年在马尔巴赫出生，她的父亲身兼旅店老板、木材测量员和面包师，老席勒刚到小镇的时候，她的父亲还是很成功的富商。我们应该加上一句，绍佩没有说的是，老席勒，这位年轻的外科医生，当时是科德魏斯家的房客。"木材测量员"（德语中为 Holzmesser，即"木材的测量者"之意）这一头衔指的是一个被委任的小官吏，他不仅要测量和划分那些公爵的森林或者皇家森林供应的作为燃料的木材，而且要负责从木材购买者那里收钱。在后一种身份上，科德魏斯，正如席勒的父亲暗示的那样，是鲁莽、轻率和不幸的，他一度想把这个谨慎、节俭的女婿牵扯进他那灾难性的经济运作中去。我们也说过，伊丽莎白容颜清秀，性格乐观积极、令人愉快，这些都被这位与这家人朝夕相对的态度严谨的年轻外科医生看在眼里，他有机会天天观察她。绍佩继续写道：]

在席勒母亲的圈子里，她早期的玩伴都认为她内心狂热，因为她虽理解力平平，却充满深厚的感情，信仰虔诚，热爱自然，并具有音乐甚至诗歌才能。她欠缺文化修养，在清晰和敏锐的理解力方面也可能有所不足，但这些缺点被她性格中的热情和忠诚极大地补偿了。也许正是因为在这些方面她与非常理性的丈夫正好相反，她身上的这些特质才尤为吸引他。他从未后悔过自己的选择。因为正如值得信赖的证人一致证明的那样，她自始至终是一个谦逊、温柔而尽职的妻子。正如她所有的信表明的那样，她拥有最温柔的慈母心肠。尽管她少有时间阅读，但她读了很多书，即使在婚后也不例外。她喜欢读自然史方面的书，不过她最喜欢做的事情，还是研读名人传记，或者沉浸在乌茨、盖勒特和克洛卜施托克的宗教诗歌中。她也喜欢用诗句表达自己的感情，而且在某种程度上有能力这么做。这些诗句语言很质朴，却表现出节奏感和措辞技巧。这里有一个例子。1757年元旦，也就是他们婚后第九年，当时他们还没有孩子，她向丈夫兼初恋情人致敬：

哦，但愿我能在山谷里找到勿忘我，
还有它们旁边的玫瑰花！那样，我将为你编织出
庆祝这个新年的芬芳吐艳的花环，
对我来说，这个新年比我们新婚之时更为光明。

事实上，我抱怨说，寒冷的北风正在统治我们，

在冰冷的大地上，每一个小小的花苞都被冻僵！

但唯有一物不会冻结，那便是我充满爱的心，

它属于你，并与你分享它的快乐和悲伤。[1]

七年战争使年轻的妻子陷入各种焦虑不安，特别是自从她成了母亲。现在，她不仅要为温柔地爱着的丈夫的安危担忧，还要为孩子的父亲担惊受怕。克里斯多芬娜将弟弟的体质比她自己弱得多这一至关重要的事实归因于这种情况，肯定是有一些根据的。事实上，席勒几乎出生在军营中。1759年深秋，当时担任中尉的卡斯帕尔·席勒所属的少将罗曼的步兵团，为了符腾堡军队的秋季作战演习，在原籍地区扎营。这位母亲于是从马尔巴赫出发，到营地去看望长期在外服役的丈夫。正是在他的帐篷里，她才感觉到最初的产前阵痛。她匆忙赶回马尔巴赫，幸运地到达了她父亲在集市广场大喷泉附近的房子。11月11日，她在那里诞下一个男婴。这之后将近四年，小弗里德里希和克里斯多芬娜住在富有的外祖父母（他们还没有陷入贫困）的家里，完全由母亲照管。她以无私的母爱悉心照顾她的小男孩。他柔弱的身躯不仅要忍受儿童的常见病痛，而且要承受严重的痉挛的折

---

1. 德语原文：
O hätt ich doch im Thal Vergissmeinnicht gefunden
Und Rosen nebenbei! Dann hat'ich Dir gewunden
In Blüthenduft den Kranz zu diesem neuen Jahr,
Der schöner noch als der am Hochzeittage war.
Ich zürne, traun, dass itzt der kalte Nord regieret,
Und jedes Blümchens Keim in kalter Erde frieret!
Doch eines frieret nicht, es ist mein liebend Herz;
Dein ist es, theilt mit Dir die Freuden und den Schmerz.

磨。最初的几年里，这个孩子在美丽的家乡一天天长大，远离严父的监督束缚，躺在温柔母亲的怀抱里，并在愉快而和谐的氛围中展现出自我。

当父亲从战场归来时，小弗里茨已四岁，长得特别像母亲，脖颈长长的，脸上有雀斑，头发略呈红色。正是在虔诚的母亲的影响下，他早年就展现出鲜明的宗教情感。这个善于吸收外界知识的男孩，会十分专注地倾听父亲在家中给他们朗读的一切，会提出无穷无尽的问题，直到他正确领会它们的含义。但令席勒最愿意专注热切地聆听的，是父亲朗诵出的或者在大声祈祷时念出的《圣经》中的段落。"这是一种感人的景象，"他的姐姐说，"亲爱的小孩脸上流露出虔诚的神情。他蓝色的眼睛望向天堂，略呈红色的深金发环绕清晰的眉毛。他的小手紧紧地握着，看起来就像天使。"

父亲归来后，同幸福的母亲分担了抚养儿子的艰辛重任。两人一道努力促进他的精神成长。一方面，务实而严格的父亲把主要目标放在发展男孩的智力和品质上，另一方面，温和、虔诚、富有诗意的母亲，努力培养他的性情和想象力。席勒拥有的宗教情感、对一切善与美的事物的温柔情感，对人类的爱，宽容和自我牺牲的精神，几乎要完全归功于母亲。这使他在姐妹和玩伴的圈子里与众不同。

星期天下午，当她和两个孩子一起去散步时，她习惯于向他们解释当天教堂里讲授的福音。"小时候有一次，"克里斯多芬娜在回忆录中这样写道，"当我们俩和亲爱的妈妈出发去拜访外祖父母时，她取道从路德维希堡走到马尔巴赫。这需要径直翻过山，走大约4英里的路程。这是一个美好的复活节星期一，母亲向我们讲述了两个门徒的故事，当他们走在去以马忤斯的路上，耶稣加入了他们，与他们同行[1]。她的演讲和叙述越来越精彩,当我们来到山上时,我们都深受感动,于是我们跪下来祈祷。这座山成了我们眼中的他泊山[2]。"

有时她会讲童话故事和神奇传说给孩子们听。在洛尔希的时候,她也曾引导这个男孩在他的理解能力和她自己的知识水平允许的范围内,涉足德意志诗歌的领域。他小小年纪就接触到了克洛卜施托克的《弥赛亚》,奥皮茨[3]的诗,保罗·格哈德和盖勒特的赞美诗和宗教歌曲,又因为它们是通过母亲的启发诱导被介绍给他,所以他对这些诗歌感情尤为深厚。有一次,艺术修养欠佳的母亲尝试让他接受诗人霍夫曼斯瓦尔道[4],但是他虚伪做作且夸夸其谈的风格伤害了男孩脆弱的诗歌审美情感。他微笑着,厌恶地把书推开。后来,在新年里,乡下人用拙劣可笑、没完没了的押韵诗庆贺新年时,他习惯性地说:"妈妈,门口又来一个霍夫曼斯瓦尔道!"这位伟大的母亲就这样用《圣经》、教会经文、故事、传说和诗歌,引导着她的温顺的男孩的灵魂,使其逐渐成形。永远不要忘记,同时她还唤醒和滋养了他对自然之美的感觉。不久,大自然便成了他最亲近的家园,只有对大自然的热爱才能诱使他偶尔稍稍减少上课时间。在美丽的洛尔希,他常常以放声歌唱祝太阳晚安,或者创作孩子气的哀婉动人的诗句,呼吁斯图加特的画家画出晚霞中奇妙的云海和灿烂的色彩。如果在这样的精神状态

---

1. 以马忤斯(Emmaus),《圣经·路加福音》中出现过的地点。《圣经·路加福音》中写道,两个门徒走在去以马忤斯的路上时,死后复活的耶稣出现在他们面前,但他们并未认出他。在到达目的地后,他们挽留耶稣与他们同住。在就席时,耶稣掰饼并将饼递给他们,他们终于认出了耶稣。——译者注
2. 他泊山(Tabor),被认为是耶稣显现圣容之处。——译者注
3. 奥皮茨(Martin Opitz, 1597—1639),德国学者、诗人。——译者注
4. 霍夫曼斯瓦尔道(Hofmannswaldau)是17世纪著名的西里西亚诗人,以虚张声势的夸张、毫无生气的辞藻堆砌和无病呻吟而闻名,现在他的诗已无人问津。

下，他遇到一个穷苦的人，他感情洋溢的小心脏就会使他采取最积极的怜悯行为，慷慨地捐赠出所有他认为可以放弃的东西。父亲，正如上面所说，从来不会同意甚至忍受小席勒这样不合理地流露出女人般的软弱情感。他在这种情况下常常会出面干预，甚至会采取体罚手段，除非母亲在旁边为这个小罪犯申辩求情。

母亲最热衷的，莫过于抓住一切机会帮助儿子实现他刚刚萌生的成为牧师的愿望。席勒对牧师职业的热切向往，甚至在他游玩的时候也表现出来。母亲或姐姐不得不在他的头上戴一顶修道士那种小兜帽，再给他系上一件黑色围裙当法衣。然后他会爬到一把椅子上面，开始认真地布道，以自己的方式在一定程度上连贯讲出他记住的所有平时学来的和去教堂听到的东西，并时而吟诵一些歌曲的歌词。母亲专心地听着，心中暗自高兴，赋予充满童趣的游戏更重要的意义。在她的想象中，她已经看到儿子站在讲坛上，作为神职人员工作着，享有神丰富的恩宠。当时的神职非常受人尊敬，并意味着拥有体面的生活。除此之外，为年轻的符腾堡神学家们制定的课程一般会给学生提供重要的经济援助，在经济方面很有优势，而且在最大程度上降低了道德风险。因此，谨慎而虔诚的父亲也认为没有理由反对这对母子的一致意愿。

然而，路德维希堡的拉丁语学校（我们的弗里茨在那里接受了神职预备教育）差点儿使席勒对自己的神学目标产生相当多的厌恶情绪。学院里的神学教师，一个心胸狭窄、脾气暴躁的虔诚派教徒，[正如我们看到的，]在单纯的教义问题上采取可悲的方法折磨学生，不断对他们进行严格、毫无人性的操练。不仅如此，他还经常威胁说，谁要是在重复教义问答时说错一个词，就要被狠狠鞭打。因此，对于这个高度敏感的男孩来说，这里的教导使他开始讨厌原本在家庭影响下使他感到很亲切的东西。然而，家庭的影响最终使他克服了这种反感情绪，他仍然忠于神学事业的目标。

当小席勒在1777年完成了在拉丁语学校的学业，准备受坚信礼[1]时，父母在那庄严仪式的前一天来到路德维希堡。在他们到达时，母亲看到儿子正无所事事地在街上游荡，于是她情绪激动地向他诉说，他对自己年轻生命中最高尚与最庄严的事务漠不关心的态度使她多么不安。男孩受到母亲情绪的影响，也很感动，不再无所事事。几小时后，他交给父母一首德文诗，表达了他对即将再次受洗，重结与上帝的圣约的激动心情。父亲要么不知道这段小插曲，要么并不用严厉的眼光看待儿子在街上闲逛这件事，他甚感惊异，带着嘲弄的口吻问儿子："弗里茨，你疯了吗？"另一方面，母亲显然有充分的理由对这种诗意的真情流露感到喜悦。因为，不管其他人会有什么观点，她从中认识到儿子钻研神学的信念是多么坚定不移。［这则逸事，似乎有点可疑。］

因此，当儿子不可避免地进入卡尔军事学校而被迫放弃神学时，母亲就更痛苦了。在很长一段时间里，她放弃了对儿子进一步的指导和影响。但是她太虔诚了，不可能不在这种变化中，逐渐意识到上帝之手的存在，并且意识到她可以信任上帝会创造奇迹。此外，她的儿子如此依恋她，所以她至少不用担心他会与母亲的心分开。儿子在童年时对母亲谆谆教导的信条的热切依恋可能会消失，而且确实消失

---

[1]. 坚信礼（confirmation），一种基督教仪式。对于那些实行婴儿洗礼的基督教派别来说，坚信礼意味着对于婴儿洗礼开启的与上帝的圣约的正式确认。对于大部分新教派别来说，坚信礼是成为教会正式成员的必要条件。——译者注

了，但他对母亲本身的依恋却不会消失。她亲爱的形象常常唤回席勒记忆中那些童年时期神圣的宗教的声音和形式，一度驱散了他对宗教信仰的怀疑和疑惑。

时光荏苒，岁月穿梭。大约在1780年底，席勒终于走出了卡尔学校，步入他只是道听途说过的现实世界。他从身体和精神的长期非自然束缚中解脱，这为他被禁锢的爱好开辟了自由的道路。他在诗歌中寻求无限的自由，在生活中也在苦苦追寻自由！激情与青春活力的骚动不安，在经过这么长时间的监禁后，占据了支配性地位。由此自然产生了金钱上的尴尬，这往往使他陷入非常悲伤的情绪。

在这一新的人生阶段，年轻人的道德纯洁面临重重考验。他的母亲再一次对他施加了良好的影响，她用温柔的、充满爱的语气提出了警告和要求，足以使得年轻人再次回忆起当年在围墙之内时那些适度的放松娱乐，从而恢复生活的平衡。她也忧心忡忡地设法使儿子经常自愿地去拜访父母。每当席勒决定让自己开心一天，他就会和某位朋友一路溜达到索里图德。[只有四五英里远。]"为了可爱的天才儿子和同他一起来的战友，当时，"一位当年的见证者说，"那个善良的灵魂进行了一番多么美妙的烘焙烤制啊。为了儿子，好母亲无论做多少都永远觉得不够！我从来没有见过比她更慈祥的人，或是比她更优秀、更热爱家庭生活、更有女人气质的主妇。"

令她甚感欣慰的是，儿子已经在他年轻的朋友中，乃至更广大的范围里，获得欣赏和认可，并且她还欣慰地发现，他强大的灵魂，从内到外，扩散进了他的容貌特征，甚至逐渐朝着更好的方向改变了他的体态轮廓。此时，他脸上的雀斑不见了，皮肤也变得平整光洁，而且由于以前下垂的鼻头逐渐形成了之后那种鹰钩状，他的面部得到了显著改善。此外，随着对自身力量和价值的认识日益增长，年轻的诗人神态中流露出威严气派。因此，一位经常看着席勒从她家附近走过的斯图加特贵夫人，风趣幽默地形容他道："军队的席勒医生走了出来，那神气就如同公爵是他的下等仆人！"

《强盗》，一位卡尔学校学生的首部力作，给斯图加特留下了难以用语言形容的印象，这种反应也传达给了母亲。她看到儿子的名字引起震惊并被人称赞，天真地陶醉在喜悦之中。凭借着慈母之爱，她表现出足够的创造力，消除所有可能使她的喜悦破灭的疑虑和风险。通过克里斯多芬娜居中传递的消息，以及来自儿子本人口中的消息，她了解到许多令人不安的情况。目前这些情况必须小心地瞒着她的丈夫，但没有什么能动摇她对儿子和他才能的信念。一旦她确定无疑地意识到儿子意志坚定地要逃避公爵对他的诗歌活动和实际工作程序的专制干预，且他的逃离是情势所迫，她就毫不抱怨，坚定不移地信赖上帝，甚至甘愿承受长期失去独子的痛苦与无奈。然而，当席勒最后一次出现在索里图德的家中，秘密向她道别时，她心如刀割。

[她在这一不幸时刻的心情，在上文已经有所提及，完全可以被描绘成一颗慈母之心能忍受的最痛苦、最温柔、最悲伤的情感。我们的作者继续写道：]

在现实中，对可怜的母亲来说，这是一个艰难而可悲的时期。她回想起，之前生活充满光明、看似安全，然而现在，一切陡然间四分五裂，一切都变成可疑的未知数。对家庭和儿子命运的焦虑，对儿子父亲心中事出有因的愤怒，也许还有一些无言的自责（这些自责源于她支持冒险计划却使自己诚实的丈夫蒙在鼓里），所有这一切沉重地压在她的心头，压得她喘不过气来。如果说有许多事情最后平静下来，有许多起初让人心惊的事情并未发生，那么有一件事却固定不变，那就是她一直为儿子心焦如焚。在这段愁云笼罩的日子，冯·沃尔措根夫人对痛苦不堪的母亲表示出最真诚、最仁慈的同情。这位心地善良的女士在席勒隐居鲍尔巴赫的八个月里，经常去索里图德看望他的家人。她本人曾多次在鲍尔巴赫拜访席勒，因此她关于席勒近况的口头报道，比席勒本人那些激动的信件更能令他的父母感到宽慰。关于她慷慨的友情帮助，席勒于 1783 年 2 月在斯图加特给她写的信中说："给我父母的信正在路上，尽管我不得不提及您，但我还是只字未提［出于谨慎的动机］您最近的来访或者我们在一起交谈的快乐时刻。因此，您自己仍然有很多事情要说，您大概会找到两位洗耳恭听的听众。"冯·沃尔措根夫人还大胆地向显赫的宫廷贵妇冯·霍恩海姆伯爵夫人提出请求［她是公爵的最后一位情妇，最终与公爵结为合法夫妻］，该伯爵夫人私下里对席勒表示赞同。沃尔措根夫人使她把注意力首先放在心事沉重的席勒父母上。这并非毫无成效，因为伯爵夫人的劝说似乎基本上促成了这样一个结果，即卡尔公爵出于对席勒可敬的父亲的尊重，并未追究这名逃亡在外的学生。

因此，当仍焦虑不安的母亲得知儿子竟允许自己热烈地爱上他仁慈的女恩人的妙龄千金时，在她看来，这一定是明目张胆的忘恩负义。她敬重冯·沃尔措根夫人，把她当作热心助人的守护者。她看到他暴露在新的风暴中，暗自悲痛哀伤，她清楚地预见，这种激情会是他离开鲍尔巴赫的直接原因。她的身体无法承受这般过度的焦虑，一种缓慢发展的饮食失调症破坏了她的健康。她给身在曼海姆的儿子写了一封信，带着些许柔和的责备，说自从他离开家，她如今无论是在身体状况还是容貌方面都又老了十年。不久之后，她的胃部出现了痉挛的症状，令她十分痛苦。这种痉挛最后扩散到胸部、头部、背部和腰部，她实际上不得不卧病在床。儿子根据父亲对症状的明确描述给她开的药并不见效。其实，这些痉挛渐渐地减少或消失了，但她多年处于疾病状态中，身体虚弱，走路时仍然步履蹒跚，内心的煎熬使她的身体无法恢复力量。虽然她的内心充满了虔诚的爱，对一切抱有希望，相信一切，忍受一切痛苦，但是她既非对儿子的缺点视而不见，又非对她家庭的名誉与幸福因儿子的无所作为与债务缠身受到威胁而漠不关心。

随着儿子被任命为耶拿大学教授和打算结婚的消息传来，一切都尘埃落定，（1790年初）母亲的健康状况也得到了改善。席勒从父亲的一封信中得知这一点，心情变得格外轻松，他在回信中写道："最亲爱的父亲，您的这封来信是多么受欢迎，多么必要！就在前一天，我从克里斯多芬娜那里得到了一个悲伤的消息，说我最亲爱的母亲状况变得更糟了。如今这种恼人的疾病发生了多么幸运的转折啊！如果我最亲爱的母亲以后在饮食安排方面倍加小心，她长年的诸多痛苦，便可被彻底根除。感谢仁慈的上帝，他为我们拯救和保全了在我年轻时对我来说最为亲爱的母亲。我的内心因柔情与感激而激动不已。我曾不得不以为我们永远失去了她，她现在已被还给我们了。"在谈到他即将与洛琴·冯·伦格费尔德[1]结婚时，他补充说："想到我最亲爱的母亲可能不会活着看到她儿子的幸福时刻，我心痛欲裂！愿上天赐予您千倍的幸福，最好的父亲，赐予我亲爱的母亲快乐安康的生活！"

然而，不久，他的母亲又病倒了，情况非常危险。直到第二年8

---

1. 洛琴·冯·伦格费尔德（Lottchen von Lengefeld），即夏洛蒂·冯·伦格费尔德。——编者注

月，父亲才宣布她得救了，而且一天天壮健起来。对席勒来说，这个病例似乎特别奇异，因此，他想公之于众，除非宫廷医生康斯布鲁赫更希望自己来发表这个病例。"说到这，"席勒说，"我将赶在最早的邮车出发之前把给他的信写好，并诚挚感谢他为我们大家提供的价值不可估量的服务，感谢他用精湛的医术治好我们亲爱的妈妈，感谢他自始至终慷慨友好的付出。""我最亲爱的父母，"他继续写道，"这令我们俩多么欢喜啊[这封信写于12月29日。同年2月20日，他与洛蒂结婚]，听到我们最亲爱的母亲日益好转的好消息！我们两个都全心全意同你们一道感谢仁慈的上帝，他使母亲这次得以康复。我们的心中现在充满最美丽的希望，即在这里令我们喜出望外的上天，一定会再次为我们大家安排一次愉快的团聚。"

两年后，这一愿望终于达成。母亲如今已完全康复，她对儿子的思念如此强烈，甚至连因担心她健康受损而犹豫不决的丈夫，也终于同意她踏上去耶拿的遥远而艰难的旅途。1792年9月3日，席勒喜气洋洋地向他在德累斯顿的朋友宣布："今天我从家里收到尤为令人愉快的消息，我的好母亲和我的一个妹妹将在这个月来看望我们。她来得正是时候，我正准备从劳作中解脱出来。这样等待我们的便全都是快乐的事情。"母亲和她最小的女儿一起来了，她聪明可爱的小南内，或南内特。她们比从索里图德的来信上说的日期早到了两天，让他又惊又喜。母子俩在分别十年之后，再次依偎在彼此的怀里，感到难以形容的喜悦与甜蜜的悲伤。长途旅行、恶劣的天气和糟糕的道路都没有对她的健康造成任何损害。"事实上，同十年前相比，她已经发生了一些变化，"他在给科尔纳的信中写道，"但在经历了这么多年的疾病与悲伤的摧残之后，她依然气色不错。我很开心，我又有她在我身边，而且可以给她带去快乐。"

母亲同样很快就找到了家的感觉，她因为被孩子们环绕而感到踏实快乐。只是美丽幸福的日子飞逝而过，对她来说，这些日子足以弥补这么多年的悲伤与忧愁。尤其，她备感欣慰地看到，儿媳秀外慧中的女人气质对儿子产生了多么有益的影响。每天，她都会了解认识到儿媳心灵与思想的很多优点，每天，她都为儿子更深情地感谢上帝，因为即使儿子因身体虚弱而并非一个完全省事的丈夫，仍有一位如此温柔体贴且有教养的妻子成为他一生的伴侣。她深信儿子的家庭幸福是有保障的，这也在很大程度上减轻了离别的痛苦。

第二年，席勒受她来访的影响，同妻子来到施瓦本，这就使她更加幸福了。从1793年8月到1794年5月，席勒一直住在那里。这一不同寻常且似乎带有天意的情况，当然不会被虔诚的母亲忽视。十一年前，同样是在8月，席勒匆匆冒险从斯图加特逃到路德维斯堡，现在却能风平浪静、毫无阻碍地从海尔布隆经由同一个路德维希堡来到父母的住处附近。在这名逃亡者深陷黑暗的烦恼，而且一无所有之时，她曾含着酸楚痛苦的眼泪，密切关注着他。但此时她带着甜蜜喜悦的眼泪迎接她功成名就的儿子，在他经历过苦痛、错误与偏离正道之后，上帝引领他走向幸福与智慧。孙子的出生给她的生活增添了新的魅力，她仿佛又重新回到年轻时代。她觉得自己格外幸运，上帝饶了她的性命，让她亲眼见到亲爱的儿子的长子。祖母坐在小宝贝的摇篮旁，听着孩子的每一次呼吸声，这真是一个令人感动的场景。另外，当她注视儿子走近的脚步，观察他初为人父的快乐神气时，她不禁心潮激荡。

这位慈爱的祖母的确应该得到如此的心灵滋养，因为她那愁惨而黑暗的日子很快就回来了。席勒发现她比以前访问耶拿时更强壮、更欢快。于是，他离开了自己的故土，离开时深感欣慰地希望他的好母亲能拥有一段长长久久的幸福晚年。他也不可能对三年后突然闯入的事件有哪怕最起码的预感，这一事件将以毁灭性打击使家人坠入凄苦，并使他亲爱的母亲的健康和生命再次陷入危险。前面，我们在简述丈夫生平的那一章说过，在1796年，整个南德都在战争的阴云下呻吟，普遍存在的公共苦难以让人特别意想不到的形式冲击了索里图德的席勒家族。这年3月21日，席勒在给父亲的信中写道："我为我们亲爱的好母亲感到如此多的悲痛，我们的母亲遭受了以如此方式降临的各种不幸！但是，在这种情况下，她仍然有力量支撑而未倒下去，仍能够为你们提供如此多的帮助，这也是上帝的仁慈！六七年前，谁会想到当时虚弱不堪的她，现在会为你们大家提供支持与护理呢？在这些事情上，我认识到一种守护着我们的善意，我的心被它深深感动了。"

同时，可怜的母亲的处境一天天变得更加可怕。在这么多星期不得不独自承受痛苦、悲伤与辛劳后，她需要非凡的宗教信仰力量来阻止她倒下，而身边只有一个雇来的女佣帮助她。如此沉重的消息使席勒深感悲痛。在他看来，只有一种方法可为可怜的母亲提供慰藉与帮助，于是他立即行动。他在给迈宁根的姐姐的信中写道：

亲爱的姐姐，你也会听说路易丝病得很重，我们可怜的亲爱的母亲因此失去了一切安慰。如果路易丝情况变得更糟，或者我们父亲的病情恶化，我们可怜的母亲就会彻底陷入绝望。这种痛苦将是无法用语言表达的。你想，你能确保你胜任此事吗？如果能的话，你马上就到那里去吧。我将很高兴为此出资。莱因瓦尔德也许会陪同你前去，或者，如果他不喜欢去那里，让他到我这里来，我会像兄弟一样照顾他。

我亲爱的姐姐，请你考虑一下，父母在如此极端危急的关头，完全有权利要求子女给予帮助。上帝啊，我为什么不像三年前那样健康！本来没有什么能阻止我火速奔赴他们那里，但是我一年来几乎足不出户，这使我弱不禁风，要么无法承受旅途劳顿，要么自己会在那所充满痛苦的房子里病倒。唉，我什么也做不了，只能在钱这方面帮助他们，而且，上帝知道，我很高兴这样做。想想看，我们亲爱的母亲，她一直以一种令人钦佩的勇气坚持着，最终必然在如此多的不幸中崩溃。我了解你纯真可爱的心灵，我知道我姐夫绝对公平正直。在这种情况下，这两个事实都会比我更有说服力。向他致以诚挚的问候。

忠诚的弟弟
席勒

[正如我们在上文看到的，克里斯多芬娜如他所愿地出发了。]从她抵达那里起，席勒每星期都给家里写信。他的信给予这位负担沉重的母亲很大的支持与鼓舞。这样一个儿子如此温柔的爱的保证，令她无限感激。她将他视为经受得起考验的忠实朋友，很愿意向他倾诉自己的伤心事。席勒因此在5月9日给克里斯多芬娜的信中这样表达了自己的看法。

我亲爱的好母亲最近的来信深深打动了我。啊，这位好母亲已经历了多少磨难，她以多么大的耐心和勇气承受了这一切！她向我敞开心扉，这是多么感人啊！我是多么痛苦啊，自己无法立即安慰安慰她！如果你没有去，我是不会留在这里的。我们亲人的处境很可怕，如此孤独，没有亲爱的朋友帮助，仿佛被他们住在远方的两个孩子抛弃了！我真不敢去想。难道我们的好母亲没有为她的父母尽心尽力吗？她是多么值得我们为她做出同样的事啊！你会安慰她的，亲爱的姐姐。你会发现我由衷地愿意做你能向我提出的一切事情。以最温柔的方式向我们亲爱的父母致敬，并告诉他们，他们的儿子为他们的不幸而悲伤。

在这些悲哀的日子里，了不起的克里斯多芬娜尽了最大的努力。她安慰母亲，忠实地照顾父亲，直到他去世，而且她还在法国士兵突然闯入之际，极其沉着冷静地救了他和全家人的性命。直到一切混乱都已过去，并且母亲开始恢复些许平静，她才返回迈宁根。母亲确实需要恢复镇静，因为在短短的时间里，她眼见着生活充满希望的女儿和忠实的丈夫先后躺进他们的坟墓。想当年，他们因彼此相爱而缔结良缘，四十七年来一直恩爱如初，却因一方的离世从此阴阳两隔。她当下的处境已经相当艰难，但在此之外，她又要担忧未来的生活。然而，在这里，她如此亲爱的儿子已做好准备，用他发乎内心的温柔方式干预介入。

"亲爱的母亲，"他写道，"您现在必须完全站在自己的角度选择您的生活方式，我要求您，在您的选择中不要为我或其他人担心。问问您自己，您最希望在哪里生活，和我在一起，或者和克里斯多芬娜在一起，或者在我们的老家与路易丝在一起。无论您如何选择，我们都会提供经济保障。当然，在目前的情况下，您将在符腾堡停留一段时间，届时一切都将安排好。我想您可能会在莱昂贝格［离索里图德最近的风景宜人的村落］度过冬天的几个月，然后随着春天的到来，您会和路易丝一起去迈宁根。然而，在那里，我会明确地建议您拥有一个属于自己的家。但关于这些，我们下次再说吧。如果我不是担心这里的一切对您来说太陌生和太令人不安，我会坚持请您到我这里来。但一旦您到迈宁根去，我们会找到足够的办法见到彼此，并把您亲爱的孙子们带到您身边。最亲爱的母亲，知道您在克里斯多芬娜离开后的头三四个星期里与熟悉的人在一起，这对我来说是莫大的安慰，因为单独由我们的路易丝与您做伴会让您想起过去的时光。但是，倘若公爵不给您养老金，而且家具销售也并未耽误您太长时间，您也许可以和姐妹俩一起去迈宁根旅行，这样您在新的环境中就能更快振作起来。您需要的一切都必将应有尽有，以保证您享有便利的生活，亲爱的母亲。从今以后，我要确保您不必为此焦虑。在经历了这么多的痛苦悲伤之后，您生命中的垂暮之年一定要快快乐乐的，或者至少是平静的，而且我希望您仍然能在孩子们和孙子们的怀里享受许多美好的时光。"最后，他请求母亲把他亲爱的父亲留下的所有信件和手稿寄给他，以完成父亲的遗愿，这也将对他亲爱的母亲有用。

这位寡妇得到了公爵给的 200 古尔登［接近 20 英镑］的养老金，而且这也是一个令人备感欣慰的证据，证明当局承认她已故丈夫的价值，并对他怀有敬意。她留在老家。根据她儿子的建议，在此后的三年里，她和路易丝住在莱昂贝格的小村庄里，靠近索里图德，席勒事先在那里已为她做好了安排。村子里有位罗斯先生，是符腾堡本地人，在1797年到1798年的冬天与她结识。他向我们描述了她的音容笑貌："她是位六十五六岁的老人，瘦削的脸上布满皱纹，亲切和蔼，仍能够令人愉快。她那稀疏的头发均已花白，身材矮小［不高不矮］，态度谦和。她的声音很动听，话语轻松愉快。她的举止总体表现出与生俱来的优雅大方，以及对社会生活的切实了解。"

1799年末，她的路易丝和年轻牧师弗兰克在海尔布隆附近的小镇克勒韦尔－苏尔茨巴赫举行婚礼，这向母亲展现了新的光明前景。可敬的女婿决不愿看到母女分离。

［绍佩的说法有误。席勒母亲继续住在她自己在莱昂贝格的房子里，直到她生命的尽头。不过，她自然频繁地去克勒韦尔－苏尔茨巴赫访问，并在那里去世。[1]］

婚礼前夕，席勒在信中，衷心祝愿母亲顺心如意，妹妹婚姻幸福。他说，他的妹妹可以住在自己设备齐全的房子里，伺候她亲爱的好母亲，这对妹妹而言必然是莫大的满足。对母亲来说，看到孩子都成家立业，生儿育女，对她一定也是极大的安慰。

几乎在儿子从耶拿搬至魏玛的同时，母女俩一起搬到了克勒韦尔－苏尔茨巴赫。现在他们在乡下住的地方四周一片寂静，这对她的身心健康都产生了最有益的影响。更重要的是，女儿和女婿竞相在她面前尽孝。她和儿子距离遥远，有时她会为此而颇为感伤，但在读儿子来信的过程中便忘却了感伤，因为信中永远是道不尽的最纯洁、最真诚的孺慕之情。她也会经常在阅读儿子不朽著作时淡忘了对儿子的思念，因为那是他的强大精神在向她述说。在她活着的时候，她听到

---

1. 参见《关系》（*Beziehungen*）第197页的脚注。

了弗里德里希·席勒的名字在整个德意志被充满敬意地热情称颂，快速地、荣耀地受到德意志人民的尊敬，连一纸帝国特许状都做不到这点。一个从儿子身上获得如此快乐的母亲确实是幸福的，完全可以说："主啊，现在让我平静地离开吧。我已经活够了！"

1802年初，席勒的母亲又生病了。她的女儿路易丝立刻赶到当时母亲碰巧身处的斯图加特，把母亲带到克勒韦尔-苏尔茨巴赫，由路易丝自己护理。席勒一听说此事，认真地考虑了妹妹拮据的经济状况，当即写信给当年在路德维希堡的朋友霍文医生，授权霍文医生接走并亲自医治照看母亲，而他，席勒，将愉快地支付所有必要的住宿与护理费用。但是母亲坚持留在她的女儿那里。然而，她在给席勒的最后一封信中写道："你对我的爱和关心无微不至，主用一千倍的爱和祝福来奖赏你！哎哟！这么好的儿子举世无双！"席勒为这位亲爱的病人一直忧心忡忡，他知道她得到妹妹精心的照顾，这给了他极大的安慰。他又立刻写信给他的妹妹："你将允许我，从我的角度尽量为你减轻负担。因此，我和我的书商科塔达成协议，他会向我亲爱的母亲提供必要的钱，以一种方便的方式偿付她生病需要的额外费用。"

在早期经验的支持下，席勒希望仁慈的上天会再次帮助他的母亲，可惜天不遂人愿。她的情况变得更糟了，她遭受了几个月最剧烈的痛苦，明显地走向死亡。在她去世的前两天，她让人把儿子的大奖章从墙上取下来拿给她，把它按在胸前，流着眼泪感谢上帝给了她这些好孩子。她于1802年4月29日逝世，享年六十九岁。席勒基于上次收到的消息大意，已经放弃了所有的希望，在这种不祥的预感下写信给他在克勒韦尔-苏尔茨巴赫的妹妹路易丝：

亲爱的妹妹，你最近的来信使我对我们亲爱的母亲失去了希望。在过去的两个星期里，我一直怀着恐惧的心情搜寻她离世的消息，而你在那个时候没有写信的事实，让我恐惧而不是让我获得安慰。唉！在她最近的情况下，生活不再对她有任何好处，唯一可以希望和祈祷的事情就是她能迅速而平静地离开。亲爱的妹妹，你从这悲哀的日子里稍微恢复过来的时候，请写信给我吧。把她在生命的最后几小时里的状况和她说的话详细地写给我。让我为她而忙碌，并让我的母亲的可爱的形象活在我的面前，这可以使我舒适和镇静。

这样我们亲爱的父母，都离开了我们，只剩下我们三个了。亲爱的妹妹，让我们彼此更亲近，请永远相信虽然你的哥哥距离你和你的姐姐如此遥远，但他的心暖暖地记挂着你们。不论在这一生中发生什么事情，他都会热切地用他的兄弟之爱来迎接你们。

但是我今天不能再写了。早点给我写几个字过来。我全心全意地拥抱你和你亲爱的丈夫，再次感谢他给予我们已故母亲的所有的爱。

你忠实的哥哥
席勒

在这封信之后不久，他收到了妹夫弗兰克的来信，来信证实了他的不祥预感。从他给弗兰克的回信中，我们摘录了以下一段话："愿主给予亲爱的逝者丰厚的回报，以弥补她此生遭受的一切，并奖赏她为她的孩子们所做的一切！事实上，她应该拥有爱她的孩子，因为她是她穷困潦倒的父母的好女儿。一向反哺情深的她理应从我们这里得到同样的回报。你，我亲爱的妹夫，分担了我妹妹辛勤照顾逝者的职责，从而理所当然获得了我的兄弟之爱。唉，你已经给予我的父亲精神支持，并向他尽到子女的义务，承担起他离家在外的儿子的职责。我多么诚挚地感谢你！我永远不会在想到我已故的母亲之时，忘记感激这个在她生命的最后日子里如此仁慈地减轻她苦难的人。"然后，他表示希望从他亲爱的母亲的遗物中，获得一件没有其他价值的东西作为永远的纪念。事实上，他衷心感谢妹夫给他寄了一枚母亲生前戴的戒指。"这是他能为我选择的最珍贵的纪念品，"他在给路易丝的信中写道，"我将把它作为神圣的遗产妥善保管。"此外，他搬进魏玛的新居之日正是母亲去世的那天，这使他格外痛苦。他注意到这一奇特的巧合，它仿佛在悲哀地预示他自己的早逝，就像命运之手把一系列怪异事件串联起来。

她的坟墓在克勒韦尔-苏尔茨巴赫教堂墓地，有一棵树和一个普通的石十字架，上面刻着简洁却含义深远的碑文："这里是席勒母亲安息之地。"

（三）姐妹们[1]

绍佩为席勒的三姐妹都各设一个单独的章节，但与她们有关的大部分内容，特别是与她们的兄弟相关的部分，均已在上文不时提及。除此之外，绍佩的篇幅对我们的有限空间来说太长了，因此，我们将不做全文翻译，而是主要对绍佩和其他人的著述进行整理汇编，并在忠实原意的基础上进行删减节略。

---

[1] 本小节除"南内特"之外，"克里斯多芬娜"与"路易丝"的部分，为卡莱尔整理汇编资料后的重新写作，并非直接对绍佩内容的翻译加工，格式处理参见本书260页注释。——编者注

克里斯多芬娜

（1757年9月4日出生，1786年6月结婚，1847年8月31日去世）[1]

从席勒逃离符腾堡这件事，我们可以看出克里斯多芬娜的勤勉和对席勒的无尽的关怀。在席勒出逃以前，女孩们（这时克里斯多芬娜二十五岁，路易丝十六岁，南内特则是一个五岁的可爱小家伙）没有经历任何不幸。除了多年前克里斯多芬娜曾为两个小妹妹的夭折而难过之外，家里再也没有重大的伤心事。在索里图德，除了为她们深爱的天才兄弟和他的流亡生活焦虑悲伤之外，她们的生活无比平静。她们尽心尽力地做家务、缝纫、纺线，心满意足地在一切事情上守时，而在闲暇时光贪婪地阅读（或者有时就克里斯多芬娜而言，则是绘画，在这方面她相当出色）。她们最喜爱的消遣，是在爸爸亲手打造的郁郁葱葱的苗圃、林荫大道、美好的立体园林和人工森林中散步。那里驻扎着一个在索里图德的骑兵团，团里的年轻军官在那个沉闷的地方没有任何社交圈子，除了列队行进无事可做，他们给予几位美丽的席勒小姐和她们在令人愉快的树林里散步的习惯以高度的注意。据说他

---

1. 这里，老席勒自己的《自传》（Autobiography，即拉丁语中的"一生履历"）列出了他六个孩子的名单（在《关系》里，第15–18页）。其中两个夭折的孩子，我们用斜体标出：
一、伊丽莎白·克里斯多芬娜·弗里德莉克（Elisabeth Christophine Friedericke），1757年9月4日生于马尔巴赫；
二、约翰·克里斯多夫·弗里德里希（Johannn Christoph Friedrich），1759年11月10日生于马尔巴赫；
三、路易丝·多萝蒂亚·卡塔琳娜（Luise Dorothea Katharina），1766年1月24日生于洛尔希；
四、*玛利亚·夏洛蒂（Maria Charlotte），1768年11月20日生于路德维希堡，1774年3月29日死亡，5岁夭折*；
五、*比娅塔·弗里德莉克（Beata Friedericke），1773年5月4日出生于路德维希堡，同年12月22日去世*；
六、卡洛琳娜·克里斯蒂安娜（Caroline Christiane），1777年9月8日出生于索里图德（这是被他们亲昵地称作南内或南内特的那个孩子）。

们的一名中尉（后来成为上校，"来自斯图加特的奥布里斯特·冯·米勒"）对克里斯多芬娜表明了可敬的愿望和意图，然而，严格谨慎的父亲坚决反对，并且严格禁止女儿与他或他的战友们联系。据说他那虔诚而顺从的女儿克里斯多芬娜虽然心里有些遗憾，但当即遵从了父亲的决定。一帧由克里斯多芬娜绘制的这位冯·米勒上尉的肖像画依然保存在席勒家族的文献中。[1]

她的终身大事，即她与迈宁根宫廷图书馆管理员莱因瓦尔德的婚事，要从 1783 年席勒被迫采用假名"里特博士"并秘密避居鲍尔巴赫八个月说起，在那里莱因瓦尔德成了他的朋友，并向他提出了中肯的建议。莱因瓦尔德掌管一个优秀图书馆的所有库藏，他具有经过长期认真苦心培养的良好理解力，对席勒来说大有用处。他被认为是席勒在文学方面有史以来第一位真正的向导或有见地的顾问。克里斯多芬娜在父亲的授意下给弟弟写的一封信，意外地掉落在莱因瓦尔德面前的地板上，并且被他拆阅，使他在愁云密布的日子里燃起了一丝希望。"这个聪明谨慎、亲切明智的年轻女人，在管家理财方面也有着明确有益的智慧原则。在我这个昏暗、冷清的家里，如果有她作为妻子，那对我将是多么幸福的一件事啊！"于是他大胆地求婚，但正如我们在上文看到的那样，席勒很爱他，但知道他年纪在五十一二岁，健康状况总是欠佳，且沉默寡言，脾气暴躁，闷闷不乐，极其贫困。当席勒质疑此事时，却遭到父亲斥责。正如我们之前所说，这桩婚事还是定下来了。1784 年，当席勒还没有第二次亦即最后一次离开曼海姆时，克里斯多芬娜在莱因瓦尔德的陪同下拜访了他。莱因瓦尔德事先

---

1. 参见《关系》第 217 页的脚注。

恳求过，希望有幸拜访席勒。他刚去过索里图德，要么在那里，要么在去曼海姆的路上，他完成了他的求婚。这次访问的目击者施特莱歇尔说："这位健康、开朗、容光焕发的姑娘决心与一个收入微薄、健康状况堪忧、前景似乎并不乐观的男人分享她未来的命运。不过，她的理由如此高尚，在接下来的时间里，她从未后悔过为了她的理解力和一个真正有价值的丈夫而牺牲幻想。"[1] 他们于 1786 年 6 月结婚。在之后的三十年里，或者事实上，在整整六十年里，克里斯多芬娜住在迈宁根光线昏暗的新家里。除了那段疾病、死神和战争交织的悲惨时期，她似乎再也没有踏上故土和见过父母。

我们根本不清楚，究竟是什么能导致内心平静而眼光敏锐的克里斯多芬娜下如此大的决心。绍佩含糊其辞地指定了一种宗教动机，即"做好事的愿望"。对米勒中尉的突然而粗暴的不予考虑的事件可能与此有关吗？也许她父亲在这件事上的心情——他总是那么急切而热心地想看到女儿安顿下来——产生了主要的影响。可以肯定的是，克里斯多芬娜就这件事咨询了她的教区牧师。绍佩向我们表明，她从牧师那里得到了肯定或至少是许可性的回答。还可以肯定的是，她调动了自己对这个问题的各种最好的见解，并用她的所有才能平静而不可更改地决定了这个问题的答案。

对于公正的评论家来说，莱因瓦尔德的抑郁不得志并非没有理由。迄今为止，他漫长的一生中只有一次体验到了成功的光芒照耀在他的身上，那道光为他艰苦顽强而坚持不懈的奋斗带来安慰。他的父亲一直是迈宁根储君的导师，这位储君后来成了公爵，并一直对他的

---

1. 施瓦布，第 173 页，引用施特莱歇尔的话。

父亲非常尊崇。父亲于1751年去世，小莱因瓦尔德当时十四岁。莱因瓦尔德在耶拿以优异的成绩完成三年学业之后，回到了迈宁根，期待着就业和升迁，尤其是考虑到他母亲的财产在七年战争中毁于一旦，这些对他来说就更加重要。最后，莱因瓦尔德得到了工作，但只是最卑微的办事员的岗位。年复一年，尽管他具有个人价值和不可否认的才能，忠于职守、兢兢业业，却没有得到任何升迁。最后，在1762年，公爵也许受到自己对莱因瓦尔德的更多了解的启发，或者出于个人对此类人才的需要，终于把他作为机要文书（有点私人秘书的性质）送到维也纳，目的是让他在那里替公爵收集"政治和文学"的情报。这对年轻人来说是一个极其令人愉快的职位，但它只持续到公爵去世，历时不到两年。当时莱因瓦尔德被新公爵立即召回（我想，他与他的前任意见相当不合），又差不多回到了他的老岗位，那里丝毫不顾及他的真才实学和个人价值。他继续做了十三年宗教法院文书，以最微不足道的年薪"从事他被迫做的毫无创意、近乎精神折磨的艰苦工作"。1776年，不确定他到底是获得了晋升还是被削减工作量，他被安置在图书馆，就如目前这样，也就是说，他成了助理图书馆管理员，薪水约150古尔登，负责图书馆全部的工作。一位年长、更受恩宠的绅士，享受上层职位，却不做任何工作，也许他这是在以这一职业的收入代替养老金。

在这些持续的压力和不如意下，可怜的莱因瓦尔德变得冷漠、桀骜不驯且充满愤怒，他的健康也垮掉了。因此，如今在他的小天地里，他是一个出了名的孤僻、沉默寡言、郁郁寡欢的人。但少数更了解他的人非常尊敬他，认为他头脑清醒、忠诚守信。他以见识敏锐且忠诚可靠而受人敬重，有着扎实的学识和卓越的品格。能给这样一个心情低落的人带去一点帮助或愉快的缓解（如果聪明而温柔的克里斯多芬娜能做到这一点的话），肯定会是一种善举，但也是极其困难的一件事情！

他们膝下无儿无女，不过，他们的婚姻在最初或任何时候都不能被称为不幸。但是，随着岁月的增长，克里斯多芬娜面临的问题变得愈来愈严峻。她富有同情心，有一颗亲切、包容且高尚的心。她很谨慎，是最聪明、最节俭的持家好手。她可以保持沉默，以温和的坚忍主义忍受大量非理性的琐碎小事。绍佩说："没有人比她更喜欢笑，也没有人能比她更尽情地笑，就连在她耄耋之年也不例外。"当一切过去三十年后，再回首可怜的莱因瓦尔德，克里斯多芬娜本人并没有抱怨。她对此的最后记载是："我们在一起其乐融融地生活了二十九年。"但是，她丈夫那粗鲁的疑病症，使他在奇思妙想和嗜好受到一丁点儿中断时便会表现出病态的敏感。除了在他不得不去图书馆的日子外，他从未离开过他们那昏暗的客厅。他的疑病症实际上非常难缠，但她似乎在不断的磨砺中保持了无与伦比的品质。他属于在德国被叫作"柜子里的文人"（Stubengelehrten）的那种学者，他们要么发表很少，要么不发表给自己带来利润的文章，却一直在钻研和学习。学习是他一生中唯一的安慰，他一直学习到生命的终点。他在各个学科都很有造诣，包括古文物研究、文献学、历史学。特别是在哥特式艺术文献学方面，他最后完成了一件被认为是真正壮举的事。尽管受到奖赏者另有其人，但这是他，莱因瓦尔德的壮举。他不知在哪里买到一本来自英国科顿图书馆的盎格鲁－撒克逊名诗《弥赛亚》的手抄本。由于没人会在没有预付款的情况下印刷，虽然他费了九牛二虎之力，最终非常完美地为出版做好了准备，翻译、词汇表、原文一切就绪，却苦于找不到出版商。他不甘心付出辛苦却一无所获，便把作品寄到了慕尼黑图书馆。几年后，一个叫施梅勒的人在那里发现了它，并把它作为自己的发现首次出版。唉，心情沉重的莱因瓦尔德，为谁辛苦为谁甜？[1]

对莱因瓦尔德本人来说，克里斯多芬娜在他昏暗的陋室中的存在和她对管理之责的担负有着无限的好处。虽然他自己没有意识到，只是将她的存在作为对他不幸被贬低的个人价值的天然补偿。直到最后，他才开始理解她的存在的独特价值，正如日薄西山时的光辉灿烂一样。可怜的人，在他生命的最后两星期，焦急地为克里斯多芬娜买了一间整洁的乡间小屋。因此，她在那里度过了漫长的寡居岁月。她的生活变得更为平静，却与从前的婚姻生活一样有益、谦逊而美好。

克里斯多芬娜以虔诚的谨慎既相信天堂的存在，又相信即使在活着的时候，在尘世里，善行也能结出善果。她的这些品质带给这个沮丧失望、痛苦至极的人极大的安慰，照亮了他的晦暗，使他的贫穷变得高贵。简雅可能是她在一切事情上的座右铭。在她写给弟弟的令人愉快的书信中，充满了欢快却又足够悲伤的暗示，暗示她与莱因瓦尔德相处中的困难，以及取得的部分成功。可怜的人，她有时也温柔地把希望寄托于仍然可以期待的幸福未来：她最终可以作为寡妇，平静而温馨地与她的兄弟一起生活，正如他们童年时一样；她最终可以在平静的祝福中生活，像世界为她准备的一样！但是郁郁寡欢的莱因瓦尔德在开朗乐观的席勒去世后又活了十年以上。在丧偶之后，她还要在条件有限的情况下独自再度过三十个春秋的孀居岁月，而她仍能

---

[1] 参见《关系》。克里斯多芬娜的所有信件都很美丽，其中有许多都被收录于《关系》中。

以一种高尚、谦卑、令人钦佩，甚至快乐和满足的方式生活。尽管在我们看来，席勒的三个姐妹都很出色，特别是可怜的南内身上甚至还有一些诗意和悲剧性的元素，但克里斯多芬娜是姐妹中与席勒感情最亲近的一个。幸运的是，克里斯多芬娜"几乎一直都很健康"。整个一生，她乐于帮助她身边的所有人，从不妨碍任何人。她在熟悉她的所有人中，无论长幼尊卑，均获得普遍的尊敬和好评。1847年8月31日，在迈宁根，九十一岁高龄却几乎从未生过一天病的她，突发轻微中风，几天后离世，于是结束了可谓现世圣徒般的生活。对所有目睹过她这种生存状态的人来说，她的一生美丽、明智且高尚，令人哀悼。

南内特

（1777年9月8日出生，1796年3月23日去世，年龄尚且不到十九岁）

［关于南内特，我们了解到在1792年，她通过她的朗诵和友好的热情天性吸引了哥哥和哥哥的耶拿圈子的注意。第二年，在席勒访问施瓦本时，他对她的爱达到了欣赏的程度，发自内心地希望帮助这位富有才华、心灵高尚的妹妹有所成就。但两年后，死神使亲爱的南内特，连同哥哥对她的美好希望，走向了残酷的结局。我们现在要说说可怜的南内特那些优秀的才能和爱好的最初萌芽，这就是亲爱的小生命拥有的全部历史。绍佩继续写道：］

席勒出逃大约两年后，六七岁的南内特和姐姐路易丝在斯图加特剧院观看了席勒的《阴谋与爱情》。她非常激动，屏住呼吸，看着幕布拉起。整个演出的过程中，她一言不发，但是一幕又一幕，她顾盼生辉的眼睛和红润的脸庞，流露出她强烈的情感。观众对她哥哥创作的精彩戏剧报以热烈掌声，这给她留下了不可磨灭的印象。

演员们尤其在她面前闪耀着神奇的光芒。随着岁月的推移，他们的灿烂光辉非但没有减少，反而增加了。孩子色彩斑斓的想象喜欢停留在那些永远不会被忘记的人身上，正是他们使哥哥的诗走进她的视线并被她理解。渐渐地，一个初见端倪的想法逐渐固定下来。要是她自己能创造出这样的奇迹，那该会是多么荣耀啊！随着读书越来越多，耳闻目睹亲爱兄长的诗歌成就越来越多，她越来越热切但秘密地渴望自己能够在舞台上表演他的悲剧。在她访问耶拿的时候，以及在哥哥住在施瓦本的时候，席勒偶尔会谈及他作品的舞台搬演，或公开发表他对表演艺术的看法。在这种时候，她总是听得格外专注。

南内特希望能够在世界舞台上，为哥哥争取更大荣耀。在他回来后，她这一深藏心底的愿望表露得如此强烈与执着，于是席勒妻子的姐姐卡洛琳娜·冯·沃尔措根敦促他顺从妹妹的愿望，给她机会一试身手，如果真的表现不俗，就让她进入这个她渴望已久的职业领域。席勒不喜欢演员这个职业，但是，以他当时在魏玛拥有的那些有影响力的人际关系，他可以为她避开许多风险，因此他答应认真考虑此事。这位善良的女保护人衷心希望南内特美梦成真，她使南内特生命中的最后几个月在美好的憧憬中愉快地度过。席勒在与歌德就此问题进行了一次对话之后，他的希望已经上升到了确定无疑的程度。但就在此时，南内特感染上那种传染性的医院热病[1]，病倒了，又过了几天，

---

[1]. 医院热病，指斑疹伤寒，是由立克次体引起的传染病，过去常于医院等人员密集、卫生条件差的地方暴发，因此得名。——编者注

就永远离开了人间。席勒突闻噩耗，悲不自胜。[1]

［美丽的南内特，这样一个散发着柔和光彩的灵魂，这样一个短暂凄美的小生命！像具有玫瑰色手指的黎明的女儿，她的存在正如洒满阳光的、玫瑰红的柔软云朵，不可以经历随后而来的灰尘飞扬、形骸不堪的闷热日子。老席勒似乎以他粗犷的方式将南内特视作掌上明珠，我们发现他不止一次略显尴尬地向席勒推荐她，并希望她的哥哥给予帮助，同时暗示如果她有可能获得教育的话，那会对她极好。几个月后，老席勒追随她而去。人们按照他自己的要求把他"安葬于盖林根教堂墓地里，紧挨着她的墓"。］

路易丝

（1766年1月24日出生，1799年10月20日结婚，1836年9月14日去世）

在路易丝的生活中，除了上文提及的内容，没有其他可说的。在索里图德瘟疫流行的悲惨日子里，当父亲病卧弥留之际，可怜的南内特感染了疫病，路易丝凭借所有的温柔殷勤和家务才能，悉心照顾病中的亲人。但是，在南内特死后不久，她也因感染时疫病倒了，在这个家庭陷入绝望的日子里，她很长一段时间都处于生命垂危的状态。当克里斯多芬娜到来时，她依然虚弱，但已在慢慢恢复。

父亲临终前找来了优秀的年轻牧师弗兰克。在这家人染上热病后，所有邻居都不敢前来探望，但弗兰克对这家人的友善态度始终不改。父亲问他对路易丝有何打算。他们在善良的老人面前向彼此做出了庄严的承诺。在孀居的母亲居住的莱昂贝格，他们正式订婚，两年

---

1. 绍佩，第150–155页。

后结为夫妻。

正如我们在上文看到的，母亲在他们的牧师宅邸病故，病中得到精心的照顾。又过了两年，弗兰克被提拔到更好的默克米尔牧师职位，成为那里乐善好施、受人尊敬的牧师，直到1834年去世。路易丝在两年后的9月也随他而去。他们的婚姻持续了三十五年。路易丝为他生育了三个孩子，在各个方面，她似乎都是贤妻良母。她心思机敏，善于精打细算，喜欢诗歌，对她哥哥有着无限的热情，似乎是一个万分焦虑的母亲，自己经常生病，却总是尽心竭力地不停操劳。

席勒给她的最后一封信，成了纪念路易丝的一件感人至深的纪念品。这是一封对长期沉默表示歉意的信，席勒在其中深情致歉并希望以后做得更好。这是席勒在病逝前几个星期写的。信中写道：

魏玛，1805年3月27日

是的，亲爱的路易丝，我的确已经很久没写信给你。但并不是因消遣玩乐而忘记了你，而是因为在这段时间里，我患了那么多严重的疾病，这使我完全失去了正常的生活。好多个月以来，我失去了勇气与快乐，放弃了一切康复的希望。人在这样的情绪下往往不喜欢说话。从那以后，我又感觉好些了，但经过长时间的沉默之后，难免有几分尴尬，所以还是迟迟没有动笔。但是现在，当我再次受到你手足情谊的鼓舞，我很高兴再度恢复被中断的通信。如果上帝成全，它将不会再被中断。

我八天前从我们的姐姐[1]那里得知，你亲爱的丈夫已升迁至默克

---

1. 指克里斯芬多娜。

米尔，这给我们带来极大的快乐，不仅因为它大大改善了你的处境，而且因为它是我亲爱的妹夫的美德的值得敬仰的证明。愿你们在这些新的往来关系中获得快乐，并长长久久地好好享受这一切！我们也因此离你又近了几英里，在我们每年都在计划的弗兰科尼亚之行的旅途中，我们可能更容易到达你那里。

亲爱的妹妹，我多么难过地了解到你的健康遭受了如此大的损害，而且你又一次在分娩中遭遇如此不幸！也许你的新境遇可能会允许你今年夏天去矿泉疗养地度假，这可能对你大有裨益。[……]

关于我们这里的家人，我的妻子会在给你的信中更为详细地介绍。今年冬天，我们的孩子都得了水痘，可怜的小艾米丽[1]在此过程中遭受了很多痛苦。感谢上帝，我们这边一切都恢复正常了，我自己的健康也开始有所起色。

亲爱的妹妹，我一千次拥抱你，还有我亲爱的妹夫，我一直衷心希望能多了解他一些。以我的名义亲吻你的孩子，愿你们一切顺利，有更多的欢乐等待着你们！我们亲爱的父母会为你的好运欣喜万分，特别是我们亲爱的母亲，要是她能活着看到这一切，该有多好啊！再见，亲爱的路易斯。以我整个的灵魂，

你忠实的哥哥
席勒

席勒对他的姐妹的语气和态度总是像这封信中一样，富有浓郁的人情味和手足之情。他情真意切，满怀最热烈、最真实的愿望，希望

---

1. 一个四个月大的婴儿。

为她们排忧解难和鼓励加油。品格高尚的席勒充满爱心，即使在他自己极度危险且高耸入云的道路上也总是念及卑微的人！他从不富有，永远贫穷，但在这些方面有王者般慷慨仁厚的风范，永远不会忘记他姐妹们的"生日"。后来人们会发现她们为收到"漂亮的衣服"之类的东西而致谢！

让我们追随见证者的目光，一瞥席勒临终时的情景。此时距离这封给路易丝的书信上所署的日期约六个星期，这是他生病的第八天，他在这个世上的倒数第二天：

"1805年5月8日早晨。席勒从睡梦中醒来，要求看他最年幼的孩子。婴儿（上文提到的'艾米丽'）被抱来了。席勒转过头来，把那只小手握在自己的手里，用一种不可名状的疼爱与悲伤的神情，凝视着那张小脸，然后放声痛哭，把脸藏在枕头里，做了个手势让把孩子带走。"

这个小艾米丽如今是冯·格莱兴男爵夫人，她和她的表妹沃尔措根合作编著了上文经常引用的条理清晰且很有帮助的那本书——《关系》。在同一天，正是对这位沃尔措根表妹的母亲（传记作者卡洛琳娜·冯·沃尔措根），席勒做出了令人难忘的回答："越来越平静。"

"傍晚时分，他提出要再看看太阳。窗帘打开了，他凝视着美丽的日落，眼睛和面孔都散发着光彩。这是他向大自然做的最后一次告别。"

"5月9日（星期四）。整个早晨，他意识模糊。他说着不连贯的话，大多是用拉丁语说的。下午三点左右，他全身无力，气若游丝，呼吸开始中断。四点左右，他要石脑油，但已说不出这个词的最后一个音节。他用尽力气写，但只写了三个字母，然而，在这些字母中，依然可以辨识出他的笔体。到了六点钟，他的情况还没有变化。他的妻子跪在床边，他仍然按着她伸出的手。他妻子的姐姐和医生站在床脚，把温暖的枕头放在他变得越来越凉的脚上。这时，他的脸上一阵触电似的痉挛，头一歪，最深沉的安宁升华了他的脸。他就像轻柔地入睡了一样"，永远沉浸在来之不易的胜利与和平中！[1]

---

1. 施瓦布，第627页，引用了目击者福斯以及卡罗琳·冯·沃尔措根本人的话。

附录一

1. 达尼尔·舒巴特

有些人将《强盗》表现出的满腔怨愤部分归因于席勒与舒巴特的交往。这似乎和格雷的奥尔德曼的假设一样明智：他在喝了半个世纪的甲鱼汤之后，认为两颗未成熟的葡萄导致了他的健康受损，因为"吃下葡萄之后，他感觉到它们冰冷地压在他的胃里。此后他的身体状况再未好转"。席勒同舒巴特似乎只是一面之交，他们的谈话也并非私密性质。至于这次会面对席勒可能产生的影响，似乎并没有大到让舒巴特值得在本书中被提及的地步。我们提到他是基于其他理由。舒巴特的生平本身并不缺乏吸引力，它以一种引人注目的方式展现了席勒那时所处的环境。它可以为席勒恐慌之激烈做出解释，否则对我们快乐的英国本土人来说，席勒可能会显得过于懦弱胆小或反应过度强烈。为此，我们再次附上舒巴特生平的概述。

舒巴特的性格在文学上屡见不鲜，他在生活上的不幸，也不足为怪。他为人热情友好，拥有热情洋溢的想象力和一颗友善的心，具备各种才能，唯独不够勤奋，具备各种美德，唯独不够审慎明智。这些往往是诗人的通病，它理应产生的后果经常被世人指出，并且也已经频繁地被人哀悼过了。此人是在生活海洋的航行过程中"过于冒进而稳重不足"的那类人之一，他的航行违背了海员生活中的每一条规则，必然以沉船告终。

克里斯蒂安·弗里德里希·达尼尔·舒巴特于1739年4月26日出生在施瓦本的上松特海姆。他的父亲人好心善，在那里担任校长、礼拜会领唱者和助理牧师。随着各种升迁变化，他后来在同一地区的多个村庄担任过这些职位。达尼尔从一开始就是矛盾的，他的生活似乎断断续续。在学校时，有一段时间，他好像是休眠了，七岁时仍无法阅读，并获得了十足的蠢学生的名声。但是，"突然，"他的传记作者说，"封闭他精神的外壳开始消失了"。达尼尔成了学校的天才！他的好父亲决定把他培养成有学问的人，在十四岁那年，父亲把他送到讷德林根中学，两年后又把他送到位于纽伦堡的一所类似的学校。在这里，舒巴特各方面的天赋才艺蓬勃发展。他阅读古典诗歌和德国诗歌，高谈阔论、玄思遐想，谱写优美典雅的歌曲，被发现具有"确定无疑的音乐天赋"，甚至曾为羽管键琴作曲！简而言之，他成了公认的天才，他的父母同意他去耶拿修完他的神学课程。

舒巴特根本不理会命运的裁判。他出发去耶拿，一到埃朗根，就决定不再往前走了，只在他所在的地方完成学业。有一段时间，他学得很好，但后来他狂躁起来，时而极度懒散，时而极度放荡。他成了十足的浪子，喝酒激辩，闹事撒野，负债累累，直到他的父母再也无力负担这种开销，很高兴抓住第一个神职空缺的机会把他召回。他带着一颗因放纵而狂热的心和健康永久受损的身体回到父母身边，他的心因悔恨、虚荣和对快乐的热爱而燃烧，他的头脑缺乏判断原则，如同一个有想象、幻觉和"科学碎片"在那里来回翻滚的漩涡。但他可以喋喋不休地谈论学院式拉丁语，简明清晰地谈论"哲学的演变"。如此成就使他从父母那里得到了宽恕，在父亲发现达尼尔还可以布道和演奏风琴时，他那颗礼拜会领唱者的心顿时让他与儿子冰释前嫌。善良的年迈父母仍然爱着他们的浪子，不会停止对他的殷切期望。

作为牧师，舒巴特起初很受欢迎。他模仿克拉默，但与此同时，他也表现出了自己一流的布道才能。然而，他完全忽略了改进。依赖他的天赋和人们的容忍，他开始"在至高的神面前玩弄不切实际的技巧"，让他的观众开始打哈欠，或者爆发出哄堂大笑。他经常即兴讲道，有一次，他以诗句讲道！他对交游与安逸的热爱使他偏离学业，而他的音乐爱好则使他偏离得更远。作为风琴师，他拥有特殊的天赋，但处理经文用语索引和使"风箱学会缓缓地奏出音响"是不同的事情。

然而，要憎恨可怜的舒巴特，抑或非常不喜欢他，是不可能的。他脸上的每一个表情都表明他是快乐、平和、诚实的人，天性善良，内心纯真，喜欢嬉闹。他对任何亚当之子都毫无恶意。他拥有音乐天赋且富有诗意，谱写并演唱悦耳的歌曲，富有幽默感，又善于思考推理。他的演讲，虽然漫无目的又冗长啰唆，却闪烁着幻想的光彩，不时放射出最敏锐的智慧光芒。他有点虚荣，但一点儿也不傲慢。他爱自己的优点，同时他也承认并热爱别人的优点。他几乎没有什么原则信条，但他的神经系统很健康。与同他志趣相投的朋友们在一起时，一罐普通的啤酒和一根烟斗可以将地球化作他的天堂，使他的兄弟们变成半神。当你看着他含笑的双眼和他耀眼而诚实的面孔，你就会忘记他是一位发假誓的牧师，忘记他在玩忽职守，即使他有在这个世界上需要履行的职责。如果生活是一场充满无限可能的游戏，舒巴特会是最好的人，也会是最聪明的哲学家。

不幸的是，生活并非游戏。他没有听到"责任"的声音，但"欲望"的声音却给他留下更深刻的印象。他离开家乡，在柯尼希斯布龙的一户人家当家庭教师。这份教导少年才俊如何连珠炮式地谈话的工作，对舒巴特而言寡然无味。他很快就放弃了这个职位，把机会留给了一位年轻的兄弟。接下来的一段时间内，他通过向邻近村庄的神职人员提供各种帮助维生。不久，他发现与饥饿相比，他宁愿从事教学，便再度执教。但这杯苦酒有了甘美的音乐作调味剂，他不仅被任命为校长，而且被任命为盖斯林根的风琴师。如今，在一股冲动下，他变得勤勉而尽职，他最近的困苦令他记忆犹新。当地的牧师足够友好且高明地做到了把舒巴特对困苦的记忆转化为有价值的东西，后来还娶了舒巴特的妹妹。如果可怜的舒巴特一直得到这样的人的监督指导，"可怜"这个形容词便永远不会为他所有。在这所小乡村学校里，他推行了一些重要的改革和改进措施，因此吸引了几位很重要的学者。同时为了自身的利益，他认真地学习。如果说他在这里的行为并非无可指摘，那么至少得到了很大的改进。二十五岁时，他步入婚姻殿堂，这可能也更进一步地促进了他这方面的改善，因为他的妻子善良、心慈面软、温婉可亲，全心全意地爱他，甚至会为他献出生命。

但新的晋升机会，伴随着新的诱惑，等待着舒巴特。作为一名音乐家，他的声名远播是情理中的事，他的大名传到了路德维希堡，就连符腾堡大公本人也听说了舒巴特！1768年，这位盖斯林根的校长被提升为快乐浮华的宫廷的管风琴手和乐队总监。他的心怦怦直跳，把他的教鞭丢至一边，匆忙赴任，那里永恒的欢乐似乎在呼唤他。他进入了公务与娱乐的中心。他在公开场合以及私下里教习和演奏音乐，备受欢迎，除此之外他还指导军官们学习科学的各个分支。他口若悬河，尽情享用美酒佳肴，创作歌曲和狂想曲，讲授历史和纯文学。所有这一切都超出舒巴特的头脑能承受的范围。过了不久，他就欠了债，与艺术家们往来，开始阅读伏尔泰的作品，在饮酒闲谈中攻击宗教。他从天才迅速堕落成挥霍放荡的享乐者，他的情形变得越来越尴尬，却没有任何天赋处理好这些事情。审慎的美德是舒巴特不具备的，他所能做的最近似的事情，就是表现出一点点狡猾。他的妻子仍然爱他，怀着近乎扭曲的爱，她获得的回报越少，她的爱便愈加强烈。她一直以极大的耐性忍受他的愚蠢行为，忽视他的冷落，如果她能从他那里得到哪怕很短暂的善意，她便会大喜过望。但是，他那无休止的任性放纵，以及他们不幸的家庭因此陷入的困境，终于战胜了她毫无原则的爱。她变得忧郁，伤心欲绝，她的父亲把她和孩子们接回娘家，离开那个毁掉她人生的挥霍无度的浪荡子。舒巴特的路德维希堡岁月正接近尾声，他奢靡日甚，债台高筑。由于同该地的一名年轻女人闹出丑闻，他被关进了监狱，后又被释放出来，并被要求即刻离开大公的领地。

于是孤苦伶仃、无家可归的舒巴特站在寒冷的公路上，手里拿着一根拐杖，钱包里只有孤零零的1帝国塔勒，不知何去何从。在海尔布隆，瓦克斯市长允许他教女市长学习羽管键琴，舒巴特总算没有死于饥饿。有一段时间，他四处漂泊，有许多不切实际的计划，时而为果腹而演讲，时而讲课或教音乐，善良的人们一度被他的天才与不幸吸引，但不久又因他自甘堕落的缺点纷纷离他而去。他曾经再度看到一丝宫廷晋升的希望，帕拉廷选帝侯[1]听说了他的音乐天赋，派人请他到施韦津根为他现场演奏。选帝侯听了舒巴特的演奏，感到非常满意。如果舒巴特在与殿下交谈时，没有碰巧就曼海姆学院（殿下当时偏爱的话题）相当自由地发表意见，他便会得到殿下的照拂。就在这一不幸的疏忽中，庇护的大门在舒巴特面前紧紧地关上了，他像以前一样独自站在路边。

一位施梅陶伯爵很同情他，收留了他并给予他资助，这位疲惫不堪的流浪者欣然接受对方的帮助。在施梅陶家，他遇到了巴伐利亚特使莱登男爵，莱登男爵建议他皈依天主教，并陪同使馆官员返回慕尼黑。舒巴特对于是否改变信仰一事犹豫不决，但抱着试一试的想法，同新赞助人出发了。途中他在维尔茨堡主教面前演奏，得到了尊敬的主教阁下的奖赏和夸赞。吉星辉映之下，他来到了慕尼黑。在这里有一段时间，幸运女神似乎又对他微笑了。高门大户向他敞开，他又是高谈阔论，又是演奏乐器，每日过着纸醉金迷的生活。他认真考虑了天主教这个大问题，却首鼠两端，犹豫不决。他陷入了困惑，不知所从，而命运则使他完全摆脱了麻烦。慕尼黑的"一位可敬的人"写信给符腾堡，询问这位被大众喜爱之人究竟何许人也。他得到的答复是，这一受大众欢迎之人实则是恶棍，因否认圣灵存在而被逐出路德维希堡！舒巴特很庆幸没有在击鼓声讨中狼狈撤离慕尼黑。

这位流浪者再一次踏上漫无目的的旅途，来到奥格斯堡，只因它是距离最近的城市，并且创办了一份报纸！《德意志纪事报》在他的

---

[1] 即普法尔茨选帝侯。——编者注

经营管理下出现了蓬勃发展的可喜局面。不久，它因为简洁明快且才气充沛形成了独特的风格。经过一段时间后，它成了这个国家发行最广的报纸。舒巴特再一次成为富有的成功人士，他的作品深深打上了他本人的天才印记，风靡整个欧洲。艺术家和文人聚集在他周围。他既坐拥财富，又享有盛名。富人和贵族向他敞开客厅，愉快地听着他滔滔不绝、精彩纷呈的谈话。他写短讯报道，创作诗歌；教授音乐，举办音乐会；事业发展得欣欣向荣，背诵新出版的诗歌，为围得水泄不通的、痴迷的观众朗读克洛卜施托克的宗教诗歌《弥赛亚》。舒巴特的邪恶天才似乎睡着了，但舒巴特自己却将它唤醒。自从他被驱逐出路德维希堡以来，他就对神职人员怀恨在心，如今他利用自己的报纸来泄私愤。他批评奥格斯堡的神职人员，猜测他们既自私又无能，并利用一切机会取笑他们及他们的行为做派。他以极端自由的态度对待耶稣会士这一尤其被他视作堕落的群体。他揭露他们的骗术，并公然侮辱受他们庇护的某些江湖骗子。耶稣会的野兽虽然匍匐在地，却并未死去。它仍然有足够的力量向任何靠近的人踢出危险的一脚。某天晚上，一名官员在等候舒巴特，并根据天主教市长签发的令状逮捕了他！舒巴特被迫入狱。新教派的权贵政要做出了有利于他的努力，他们使他重获自由，条件是他必须即刻离开奥格斯堡。舒巴特要求知道他的罪行，地方议会回答说："我们有自己的理由，对此你应感到满足。"怀着这一非常有限的满足感，舒巴特被迫离开了他们的城市。

但是，舒巴特现在已经成为一个习惯于被放逐的人，因此一件小事并不能打破他内心的平静。这位泰然自若的编辑被赶出奥格斯堡，到乌尔姆避难，出于其他原因，他的报纸早已被安排在那里出版。《德意志纪事报》在这里和以前一样业绩辉煌，它逐渐遍及整个德国。"它甚至被伦敦、巴黎、阿姆斯特丹和彼得堡的读者订阅"，作者的命运也没有发生太大的变化。他仍然有同样的工作、报酬，过着奢侈无度的生活，拥有同样的朋友，以及同样的敌人。后者比之前更为繁忙，到处散布谣言，绘制漫画并写讽刺性文章挖苦他，但他认为这是一桩很小的事。如果一个人被放逐了三四次，并经常被关在监狱里，多年处于饥饿的境地，他就不会为一两篇粗俗的讽刺诗文而烦恼。舒巴特又有了妻子和家人的陪伴，他也有钱来养活他们，所以他唱歌、奏琴、交谈和写作，"建立了高雅的生活节奏"，而不在乎任何人的看法。

但是，更残暴的敌人，正伺机报复这个做派轻率的办报人。耶稣会教士狡猾的目光牢牢盯住他，渴望以锋利的爪子抓扯他的皮肉。他们找到了某位里德将军，他因与舒巴特发生过争执而加入他们的阵营。里德将军，这位奥地利在乌尔姆的代理人，发誓对舒巴特决不姑息，然而原因似乎很不值一提。舒巴特曾经约定好为他演奏，后来发现羽管键琴出现故障，便拒绝了，直截了当拒绝了！这位不可一世的将军要求向这个无礼的平民百姓复仇，耶稣会士更是给他煽风点火，这样所有人都暗暗期待着时机到来。不久之后，机会来了。1778年的某个星期，舒巴特的报纸上刊登了一则节选自维也纳来信的消息，上面写着"玛利亚·特蕾莎女皇中风"。读到这则消息后，将军立即向公爵殿下提出申请，要求将这种"恶毒诽谤"的出版商交给他，并"把他押送到匈牙利接受惩罚"，判处他终身监禁。公爵希望他那勇敢的朋友放心，因为他自己早已留意此人，他会亲自负责抓捕他。因此，几天后，布劳博伊伦修道院院长冯·朔尔先生带着一大堆恭维话请舒巴特赴宴,"因为有位陌生人希望被引见给他"。舒巴特和这只披着羊皮的狼一起跳上雪橇,乘坐雪橇到达布劳博伊伦修道院。抵达后,尊敬的冯·朔尔先生把他留在一个私人房间,很快就带着一群少校和中级行政官回来了,为首一人走到舒巴特跟前,宣布他被逮捕了!不幸的舒巴特认为这是一个玩笑,但是,唉,这并不是玩笑!舒巴特异常镇定地表示,"希望公爵不会不加审讯即行判决"。在这一点上,他也被欺骗了,公务人员让他同他们一起坐上一辆马车,立即出发前往霍恩阿斯佩尔格。当猎犬和它们的猎物到达时,公爵本人和公爵夫人就在那里;当这群人从他们身边经过时,公爵夫妇向窗外凝视着,与他们同为人类的另一个人却只能看一眼太阳,和天空做最后的告别!

如果说,到目前为止,给他的不幸遭遇带来一种闹剧色彩的,正是此人的愚蠢,那么,即使他多少有点活该,观者滑稽的情绪现在也必须被愤怒的情绪替代了,对残忍、冷血的迫害者的愤怒。就连对苍蝇,舒巴特都未曾动过恶念,尽管他行事轻率,但他未曾与任何人为敌,而只是充当他自己的敌人。他被带到一间狭小的地牢里,没有书和笔,无事可做,也没有人陪伴,只能反复咀嚼痛苦的思绪,数着沉闷迟缓的日子,痛苦却并未因岁月流逝而减轻。如果尊贵的符腾堡公爵殿下以及英勇的将军本人看到他,可能会深感欣慰,因为身体上的肮脏不堪,加上精神的极度痛苦,对舒巴特产生了可见的影响。一年后,他变得如此虚弱,已无法站立,只能靠在牢房的墙上。一段时间后,他将有望脱离一切暴君的魔掌。然而,这不是他们想要的。囚犯被转移到一间有益健康的地上牢房,他被允许使用某些书籍,看到某些同伴,至少有权不受阻碍地思考和呼吸。更令他聊可自慰的是,他听到自己的妻子和孩子受到了善待。儿子们被席勒当时正在就读的斯图加特军事学校录取，他们的母亲得到了200古尔登的生活费。符腾堡的卡尔公爵无疑是一个软弱而无情的人，但我们不确定他能否算是一个残暴至极的人。在惩罚舒巴特的过程中，他很可能相信自己正在对世界履行一项重要的职责。唯一令人遗憾的是，对世界的所有责任，除了无害的生存责任之外，竟都被交到这种人手中。像卡尔和里德这样的人，虽然才能不及中人，却掌控着所有生灵的命运。

另一件给舒巴特的不幸带来慰藉的事，是专门负责看管他的狱卒具有高尚的品格。这个善良的人早已品尝过"家长制"政府的温柔仁慈，他比他的囚犯更了解地牢的性质。"四年来，"我们被告知，"他没有见到过任何人。只有少量食物通过活板门放下来给他。不允许他有椅子和桌子，他的牢房从未被打扫过，他的胡子和指甲自由生长。甚至连文明人类最卑微的便利，他也被禁止享用！"[1] 在这个狱卒身上，灾难产生了软化而非硬化的影响。他已经变得虔诚而仁慈，他仔细研究如何在他的能力范围内想方设法缓解舒巴特的不幸。他好言好语安慰他，照顾他体弱多病的身躯，并且不顾上面的命令，把自己所有的书都借给了他。诚然，它们只是些神智学和密仪崇拜的论著，但它们是他拥有的最好书籍；而对舒巴特来说，在他最初在地牢里孤独地生活的时候，这些书使他有事可做，同时也给予他精神上的安慰。

人在天性上会适应任何事物。本都[2]的国王坚持服毒以锻炼抗毒性，而舒巴特从放纵逸乐中解脱出来，没有在监禁和节制中黯然憔

---

1. 然而，据报道，福克斯（Fox）先生曾说过：欧洲大陆上有一个自由的政府，那便是符腾堡。他们像英国人一样有一个议会和"三个政治集团"。——大量的成文宪法！
2. 本都（Pontus）的国王，指的是米特拉达梯六世（Mithridates VI，约前132—前63）。据说他曾通过定期服用微量毒药的方法来增强自身的抗毒性，但此事是否为真存疑。——译者注

悴。他失去了伏尔泰的作品和奢华放荡的陪伴，但他在孤独和雅各布·波墨的著作[1]中找到了快乐。大自然太善待他了，无论如何都不能让他的痛苦变得纯粹。那心不在焉、无法控制的热情奔放，常常使全桌人哄堂大笑，使他成为最迷人的浪荡子，现在变成了一种带着忧郁的热情，犹如大量的黑颜色与彩虹颜色的混合体。他的大脑受到了轻微却无法治愈的创伤，有某种愤怒与他焦躁不安的热情混杂在一起，但他并不苦恼，往往甚至并不焦虑。他的宗教信仰并不真实，但对于他当前的目的来说，它具有足够的现实感。他同时是怀疑论者和神秘主义者，同时是伏尔泰和波墨的真正信徒。对于像舒巴特这样极度痛苦、犹豫寡决、富有想象力的人来说，神秘学的书籍并不是一种罕见抑或完全无效的阅读资料。在他们的内心深处，他们怀疑或拒绝相信，但他们的心却反对哪怕最轻微的质疑，他们不敢看向无信仰的深渊，所以他们用神智学的浓稠而光怪陆离的烟雾来掩盖它。从今往后，舒巴特使用了宗教的措辞和修辞手段，但宗教原则并没有改变他的人类责任理论，它不是加强他精神的食粮，而是使他的精神保持渴望的鸦片。

舒巴特还有更多的资源可供利用。像其他被囚禁的伟人一样，他开始写自传。的确，他没有笔和纸，但这难不住他。有一天，他看见一名囚犯走过他的窗栅，就向这名囚犯说出了自己的愿望，这名囚犯热切地加入这一计划。两人设法松动了分隔他们囚室的那道墙上的一块石头，当夜晚牢房被锁上时，这位志愿助手就位，舒巴特把床垫拖到友好的小孔处，躺在那里，低声断断续续地口述自己的故事。这些

---

1. 雅各布·波墨（Jakob Böhme, 1575—1624），德国神秘主义者。——译者注

回忆录被保存了下来，是由舒巴特的一个儿子完成并出版的，我们常常希望可以一睹为快，但未能如愿。

在日间，舒巴特可以和某些访客自由交谈。正如我们上文所说，其中之一就是席勒。在他们的单独会面中，舒巴特很喜欢这位热情友善的年轻人，这一点我们可想而知，而且他自己也告诉了我们。"除了席勒，"这位落魄的资深艺术家后来写信给格莱姆说，"我几乎不知道有哪个德国青年像神坛上的火焰一样，在灵魂里升起了天才的神圣火花。我们陷入了可耻的时代，在这个时代女人统治男人，厕所变成法庭，而最伟大的头脑必须在这样的法庭上认罪服输。因此，我们诗人的精神受到了阻碍；因此，他们的想象力只能创作出发育不良的产物；因此，你在时尚的劣等诗人的文字中看到轻浮的俏皮话、薄情无义的观点，这些东西被汤羹、蔬菜炖肉和甜食弄得残废、摇摇晃晃。"

分秒流逝的时间使最艰难的日子也被耗尽了。世界开始对舒巴特发生兴趣，并对他表示一定的怜悯。他的歌曲和诗歌被收集和出版，它们的不朽价值与作者的极大不幸形成令人震惊的对比。符腾堡公爵殿下终于大发慈悲地记起，一个像自己一样有着七情六欲的人，被迫在悲伤和无所作为中度过平凡一生的第三阶段（成年时期）[1]，浪费（甚至比浪费更糟）十年的宝贵光阴，而整个宇宙中所有的王公权贵都无法偿还这个人哪怕一瞬间。他命令释放舒巴特，这位欣喜万分的编辑（未经宣判无罪，未经审判，未被起诉！）再次看到蓝色苍穹和地平线上初升的太阳。他在斯图加特与妻子破镜重圆，并重新开始经营他的报纸。《德意志纪事报》再度大受欢迎，办报人的"名声"弥补了评

---

1. 希波克拉底认为，人生分为三个阶段：童年、青年、成年。——译者注

论家们并非未曾注意到的他才能上的衰退。舒巴特的苦难经历实际上对他造成了永久性的伤害，他的思想被神智学和孤寂扭曲、削弱，阴冷的北方雾气经常掠过他的思绪，使草木葳蕤的热带瞬间寒气逼人。然而他撰文作诗，讲述时代的腐败以及改进的方法。他出版了自传的第一部分，经常令人惊奇地谈论"流浪的犹太人"[1]，以及他要写作的关于"流浪的犹太人"的传奇故事。他最着迷的想法，就是使老乔安尼斯成为"流浪者"或者舒巴特的同胞们称呼的"永世的犹太人"，进而使他变成小说中的主人公。在这位古老的鞋匠身上，就像在停泊于时间之流的木筏上一样，人们能追溯到两千年的历史变迁和奇闻怪事。罗马人和阿拉伯人会在他的故事里扮演重要角色，此外还会有十字军和环球航海家，底比斯隐士和罗马教皇。乔安尼斯本人，这个时空之外的人，这位永不停歇和永恒存在的乔安尼斯，将成为一个深刻的悲剧人物。舒巴特用这个想法使自己快活起来，他在酒酣耳热之时谈及此事，令简单质朴之人感到惊讶。他甚至写了一首与之相关的狂想曲，并作为诗歌发表。但他就此止步了。歌德在年轻的时候也同样考虑过"流浪的犹太人"这一题材的写作计划，却仍未付诸实施。歌德转向了其他目标，而可怜的舒巴特则在1791年10月10日，正当酝酿他的写作计划之际，意外死亡。

关于舒巴特的人品，他的人生记录给人留下了较为低劣的印象。由于他行为反复无常，没有原则和计划，他如同鬼火一般在生活中摇

---

[1] "流浪的犹太人"，指的是基督教传说中的一个角色，他曾在耶稣去往十字架的路上嘲弄耶稣，为此将永世流浪直至世界末日。1602年，这一传说在一本德语小册子中被重述，影响深远。在这一版本中，"流浪的犹太人"嘲弄耶稣后，耶稣回答道："我会站着休息，而你将继续前进。"——编者注

摆不定,时而发出短暂的幸福而慷慨的光芒,时而熄灭在曲折道路的恶臭沼泽中。他有许多亲切友好的品质,但在道德方面乏善可陈。他的境遇从始至终都与他作对,他的教育是不幸的,起伏不定、漫无目的的彷徨加剧了不良影响。他缺乏意志力,是一时兴致的奴隶。他内在的优良禀赋陷入混乱动荡的喧嚣纷争,二者的作用力相互抵消。假如他有更好的榜样和参谋,养成更加自律的习惯,拥有更幸运的人生,他可能会是一个令人钦佩的人,但事实上,他远非令人钦佩。

同样的缺陷也对他作为一名作家的品格产生了同样的影响。舒巴特对美丽动人和真实的事物有着敏锐的感觉;他天性敏感且充满激情;他智力过人,富有激情澎湃的想象力;他的"超强记忆力"确保了诸多天赋结出的累累硕果能够永远留存。但他并不勤奋,也没有自我克制的能力。他的知识闲置于他的周围,犹如洗劫城市后得到的赃物。与之类似,它也被浪费在追求一时兴起的目标上。他的写作总是时断时续,他不知道什么是精益求精。然而,他的作品却有很重要的价值。他的报纸文章充满了喜闻乐见的事例和才气横溢、无忧无虑的思想,除却那些宗教和神智学类型的歌谣,他的歌谣往往充满感情,真诚而单纯质朴。"从青年时代起,"我们被告知,"他研究了地道的古老德国民歌,仔细观察街上的手艺人、车间里的工匠、卫队里的士兵、纺车旁的女仆,把他在其中发现的原始日耳曼主义的真正精神熔铸到他自己谱写的歌谣中。"因此,他的歌谣备受欢迎,其中许多歌谣至今依然魅力不减。"在他比较大型的抒情作品中,"评论家鞭辟入里地指出,"我们发现了与众不同的大胆无畏,聚焦于宏大且可怕(而非美丽且温柔)的事物的疯狂想象力,虽很少长久却深沉的情感。有时我们还会发现天马行空的想法、新颖别致的形象、暴风骤雨般的激烈话语。通常我们还会发现热情洋溢、别具一格、生动形象的措辞。他从来没有以写作来展示他的技巧，而是听取他内心的召唤，倾泻在那一时刻占据他内心的思想或感情。"[1]

这便是舒巴特与他的作品富有传奇色彩的命运：一位多才多艺却命途多舛、痴心不改的诗人的人生片段！他遭受迫害的不幸情形加速了席勒逃离斯图加特的进程。愿他才能不得施展、光阴虚度的形象增强我们过上另一种生活的决心！

2. 席勒书信摘录

从席勒信件中摘录的一些片段可能会给某些读者带来精神上的愉悦与享受。目前构成公开出版信函主要部分的，是《致达尔贝格的信件》。我们必须记住，这些信件的作者仍是涉世未深的年轻人，他对达尔贝格心怀敬畏，只能在一个话题上与他自由地交流。此外，他当时满腹委屈，这本身足以使他意气消沉，妨碍他坦率或热诚地表达他的情感。如果我们忘记了这些前提，那么，这些信件总体来说不会像人们预期的那么有趣。

关于冯·达尔贝格帝国男爵本人，这些信件几乎没有给我们提供多少信息，而我们在其他地方也收获甚微。几乎每一部与他那个时代有关的文学史都顺便提到了他，一般来说，他都是作为温和的绅士、明智的评论家、热情的艺术爱好者和艺术的培植者被提及的。以下是他逝世时的讣告，摘自《百科全书》第三册第12页："沃尔夫

---

[1]《约尔登斯词典》：上述大部分细节都来自其中。目前还存在一部《舒巴特传》，是几年前由施特劳斯（Strauss）写的三小卷本，绝对紧凑、知性、清晰。（1857年注释。）

冈·赫里贝特·冯·达尔贝格帝国男爵于1806年12月27日在曼海姆逝世，享年八十五岁。神圣罗马帝国皇帝利奥波德二世[1]在法兰克福加冕时，他被授予爵位。他是艺术与科学事业的一位热心的朋友与赞助人。当德意志协会在曼海姆蓬勃发展之时，他是该协会的第一任会长。曼海姆剧院，德国最好的演员学校，培养出了伊夫兰[2]、贝克[3]、拜尔[4]等著名演员。作为该剧院的缔造者与长期监管者，直到1803年一直担任剧院总监的冯·达尔贝格功不可没。"作为作家和诗人，他的知名度同样也不低。我们只需提一下他的音乐剧《科拉》以及《卡梅尔派僧侣》便足以说明问题了。这些席勒的信件是在他去世后，人们从他遗留下来的文件中找到的，他的两位遗嘱执行人把它们从濒临毁灭的命运中拯救出来，并于1819年在卡尔斯鲁厄出版了一本十二开本[5]的小书。这本小书有一篇冗长的序言，却没有注释或评论，然而人们在阅读过程中还不时会有此方面的需要。

最值得我们注意的信件，是那些关于曼海姆剧院舞台对《强盗》的呈现，以及席勒随后的尴尬处境和逃离斯图加特的信件。因此，我们选编的内容将大部分来自这些信件。人们会很想知道席勒在交往之初是多么胆怯，而当他与自己的赞助人熟识后，抑或尽管他孤独而谦卑，在他被要求探讨他认为自己有充分发言权的主题时，这种尴尬

---

1. 利奥波德二世（Leopold II，1747—1792），神圣罗马帝国皇帝。——译者注
2. 奥古斯特·威廉·伊夫兰（August Wilhelm Iffland，1759—1814），德国演员、戏剧家、剧院经理。他参演了1782年的《强盗》首演。——译者注
3. 海因里希·贝克（Heinrich Beck，1760—1803），德国演员。——编者注
4. 约翰·大卫·拜尔（Johann David Beil，1754—1794），德国演员。——编者注
5. 作者指的是当时出版地标准中的十二开本的尺寸，与如今大陆通行的十二开本不同。——编者注

的羞怯是如何逐渐让位于某种程度的自信的。起初，他每每提及达尔贝格，都要冠上他所有的头衔，在我们这些不拘礼节的人看来，有些头衔似乎很可笑。因此，在使用全套的德语敬称的过程中，他避免对他的通信对象直呼其名，而只是用委婉的称呼，比如"阁下"，或某种同样高贵的称谓。他最早的两封信的开头称呼，字面解释是这样的："不受帝国礼节限制的、出身高贵的、特别值得尊敬的枢密院顾问！"这些浮夸空洞的字眼让我们觉得好笑，但说话人对此类词句的使用完全依照惯例，而由此引起的笑容绝不是通达开明的微笑。在我们的版本中，出于公平的考虑，我们省略了这些称谓，或者用更严肃的称呼加以代替。

第一封信如下：

（日期不详）

我收到阁下的来信，荣幸之至。您在信中的过誉之词，足以让一个作家忘乎所以。如果我不把它们看作是我的缪斯女神的好心鼓励之词的话，那么写这封信的人物的权威，几乎会为这些话打上绝对正确的印记。我深感自己的不足，不敢有过高的希望，但假如我的作品达到杰作的高度，我肯定会特别感谢阁下的热烈认可，世界也会因此感谢您。数年来，我有幸在报刊上了解了您。很久以前，曼海姆剧院的辉煌成就便吸引了我的注意。另外，我承认，自从我感到自己有一点戏剧天赋以来，我最想实施的那些计划中的一个就是有朝一日动身去曼海姆——真正的塔利亚殿堂。然而，我与符腾堡的"更密切"的关系可能会使此计划受阻。

阁下关于《强盗》以及我将来可能创作的其他作品的善意建议，

对我来说是无比珍贵的。如果我想让作品成熟，我必须更加严格细致地审查阁下剧院特殊的管理模式、剧院的演员、剧院顶尖水平的机械装置。我需要更加深入地了解阁下的剧院，但我却只能以我们的斯图加特剧场（一个目前尚未成熟的剧院）为准绳来估计阁下剧场的状况，这样一来，我很难获得对阁下剧场的全方面的概念。不幸的是，我的经济状况使我不可能经常旅行，但我现在可以更为开心自信地赶赴那里，因为我对曼海姆剧院有着大量的想法，我希望有幸与阁下交流。就此搁笔。

您忠诚的［……］

从第二封信中，我们得知席勒已经着手对他的初版《强盗》进行舞台改编，并且他仍然希望与曼海姆保持某种形式的联系。第三封信进行了如下解释：

斯图加特，1781 年 10 月 6 日

那个不幸的浪子——那个被改造过的"强盗"，终于回来了！很抱歉，我没有按照自己指定的时间完成，但是，我相信，您只需扫一眼我改动的数量和程度，我便可以得到谅解了。除此之外，我们的军团医院正流行一种传染性疾病，这当然会经常干扰我的诗歌写作。我可以向您保证，在完成我的工作后，我将不那么耗费心力地创作一个更令人满意的新作品，而不需要像目前刚刚结束的修改工作这般耗时费力。这项任务既复杂又冗长乏味。我必须纠正一个这部剧中的错误，这一错误自然根源于这部剧的基础。这一错误是，这部剧也许过于照顾舞台的限制、剧场正厅后排观众的情绪、顶层楼

座观众的愚蠢，抑或某种类似的可悲惯例，却牺牲了美。我不必告诉您，在舞台上亦如在自然状态下一样，一种想法，一种情感，只能有一种合适的表达，一种恰如其分的语气。对性格特征的稍稍改变，就会使整个人物产生新的倾向，从而使他的行动，以及依赖于人物行动的作品的内在机制，产生一种新的倾向。

在初版中，强盗之间形成强烈的对比。我敢说，很难塑造出半打对比鲜明的强盗而不触犯舞台的条框戒律。在我最初构思这部作品时，我认为它不可能在剧院上演，因此弗朗茨[1]被设计成富有理性的反面人物。这个设计，虽然可能使理性善思的读者满意，但一定会使观众厌倦，因为观众来的目的不是思考，他们想要的不是哲学，而是行动。

在新版本中，我无法推翻这一安排而不破坏整体结构。因此，我可以相当肯定地预测，当弗朗茨出现在舞台上时，他将不会是读者通过阅读了解到的那个角色。同时，无论如何，匆匆而过、接二连三的行动会使观众无暇顾及所有细微的变化，他整个人物的三分之一将会被剥夺。

卡尔·冯·莫尔可能会在舞台上开启一个新时代。虽然他也有一些心理活动，但这些心理活动为总体画面增添了不可或缺的思辨色彩。除了这一点心理活动外，他这个人物就几乎全是行动了，他洋溢着热情奔放的生命力。施皮格尔贝格、施韦策、赫尔曼，都是最严格意义上的戏剧人物，但阿玛莉亚和父亲这两个人物，则在戏剧性方面略显逊色。

---

1. 即弗朗茨·冯·莫尔。——编者注。

我一直努力从书面和口头批评中获益。改动很重大，某几场完全是新的。其中包括赫尔曼将计就计，暗中破坏弗朗茨的阴谋的那一场。他在初版作品中与弗朗茨的会面，却非常不幸地被完全淡忘了。他在花园里同阿玛莉亚的谈话被推迟到下一幕。我的朋友们告诉我，这是我能设置这一谈话的最好的一幕，而最佳时机就是在阿玛莉亚和莫尔见面前的一小段时间。弗朗茨变得更近人情了，但方式却相当怪异。据我所知，像他在第五幕中被谴责这样的场景，从来没有在任何舞台上出现过，阿玛莉亚祈求被情人杀死最后如愿的场景也是前所未有的。

如果剧本过长，剧院负责人可以自行决定缩略其中的推理论辩部分，或者在某些地方将这些内容彻底删掉，但不能影响作品给人的总体印象。但在印刷过程中，我谦卑地运用自主权来抗议删减任何内容。对于我允许印刷出版的一切内容，我都有合适的理由。我对舞台的服从并没有扩展到我可以在我的作品中留下漏洞，为了演员的方便而使人物性格残缺不全。

关于服装的选择，我不想设定任何条条框框，但我可以这样说，虽然服装在自然状态下并不重要，但在舞台上却从来都并非如此。在这一点上，我的强盗莫尔的品位不难猜到。他帽缀羽饰，因为在他放弃头领职位时，剧本中明确提到了这一细节。我还给了他一根警棍。他的服饰应该一直保持高贵而简约，并不考究，但亦非不修边幅。

一位年轻有为的作曲家正在为我那不幸的浪子创作交响乐，我知道那必定非常精湛高超。曲子一完成，我便可以自作主张把它献给您了。我还必须请求您原谅手稿的潦草凌乱以及不合规矩的书写。

我急着把稿子改好交给您,这就是为什么里面有双重笔迹,这也是为什么我忍耐着在上面修改。我发现,我的抄写者好似一位富有改革精神的书法家,可悲地滥用自己的权利,无视正确的拼写规则。最后,我把我自己和我的努力成果托付给您这位尊敬的法官,等您做出仁慈的裁判。我 [……]

斯图加特,1781 年 12 月 12 日

关于我的这部剧作出版时,阁下对它计划做出的改动,我完全满意,特别是因为我认为通过这种方式可以使两种已经变得非常格格不入的兴趣再次合二为一,并且,正如我希望的那样,不会影响到结果以及作品的成功。然而,阁下同时提到这个剧本在您手中还经历了一些其他非常重大的变化。就我自己而言,我觉得很有必要请求您允许我详细解释一下我对这些问题的看法。那么,首先,我必须诚实地向您坦白,我认为将我的剧作表现的行动转移到领地和平运动[1]以及压制私战[2]的时代的这一改动,连同伴随这个新境遇会相应产生的一系列新变化,其总体效果比我自己的构思要好得多,而且我也坚定地相信这一点,但是,我的整个作品却将因此而走向毁灭。

毫无疑问,对我的剧作的这一质疑是合理的:在我们身处的思想开明

---

[1] 领地和平(Landfried),泛指在中世纪时期领主和臣民通过契约或者誓约等方式,在一定期限内让渡自己领地上的某些法律和武力特权给君主,来保障自己领地的治安,或者纠纷的成功调解。这是对包括私战在内的私人暴力行为的一种法律限制。——译者注
[2] 私战(Private Wars),本义是世仇或者宿怨,带有血亲复仇、血债血偿的含义,是一种私人的复仇行为。在王权衰微之后,私战从家族或者族群之间的冲突逐渐扩大成为贵族间的小规模战争。于是,虽然词语没有改变,但内涵上从"私人复仇"转变成了"私战"。——译者注

的世纪，在我们有着警惕的警察和严格确切的法规的情况下，这样一个胆大妄为的团伙竟能出现在法律森严的社会内部，并且牢牢扎根存在多年吗？毫无疑问，人们的异议是有根据的，我没有什么理由对此表示反对。但是，诗歌可以将现实世界有概率实现的事提高到真实的等级，也可以将理论上可能发生的事提高到有概率实现的等级。

必须承认，我的这一理由并不足以驳倒与之对立的反对意见。但是假设我完全同意阁下的建议（我确实同意，并且完全地相信），接下来会发生什么呢？很简单，我的剧本在诞生之初便有了一个丑陋的缺陷，如果我可以这么说的话，这一缺陷将伴随它终生。此缺陷与剧本的本质交织在一起，因而我们无法在不破坏整体的情况下将之去除。

首先，我所有人物的语言风格都太现代，太开明了，与古代大相径庭。这种说话方式不合适。《葛茨·冯·贝利欣根》的作者如此生动地呈现给我们的那种简单素朴的风格，在这部作品里是完全缺乏的。这部作品中许多激烈慷慨的长篇演说，或大或小的笔触，乃至整个人物，都取自当今世界，并不符合马克西米利安[1]的时代。总而言之，这种现代化的改编使得《强盗》沦为我曾经在某版本的维吉尔作品集中看到过的不合时代的木版画之流的东西。比如说，特洛伊人穿上了轻骑兵的靴子，而阿伽门农国王的腰带上居然插着一把手枪。为了避免对腓特烈二世的时代犯下小小过失，我会对马克西米利安的时代犯下严重罪恶。

---

1. 即马克西米利安一世（Maximilian I，1459—1519），神圣罗马帝国皇帝。——编者注

另外，我对阿玛莉亚的爱情的整个叙述都会与那个时期单纯的骑士爱情形成可怕的对比。无论如何，阿玛莉亚都需要被重新塑造成一个骑士时代的少女。我无需告诉您，这个角色，以及我作品中占主导地位的爱，如此深沉且广泛地为强盗莫尔的整个画面乃至整部作品着色，以至于绘画的每一部分都需要重新涂色，方能剔除原有的色彩。弗朗茨这个人物（那个投机取巧却精通形而上学的无赖）亦是如此。

总而言之，我想我可以肯定，计划中要对我的作品进行的转换，若是在我动笔之前就这样做，将会赋予作品无上的荣耀和圆满，但如今作品已然定稿成形，这样做只会把它变成一个有缺陷的大拼盘，一只点缀着孔雀羽毛的乌鸦。

阁下会原谅一位父亲为儿子的利益而做的诚挚恳求。它只是区区文字，从长远来看，每个剧院都可以任意对任何作品进行他们认为合适的改编，作者必须知足。在目前的情况下，他将自己落入您这样的人之手视作一种幸福。然而，同施万先生合作时，我提出的条件是，至少他要按照我最初的意图印刷作品。至于剧场里的事情，我就不打算表态了。

对我而言，您提议的与阿玛莉亚之死有关的另一处改动甚至可能更有意思。阁下，请您相信我，整部剧中我在这部分倾注心血最多，思前想后的结果就是这样——莫尔必须杀死他的阿玛莉亚。这一行动在他的性格中甚至是一种绝对的美：一方面，我要描画一位狂热的情人，另一方面，我要用最生动的色彩塑造一位土匪头子。但这个问题并非可以在一封信中说清楚的。此外，您打算用来代替这一场景的几句话，确实都很精致，而且完全适合这种情形。我会为写下这样的文字而感到自豪。

施万先生告诉我,这部剧配上音乐,再加上不可缺少的必要停顿,将会持续大约五小时(对任何一部戏剧来说都太长了!),这意味着将要对它进行第二次缩减。我希望我自己来承担这项任务,而我本人,若没有看到排练或第一次演出,便无法胜任此项任务。

如果阁下有可能在这个月的20日到30日之间的某个时间安排一次大排练,并替我承担旅行的主要费用,我希望在几天之内可以由我实现舞台的审美情趣和我个人审美情趣的统一,妥善地完成这部剧最后的修改工作。当然在没有观看舞台演出的情形下,这个工作是不能被很好地完成的。在这一点上,请允许我请求阁下尽快做出决定,以便我为此做好准备。

在施万先生写给我的信中提到某位冯·格明恩男爵[1]不辞辛苦地读了我的作品,这令我深感荣幸。我也听说,这位冯·格明恩先生是《德国的家庭父亲》的作者。我渴望有机会荣幸地告诉他,我极其喜欢他的《德国的家庭父亲》,并十分钦佩作者作为才华横溢的人和作家在作品中留下的不可磨灭的印迹。但是《德国的家庭父亲》的作者怎么会在意一个年轻新手的胡言乱语呢?如果我有幸在曼海姆见到达尔贝格,并表明我对他的爱戴与尊敬,那么我也会扑到那位作者怀里,告诉他像达尔贝格和格明恩这样的人对我而言有多么重要。

您在我们的这部悲剧上演之前推出小广告的想法,我非常赞同。我随信附上了一个广告草稿。感激不尽!荣幸之至,致以最崇高的敬意,您永远的,[……]

---

1. 奥托·海因里希·冯·格明恩男爵(Otto Heinrich von Gemmingen,1755—1836),德国剧作家。——编者注

这是随信附上的广告草稿,后来该草稿被采用:

《强盗》
一部戏剧

一个伟大、被误导的灵魂的画像——尽管他拥有一切卓越的天赋,但还是走向堕落。不受抑制的热情和不良的友谊污染了他的内心,促使他从一个罪恶走向另一个罪恶,直到最后成为一群杀人犯的首领。恐怖的事件接踵而至,让他越陷越深,最终陷入绝望的深渊。不幸中表现出伟大的威严,因不幸而悔过自新,回归美德。强盗莫尔便是这样一个人,您将为他悲哀,仇恨他,憎恶他,却又热爱他。同样您会看到虚伪、心怀叵测的骗子露出真面目,在他自己的矿井里被炸成碎片;软弱、慈爱却又过于纵容放任的老父亲;狂热之爱带来的悲伤,以及不受控制的激情带来的折磨。在这里,您也会不无憎恶地审视恶行的内部机制,在观剧的过程中了解到命运女神的镀金如何无法杀死内在的蠕虫,恐怖、痛苦、悔恨和绝望是如何紧随恶人的脚后跟。今天让观众在我们的台下哭泣、战栗,学会在理性和宗教的法则下抑制激情。让年轻人惊骇地看到肆意放纵的下场,让成年人在离开我们的剧院时,意识到天意甚至使恶棍成为上帝执行他的意图和审判的工具,从而奇妙地解开对命运的最复杂的困惑。

无论席勒对作为评论家和赞助人的达尔贝格多么敬重,无论他多么愿意采纳对方似乎明智的修改建议,我们从这些摘录的片段中可以清楚地看到,在写作方面他坚持自己的想法,并且在彼此各执己见时能够煞费苦心地坚持自己的立场。但至于如何安排他的人生,他的想法还远不那么清晰。以下片段可以有助于我们追溯从他的戏剧在曼海姆的首次上演到他逃离斯图加特这一段的经历：

斯图加特，1782年1月17日

我在这里以书面形式再次最热烈地感谢阁下的好意，感谢您关注我微薄的努力成果，感谢您赋予我的作品以尊严与辉煌，感谢阁下通过最大额度的戏剧艺术经费支出使我的作品得以扬长避短。我在曼海姆停留的时间很短，这使我无法对这部剧及其舞台表现做详尽说明。由于我不能面面俱到，我的时间实在太少，我想最好什么也不说。我观察到了很多，学到了很多。我相信，如果德国能够使我成为真正的戏剧诗人，我必须认为我的戏剧诗人生涯发端于上一个星期。
［……］

斯图加特，1782年5月24日

［……］我迫不及待地想再次观看这部剧的演出，我的君主不在国内，这提供了良机，诱使我与一些对达尔贝格的剧院、《强盗》乃至我本人充满好奇心的女士和男性朋友决定明天踏上去曼海姆的旅途。这是我们这次旅行的主要目标。对我来说，能够更完美地享受我的戏剧是非常重要的目标，特别是因为这将使我能够更好地创作《斐耶斯科》。因此我真诚地请求阁下，如果可能的话，让我在本月28日星期二实现愿望。

斯图加特，1782年6月4日

　　自从我回来以后，我在曼海姆享受到的极大满足，让我以感染流行传染病的方式付出了代价，使我直至今日方才能够打起精神感谢阁下对我的关心与厚爱。然而，我几乎不得不对一生中最幸福的旅行感到后悔，因为曼海姆和我的祖国令人尴尬的真实对比让我痛苦不堪，斯图加特和施瓦本的一切让我无法忍受。没有人会比我更为不幸。我已经对自己糟糕的处境受够了，也许也充分感觉到我应该过得更好些。从这两个角度来看，都只有一种解脱的前景。

　　我可否有足够的胆量投入您的怀里呢，我慷慨的恩人？我知道您的高贵的心被怜悯与仁爱之情感染时，它会瞬间热情如火；我知道您有强烈的勇气去从事高尚的活动，更有温暖的热情将这些活动完成。我在曼海姆的新朋友们对您的尊敬是无限的，他们都是这样向我形容您的。但他们的信誓旦旦的赞美是不必要的，当时，我自己尽情地享受着与您共处的幸福时光，我在您脸上读到的东西比他们告诉我的要多得多。正是这一点使我大胆且毫无保留地向您表明心迹，把我的全部命运交在您手中，向您寻求我生命的幸福。到目前为止，我还很渺小抑或微不足道。在这个审美品位的北极区，我永远不会长成任何东西，除非福星与希腊的气候给我带来温暖，使我创作出真正的诗歌。我需要说更多以争取到达尔贝格的全力支持吗？

　　阁下给了我所有这样的希望，我将永远感受到握手并许下承诺的瞬间。如果阁下采纳我补充的两三条建议，并在给公爵的信中恰当地运用，我对结果并不十分担心。

　　现在，我怀着热切的愿望，重复我的请求，这亦是这封信的宗旨所在。您能看出是什么情感使我不安吗？我能用适当的色调向您描绘我的内心对我的处境是如何不满吗？我知道，您为了帮助我，会刻不容缓地向公爵提出申请。

我再次投入您的怀抱，只是希望很快，非常快便能亲身为您效劳，表达我对您的崇高敬意。我如此尊敬您，以至于我愿意为您奉献出我自己以及我拥有的一切。

上面提到的"建议"是在一个单独的附件中给出的，其主要内容如下：

我真诚地希望您能确保我在曼海姆剧院有一段具体指定时期的合作（它可以应您的要求而延长），在合作结束后，我会再次属于公爵。这样，它就看起来像是一次短途旅行，而不是永远放弃我的祖国，而且不会让他们感觉太绝情。然而，在这种情况下，若是能够表明可为我提供在曼海姆行医和钻研医学的途径，也会是非常有用的。这是特别必要的，以免他们当面一套背后一套，就批准我离开一事讨价还价。

斯图加特，1782年7月15日

我长期的沉默一定已经招致阁下对我蠢行的指责，尤其是因为我不仅推迟了回复您最近好意的来信，还留下了手头的两本书。所有这一切都是由我在这里遭遇的一起麻烦事件引起的。当您得知事情原委，无疑会感到惊讶。由于我的上一次曼海姆之行，我已被关押了两星期之久。一切都被及时地报告给了公爵。关于这件事，我已经与他有过一次会面。

如果阁下认为我到您身边的希望无论如何有可能实现，那么我唯一企盼的就是它们能赶紧加速成为现实。我现在倍加诚恳地希望这件事早日成真的原因，我不敢轻易在信中透露。但有一点我敢非常肯定地告诉您，在一两个月之内，如果我不能有幸与您重聚，我便再无希望去您那里了。在那之前，我将不得不采取措施，这样我便不可能再去曼海姆生活了。[……]

下面两个片段摘自写给另一个人的信件。德林引用了其中的内容，但没有注明名字或日期，然而其内容大意充分表明其重要性。

我必须赶快脱身，否则最后他们可能会在霍恩阿斯佩尔格替我找到寓所，正如他们为诚实、命运不济的舒巴特做出的安排一样。他们谈到我需要接受更好的文化。在霍恩阿斯佩尔格，他们可能会以不同的方式培养我，但我宁愿通过我独立的努力来设法利用我拥有的或仍然可能获得的文化。至少我不必为此亏欠任何人，它完全是我自己自由选择的结果，体现我本人蔑视束缚的意志。

至于那些他们希望让我的自由精神得到监督的事，我一直认为我的未成年时期早就结束了。长大成人最大的好处就是可以甩掉这些笨拙的手铐。至少我不会再受它们的束缚了。

（时间不详）

在我到来之前，阁下会从我在曼海姆的朋友那里得知我的经历，不幸的是我已等不及了。当我告诉您我将飞离自己国家的打算时，我已和盘托出我的全部命运。但最糟糕的情况还在后面。我没有必要的财力来反抗我的不幸。为了安全起见，在俄国王储到达时，我必须以最快的速度离开斯图加特。我的经济秩序突然四分五裂了，我甚至无力偿还债务。我的希望寄托在移居曼海姆上：在那里，我相信在阁下的帮助下，我的新剧本不仅可以偿清我的债务，而且可以永久性改善我的处境。所有这一切都因必须加快搬迁而受阻。我两手空空地走了，身无分文，希望渺茫。虽然我知道这没有什么见不得人，但我还是为被迫向您透露这样的事情而脸红。让我很难过的是，我看到那句可恨的格言在我自己身上应验，即精神成长和完美境界是所有施瓦本人都不具备的两样东西！

如果我之前的行为，抑或阁下对我性格的了解，使您对我的名誉感产生了信心，那么请允许我坦率地请求您的帮助。虽然我现在迫切需要从我的《斐耶斯科》中获利，但我不可能用不到三星期的时间把这部作品写好。我的心情很沉重，我自己的现实情感将我从诗意的梦想中逐出。但如果我在指定的期限内不仅可以完成剧本，而且如我所愿保质保量，那么我从如此的信念中鼓起勇气恭敬地请求阁下急人之所急，预付我全部的稿酬。我现在需要它，也许比我一生中任何时候都更迫切地需要。我在斯图加特有将近200弗洛林[1]的

---

1. 弗洛林（florin），多个国家或地区曾使用过的货币单位。——编者注

债务无力偿还。我可以向您承认，这比我未来的命运更令我不安。在获得这方面的解脱之前，我将无法得到安宁。

八天后，我便会身无分文了，而我却完全不可能从事脑力劳动。因此，我目前一筹莫展。

关于我的实际情况，我已经说得很清楚了。我认为没有必要用我的需求来再三折磨阁下。我现在能想到的或希望的一切就是即刻得到援助。我已烦请迈尔先生向我传达阁下的决定，从而使您免于劳神亲自给我写信。出于特别的尊重，我自己去拜访他探听消息[……]

令人高兴的是，席勒最终得到了他如此诚恳而谦虚地请求的小小的援助。他从未忘记这位提供帮助的人，这位为他雪中送炭的人。对这一点和其他好处，诗人最初满怀着感激之情热烈地宣称"他的一切多亏达尔贝格"。在"赞助"与"慈悲"对立的社会之中，正如埃奇沃思[1]小姐指出的，"赞助"一般受到"双重的诅咒"，既诅咒给予的人又诅咒接受的人。所以，在此情形之下，席勒和达尔贝格的关系充分说明了受惠者和施惠者的品格，二者都未曾停止快乐地记起他们之间的联系。席勒的第一部戏剧是由达尔贝格搬上舞台的，他的最后一部戏

---

1. 玛利亚·埃奇沃思（Maria Edgeworth, 1767—1849），英裔爱尔兰作家。——译者注

剧则是献给达尔贝格的。[1]这位德高望重的评论家，在他八十三岁高龄，收到这部附有一篇充满善意与尊重的赠言，名为《威廉·退尔》的悲剧，内心一定是平静而快乐的。想到这位曾经属于他，现已属于整个世界的年轻人，多年以后仍然能这样地说起他，他一定倍感欣慰：

但愿可以无所畏惧地向您把《退尔》展示，

因为每一种高尚的情感都属于您。

除了早期的信件，席勒的书信很少公之于世。[2]在德林的附录中，我们发现有一封信是在诗人出逃流亡六年后写的，它的行文旨趣与那个不幸时期的焦虑不安和意志消沉形成鲜明的对比。我们之所以翻译它，是为了那些同我们一样为以下这件事深感遗憾的人：世界充满了

---

1. 显然我在这里搞错了。我混淆了曼海姆剧院总监沃尔夫冈·赫里贝特·冯·达尔贝格男爵（Freiherr Wolfgang Heribert von Dalberg）与他的弟弟首席主教卡尔·特奥多尔·达尔贝格（Karl Theodor Dalberg）——一个在那个时代的政治－教会世界中非常杰出的人，并且在对文学的资助以及对国家的其他恩惠两方面，他比男爵更出名。这里还需要更正的是，《威廉·退尔》这部剧也并非如文中所述是"献给"他的，作者只是赠送给他一本，并在上面写下几行诗句。当时卡尔·特奥多尔已经六十岁了，德高望重，精力充沛，在德国拥有显赫地位，具有很大影响力。他与赫尔德、歌德、席勒、维兰德私交甚厚。拿破仑使已经是大主教、门茨选帝侯的卡尔·特奥多尔被任命为首席主教兼莱茵河联邦的首席主教大公。无论是公于私，他在那个时代似乎做了很多勇敢的好事。其中就包括为优秀的作家提供津贴。我记得扎哈里亚斯·维尔纳（Zacharias Werner）从他那里得到了津贴，此外还有让·保尔等人也获得了津贴。他于1817年去世。还有第三位达尔贝格，这两个人的兄弟，也因对文学和艺术的鼓励而给人留下难忘的印象。"这里没有达尔贝格吗？"《先驱报》在某场合如此高呼。

爱德华·布尔沃（Edward Bulwer）先生在他的《席勒小传》中善意地指出了我的这一错误，我对此深表感激。同时我也为从阅读他的作品过程中获得的满足感表达深深的谢意。（1845年版注释。）

2. 从那时起，大量席勒与他人的通信资料被发布了：《与歌德的通信》《与冯·沃尔措根夫人的通信》，也许还有我没有见过的与其他人的通信。（1845年版注释。）

平淡无奇的通信与不值得描绘的"思想图景",而下笔一贯明智者的通信却躺在私人贮藏室发霉,不久就会不可挽回地被摧毁,这位令人敬畏的人类立法者的"思想图景"依然如此模糊不清。这封信已在文中有所提及,这是席勒第一次在魏玛居住期间写给施万的。

魏玛,1788 年 5 月 2 日

您为长期的沉默向我道歉,省却了我向您道歉的痛苦。我感受到这份好意,并为此而感谢您。您并不把我的沉默归咎于友谊的衰落,证明您对我的了解比我邪恶的良心希望的还要公正。我依然深信不疑,在我心里对您的记忆是抹不掉的,不需要以经常的拜访或令人安心的来信来使之焕发光彩。故无需赘言。

您的书信从头至尾散发的安详平静的生活气息带给我快乐。我还在风浪之间来回漂泊,不得不羡慕您的和谐统一、身心康健。在未来,我也会得到这种和谐统一,它将会是对我尚且不得不从事的劳动的补偿。

目前我已在魏玛生活将近三个季度之久了。在完成《唐·卡洛斯》之后,我计划已久的魏玛之行终于实现。实事求是地说,我只能说我对这个地方极其满意,我的理由也不难看出。

政治极其安定自由,民风尚好,社会交往几乎没有约束,一群有趣、有思想的优秀人士齐集于此,文学劳动受到尊重,另外对我来说无疑锦上添花的是,在像魏玛这样的文化重镇,物价竟如此低。我还有什么不知足的呢?

我和维兰德很亲密,我必须在很大程度上把我如今的幸福归功于他的影响。我喜欢他,并有理由相信他也同样喜欢我。尽管我非常尊重赫尔德这位作家和他这个人本身，但我和他交往有限。我们最初相识相知时，我们的关系似乎看起来有吉星高照，但命运的无常导致了接下来我和他未能深交。此外，我并不总是有时间按照我的喜好行事。至于博德，没有人能非常友好地与他相处。我不知道您是否有同感。歌德仍远在意大利未归。公爵夫人是位有见识和才能的女士，与她相处不会让人感到约束。

我感谢您带来《唐·卡洛斯》在舞台上遭遇的命运的消息。坦率地讲，我对它在舞台上取得成功并不抱有很大希望。我知道其中的缘由。无疑戏剧女神向我复仇，因为我是由小小的风流秘事产生灵感而创作此剧的。与此同时，尽管卡洛斯在舞台上遭遇空前的惨败，但我保证，我们的公众在能够理解且充分欣赏这部悲剧的优点之前，必须得观看至少十次演出，而他们最终发现的优点将足以抵消其种种缺陷。我认为直到一个人看到了一件作品的美之后，他才有权对它的缺陷发表意见。然而，我听说，第二次演出比第一次更成功。这要么来自达尔贝格对这部剧做出的改变，要么来自这样一个事实，即公众理解了某些在第一次他们并未理解的事情。

此外，没有人能比我更满意地意识到，《唐·卡洛斯》并不适合舞台演出，无论是出于光彩还是不光彩的理由。它的长度就足以将它从舞台驱逐出去了。我也不是出于自信或自恋而强迫这部剧经受这样的考验，也许我是出于私心。如果说在这件事情上我的虚荣心起了任何作用的话，那就是在以下方面，即我认为作品里面有确确实实的东西，使它虽然在舞台上遭遇不幸命运，但仍然具有重要价值。

您寄来的您本人的画像使我由衷地既感动又高兴。我认为它与您有着惊人的相似，而舒巴特的画像并不那么像，但这种印象可能源自我错误的记忆，也可能是洛鲍尔绘画方面的不足造成的。这位雕刻师应获得最大限度的关注和鼓励，我愿意不遗余力地扩大他的声誉。

向您亲爱的孩子们转达我最热烈的爱意。在维兰德家，我经常听到大量关于您长女的消息。不出几天，她便已赢得高度的评价，并且深受喜爱。我在她的记忆中还保留着什么位置吗？我应该为此脸红，因为我长期的沉默已经完全配不上这一位置了。

您要去我亲爱的祖国，而且绝不会路过我父亲之处而不与他相见，这对我来说是最大的好消息。施瓦本人是一个善良的民族，而我对德国的其他省份了解得越多，便越是清楚地意识到这一点。您将受到我的家人的诚挚的欢迎。您能把我的致意与问候转达给他们吗？请以我的名义向我父亲致敬，请让您的女儿把我的吻带给我的母亲、姐妹。

正如德林所说，"我们将用这些亲切的话语结束这篇文章"。

3. 与歌德的友谊

席勒与歌德初次交往的经历被后者记录并于几年前撰文发表在《变形学》杂志上，我们认为他目前仍然偶尔为之撰稿，或者打算为之撰稿。这篇文章题为《幸运的事》，发表在该杂志的第一卷第一册（第90—96页）。我们在正文插入来自该文章引论部分的一段文字，而文章的其余部分涉及某些科学问题，并提及我们叙述的一些事实，故而我们认为最好将此文留在附录。他在提到《唐·卡洛斯》的出版并补充说"我们仍然继续各行其是"之后，继续写道：

他在文章《论秀美与尊严》中表达的观点与我并不一致。虽然康德哲学高度提升了心灵的尊严，但似乎又限制了心灵的尊严，席勒却欣然接受了它。康德哲学展现了大自然赋予席勒的非凡品质，然而，尽管伟大的自然母亲绝不会待他似继母一般，但在自由与自我导向的热烈情感中，他对伟大母亲毫无感恩之心。他没有将她视作自足的存在，视作以充满活力的力量根据指定法则产生最高级抑或最低级作品的存在，而是通过人类心灵中某些固有的经验性特征来理解自然。我甚至可以把某些措辞刻薄的片段直接套用在我自己身上，它们以错误的方式理解并呈现我的信仰。我认为，如果这些片段在没有给予我特别注意的情况下被写出来，那么它们只会更糟，因为在这种情况下，我们之间的巨大分歧便更加显而易见了。

我们之间不存在可以想象得到的联合。即便是对席勒评价颇高的达尔贝格来温和劝说，也无济于事。事实上，我列出的这些反对联合的理由都很难被驳倒。没有人能否认，在精神上处于两极的二者之间，存在着不仅仅是一个球的直径的距离。这种正相反的事物势同水火，因此永远不能走向联合。但下文表明它们之间可能会存在的某种关系。

席勒迁居耶拿，在那里我依然与他素不相识。当时巴奇成立了一个自然历史协会，藏品可观，组织庞大。我曾参加他们的定期会议，而有一天我发现席勒在那里。我们碰巧一起走出去，于是我们交谈了片刻。他似乎对展品很感兴趣，但令我感到非常满意的是，他非常敏锐且理智地指出，这种对待大自然的脱节方式绝不会令外行人心存感激，他们想要的是深入了解大自然的秘密。

我回答说，也许就连会员们自己都不曾在其中有过从容自在的感觉。当然还有另一种表现大自然的方式,它不是分离且分裂的,而是鲜活且富有生气的,从整体扩展到部分。在这一点上,他要求给予解释,但并未掩饰他的怀疑,他不相信我建议的这种模式已被经验证明。

我们到了他的家,正在进行的谈话促使我走了进去。然后,我尽可能生动活泼地向他阐述了植物变形学[1],一边说一边以大量特点鲜明的笔触在纸上为他画出一株象征性的植物。他带着极大的兴趣倾听、观看这一切,表现出了非凡的理解力。但当我完成后,他摇摇头说:"这并非经验,这只是一个理念。"这句话最明确无误地表明了我们之间的分歧,因而我有点恼怒地停了下来。我又想起了《论秀美与尊严》中的观点,旧怨正在渐渐复苏,但我压制了它,只是说:"我很高兴地发现,我在不知不觉中产生了理念,甚至我还能亲眼见到它。"

席勒比我更谨慎,手段更灵活。当时他也在想着他的期刊《季节女神》,当然他更想吸引我,而不是排斥我。因此,他像个有修养的康德信徒一样回应我。随着我顽固的现实主义引起了更多矛盾,我们继续互相争斗,最后以停战告终。即便如此,双方互不认输,都认为自己是不可战胜的。像下面这样的立场使我非常痛苦:怎么能有一个与理念相符的经验呢?理念的独特品质是,没有任何经验能达到它或与它一致。然而,如果他把我看作经验的东西视为一种理念,我想我们之间一定存在着某个共同的东西,在那里我们俩可以发生交集!现在迈出了第一步。席勒的魅力很大,他紧紧地抓住了他能触

---

1. 歌德奇特的植物生理学理论,在这个国家似乎完全不为人们所知。然而几位著名的欧洲植物学家已经注意到了它,并表示赞许。该理论同样发表在《变形学》期刊上,歌德以相当长的篇幅予以阐释。

及的所有人，我对他的计划表示了兴趣，并答应在《季节女神》发表我脑子里的许多想法。他的妻子从小就很可爱，并且为我所重视，她努力促进我们的相互理解。双方的朋友都为此感到高兴。因此，通过对客体和主体各执一词的无休止争论，我们俩缔结了牢不可破的联盟，使我们自己与他人都大受裨益。

席勒与歌德的友谊成为他们生平中如此动人的一个篇章，我们当然渴望了解更多具体细节。真诚相待，正确评价彼此的价值，真正欣赏彼此的性格和意志似乎构成了他们友谊的基础，并且确保他们之间友谊长存，始终如一。我们听说，歌德敬重席勒的人品，同情他疾病缠身，对他的关照细致入微、小心周到。当与众人在一起时，歌德不断努力让他那谦虚而腼腆的朋友充分发挥聪明才智，或者保护多病而敏感的席勒免于被可厌之事激怒。他时而缓和交谈各方的语气，时而激发谈话的热情，用一个天赋异禀、旨趣优雅之人高超的技能引导着谈话的走向。或者，他用他蝎尾鞭般的讽刺言语赶走谈话中大量会使那位体弱多病的人的更为温和与质朴的精神陷入烦恼的内容。这些事情是令人愉快的，它们让我们知道确实有些文人不以追逐名利为唯一准则，知道有些文人可以共同分享人们的赞誉，不会为抢夺赞誉而争执，知道有些文人在关心自己的"声名"的同时，不会忘记普遍存在于自然界的慈善与利他行为。放弃这种慈善与利他行为，而去选择"声名"，对大部分作家来说，都只是一笔不划算的交易。

4. 古斯塔夫·阿道夫之死

我们从席勒对吕岑战役的精彩描述中选取了一些场景，它们是彰显他历史写作风格的典范。席勒对吕岑战役的描述整体形成一幅饱含救世情怀、气势恢宏的历史画卷。尽管我们选取的只是一个并不完整的片段，但其中表现的人物的重要性可能足以抵消此种残缺造成的遗憾。

  可怕的早晨终于到来了，但是一场浓雾笼罩整个战场，把进攻时间推迟到了中午。国王跪在他的队伍前做祷告，与此同时，全军上下都右膝跪地，唱起一首动人的赞美诗，战地音乐为他们的歌唱伴奏。然后国王骑上战马。他穿着黄皮军装短上衣，外罩大氅（最近的伤势使他无法穿盔甲），骑马穿过队伍，全军上下顿时欢欣鼓舞，然而他的内心却充满不祥的预感。"上帝与我们同在"是瑞典人的战斗口号，而神圣罗马帝国皇帝支持者的战斗口号是"耶稣玛利亚"。十一点左右，大雾开始消散，华伦斯坦的营地变得清晰可见。与此同时，人们也看到了吕岑的熊熊烈焰。公爵下令燃起大火，以免军队的这侧被敌军包围。最后，信号发出，战马冲向敌人，步兵向敌人的战壕前进。

  与此同时，由国王亲自率领的右翼部队攻击弗里德兰人[1]的左翼。装备厚重的芬兰胸甲骑兵的第一次猛烈进攻驱散了驻扎在这里的波兰人和克罗地亚人轻骑兵，他们的溃散逃窜给其他骑兵部队造成了恐慌与混乱。就在这时，国王得到报告，他的步兵部队正在节节败

---

1. 弗里德兰人（Friedlanders），华伦斯坦率领的效忠神圣罗马帝国皇帝的军队。——译者注

退，很可能会被迫从他们之前攻占的战壕撤退回来，同时他的左翼暴露在吕岑后面来自磨坊风车的猛烈火力下，坚持不住了。他迅速做出决定，把追击败北的左翼残敌的任务交给冯·霍恩，他自己则匆忙率领施泰因博克团来挽救己方大军的混乱局面。他那英勇的战马以闪电般的速度驮着他越过战壕，但是跟在他后面的骑兵中队却不能如此快速地通过，只有包括萨克森－劳恩堡公爵弗朗茨·阿尔贝特在内的少数骑兵足够警觉地追随在他身边。他径直飞奔到步兵最受压制的地方。当他环顾四周，寻找他可能发动攻击的突破口时，他近视的毛病使他太过于接近敌人的防线了。一个帝国列兵（gefreiter）注意到每个人都恭恭敬敬地为前进的骑手腾出了空间，于是命令火枪手向他开火。"瞄准他，"他叫道，"那一定是一个重要人物。"士兵扣动了扳机，国王的左臂被弹丸击碎了。就在这时，他的骑兵疾驰过来，传来一阵混乱的喊叫："国王流血了！国王中弹了！"这在队伍中散布了惊恐与沮丧的情绪。"没什么，跟我来！"国王拼尽全力大声喊道，但在疼痛难忍即将昏倒之际，他用法语要求劳恩堡公爵在不被别人注意的情况下带他离开这片混乱喧嚣。然后公爵和他一起转向右翼，迂回了一大圈，目的是不让沮丧的步兵发现这一事故。但当他们骑马前进时，又有一颗子弹穿透国王的背部，这耗尽了他最后的气力。"我没救了，兄弟，"他用垂死的声音说，"赶快，救救你自己。"说罢，他从马上摔下来。在这里，他又被几颗子弹击中，远离他的随从，在一群克罗地亚人对他的疯狂掠夺中停止了呼吸。他的战马没有了骑手的驾驭，继续飞奔，浑身是血，很快向瑞典骑兵部队通报了国王不幸阵亡的消息；瑞典骑兵狂喊着冲到现场，从敌人手中夺回神圣的战利品。在国王的尸体周围，展开了一场殊死之战，被严重毁损的国王遗体，被埋在堆积如山的战死者尸体之下。

这个可怕的消息旋即传遍整个瑞典军队，噩耗非但没有削弱这支军队的顽强斗志，反而把它变成一场猛烈的炮火。世间最神圣的人已然不复存在，生命也因而贬值；死神既然连受膏的王者都不会放过，现在卑微的人也对死神毫不畏惧。乌普兰、斯莫兰、芬兰、东西哥得兰团如同愤怒的雄狮再一次扑向敌人左翼，敌人已是疲于应对冯·霍恩的进攻，此时干脆被彻底赶出了战场。

可这是代价多么高昂的胜利啊，多么悲哀的凯旋啊！战斗的愤怒一经冷却，他们会意识到巨大的损失，征服者的欢呼声消失在无声而阴郁的绝望中。率领他们出征的人并未同他们一道凯旋。他肢体残破地躺在胜利的战场上，与众多平凡卑微的死者混在一起。经过长时间徒劳无功的搜寻，他们发现了国王的尸体，它在那块已于吕岑和梅泽堡运河之间矗立了几个世纪的巨石附近。自从这一重大事件以来，这块巨石被称为"瑞典人之石"（Schwedenstein）。由于伤口和血污，他几乎没有被认出。他曾被踩在马蹄下践踏，被抢走了装饰品，甚至被剥掉了衣服。最后，他终于被人们从一堆尸体下面拖出来，带到魏森费尔斯，交给他的军队。在那里瑞典人全军哀悼，他的王后给他以最后的拥抱。首先索取致哀献礼的是复仇女神，热血必须作为对君主的祭品而流淌，而如今爱神行使权利，为这个男人流下温柔的眼泪。个人的哀愁消失在普遍的悲伤中。将军们被这一巨大的打击震惊了，茫然而沮丧地站在他的棺椁周围，还没有人敢想象痛失他的全部后果。

这位历史学家最受推崇的叙事能力，却只是他较低级的天赋之一。席勒并不缺少这一艺术要求的更高层次的素养，他对这一事件的思考表明，他"像一只来自云端的手，突然拨动精心设定人类事务的时钟，引导心思细密的人转向更崇高的计划"。但本书篇幅有限。关于席勒的历史和戏剧作品，我们不能再进一步举例阐述，而关于他的抒情诗、说教诗和道德诗，我们必然要在不给出任何范例的情况下匆匆结束本书。也许有朝一日，当他的作品被移植到我们本土时，我们就可以将它们以完整的维度呈现给岛国的思想家们。那时，我们多姿多彩的文学便会在被征服的过程中得到进一步丰富。

附录二

　　前面的附录，在本书中名为"附录一"的部分，在迄今为止的所有版本中是唯一的附录，并一直作为本书的结尾部分[1]。事实上，对于普通英文读者来说，它仍然可能本质上是，甚至必须是结尾部分。但现在，为了满足更高层次读者的需求，基于偶然与特殊的诱因，在这个最终抑或"告别"版本[2]中，我们会借机增添一些内容作为"附录二"，其他方面仍保持不变。

　　如今，席勒在英国拥有众多属于自己的读者。也许读到我这本有关他生平的拙著的绝大多数最优秀的读者，对德国与席勒有着第一手的了解，并且对德国事物有着强烈的好奇心。对于这样的读者而言，

---

1. 参见第257页注释。这里的"迄今为止"，指的是到本书含有歌德部分的版本出版之前，并非指到本书含有1872年新增部分的版本出版之前。这段话应写于1868—1869年。——编者注
2. 参见第257页及本页注释。虽然卡莱尔写下这段话时认为本书已接近了它的"最终"版本，但实际并非如此。——编者注

我可以料想重印以下这篇出自最伟大的德国人之手，而且与席勒以及这本关于席勒的书密切相关的文章，可能不会不受欢迎。就我本人而言，这篇文章具有象征性的意义，感人至深且值得铭记，加之这里碰巧有适当的空间，就更加诱使我把它加进来。

在本书的历史中，出现了一个有趣的小插曲，而对我而言，这一小插曲也是跟本书有关的那些小插曲里唯一到现在还很有趣的——出人意料，本书的德文译本有幸拥有了一篇歌德在晚年为之撰写的介绍性的序言。当时，在我和我的家人遥远的圈子里，这是一个美好的小事件。它的突如其来，就像在常见的灰色底调中突然出现了一方阳光明媚的碧空！这是我们与那位伟人的个人关系和遥远的人际交往中的一大亮点，几年前，我们才与这位素未谋面的伟人建立起联系。这对我们——对我本人以及对另一位现已离开我的人[1]来说，是非常美好、有价值、独特且宝贵的。与这位伟人交往时，我们感受到几缕仿佛来自天堂的万丈光芒，几乎是奇迹，但无可争辩，不时地照耀在我们身上。这种光芒在某种程度上美化了我们在苏格兰荒原生活时遇到的重重障碍，甚至完全禁止它们成为阻碍。的确，而今在记忆中，没有多少事能比当时在苏格兰荒原中与那位我最尊敬、最感激之人的交往，更能唤起幸福抑或虔诚的情感。透过近四十年有得有失的沧桑岁月回顾这一切，我决心趁此机会重印歌德的这篇《序言》，趁时间还没让一切消逝。

---

[1]. 指的是他已去世的妻子。——译者注

封面：席勒在魏玛的故居

附录二

卷首插画：托马斯·卡莱尔在苏格兰南部邓弗里斯郡的居所

书名页装饰图案：上述房屋的远景图

附录二

封底：席勒在耶拿的洛伊特拉溪边亲自建造的花园精舍

Thomas Carlyle

Leben Schillers,

aus dem Englischen;

eingeleitet

durch

Goethe.

Frankfurt am Main, 1830.
Verlag von Heinrich Wilmans.

1830 年版由歌德作序的本书德文版的扉页

Der hochansehnlichen

Gesellschaft

für ausländische

schöne Literatur,

zu

Berlin.

1830 年版由歌德作序的本书德文版的献词页

今天，可能令我的许多读者，尤其是令新版的读者感到好奇的是，如此伟大的人竟会为一本如此渺小的书作"序"（Einleitung）——此文并不见于这位伟人的《全集》抑或我知道的其他地方——并且还会好心地允许我以自己的方式来处置它，即在这里重印它的德语原文。我相信，即使我照搬由歌德亲自设计的粗劣的铜版画（Verzierungen），这些遥远的人类居所的粗劣的影子，读者也不会对我提出异议，因为他们清楚地知道，对我来说，即便是其中的最糟糕之处，此时也是异常美丽且充满意义的。

歌德为本书德文版作的序言

去年岁末，我收到令人愉快的消息。一个与我保持着密切友好往来的协会，本来一直专注于国内文学，正打算致力于外国文学。在当时情形下，我无法充分且彻底地表明，我有多么欣赏这一举措，因为人们往往认为这是我本人最情有独钟的事业。

即使我现在公开表达我的感激之情，也只是以只言片语表达我希望在更好的背景下传递的信息。但我也不想拒绝摆在我面前的良机，因此我希望通过这样的方式达到我的主要目的，即让我的朋友们接触一个最近这些年和我联系密切的人。积极参与行动和工作使我振作起来，高尚、纯粹、明确的愿望使我重新焕发活力，吸引我走向他，并带领我和他一道行进。他就是这部译作的原作者托马斯·卡莱尔先生，一位苏格兰人。关于他的工作和优点，以及他的近况，将在下文进行更为详尽的介绍。

正如我和我在柏林将要认识的朋友们共同相信的那样，他们将会同托马斯·卡莱尔先生建立愉快而有效的联系。我可以希望，在今后几年里，双方将共同享有这一宝贵遗产及其富有成果的成功，这样我便可以怀着优雅的情感提前享受我在这里最后要求的一个永久性纪念了。

在忠诚的投入与参与中

1830 年 4 月于魏玛

J. W. v. 歌德

一段时间以来，人们一直在谈论世界文学，更确切地说，他们不无道理地谈论这一问题：所有的国家都在最可怕的战争中摇摇欲坠，然后又各自重新回归自我。他们应该意识到，他们吸收了一些外来的东西到自己身上，并且时不时地感受到了前所未有的精神需求，由此形成了邻里间的亲睦关系。到目前为止，人们并没有把自己封闭起来，而是逐渐地产生出一种渴望，即被接纳到或多或少自由精神的贸易往来中去。

虽然这场运动只持续了很短的一段时间，但它的持续时间已经足够使人们对它进行深入的思考研究，并尽可能从中获得好处和利益，正如在商品贸易中必须运筹帷幄方可获利。

当前译介过来的纪念席勒的论著，几乎不能给我们带来新的东西。作者从我们长期熟知的著作中获取知识，总的来说，他们关于席勒的论述跟我们在德国协商事务时经常详细讨论抑或论战到底时发出的论述没有什么区别。

但可以大胆断言，对于席勒的崇拜者以及每个德国人而言，最令人高兴的是，他们在本书接下来的部分将直接体验一个敏感、勤勉、有洞察力的人，在他最美好的年华是如何被席勒的作品感动并受到激励的，现在又是如何被驱使去进一步研究德国文学的。

至少，我深受感动地发现，这些思想纯洁、冷静理智的陌生人，即使在我们这位已故朋友的最初往往拙劣、近乎粗糙的作品中，也能始终看到他的高尚友善、宽宏大度，并能够把他树立为优秀人物的典范。

因此，我认为这部由一位年轻人完成的作品应该被推荐给德国青年。如果风华正茂的青年可以而且应该有一个愿望，那就是在取得的一切成就中看到值得称道之处、美德、强大可塑性、雄心壮志、足够的理想，甚至在非典范的成绩中看到人类共同的典范。

此外，如果我们认真考虑一下，这部作品对我们来说会很重要，因为它能告诉我们外国人如何评价和敬重席勒的作品（我们以及本书作者的国家都要为当今丰富多彩的文化而对席勒的作品感恩戴德），并且在不夹杂任何目的的情况下，如何平静地认识其纯粹的价值。

因此，这里有一句评论也许是恰当的：当前恰恰是国外环境对德国文学有利的时刻，即使是在我们中间早产生过影响的作品，也再次开始发挥强大的影响，从而表明它在文学的某一阶段始终是有用且有效的。

比如，赫尔德的思想学说已经以这样一种方式进入我们所有人的知识，只有少数人通过直接阅读而接受他的思想，因为他的思想已被那些当时具有重要意义的东西无数次证明，已经在其他情况下完全被接受了。赫尔德的作品最近被翻译成法文，也许毫无疑问，在法国很多受过教育的人仍然喜欢阅读他的学说。

就当前这本书而言，其主要情形是，我们的朋友在与我们交往时，在爱丁堡过着平静的生活，努力精益求精，砥砺淬炼，而且我们可以不假思索地说，德国文学在这方面给予了他最大的支持。

后来，他前往邓弗里斯郡以南大约10英里的一座属于自己的庄园居住，在过着自给自足的田园生活的同时，以认真严谨的态度从事文学研究。那是一个多山的地区，尼特河在附近汇入大海。在邓弗里斯镇附近一个被称为克雷根普托克的地方，他和知书达理的美丽妻子一起住在他那朴素的乡村居所。对这套公寓的忠实描摹，实际上成为目前这篇序言的缘起。

有文化修养的人情感细腻，努力追求穿越时空之善，乐于致力传播远方之善，几乎无法抗拒画像上受人尊敬与爱戴的、相隔遥远之人的心愿，因此便有了关于其住所的插图，以及对其近况的呈现。

今天，曾经多少回，人们一再描摹绘制彼特拉克[1]在沃克吕兹的居住地的图景，以及塔索在索伦托的公寓的画面！而卢梭的避难所比尔岛[2]，难道不也是一个永远被他的仰慕者不厌其烦地描绘的地方吗？

正是在这个意义上，我试图搜寻相关画作，以了解我远方朋友的周围环境。我更感兴趣的是这位先生的公寓。托马斯·卡莱尔竟然迫不及待地选择住在55度[3]以下近乎寒冷刺骨的山区。

我相信，如此忠实复制最近寄来的原始图画，将为本书增色不少，并向当今感情丰富的读者，也许更向未来的读者表明，本书服务读者

---

1. 弗朗西斯科·彼特拉克（Francesco Petrarca，1304—1374），意大利学者，诗人和人文主义者。——译者注
2. 比尔（Bieler）岛，指的是圣皮埃尔岛。1765年，被迫离开家乡的卢梭曾在瑞士比尔湖中的圣皮埃尔岛上住过一段时间。——译者注
3. 此为华氏55度，大约相当于12摄氏度。——译者注

的友好态度。这样忠实的复制,好似打开了这位可敬之人的书信节选一样,从而增进了人们对一个高贵国度的兴趣,培养了人们对走向更广阔新天地的兴趣。

托马斯·卡莱尔致歌德书
1828年9月25日,克雷根普托克

他们抱着如此浓厚的兴趣,对我们目前在此地的逗留和工作进行了探求。由于空间充裕,我不得不就此事说上几句。邓弗里斯是一个风景优美的城镇,约有一万五千名居民,被认为是苏格兰商业圈中一个重要的贸易中心和政治中心。我们的住所并不在那里,而是在它西北15英里以外(骑马两小时的路程),在花岗岩山脉与黑色沼泽之间。黑色沼泽向西穿过加洛韦,并一直延伸到爱尔兰海。在这茫茫的荒漠与戈壁之中,我们的庄园犹如一片葱茏的绿洲。它已被开垦耕作,是由栅栏部分围起的一块空间,尽管周围有海鸥和硬毛绵羊往来,但此处谷物成熟、绿树成荫。在这里,我们经过不小的努力,为自己建造并布置了一所干净整洁、稳固耐用的公寓。我们住在此地,在没有教育或其他公共机构的情况下,竭尽所能从事文学工作。我们希望花园里的玫瑰和灌木恣意生长,希望它们为我们带来健康与平和。玫瑰仍部分有待种植,但它们已经在希望中芬芳吐蕊了。

两匹快马可以把我们带到想去的任何地方,山间空气对神经衰弱者来说是最好的医生。这项我一贯坚持的日常运动是我唯一的消遣。这里是英国最偏僻的角落,大多数情况下,离任何想来拜访我的人都

有 6 英里远。卢梭会喜欢这里，就像喜欢他的圣皮埃尔岛一样。

　　的确，我的城市朋友把我来此地的动机归结为类似的想法，并预言这不会给我带来任何益处，但我搬到这里的唯一目的是简化我的生活方式，获得独立，这样我便可以做到坚定不移。这个空间是属于我们自己的，当卑鄙龌龊的批评家大行其道时，在这里我们可以按照最适合我们的方式生活、写作与思考。

　　孤独感也不是那么强烈，一辆出租马车很容易便把我们带至爱丁堡，我们把爱丁堡视作我们的英国魏玛。目前，在我的小图书馆桌子上，难道不是堆满了大量价格不一的法、德、美、英报刊吗？

　　这里亦不乏寻古访幽的闲情雅致。在我们的丘陵地带，我在一日向西漫游的途中，不经意间发现了阿格里科拉[1]率领罗马军队安营扎寨的小山。我便是出生于这座小山脚下，父母依然生活在那里，深深地爱着我。这便是一个人必须让时间发挥作用的方式。可我无意中走到哪了呢！让我向您承认，我不确定未来要从事什么文学活动，对此我希望听听您的意见。当然您会很快再次给我写信，这样我便会感觉与您永远在一起。

　　我们奋发向上的德国人，对五湖四海的民族都怀抱善意的态度，渴望接受最广泛的教育，多年来我们一直珍视值得尊敬的苏格兰人取得的丰功伟绩。我们清楚地知道苏格兰以前在自然科学方面取得的成就，法国人后来正是在此基础上获得了如此大的优势。

---

1. 尤利乌斯·阿格里科拉（Julius Agrikola，40—93），古罗马将领。——译者注

在新时代，我们不会不承认他们的哲学对法国人的思想转变产生的影响。他们使法国人从僵化呆板的感觉论[1]转向利用一般常识的灵活思维模式。我们要感谢他们关于英国国情与成就的最重要方面的诸多深刻见解。

然而，就在不久之前，我们不得不在他们的杂志上看到我们的伦理美学成就被以某种方式对待。在这种杂志上，我们无法确定：是否存在洞察力缺乏或邪恶意志支配的问题；是否存在肤浅、不够深入的观点，或者玩笑中带有反感色彩的偏见。然而，我们耐心地等待着这一事件销声匿迹，因为在我们自己的祖国，我们向来就被要求忍受类似的事，故而要求不高。

然而，在过去的几年里，这些地区投来了最关爱的目光，为此我们莫不欢欣鼓舞。我们感到有义务对这些目光做出回应，因而我们打算在必要时，在当前的报纸上提请我们思维严谨的同胞注意这些目光。

托马斯·卡莱尔先生已经翻译了拙作《威廉·麦斯特》，并于1825年出版了目前这部《席勒传》(*Leben Schillers*)。

1827年，他出版了四卷本《德意志传奇》，在这套书中，他从穆塞乌斯[2]、拉·莫特·富凯[3]、蒂克[4]、霍夫曼[5]、让·保尔和歌德等德国作家的短篇小说(Erzählungen)和童话故事(Mährchen)中，选取了他认

---

1. 感觉论(Sensualism)，又称"感觉主义"。它强调感觉是认识的唯一来源，是认识论的一种。——译者注
2. 约翰·卡尔·奥古斯特·穆塞乌斯(Johann Karl August Musäus, 1735—1787)，德国作家。——译者注
3. 弗里德里希·德·拉·莫特·富凯(Friedrich de la Motte Fouqué, 1777—1847)，德国浪漫派小说家、剧作家。——译者注
4. 路德维希·蒂克(Ludwig Tieck, 1773—1853)，德国浪漫派作家。——译者注
5. 恩斯特·特奥多尔·阿玛德乌斯·霍夫曼(Ernst Theodor Amadeus Hoffmann, 1776—1822)，德国浪漫派小说家，著有许多短篇小说和童话。——译者注

为最适合英国的作品。

各部分均从介绍上述作家的生平、著作和风格流派开始，表明这位朋友试图尽可能了解每个人的性情禀赋和创作情况，借此走上正确的文学道路，使自身的认识不断得到完善。

在爱丁堡杂志上，特别是在那些真正专门讨论外国文学的期刊上，不仅有上文已提到的德国作家的评介，还有探讨其他德国作家的评介。受到评论家关注的德国作家还有恩斯特·舒尔茨[1]、克林格曼[2]、弗朗茨·霍恩[3]、扎哈里亚斯·维尔纳[4]、格拉夫·普拉滕[5]和其他一些人。不过这些评介当中，最重要的还是我们朋友的评介。

在此情形下，至关重要的是要注意，人们其实只把每个作品视作关于实际领域与主题的文本和可能性，他们只是之后再针对独特的个体启动思路，并给出精妙的专家意见。

这些爱丁堡评论类期刊，特别是关于国内公共事务或外国文学的专论，引起了科学界朋友的重视。最令人惊奇的是，在这些评论中，最彻底的严肃态度与最自由的概述，最严格的爱国主义与简单纯粹的自由思想结合在一起。

现在，我们从他们那里获得了对我们德国人伦理美学探索的纯粹而简单的同情，而伦理美学探索被视为德国人的独有特征，那么我们也必须寻找他们天性中真正关心的事物。我们在此处马上要提到彭斯的名字。卡莱尔先生的一封信中有这样一段话：

---

1. 恩斯特·舒尔茨（Ernst Schulze，1789—1817），德国浪漫主义诗人。——译者注
2. 奥古斯特·克林格曼（August Klingemann，1777—1831），德国小说家。——译者注
3. 弗朗茨·霍恩（Franz Horn，1781—1837），德国诗人和文学家。——译者注
4. 扎哈里亚斯·维尔纳（Zacharias Werner，1768—1823），德国戏剧家。——译者注
5. 奥古斯特·格拉夫·冯·普拉滕（August Graf von Platen，1796—1835），德国诗人、戏剧家。——译者注

自从我来到此地，我所写的唯一重要的文章是关于彭斯的。也许你们从未听说过此人，但他是最不容置疑的天才。他出身于最底层的农民家庭，这种错综复杂的奇特境遇困扰着他，并最终直接造成了他的悲惨命运，因此他创造的奇迹相对而言是微不足道的。他英年早逝（1796 年）。

　　一百年以来，我们英国人，尤其是我们苏格兰人，热爱彭斯胜过任何诗人。我经常因为这样的评论感到震惊：他比生于 1759 年的席勒早出生几个月，这两个人却都未曾听说彼此的名字。他们在相反的半球如明星一般闪耀，或者，如果你愿意的话，昏暗的地球大气层吸收了他们彼此的光辉。

　　然而，我们比我们的朋友设想的要更熟悉罗伯特·彭斯。他最受人喜爱的诗《约翰·巴利-科恩》[1]是匿名传播到我们这里的，而且得到了应有的珍视，这促使我们多次尝试用自己的语言对它进行改编。《汉斯·格斯滕科恩》中，同名主人公正直勇敢，他有许多敌人，他们不断地迫害他，伤害他，甚至威胁要除掉他。然而，尽管困难重重，他却最终胜利了，为了热情的啤酒饮用者的健康与快乐。正是在这种欢快、创造性的拟人化手法中，彭斯展示了自己作为真正诗人的艺术才华。

　　经过进一步的发掘，我们在他 1822 年版的诗集中发现了这首诗，这本诗集前面有关于他本人的生平简介，至少在一定程度上使我们对

1.《约翰·巴利-科恩》(John Barley-Corn)。这是苏格兰诗人罗伯特·彭斯从苏格兰民间传说中取材，写的一首把大麦拟人化的诗。——译者注

他的情况有了肤浅的了解。我们能从他的诗歌中学到的东西使我们服膺于他杰出的才能。令我们深感遗憾的是，苏格兰语对我们构成了直接的阻碍，使我们无法领略他最纯粹、最自然的艺术表达方式。然而，总的来说，我们到目前为止进行的研究表明，我们可以依照自己的信念赞同以下值得称道的相关评述。

顺便说一句，我们的彭斯在德国的知名度，据我所知要远胜于《百科全书》中对他的描述，我不想说事实上人们对德国本国的新文学运动一无所知。然而，无论如何，我打算为外国文学爱好者指出入门的捷径：J. G. 洛克哈特著的《罗伯特·彭斯传》、我们的朋友卡莱尔1828年12月在《爱丁堡评论》上发表的评论文章《爱丁堡1828》。

但愿以下译自卡莱尔原文的若干段落，将会以各种方式激发人们强烈的愿望，去了解这一切，以及提及的这位作者。

彭斯同我一样经历了英国社会的历史变迁。他生在最平淡无奇的时代，在所有最不利的条件下，在每日艰苦的体力劳作的重压下，甚至在极度匮乏和未来前景最为黯淡的情况下，努力达到更高的文化修养。但是，他却得不到任何支持与促进，正如栖息于穷人小屋里的审美观念，最多不过是以弗格森[1]和拉姆齐[2]的押韵模式为美。但在沉重负荷之下，他并未沉沦。他敏锐的目光穿越阴暗空间的薄雾与黑暗，发现了世界与人类生活的真实情形，他的精神力量因此得到增长，他以强制力迫使自己获得理性经验。在内在精神不可抗拒的活力的驱使下，他跌跌撞撞地向着普遍真理挺进，以相当谦逊的

---

1. 罗伯特·弗格森（Robert Ferguson, 1750—1774），苏格兰诗人。——译者注
2. 艾伦·拉姆齐（Allan Ramsay, 1686—1758），苏格兰诗人。——译者注

态度向我们展示了他努力获得的成果——这是一种现在被时间认可为不朽的礼物。

一个真正的诗人，一个天赋异禀，富有纯正智慧，心中回荡着天籁的人，是上天给予一个时代的最珍贵的礼物。我们在他身上看到了我们所说的一切最崇高品质的更自由、更纯洁的发展。他的一生为我们上了内容丰富的一课，我们哀叹他的英年早逝，因为他曾有恩于我们，爱着我们，教导着我们。

大自然以她的仁慈给了我们像罗伯特·彭斯这样的珍贵礼物，但她却以太过高傲的冷漠把他当作毫无意义的生命无情抛弃。在我们认可它之前，它便已经残破损毁。一个不利星象赋予了这名年轻人力量，使人类的存在变得更加尊贵，但他却无法成为自身明智的向导。命运（因为我们的狭隘，我们不得不这样说）的错误，他者的错误，成为他无法承受的重负，而要是这种灵魂能自由游荡，它先飞上长空，而后又湮没在尘土中。他非凡的才能在盛开的花季遭到践踏。我们的确可以说，他未曾真正生活过就死了。如此善良而温暖的灵魂！其中充盈着如此多本民族智慧的财富！他是如此热爱一切有生命和无生命的事物！晚生的雏菊在他的犁下也会被注意到，因为它犹如被他挖出的胆怯田鼠的粮食充足的巢穴一般稀少。冬日的野外景象使他快乐，他怀着朦朦胧胧、萦绕心头的柔情，在肃杀荒凉中流连忘返。风声成为他耳中的诗篇，他多么喜欢漫步在狂风咆哮的森林中，因为他觉得自己的思想飞升到了那个御风而行的人身上。一个真正诗人的灵魂！它只能被触动，它的声音便是音乐。

多么温暖、包罗万象的平等感！多么深信不疑、无边无际的爱！多么高尚地高估了爱的对象！农夫、他的朋友、他的深肤色少女不再卑微、土气，而是成为英雄和女王。在他的笔下，他们被夸耀为与地球上最高贵的人不相上下。他淳朴的目光看不到苏格兰严酷的生活现实，但在如此粗犷的氛围中，在烟雾缭绕、起伏不平的田间地头，他仍然发现了足够可爱的东西。贫穷的确与他如影随形，但同时伴随他左右的还有爱和勇气。茅草屋里的朴素情感、价值观和高尚品格，在他的心目中是可爱可敬的。因此，他把自己情感的灵光倾注在人类存在的最底层，通过或平淡或尊崇的光与影，将之升华为一种美，而这种美往往是无法在人类最高层中看到的。

如果他有一种常常变成骄傲的自信，那么这是高贵的骄傲，是为了防御，而不是为了攻击，它不是冷酷、喜怒无常的情感，而是自由、欢乐的情感。我们想说，这位富有诗意的农民正如一位被流放的国王。他被排挤到最低层，自我感觉却与身在最高层者并无二致。他不要求任何等级，以免与人发生争执。他可以摆脱纠缠者、屈尊的傲慢者，而且财富的偏见或旧的家族门第的偏见对他而言毫无价值。在他的黑眼睛里，有一团火，而一个放下架子屈尊俯就之人却不敢冒险。在屈辱中，在极端的困境中，他一刻也未曾忘记诗意的威严与男子气概。然而，尽管他自我感觉远在普通人之上，但他并未脱离他们，他热情地分享他们的乐趣。他的确把自己投入他们的怀抱。无论贫富贵贱，他都请求得到他们的爱。在最黑暗的形势下，这个骄傲的人在友谊中寻求帮助的样子令人感动。他经常向不值得的人敞开胸怀，常常为他那炽热的心与一颗只知道友谊是名字的心紧紧依偎而流泪。然而，他目光敏锐，明察秋毫。只要他匆匆一瞥，任何卑鄙的伪装都不能逃过他的眼睛。他的理智洞察了最狡猾的骗子的内心深处，同时他的心中也有一种宽宏大度的轻信。因此，这个乡下人出现在我们中间,他犹如风神的竖琴,其琴弦被最卑鄙的风触动,它却把风变成了合法的旋律。这个世界上找不到合适的活计给这样的人,他只能与走私犯和小酒馆老板争吵不休,计算牛油的消费税,查看啤酒桶。[1] 在这样的工作中,伟大的人才可悲地被浪费了,可能一百年后,我们会被给予一个类似的天才人物,又或许天才会再一次被浪费掉。

正如我们祝愿德国人在他们的席勒之后好运一样,我们也希望在同样的意义上祝福苏格兰人。但是,如果他们对我们的朋友给予了如此多的关注和同情,那么我们就应该以同样的方式在我们中间介绍他们的彭斯。我们目前全力推荐受人尊敬的团体中的一名年轻成员,如果他下定决心忠心耿耿地为一个令人钦佩的民族提供这种友好的服务,他的时间和精力将会得到极大的回报。我们也认为备受推崇的罗伯特·彭斯是上世纪(18世纪)产生的那些第一流的诗人之一。

1829年,我们收到了一套印刷得非常干净醒目的八卷本《德意志出版物目录》(伦敦),它由 W. H. 科勒和尤尔·卡尔曼精选并系统编排而成。

这套书对德国文学有着特别深入的了解,它以通俗易懂的语言进行了简明扼要的概述,它为编写者和书商带来荣誉——他们认真地承担起把外国文学引介至国内的重要任务。这样,在所有的主题中,人们都可以纵观德国文学在该领域取得的成就,因此它既能吸引和满足学者、博学善思的读者,也能吸引和满足那些感情丰富和以娱乐为目的的读者。每一个在某一领域出类拔萃的德国作家或者文人都应

---

[1]. 1788年,当时二十九岁的彭斯考取税务局职员,1789年谋得一个小税务官的职位。

好奇地打开这套目录看看，他可以得知自己的作品是否在目录中被提及，自己的作品是否与亲友一起受到友好的关注。而对所有的德国书商来说，了解海外的人们如何看待他们的出版物，在海外他们的出版物如何定价，也将是十分重要的。利用这套目录，他们将不遗余力地与那些严肃的相关人员取得联系，使之不断保持活力。

这本由我们的苏格兰朋友多年前撰写的《席勒传》，以谦虚谨慎的态度对席勒的生平进行了回顾。值此我为之作序并在此时此地表示支持之际，我得到他的允许，对他最新发表的看法进行补充，他的这些意见最能说明我们迄今取得的共同进展。

托马斯·卡莱尔致歌德书
1829年12月22日

我第二次阅读了来信，倍感欣慰。今天我将基于这封信向《外国评论》寄出一篇关于席勒的文章。您会很高兴地听到，对外国文学，特别是对德国文学的认知和欣赏，将会日益在英语占主导地位的地方成为流行风尚。因此，就连在新荷兰[1]那些观点对立的人中间，他们的智者也会宣扬德国文学蕴含的智慧。我最近听说，即使在牛津和剑桥，我们这两所历史悠久的英国大学（到目前为止一直被认为是极其孤芳自赏的顽固派大本营），此类事情也开始兴起。您的尼布尔

---

1. 指澳大利亚。——译者注

在剑桥找到了一位技术娴熟的翻译，而在牛津，两三个德国人已经得到足够多的工作来教授他们的语言。新的光芒对某些人来说可能太过刺眼了，然而，没有人可以对它最终会产生的美好结果表示怀疑。让国家像个人一样相互了解，彼此的相互仇恨便会转变成目前的相互扶持，而不是像有时所说的那样，邻国即为天敌。我们所有人将共同使天敌成为天生的朋友。

在这一切之后，我们仍希望，各国通过对不同语言和思维方式的进一步了解而达成协调一致，并逐渐产生更普遍的善意。因此，我冒昧地谈谈德国文学作品的大量引入，它将作为一个典型例子证明这种方法是非常有效果的。

同样众所周知，不列颠的三个王国的居民相处得并不那么和睦，总是一个邻居认为自己有充分的理由谴责另一个邻居，以便证明自己暗地里的反感是正确的。

但现在我坚信，随着德国伦理审美文学在大不列颠的三个部分传播开来，一个亲德团体也将在同时悄然扩展开来。他们将在与第四个与他们紧密相关的族群的接近中，感到相互之间正在逐渐联合和融合起来。

译名表

著作、期刊、文章名

1

《1618年西班牙对威尼斯共和国的阴谋》 *Conjuraison contre Venise*

A

"阿尔巴大军通过" "Passage of Alba's Army"

《爱丁堡1828》 "Edinburgh 1828"

《爱丁堡评论》 *Edinburgh Review*

《哀格蒙特》 *Egmont*

《埃皮卡里斯》 *Epicaris*

《奥尔良的姑娘》 *Jungfrau von Orleans*

B

《百科全书》 *Conversations-Lexicon*

《巴黎条约》 The Peace of Paris

《贝德玛颠覆威尼斯共和国》 Conspiracy of Bedmar against Venice

《变形学》 Morphologie

《伯罗奔尼撒战争史》 History of the Peloponnesian War

D

《大钟歌》 Song of the Bell

《德意志传奇》 German Romances

《德意志出版物目录》 Catalogue of German Publications

《德意志纪事报》 Deutsche Chronik

《德国的家庭父亲》 Deutsche Hausvater

《对第一次十字军东征期间的欧洲的概览》 "Glance over Europe at the period of the first Crusade"

F

《法国的骚乱》 "Troubles in France"

《斐耶斯科的谋叛》 Verschwörung des Fiesco

G

《葛茨·冯·贝利欣根》 Götz von Berlichingen

《关于在艺术中庸俗鄙陋元素的运用》 Employing the Low and Common in Art

H

《汉堡通讯》 Hamburg Correspondent

《汉斯·格斯滕科恩》 Hans Gerstenkorn

《赫洛和勒安得耳》 Hero and Leander

"何谓及人们为何学习普遍历史" "What is Universal History, and with what views should it be studied"

《华伦斯坦》 Wallenstein

《华伦斯坦的军营》 Wallenstein's Camp

《华伦斯坦之死》 Wallenstein's Death

《皇帝腓特烈一世的时代》 "Times of the Emperor Frederick I"

《欢乐颂》 Song to Joy

J

《激情的自由思想》 Freethinking of Passion

K

《唐·卡洛斯》 Carlos

《卡梅尔派僧侣》 Monch von Carmel

《康拉丁·冯·施瓦本》 Conradin von Schwaben

《科拉》 Cora

《科斯莫·冯·梅迪西斯》 Cosmo von Medicis

"困守安特卫普" "Siege of Antwerp"

L

《莱茵塔利亚》 Rheinische Thalia

《来自地狱中的一群》 Group from Tartarus

《劳拉》 Laura

《里德》 Ried

《历史大事记》 Historical Calendar

《论悲剧题材产生快感的原因》 Cause of our Delight in Tragic Objects

《论悲剧艺术》　Tragic Art

《论激情》　Pathetic

《论秀美与尊严》　Grace and Dignity

《论质朴与多情的文学》　Naïve and Sentimental Poetry

《罗伯特·彭斯传》　The Life of Robert Burns

M

《玛利亚·斯图亚特》　Maria Stuart

《弥赛亚》　Messias（克洛卜施托克的诗歌）

《弥赛亚》　Heliand（盎格鲁-撒克逊名诗）

《摩西》　Moses

《摩西的使命》　"Mission of Moses"

《摩西五经中暗示的人类社会起源的线索》　"Hints on the Origin of Human Society, as indicated in the Mosaic Records"

《墨西拿的未婚妻》　Bride of Messina

P

《皮柯洛米尼父子》　Two Piccolomini

Q

《强盗》　Robbers

《琴与剑》　Lyre and Sword

《骑士托根堡》　Ritter Toggenburg

S

《塞墨勒》　Semele

《散步》　Walk

《三十年战争史》　*History of the Thirty-Years War*

《三十年战争》　*Thirty-Years War*

《少女》　*Pucelle*

《杀婴》　*Infanticide*

《审美教育书简》　*Letters on the Aesthetic Culture of Man*

《梭伦和吕枯耳戈斯的法律》　"*Laws of Solon and Lycurgus*"

T

《唐·卡洛斯》　*Don Carlos*

U

《乌格利努》　*Ugolino*

W

《外国评论》　*Foreign Review*

《威廉·退尔》　*Wilhelm Tell*

《为一位青年之死而作的哀歌》　*Elegy on the Death of a Young Man*

X

《席勒和他父亲的家庭》　*Schiller and His Father's Household*

《席勒生平简介》　*Sketch of Schiller's Life*

《席勒与歌德通信集》　*Briefwechsel zwischen Schiller und Goethe*

《席勒传》　*Schillers Leben*（冯·沃尔措根夫人著）

《幸运的事》"*Happy Incident*"

《选集》 Anthology

Y

《伊比库斯的鹤》 Cranes of Ibycus

《影子王国》 Reich der Schatten

《阴谋与爱情》 Kabale und Liebe

Z

《招魂唤鬼者》 Geisterseher

《哲学通信》 Philosophische Briefe

《致达尔贝格的信件》 Letters to Dalberg

《自中世纪以来最著名的阴谋史和革命史》 History of the most remarkable Conspiracies and Revolutions in the Middle and Later Ages

人名、地名、专有名词[1]

A

阿尔巴　Albas

阿尔多夫　Aldorf

阿尔克　Arc

阿尔特多夫　Altdorf

阿格纳斯·索累尔　Agnes Sorel

艾伯莉　Eboli

爱德华·布尔沃　Edward Bulwer

艾尔维特　Elwert

埃格尔　Eger

埃朗根　Erlangen

艾米丽　Emilie

---

[1] 本书写于19世纪，所以原书中部分地名的拼写方式和今天并不相同。译名表保留了原书中的拼写方式。——编者注

艾希霍恩　Eichhorn

阿玛莉亚　Amelia（席勒笔下的人物）

阿姆嘎尔特　Armgart

奥布里斯特·冯·米勒　Obrist von Miller

奥格斯堡　Augsburg

奥格斯海姆　Oggersheim

奥杰　Augé

奥克塔维奥·皮柯洛米尼　Octavio Piccolomini

阿斯佩格　Asperg

阿庭豪森　Attinghausen

B

鲍尔巴赫　Bauerbach

巴奇　Batsch

贝尔塔　Bertha

贝亚特丽斯　Beatrice

比尔森　Pilsen

比滕费尔德　Bittenfeld

博德　Bode

波萨　Posa

布劳博伊伦　Blaubeuren

布雷斯劳　Breslau

布雷滕　Bretten

布里　Bury

C

慈心会修士　Fratres Misericordiae

措利科费　Zollikofer

D ——————

达姆施塔特　Darmstadt

德·拉韦迪　De l'Averdy

邓弗里斯　Dumfries

蒂尔申雷伊特　Tirschenreit

杜努阿　Dunois

多利阿　Doria

多明各　Domingos

杜·夏泰尔　Du Chatel

E ——————

恩盖尔加特山　Engelgatter

恩斯特　Ernst

厄泽尔　Oeser

F ——————

法尔肯贝格　Falkenberg

凡里纳　Verrina

法斯塔尔夫　Fastolf

费迪南·瓦尔特　Ferdinand Walter

费尔斯特　Fürst

腓力　Philip

菲舍林　Vischerin

斐耶斯科　Fiesco

冯·达尔贝格男爵　Freiherr von Dalberg

冯·格莱兴　von Gleichen

冯·霍恩海姆　von Hohenheim

冯·霍恩　Von Horn

冯·霍文　von Hoven

冯·朔尔　von Scholl

冯·沃尔措根　von Wolzogen

冯·席莫尔曼　von Schimmelmann

富尔达舞会　Ball of Fulda

福格特　Voigt

弗朗茨·阿尔贝特　Franz Albert

弗朗茨·冯·莫尔　Franz von Moor

弗兰克　Frankh

弗兰科尼亚　Franconia

弗里茨　Fritz

弗里德兰　Friedland

弗里斯哈特　Friesshardt

福斯　Voss

符腾堡　Würtemberg

G

盖林根　Gerlingen

盖斯林根　Geisslingen

格奥尔格·弗里德里希·科德魏斯　Georg Friedrich Kodweis

格茨　Götz

哥得兰　Gotland

格莱尼施山　Glarnish

格拉　Gera

格拉鲁斯　Glarus

格劳宾登州　Grisons

格雷的奥尔德曼　Gray's Alderman

戈利斯　Gohlis

格里斯巴赫　Griesbachs

格鲁伯　Gruber

格明恩　Gemmingen

格斯勒　Gessler

H

汉斯　Hans

哈特内卡　Harteneck

海尔布隆　Heilbronn

黑森-达姆施塔特　Hessen-Darmstadt

赫尔策尔　Hölzel

荷尔克团的猎骑兵　Holky's Jägers

赫尔曼　Hermann

胡夫兰　Hufland

哈肯山　Hacken

霍恩阿斯佩尔格　Hohenasperg

霍恩海姆　Hohenheim

J

J. G. 洛克哈特　J. G. Lockhart

嘉布遣会修士　Capuchin

加尔瓦略山　Calvary Hill

加洛韦　Gallovay

吉森　Giessen

军曹　Wachtmeister

K

卡尔　Karl

卡尔·冯·莫尔　Karl von Moor

卡尔普　Kalb

卡尔斯鲁厄　Carlsruhe

凯撒　Caesar（席勒笔下的人物）

卡洛斯　Carlos

坎恩施塔特　Cannstadt

康斯布鲁赫　Consbruch

科顿图书馆　Cotton Library

克拉默　Cramer

克雷根普托克　Craigenputtock

克勒韦尔–苏尔茨巴赫　Clever-Sulzbach

克里斯多芬娜·弗里德莉克　Christophine Friedericke

克里斯多夫·费迪南·莫泽尔　Christoph Ferdinand Moser

柯尼希斯布龙　Königsbronn

科塔　Cotta

克威斯腾堡　Questenberg

L

拉斐尔　Raphael（席勒笔下的人物）

赖尼克　Reinike

莱昂贝格　Leonberg

莱奥诺雷　Leonora

莱登　Leiden

莱希河　Lech

莱维特　Levitt

拉·希尔　La Hire

勒尔玛　Lerma

雷姆斯河　Rems

利奥内尔　Lionel

里吉山　Rigiberg

里特博士　Doctor Ritter

里希特　Richter

卢阿狄　Ruodi

鲁道尔夫·哈拉斯　Rudolph der Harras

路德维希堡　Ludwigsburg

鲁多尔施塔特　Rudolstadt

路易丝·多萝蒂亚·卡塔琳娜　Luise Dorothea Katharina（席勒的妹妹）

路易斯　Louisa（席勒笔下的人物）

路易王子军团　Regiment Prince Louis

洛鲍尔　Lobauer

洛尔希　Lorch

罗曼　Romann

罗色曼　Rösselmann

罗森贝格　Rosenberg

罗森塔尔　Rosenthal

洛施维茨　Löschwitz

罗斯　Roos

洛伊特拉溪　Leutra

洛伊特拉巴赫河　Leutrabach

M

马尔巴赫　Marbach

迈尔夫人　Madam Meier

麦尔希塔尔　Melchthal

迈宁根　Meinungen

马克斯·皮柯洛米尼　Max Piccolomini

玛利亚·特蕾莎　Maria Theresa

曼海姆　Mannheim

曼努埃尔　Manuel

梅泽堡　Merseburg

蒙莫朗西山谷　Val de Montmorenci

莫蒂默　Mortimer

莫尔　Moor（《斐耶斯科的谋叛》中的角色）

莫尔利沙肯　Morlischachen

默克米尔　Meckmuhl; Möckmühl

莫泽尔　Moser

N

南内　Nane

南内特　Nanette

讷德林根　Nordlingen

内波穆克　Nepomuk

涅卡河　Neckar

涅卡维茵恩　Neckarweihingen

尼布尔　Niebuhr

尼特河　Nithe

诺伊施塔特　Neustadt

诺伊施特雷利茨　Neustrelitz

诺伊托尔山　Neuthor

诺伊布隆　Neubrunn

P

帕拉廷　Palatine

帕彭海姆　Pappenheim

品都斯山脉　Pindus

Q

乔安尼斯　Joannes

齐林　Zilling

丘迪　Tschudi

屈斯纳赫特　Küssnacht

R

荣格　Jünger

鲁登茨　Rudenz

S

萨克森　Saxony

萨克森-魏玛　Sachsen-Weimar

萨克森-劳恩堡　Sachsen-Lauenburg

萨勒河　Saal

上松特海姆　Obersontheim

少女峰　Jungfrau

施梅勒　Schmeller
施梅陶　Schmettau
施雷克峰　Schreckhorn
施密特　Schmidt
施派尔　Speier
施瓦本的格明德　Schwäbish-Gmünd
施万　Schwann
施韦策　Schweitzer
施维茨　Schwytz
施韦津根　Schwetzingen
施泰因博克　Steinbock
施陶法赫　Stauffacher
施图西　Stüssi
斯莫兰　Småland
斯图加特　Stuttgard
索里图德　Solitude
索伦托　Sorent
苏沃罗　Suwarrow

T

塔尔波特　Talbot
苔克拉　Thekla
特尔茨基　Terzky
特里斯尼茨　Triesnitz
图宾根　Tübingen
图林根　Thüringen

W

瓦赫　Vach

瓦克斯　Wachs

魏布林根　Waiblingen

维尔茨堡　Würzburg

威廉·冯·沃尔措根　Wilhelm von Wolzogen

魏玛教会议会　Weimar Consistorium

韦塞尔赫夫茨　Weselhöfts

魏瑟　Weisse

魏森费尔斯　Weissenfels

W. H. 科勒　W. H. Koller

沃尔特　Walter

沃尔特曼　Woltmann

沃克吕兹　Vaucluse

乌尔里希　Ulric

乌尔姆　Wurm

乌普兰　Upland

X

夏洛蒂·冯·沃尔措根　Charlotte von Wolzogen

希勒　Hiller

Y

伊丽莎白　Elizabeth（席勒笔下的人物）

伊丽莎白·多萝蒂亚　Elisabetha Dorothea

伊米湖　Imisee

尤利乌斯　Julius（席勒笔下的人物）

尤尔·卡尔曼　Jul. Cahlmann

约翰·安德烈亚斯·施特莱歇尔　Johann Andreas Streicher

约翰·弗里德里希·雅恩　Johann Friedrich Jahn

约翰·卡斯帕尔·席勒　Johann Caspar Schiller

约翰内斯·席勒　Johannes Schiller

约里克　Yorick

Z

泽肯多夫　Seckendorf